WIZARD

Following the trend

トレンドフォロー白書

Diversified Managed Futures Trading
by Andreas Clenow

分散システム売買の中身

アンドレアス・F・クレノー[著]
長尾慎太郎[監修]　山下恵美子[訳]

PanRolling

Following the Trend : Diversified Managed Futures Trading by Andreas F. Clenow

Copyright © 2013 Andreas F. Clenow
All rights reserved.

Japanese translation rights arranged with John Wiley & Sons Limited through Japan UNI Agency, Inc., Tokyo

監修者まえがき

　本書は、ACIESアセット・マネジメントの社長であるアンドレアス・クレノーが著した"Following the Trend : Diversified Managed Futures Trading"の邦訳である。同時に、日本語で書かれたトレンドフォロー戦略の技術書としては15年前に出版された**『タートルズの秘密』**（パンローリング）以来の書籍である。それにしてもトレンドフォロー戦略ほど一般に誤解が多い売買手法も珍しい。ほかの投資戦略と比べて極めて実行が容易であるにもかかわらず、実践する人が少ないのは正しく理解されていないことが原因である。

　ところで、トレンドフォロー戦略はなぜ儲かるのだろうか？　よく言われるような「マーケットは生来トレンドを形成するものだ」とか、「トレンドの存在そのものがトレンドを強化するからだ」などという話は真っ赤なウソである。現実のマーケットの時系列相関は長期的にはほぼランダム、もしくは若干の逆相関である。つまり、マーケットの性質自身にはトレンドフォロー戦略の正しさを論証できる根拠は内在しないのである。これではカール・ポパーの説く「論証と反証の非対称性」を持ち出すまでもなく、「トレンドに従えば利益を上げることができる」という命題は否定されてしまう。だが一方で、現実にはトレンドフォロー戦略は長年にわたって多くの成功者を生んできた。この矛盾はどうしたことか？

　ここでの真実は、トレンドフォロー戦略の要諦はトレンドに従うことにはないことにある。一般に、ランダムにトレードした結果を固定の時間枠（例えば、日次）で測ると正規分布に近い形状を成す。しかし、バラバラな時間枠で測ると両端が太い横に広がった形状に変わる。また、手数料がかかるので平均値はゼロを下回り、総計では損失となる。だが、ここでもし「値動きがある程度逆行したらポジションを解

消する」という操作をしたらどうなるだろうか？　リターン分布は左端が切り落とされ、場合によっては、ゼロより右側の面積は左側の面積より大きくなるだろう。そして、重要なことは、時間枠を定めないトレードのみが、そういったオペレーションを可能にするということだ。さらに時間枠の上限が大きければファットテールの効果によって、総計での利益はより大きなものになる。

　これがトレンドフォロー戦略が有効な理由であり、ここで最も心を砕くべきは、いかに確実に右左の面積比が大きく左右非対称の分布を再現するかである。著者が、トレンドに乗るためのルールなどどうでもよいと言い切り、分散とポジションサイジングの重要性を繰り返し強調するのは、このためである。クレノーの功績はトレンドフォロー戦略のこうした構造を明らかにしたことにある。本書は今世紀に入って唯一にして最高のトレンドフォロー戦略の解説書である。

　翻訳にあたっては以下の方々に心から感謝の意を表したい。山下恵美子氏は正確かつ迅速な翻訳を行っていただいた。そして阿部達郎氏にはいつもながら丁寧な編集・校正を行っていただいた。また、本書が発行される機会を得たのは、パンローリング社の後藤康徳社長のおかげである。

2014年5月

長尾慎太郎

目次

監修者まえがき	1
序文	11
はじめに	13
謝辞	19

第1章　先物を使ったクロスアセットのトレンドフォロー ………… 21

一言で言えば、それは分散されたトレンドフォロー	23
伝統的な投資手法	25
分散されたマネージドフューチャーズの場合	30
トレンドフォロー戦略に対する批判	32
ビジネスとしてのマネージドフューチャーズ	34
トレードビジネスと個人的なトレードとの違い	39
あなたの戦略は売り物になるか	39
ボラティリティ特性	40
新規設定と解約	42
心理的な違い	43

第2章　先物データとツール ………………………… 47

アセットクラスとしての先物	47
先物取引所	52
先物と通貨イクスポージャー	52
先物データ	56
納会がある先物	56
期間構造	59
ベーシスギャップ	61
先物セクター	65
農産物セクター	67

CONTENTS

  非農産物セクター 70
  通貨セクター 74
  株価指数セクター 76
  金利セクター 78
 必要なツール 82
  プログラミングについて 82
  開発環境 83
  データベンダー 85
  データの保存 86

第3章　分散された先物トレード戦略の構築 …… 89

 彼らはみんな同じことをやっている 90
 トレンドフォローの魔法のブラックボックスの中身 96
  投資ユニバース 98
  ポジションサイジング 100
  スリッページ、手数料、そのほかのコスト 104
  流動性について 104
  戦略の特徴 105
  トレンドフォロー戦略の分析 106

第4章　2つの基本的なトレンドフォロー戦略… 111

 戦略のパフォーマンス 114
  戦略間の相関 121
  パラメーターの安定性 124
  基本戦略からの結論 126
 戦略の改良 127
  トレンドフィルター 128
  損切りの改善 131

リスクコントロール	137
パラメーターの安定度チェック	144
先物トレードのしっかりとした土台	146
コア戦略のルール	147

第5章 トレンドフォローのパフォーマンスの徹底分析 …… 149

戦略の振る舞い	149
株式ポートフォリオの補完としての基本戦略	152
トレードの方向	156
セクターの影響	160
キャッシュマネジメントと国債の金利（無リスク金利）の影響	166
レバレッジについて	171

第6章 年ごとの分析 …… 177

本章の読み方	178
1990年	179
1991年	189
1992年	195
1993年	201
1994年	207
1995年	214
1996年	220
1997年	226
1998年	232
1999年	238
2000年	244

CONTENTS

2001年 　　　　　　　　　　　　　　　　　251
2002年 　　　　　　　　　　　　　　　　　258
2003年 　　　　　　　　　　　　　　　　　263
2004年 　　　　　　　　　　　　　　　　　270
2005年 　　　　　　　　　　　　　　　　　277
2006年 　　　　　　　　　　　　　　　　　283
2007年 　　　　　　　　　　　　　　　　　289
2008年 　　　　　　　　　　　　　　　　　296
2009年 　　　　　　　　　　　　　　　　　304
2010年 　　　　　　　　　　　　　　　　　310
2011年 　　　　　　　　　　　　　　　　　316
年ごとの分析の総まとめ 　　　　　　　　324

第7章　大手ヘッジファンドのリバースエンジニアリング　327

投資ユニバース 　　　　　　　　　　　　328
投資ユニバースの比較 　　　　　　　　　333
現存するファンドを複製する 　　　　　　336
　キャンベルコンポジット 　　　　　　　338
　サンライズ・キャピタル・ダイバーシファイド 　　341
　パーム・トレンド・ファンド 　　　　　343
　トランストレンド・スタンダード・リスク・プログラム 　345
　マルビニー・キャピタル・マネジメント・グローバル・
　　マーケット・ファンド 　　　　　　　348
　そのほかのファンド 　　　　　　　　　352
結論 　　　　　　　　　　　　　　　　　352

目次

第8章　戦略の改良 ……………………………… 355

- 複数の時間枠でトレードする　　　　　　　　　356
- 合成ポジションでトレードする　　　　　　　　358
- カウンタートレンド戦略を加える　　　　　　　359
- 日中ストップ　　　　　　　　　　　　　　　　361
- 相関マトリックス、ポジションサイジング、リスク　364
- ロールオーバー効果　　　　　　　　　　　　　367
- 最適化とそれに対する不満　　　　　　　　　　368

第9章　先物トレードの実務 ……………………… 371

- 必要資産　　　　　　　　　　　　　　　　　　371
- 実際のトレード　　　　　　　　　　　　　　　373
- 注文　　　　　　　　　　　　　　　　　　　　374
- キャッシュマネジメント　　　　　　　　　　　376
- ドローダウンモードになるとボラティリティは高まる　379
- ポートフォリオのモニタリング　　　　　　　　380
- 戦略に従う　　　　　　　　　　　　　　　　　381

第10章　最後の注意点 …………………………… 383

- 減少する先物ファンドのリターン　　　　　　　383
- ほとんどのトレードは負けトレードに終わる　　386
- 当初リスクの設定　　　　　　　　　　　　　　387

参考文献

いつも愛情深く、忍耐強く私を見守ってくれる素晴らしい妻、エング・チェンと息子のブランドンに本書を捧げる

序文

　本書はトレンドフォロワーとしてお金儲けをしたい人にとっての優れたトレーニングマニュアルだ。

　私はトレンドフォローについてはちょっとばかり詳しい。なぜなら私はかの有名なタートルズの一員だったからだ。タートルズとは、1980年代にピットのプリンスことリチャード・デニスが、トレーダーは養成でき、正しい訓練を受けた人は通常の投資をはるかに上回るリターンを上げられることを示すために企画した伝説のトレーダー集団「タートルズ」のことであることは言うまでもないだろう。普通の人間がヘッジファンドのようにトレードできるようになったのだから、これは驚くべきことだ。私がこのプログラムに参加したのは19歳のときで、24歳になった1987年にはトレンドフォロワーとしてリチャード・デニスのために稼いだ3150万ドルのうち800万ドルを手にした。

　私はタートルズの投資手法を明かす『タートル流投資の魔術』（徳間書店）という本も書いた。これはベストセラーになった。私たちの成功の秘密を知りたい人がいかに多かったかということだ。教えられた投資手法は絶対に他人に漏らさないというリチャード・デニスとの約束の下、それまで秘密にされてきた投資手法の全貌が明らかになったのだから、人が興味を示さないはずはない。

　その後、本書の続編を書くことを何度か考えた。前著よりもっと内容のある詳しい本を書きたかった。前著は半分ストーリー仕立てで、半分トレードマニュアルのようなものだったが、今度は完全なるトレードマニュアルを書きたかった。アンドレアス・クレノーが書いた本書は完全なるトレンドフォローのトレードマニュアルだ。本書の序文を書かせてもらえたことを本当に誇りに思っている。私はえり好みが激しい人間なので、本当に好きでなければ序文なんて書かない。

推薦に値するトレードの本は本当に少ない。時の試練に耐えられないばかりか、市場の試練にも耐えられないような秘訣やコツばかりの本が多すぎる。何かの講座やセミナーのようなものを売ろうとする人が書いた本ばかりだ。優れた本を世に出そうというよりも、あなたのお金が欲しいだけなのだ。

私がカンファレンスで話す機会が少ないのも、私が推薦する本が少ないのもこのためだ。何も知らない新参者からお金を巻き上げるような利己的な宣伝がトレード業界にははびこっている。簡単に儲けられますよとか、すぐに儲けられますよ、といったウソで新参者を誘い込むのである。

しかし、本書は違う。

堅実で分かりやすく、基本のすべてを網羅している。トレンドフォロワーとして実現できないようなことはけっして約束していない。

トレンドフォロワーを目指すのなら、まずは『欲望と幻想の市場──伝説の投機王リバモア』（東洋経済新報社）を読んでジェシー・リバモアのことを学ぼう。次に、ジャック・シュワッガーの『**マーケットの魔術師**』シリーズ（パンローリング）を読むとよい。同書では、私のトレードの師であるリチャード・デニスほか、エド・スィコータ、ビル・ダン、ジョン・W・ヘンリー、リチャード・ドンチャンなどの史上最高のトレンドフォロワーのトレードの秘訣を知ることができる。トレードの可能性の素晴らしさに感激するはずだ。でも、どうすれば彼らのように素晴らしいトレンドフォロワーになれるのかまでは教えてくれない。トレンドフォロワーになるにはどうすればよいのか。

願望を実現へと導くにはどうすればよいのか。そこであなたは立ち上がる。成功を手に入れるために。

そんなあなたにお勧めなのが本書だ。本書を読んで、ぜひ願望を現実へと昇華させてもらいたい。

　　　　　　　　　　　カーティス・フェイス（ジョージア州サバナ）

はじめに

　本書は20年以上にわたって知られてきたある概念に基づく１つのトレード戦略について書いたものだ。これは30年以上にわたって多くのヘッジファンドが採用して、成功してきた戦略だ。この戦略は2008年に大きなリターンを上げたため、この数年注目を浴びてきたが、正しく理解されることなく間違って使われてきたように思う。さらに悪いことに、欠陥のある過度に複雑化されたものが、プロの世界でトレードしたことのないような人々によって高額で売られている。この戦略はいろいろな名前で呼ばれているが、基本的には同じ戦略で、トレンドフォロー戦略を採用している先物マネジャー（CTA＝商品投資顧問業者）たちが長年にわたって使ってきた手法だ。

　本書は、これまでのトレード本がトレンドフォロー戦略を扱ってきた方法とは多くの点で趣を異にする。私が本書を書いたのは、そういった本とのギャップを埋め、成功したトレンドフォロワーたちはすでに知っているけれども、この分野に詳しくない人はまだ理解していない分析手法や情報を伝授するためだ。ほとんどの本は、仕掛けや手仕舞いのルールといった意味のないことに重きを置きすぎ、重要なことを見逃しているような気がする。したがって、このビジネスに参入しようと思っている人にも意味のない情報が伝授されているのではないだろうか。これは多くの著者がこの戦略を生計のために設計したり、トレードしたりしていないためだ。

　この業界には有名なスタートレーダーがたくさんいる。彼らのなかには、神話的存在に祭り上げられ、神と崇められている人もいる。彼らは尊敬すべき人々で、この分野のパイオニア的存在だ。しかし、本書はそういったヒーローを崇拝するためのものではなく、1970年代にはうまくいったが、現在それを同じ方法で使えば自殺行為にもなりか

ねないような戦略を説明するものでもない。市場は変化し、ヘッジファンド業界はそれ以上に変化した。私が本書で伝授するのは、現在の市場でうまくいく戦略である。

　これはあらゆる戦略やインディケーターを事細かに説明し、指数移動平均や単純移動平均、あるいは適応型移動平均の長所と短所を比較するといった教科書的な本ではない。思いつくかぎりのインディケーターを説明することはしないし、新しいインディケーターを発案して、それに自分の名前を付けたりといったこともしない。堅実なトレンドフォロー戦略を構築するのにありとあらゆるテクニカルインディケーターを使う必要はないし、公式を少しだけいじって新しいインディケーターに私の名前を付けたところで何の役にも立たない。ただ、「アンドレアス・オシレーター」は面白いオシレーターであることだけは一言言っておきたい。インディケーターは重要ではない。インディケーターのみに注目すれば、全体像を見失い、カーブフィッティングや過度の最適化といったつまらないことにはまって立ち往生しかねない。私のやり方はこれとはまったく逆だ。不必要に複雑化することなく、最も基本的な手法やインディケーターのみを使って、プロのヘッジファンドにも十分通用する戦略を構築できることを示していく。買いと売りのルールは戦略のなかで最も重要でない部分であり、こういったものに注目すれば、真の価値を見失うだけである。

　また、本書はすぐにお金持ちになる方法を指南するものでもない。すぐにお金持ちになる方法を探しているのなら、ほかを当たったほうがよいだろう。私が本書で言いたいことの１つは、大手の先物ヘッジファンドと肩を並べるトレード戦略を作るのは恐ろしいほどに難しいものではないが、かといって簡単でもない、ということである。トレード戦略を作るのは多くのステップの１つにすぎない。本書でも、非常にうまく機能し、ベテランの機関投資家にも受け入れられるリターン特性を持つトレードルールを紹介するつもりだ。しかし、それは宿

題の一部にすぎない。自分のやるべきことをしっかりとやらなければ、そもそも投資なんてできないだろうし、できたとしても、大事なお金をすべて失って自滅するだけである。

　私が本書で伝授する知識を有効に活用するためには、かなりの努力が必要になる。トレード戦略については、だれの言葉も鵜呑みにしてはならない。たとえ、私の言葉でもだ。また、効果的なシミュレーションソフトといった市場データを分析するための設備にも投資が必要だし、プログラミング言語を学ぶ必要もある。こういったものがそろって初めて、本書で述べる戦略を複製し、その有用性を判断し、それらを自分の望むリスクとリターン水準に合わせて改良することができるようになるのだ。他人のメソッドをそのまま使うのはあまり良い考えとは言えない。戦略をよく知り、信用して使えるようになるためには、自分で作る以外にない。

　ここまで来ても、やることはまだまだたくさんある。これらの戦略を毎日トレードするのは思っているよりはるかに骨が折れる。特に心理的にはとてもきつい。これに、投資家を探したり、ファンドやマネージドアカウントを立ち上げたり、会社の運営、報告書に経営管理といった仕事が加われば、これはすぐにお金持ちになる方法なんかじゃないことがすぐに分かるはずだ。こういったことが得意なら、非常にやりがいのある仕事だが、だからといって、簡単というわけではなく、すぐにお金持ちになれるわけでもない。

　本書は基本的に１つの戦略について書いたものだが、その１つの戦略を十分に理解すれば、世界でトップレベルのトレンドフォローヘッジファンドを複製するのも夢ではない。

本書を書いたわけ

　マネージド・フューチャーズ・ファンドは自分たちのトレードルー

ルは秘密にし、彼らのプロップ（自己資金運用）戦略はまるで核兵器の設計図のような扱いだ。こうするには理由があるのだが、人々が考えるような理由では必ずしもない。彼らの秘密主義はマーケティングと関係がある。ファンドマネジャーが石から金を作り出す魔法の公式を持っていると思わせれば、そのファンドは高く売れるからだ。プロのトレンドフォロワーは戦略を独特な方法で微調整するが、実際には中核となる戦略はあまり変わらない。私はすべてのマネージド・フューチャーズ・ファンドのソースコードを知っているわけではないし、時にはまったく異なるリターン特性を示すこともあるため、彼らはまったく違うことをやっているように思えることもある。したがって、中核となる戦略が同じだというのはちょっと奇妙に聞こえるかもしれない。しかし、CTAファンドのリターンをほぼ完璧に複製するには、簡単なメソッドがあればよく、期間、リスクファクター、投資ユニバースを少し変えるだけで、ほとんどは複製可能だ。

　だからと言って、これらのファンドがつまらないもので、彼らが独自のアルゴリズムを持っていないと言っているわけではない。重要なのは、それぞれのファンドがやっている微調整は大したことではなく、リターンの大部分は簡単なモデルから得られるということである。本書の最初の部分では、2つの基本的な戦略を紹介するが、これらの非常に簡単なモデルでもCTAのリターンの大部分を説明できることを示していく。そしてこれら2つの戦略を1つの戦略に統合し、それが世に認められた巨大な先物ファンドとも張り合えることを示していく。読者が同じ戦略を複製できるように、そのやり方を細かく説明する。これらの戦略はそのままでも十分に高いリターンが得られるトレーダブルなものだが、そのあとの章では、それらをさらに改良する。ここでは簡単な例にとどまらず、機関投資家が即座に使えるような完璧な戦略を示していくつもりだ。

　ところで、私はなぜこんな本を書いたのだろうか。こんな本を書け

ば、すべてのトレンドフォロー戦略が機能しなくなるのではないかとか、フリーマネーがヘッジファンドマネジャーたちの秘密の組織ではなく無知な大衆に流れ、地球が自転を止めて私たちは宙に投げ出されるのではないかと思う人もいるだろう。クオンツトレーダーが彼らの秘密主義を正当化し、神秘性を強調する理由はたくさんあり、なかにはうなずけるものもいくつかあるが、先物トレンドフォローの場合、大衆をゲームに参加させてもデメリットはそれほどあるとは思えない。トレンドフォローゲームは現在のところ、50～250億ドル規模の資金を有する巨大なファンドに牛耳られている。彼らは何倍ものレバレッジを効かせて世界を股に掛けて先物をトレードしている。彼らは本書に書いてあることはすべて理解している。いや、それ以上の知識を持っていると言ってもよい。私が本書を書いたのは、多くの人々を先物トレンドフォロービジネスに参加させ、ビッグプレーヤーたちに一泡吹かせ、彼らの投資機会を潰すため、と言えれば、私の自尊心をくすぐるのには良いが、おそらくは不可能だろう。私がここで書いていることはすでに大々的に行われていることだ。もし読者の何人かでもこの世界に入ろうと決めたのであれば、それはそれで良いことであり、成功を祈りたい。

　私がここで書いていることは、現実の経済成長によって発生した中長期のトレンドをとらえ、そのトレンドから長期にわたってシステマティックにお金を儲ける方法についてである。多くの人に同じことをさせても、価格変動の裏にある人間の現実の経済的な行動は変わらない。もちろん、このゲームに多くの資産が投じられ、大衆が同時に仕掛けたり手仕舞ったりすれば大きな動きが生じ、仕掛けや手仕舞いそのものが大きな問題になると言う人はいるだろう。これはもちろん問題だが、大きな問題ではない。こういった問題を解決することは戦略の小さな部分でしかなく、長期的にみれば戦略にさほど大きな影響は及ぼさないだろう。

私もそれをトレードしている人も書かないようなクオンツ戦略がある。これらの戦略は非常に短期の戦略で、同じゲームに多くの資金が注がれれば利益の出なくなるような潜在能力の低い戦略だ。これに対して、中長期のトレンドフォロー戦略は流動性が高く、拡張性も高いため、こういった問題とは無縁だ。

　私が本書を書いたのにはもう1つ理由がある。それは私がブラックボックスアプローチを信じていないからだ。ブラックボックスアプローチは、顧客にどのようにしてリターンを得るのかについての情報を与えずに、盲目的に信じることを強要するアプローチだ。本書が教えることをすべて理解しても、先物トレンドフォロービジネスは厳しい仕事だ。仕組みが理解できても、ほとんどの人はヘッジファンドを立ち上げようとはしないだろう。仮にそんな人がいたら、その結果をメールで知らせてほしい。いずれにしても、私が本書を書いても私のビジネスには何らの差し支えもなく、むしろ私自身の投資ビークルに付加価値を与えるものだと信じている。

謝辞

　本書を書くにあたっては多くの人に支えてもらった。本書の批評、過ちの修正といった物理的なサポート以外にも、インスピレーションを与えてくれた人もいる。特に、貴重なフィードバックとアドバイスを与えてくれたトーマス・ハックル、エルク・スバシ博士、マックス・ロング、ワーナー・トラベジンガー博士、トニー・ウグリナ、ラファエル・ラッツ、フレデリック・バーナード、ニティン・グプタには心より感謝する。

第1章 先物を使ったクロスアセットのトレンドフォロー
Cross-Asset Trend Following with Futures

　30年以上にわたってブル相場でもベア相場でも伝統的な戦略を常に上回り、高いパフォーマンスを上げてきたヘッジファンドとプロのアセットマネジャーグループがいる。彼らは2008年の信用危機（リーマンショック）のときでも素晴らしいリターンを上げた。彼らは自分たちのやっていることややり方はけっして人に明かさない。彼らは世界中の優秀な大学のトップレベルの博士号修得者を雇い入れて大きなクオンツチームを組み、長期にわたって驚異的な実績を上げ、神秘性をより一層高めている。しかし、彼らのリターンは、本書が示すように、非常に単純なシステマティックなトレード手法を使って複製することが可能だ。実は彼らがやっていることは本質的には同じことであり、しかもそれほど複雑ではなく、私たちの手の届く範囲内にあるのだ。

　こうしたファンドやトレーダーグループはいろいろな名前で呼ばれるが、CTA（商品投資顧問業者）、トレンドフォロワー、マネージド・フューチャーズ・トレーダーと呼ばれることが多い。特にルールや定義はないため、どの呼称で呼んでも構わない。彼らに共通するのは、多くのアセットクラスにまたがってグローバル市場でいずれかの方向に持続する動きをとらえ、動き始めたらできるだけ長くその動きに乗るという点だ。ほとんどの先物マネジャーがやっていることは実質的には1970年代から変わらない。彼らはトレンドを追いかけているだけ

なのだ。トレンドフォローの概念そのものは実にシンプルだ。コンピューターソフトを使ってさまざまな先物市場でトレンドを見つけたら、そのトレンドの方向に仕掛け、できるだけ長くトレンドに乗るのである。あらゆるアセットクラスを網羅する多くの市場をフォローすることで、ブル相場でもベア相場でもお金を儲けることができる。アセットクラスにかかわらず、持続するトレンドに乗るのがポイントだ。

　本書では、このグループが実際に何をやっているのか、そしてどのようにやっているのかを詳細に示していく。

　これらのファンドがやっていることはトレンドに従っているだけであり、やり方もそれほど多くはない。プログラムに独自の微調整を行ったり、付加機能を付与したりはするが、得られる戦略はそれほど違わない。本書では、トレンドフォローの大手先物トレーダーがやっていることと、どのようにしてそれをやるのかを明らかにしていく。戦略そのものは比較的単純で、複製するのは理論的にそれほど難しくはないが、だからといって、簡単だというわけでもない。マネージド・フューチャーズ・トレードの難しさは間違って理解されていることが多く、それを複製しようという人々は間違ったことに多くの時間を割き、本当の難しさを認識したときには手遅れになることが多い。戦略は簡単だが、最後までそれをやり抜くことはまた別問題だ。本書を読み終えたあとでもう一度この言葉を思い出してもらいたい。その意味がはっきりするはずだ。

　本書で述べる戦略やビジネスはいろいろな名前で呼ばれている。ほとんどは同じ意味で使われることが多いが、実際には若干異なることを意味する場合もあり、そのため混乱を生じる。業界のプロたちが最もよく使う言葉はCTAで、私自身もこの言葉を使う傾向があるが、これはここでは間違った呼称だ。CTAはそれを規制するNFA（全米先物協会）によって定義された用語で、いわゆるCTAファンドやCTAマネジャーとは無関係だ。これは、この種の戦略を運用する人々

が米国を拠点とする個人やNFAによって規制された国内の小企業であったころの名残で、必ずしも今日の事情とは一致しない。例えば、あなたがイギリスに住んでいて、諮問企業がロンドンにあり、アセットマネジメント会社が英領バージン諸島にあり、ヘッジファンドがケイマン諸島にあった場合、たとえ先物を大々的にやっていたとしてもNFAには干渉されない。したがって、あなたは彼らの言うCTAではない。

一言で言えば、それは分散されたトレンドフォロー

　トレンドフォローとは、底では買わず、天井では売らないことを意味する。トレンドフォローとは安く買って、高く売ることを意味するのではなく、高く買って、それよりも高く売るか、安く売って、それよりも安く買い戻すことを意味する。これらの戦略はパーティーに遅くやってきて、長居するが、中間に行われる催し物は楽しむ。トレンドフォロー戦略は概念はすべて同じで、その根底にある考えは、市場は長期間にわたって上昇トレンド、下降トレンド、あるいは横ばいで動く傾向があるというものだ。いつもこう動くわけではなく、ほとんどの時間帯でこうというわけでもないが、負けトレードを埋め合わせてもお金が残るほどの十分な時間にわたって同じ方向に動き続ける時期が必ずあるという重要な前提がある。トレンドフォロー戦略がお金を儲けられるのはこういった期間でのみだ。横ばい相場は思っている以上に多いが、こういった相場ではトレンドフォローはお金儲けはできない。

　図1.1は私たちが探し求めているトレードを示したものだ。つまり、一方向に大きく動くまで待って、価格がその方向に動き続けることに賭けて、トレンドが終わるまでそのポジションを持ち続けるということである。2つのフェーズが縦線で分けられていることに注目しよう。

図1.1　トレンドフォローのフェーズ

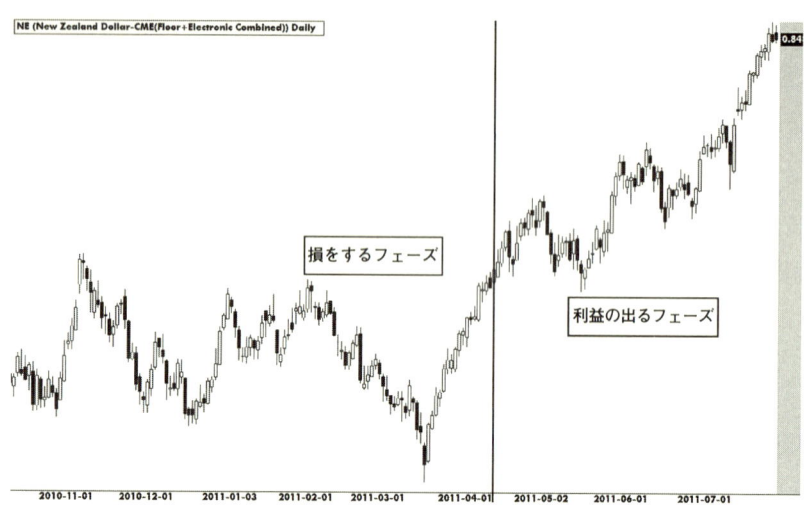

　ニュージーランドドルは4月まではトレンドフォローではお金を儲けることはできなかった。なぜならトレンドが存在しなかったからだ。この間、買いと売りの両方から仕掛けて損をするトレンドフォロワーが多かったが、4月からはトレンドが現れたため、負けた分を取り戻し、若干の儲けも出た。

　ある市場を任意の期間で観察すれば、トレンドが存在しない確率が高い。これは、トレンドフォロー戦略にとって利益が出ないことを意味するだけではなく、ポジションを取るたびにレンジ相場に戻るため損失がかさむことも意味する。1つの銘柄をトレンドフォローでトレードするのはそれほど難しいことではないが、それは高くつき、徒労に終わる。1つの銘柄や1つのアセットクラスにはこのアプローチがうまくいかない長い期間がある。そんなときは負けがかさみ、ポートフォリオの価値は下がり続けるため、経済的に大きな打撃を受けるだけでなく、恐ろしい体験をすることにもなる。1つの市場や少数の市場でのみトレードしようとする人は大きなポジションを取る傾向が高

く、そのためポートフォリオは各トレードの影響を大きく受ける。これは破産する最高の方法だ。

しかし、分散化戦略を用いれば、バスケットでトレードすることになり、主要なアセットクラスをすべて網羅し、各トレードは全体的なパフォーマンスに大きな影響は及ぼさない。先物トレンドフォロー戦略のほとんどは仕掛けたトレードの半分以上が損をする。負けトレードはときには70％にも及ぶこともあるが、勝ちトレードでは負けトレード以上に稼ぐことができる。また十分に多くのトレードを行うことで、大数の法則が利いてくる。

真に分散された先物運用の場合、S&P500をトレードするか、もみ米をトレードするか、債券、金、あるいは生豚をトレードするかは問題ではない。これらはすべて先物であり、扱い方はまったく同じだからだ。十分に長期のヒストリカルデータを使えば、各市場の振る舞いを分析することができ、戦略を各市場のボラティリティや特徴に合わせて調整することができるため、堅牢で分散化したポートフォリオを構築することができる。

伝統的な投資手法

最も広く保有されるアセットクラス、特に一般大衆によって保有されるアセットクラスは株式だ。つまり、株式取引所で取引されている会社の株である。学術界や大手証券会社および金融機関は長きにわたって一般大衆に、株式を買って長期にわたって保有するのが安全で堅実な投資手法だと言ってきた。これによって株式の投資信託の巨大市場が生まれた。投資信託は一般に長期的に見れば上昇する信用のおける長期投資として見られ、そのため年金プランの大半が株式投資信託に投資されることになった。銀行は、株式投信と債券投信を組み合わせて持ったほうが良く、若い人ほど株式投信の比率を高くすべきだと

必ず言う。若い人ほど株式投信の比率を高くすべきだというのは、株式は長期的に見れば上昇する傾向があるが、債券よりもボラティリティが高い。しかし、若いときには損をしても取り戻す時間があるため、大きなリスクをとるべきだということである。証券会社はまた、個々の株式を買うよりも株式投信を買ったほうがよいと言う。なぜなら、投信だと十分な分散化を図ることができ、予想外のトラブルに巻き込まれる可能性のある個々の会社に賭ける代わりに市場全体に参加できるからだ。

なるほどとも思えるし、良いセールストークでもある。ただし、これは株式市場は長い目で見れば必ず上昇するという大前提が成り立てばの話である。少数の株式を保有するよりも多くの株式を保有することで分散化を図るという考え方にもうなずけるが、それは株式間の相関が非常に低く、より低いリスクで同等以上のリターンが得られるという分散化の望ましいメリットが得られるという前提が成り立てばの話である。もちろん、これらの前提のいずれかが崩れれば、すべての戦略は砂上の楼閣のごとく崩壊するだけである。

アセットクラスとしての株式市場は、ほかのアセットクラスの市場に比べると内部相関が非常に高い。株式の価格というものは同じ日に同じように上昇したり下落したりする傾向があり、良い株式とそうでない株式のリターンには大きな違いがあるものの、長期的に見れば、リターンがプラスになる日とマイナスになる日は通常の市場状態のときでも高い相関性があることが多い。さまざまな国やセクターの株式からなる大きなバスケットを保有しているとすると、あなたが保有しているのは株式だけで、分散化の度合いは極めて限定的だ。市場が大暴落したり、市場を全体的に悪い状況に追い込むファンダメンタル的な問題が発生すれば、分散化の大きな問題が表面化する。これはドットコムバブルや市場の大暴落や金融危機のように長期的なイベントである可能性もあるし、地震や戦争の勃発のように衝撃的な短期的なイ

ベントである可能性もある。市場が１つの目標に向かうとき、だれもが同時にパニック売りし、問題が緩和すると買い戻すため、株式の相関はたちまちのうちに１に近づく。こういった市場では、どの株式を保有しているかは問題ではなく、結局、ポートフォリオの分散化は非常に高価な幻想と化してしまう。

　株価が長期的に見れば必ず上昇するのなら、ただ買って持っているだけでお金は取り戻せるので相関はそれほど重要ではない。あなたが忍耐強い人ならば、ただ買い持ち（バイ・アンド・ホールド）するだけで株式市場からお金を儲けることができる。1976年から2011年にかけてMSCIワールド指数は1300％も上昇した。したがって、35年で初期投資の10倍以上儲けることができたことになる。しかし、これを年次複利リターンに換算すれば、年８％程度の利回りにしかならない。運悪く1999年に投資していれば、13年後も20％を超える損失を抱えていることになるだろう。2007年に投資していれば、さらに大きな損失を抱えているだろう。株式は長期的に見れば上昇するとはいえ、私たちは大きな損失には耐えられず、お金を取り戻すのに人生の半分も待つわけにはいかない。良い年あるいは良い10年に投資していれば、バイ・アンド・ホールド戦略は成功するかもしれないが、低いリターンに甘んじざるを得ないこともある。1976年から2011年までの投資で1000％以上儲けても、この間の最大DD（ドローダウン）は55％だった。バイ・アンド・ホールド戦略を長期リターン・リスクの視点で見れば、年間８％程度のリターンを得るために資産の半分を失うというリスクを負うことになる。これは平均的なリターンが７年続くことを意味する。

　55％の損失は2008年の信用危機という極端なイベントのせいであり、そんなシナリオが繰り返す可能性は低いと言うかもしれないが、必ずしもそうとは言えない。最近の歴史を見てみると、人生に一度しか起こらないような出来事が頻繁に起こっているのだ。1974年にはダウエ

業株平均は40％のドローダウンを喫し、元に戻るまでに6年かかった。また、この指数は1978年にも1年で27％も下落した。同じことが1982年にも起こり、そのときは1年で25％も下落した。さらに1987年8月のピークから10月に底を付けるまで、指数は40％以上も下落した。また、1990年代のブル相場のときも、15％から20％下落した時期が何回かあり、2000年の下落ではおよそ40％も下落して底を付けた。株式市場のハイリスクを補うのにどれほど高い複利リターンが必要になることか。あなたはこんなに高いボラティリティ水準で1桁のリターンに甘んじることができるだろうか。

　株式の投資信託を通じて株式市場に参加するつもりなら、もう1つ考えなければならないことがある。その投信が連動する指数と同等以上のリターンを上げられるかどうかである。投信のマネジャーはヘッジファンドマネジャーとは違って、特定の指数を上回るリターンを上げるのが仕事だ。その指数はS&P500、FTSE100、MSCIワールドといったようなものだ。彼らの仕事は、こういったカントリーインデックス、国際インデックス、セクターインデックス、あるいは株式指数をフォローして、それを上回るリターンを上げることなのだ。ほとんどの投信マネジャーにはわずかの裁量しか与えられていないので、指数からあまり逸脱することはできない。指数を打ち負かすための手法としては、指数を上回ると思う株式の配分を若干多くしたり、指数を下回ると思う株式の配分を若干少なくしたり、悪い時期にキャッシュの保有率を増やすといったことぐらいしかない。投信マネジャーとヘッジファンドマネジャー（絶対リターントレーダー）の大きな違いは、投信マネジャーの仕事は指数が上がろうが下がろうがそれに従うということである。彼らの仕事は顧客のためにお金を稼ぐことではなく、顧客に指数と同程度か若干上回る程度のリターンを確保することなのである。S&P500が1年で30％下落し、その指数をベンチマークとして使っている投信が顧客のお金を25％しか失わずに済んだとすれ

ば、それは大きな成果であり、そのファンドマネジャーは良い仕事をしたことになるのである。

　投信には当然ながら、管理報酬や成功報酬、アドミニ費用、保管料、手数料など支払わなければならないさまざまなコストが発生する。投信のほとんどが指数と同程度やそれを上回るリターンを上げられないのはこのためだ。S&P株価指数とアクティブ運用ファンド（SPIVA）の2011年の報告書によれば、2011年にベンチマークを上回った米国国内の株式ファンドは16％にも満たなかった。その年、最悪だったのは大型成長株ファンドで、実に95％以上がベンチマークを上回ることはできなかった。2006年から2011年の5年間を見ると、米国国内のファンド全体の62％がベンチマークを上回ることはできなかった。その5年間で最悪だったのは、中型成長株ファンドで、目標に達したのは10％に満たなかった。このようにS&Pレポートで見た投信ビジネスは悲惨な状態だ。アクティブ運用の投信が毎年ベンチマークを下回ることが判明したが、この状況はすぐには変わりそうにない。

　バイ・アンド・ホールドによって株式市場に参加するのは良いときもあるが、市場は必ず下落するため、いつ市場から引き上げるかという戦略が必要になる。市場のボラティリティが極端に上昇したときには市場から手を引くのであれば、資産の一部を株式に投資してもよいが、苦労して稼いだお金の大半をこのアセットクラスに投資して、株価が乱高下したときにもうまくいくことを願いながらただ持ち続けるのが良いというのは果たして正しいのだろうか。私は正しいとは思わない。株式市場に参加することを考えるとき、パッシブ運用のETF（指標への連動を目指す上場投資信託）も伝統的な投信の代替的投資先として考えてもよいかもしれない。指標への連動を目指すETFは連動する指数の株式で構成されているため、指数に対して高精度で連動することができるからだ。しかも、手数料も安い。また、ETFは取引所で取引されているため、簡単にしかも安く、最新価格で売買できる。

分散されたマネージドフューチャーズの場合

　バイ・アンド・ホールド戦略をボラティリティ調整ベースで上回る投資戦略はたくさんあり、私はそのうちのいくつかを使っている。トップ戦略の1つが、ブル相場でもベア相場でもリターン・リスク比がよく、長期にわたって一貫して高い実績を持つトレンドフォロー・マネージド・フューチャーズだ。信頼の置けるマネージドフューチャーズ戦略は期待年次リターンが高く、年次リターンに対するドローダウンも許容範囲内にあり、世界の株式市場との相関が低いか逆相関にある。

　トレンドフォロー・マネージド・フューチャーズの世界で活躍するトレーダーは多く、ヘッジファンドもたくさんあり、その多くが何十年にもわたって存在し、なかには1970年代から存在しているものもある。多くのトレンドトレーダーたちがこれほど長期にわたって存在してきただけでなく、一貫して高いリターンを上げているという事実は、この戦略が機能するという何よりの証拠だ。

　表1.1は先物マネジャーとMSCIワールド指数のパフォーマンスを比較したものだ。前にも言ったように、MSCIワールド指数の長期利回りは8％で、最大DD（ドローダウン）は55％だ。つまり、このドローダウンで平均的なリターンを7年分（55％÷8％）も棒に振ったことになる。これをミルバーンと比較してみよう。ミルバーンの同時期のリターンは17％で、最大DDは26％を若干下回る程度だ。したがって、棒に振ったのはわずか1年半（26％÷17％）だけである。トランストレンドが棒に振った期間はそれよりもさらに短い。ダンは大きな実績を上げたあと、数年前に落ち込んだが、それでも棒に振ったのはわずか4年（60.3％÷14.4％）で、複利リターンはMSCIワールド指数をはるかに上回る。

　各ファンドのMSCIワールド指数との相関を見てみると、大きな正

表1.1 パフォーマンスの比較

	年次複利リターン（%）	最大DD（%）	MSCIワールドとの相関	開始日
MSCIワールド・トータル・リターン	8.0	-55.0		77/02
ミルバーン・マルチ・マーケット	16.6	-25.6	-0.01	77/02
ダン・ワールド・マネタリー・アンド・アグリカルチャー	14.4	-60.3	-0.03	84/11
ハイマン・ベック・グローバル・ポートフォリオ	11.1	-29.3	-0.10	91/04
スーパーファンド・グリーンQ AG	12.1	-32.8	-0.05	96/03
マルビニー・グローバル・マーケット・ファンド	15.4	-41.3	-0.16	99/05
トランストレンド・スタンダード・リスク	9.8	-10.9	-0.05	92/06
サンライス・エクスパンデッド・ダイバーシファイド	11.9	-19.9	-0.13	96/01
ウィントン・フューチャーズ・ファンドB	16.2	-25.6	0.00	97/10
レイバー・マーケット・リサーチ・ダイバーシファイド・プログラム	12.9	-29.8	0.01	89/01
クラーク・キャピタル・マネジメント・ワールドワイド	13.8	-26.6	-0.11	96/01
チェサピーク・キャピタル・ダイバーシファイド	12.8	-27.8	0.15	88/02
アブラハム・トレーディング・カンパニー・ダイバーシファイド・プログラム	18.7	-32.0	-0.08	88/01
エストランダー&パートナーズ．アフファ・トレンド	12.1	-16.5	0.08	91/10

の相関を持つものは1つもない。つまり、MSCIワールド指数はあなたのリターンにはほとんど影響を及ぼさないため、この戦略を使えば、MSCIワールド指数が上がるか下がるかは気にする必要はないということである。これは分散された先物戦略が毎年正のリターンを生みだすというわけではなく、正のリターンと負のリターンを生みだす時期がMSCIワールド指数のそれとは無関係という意味である。観察眼の鋭い読者なら、これらの戦略は株式ポートフォリオを補完するものにはならないのではないかと言うかもしれないが、実はこれらの戦略は株式ポートフォリオを補完するものになるのである。でも、ここでは結論は出さないでおこう。

トレンドフォロー戦略に対する批判

　トレンドフォローに基づくトレードに関する批判のなかには的を射たものも確かにあるが、軽薄な批判もある。的を射た批判の1つは、業界が発表する数字は生き残りバイアスを内包しているというものだ。つまり、関連する指数は今生き残っているファンドだけで構成されており、すでに消滅したファンドや小さすぎて指数には入らないファンドは成績を提供するはずもなく、したがって指数の数字は過大評価されているということである。パフォーマンスが悪かったり、時価総額が減少した銘柄がS&P500から叩き出されてしまうのと同じだ。生き残りバイアスはどの指数にも当てはまることであり、そのため指数は実際よりもよく見えてしまう。これはあるアセットクラス特有の問題ではない。いずれにしても、本書における分散された先物戦略のパフォーマンスの議論は、指数のパフォーマンスには依存しない。アセットマネジャーの比較にはいろいろなビッグプレーヤーが含まれ、そのなかには成績のふるわなかった時期を経験した者も入っている。彼らの戦略には素晴らしい側面もあるが、重大な短所や潜在的な問題もあるため、十分な注意が必要だ。本書ではバラ色の部分だけを取り上げることなく、長所も短所もすべて紹介したいと思う。これは逆効果になるかもしれず、正直言って不必要なことかもしれないが、それでも私は長所も短所も包み隠さず紹介するつもりだ。

　もう1つよく言われるのは、高いレバレッジを掛けることで戦略はリスクの高いものになるというものだ。これはレバレッジとリスクという2つの概念をよく理解していないために発せられる言葉だ。レバレッジとリスクは必ずしも関連性があるものではない。クロスアセットの先物戦略を扱うとき、レバレッジを定義するには注意が必要だ。名目上の丸代金を足し合わせて、資産で割るというのは正しい定義にはならない。金の100万ポンドのイクスポージャーと、EURIBOR（欧

州銀行間取引金利）の100万ポンドのイクスポージャーとではリスクは同じではない。金は1日に数％動くが、EURIBORは1日に数ベーシスポイントしか動かない。もちろん、これらの先物戦略は名目イクスポージャーは高いが、それをリスクと混同してはならない。これらの戦略はリスクは高いが、株式ポートフォリオのバイ・アンド・ホールドが必ずしもリスクが低いわけではない。

トレンドフォロー戦略では、空売りのポジションを頻繁に取る必要がある。買うのと同じくらいの頻度で売る必要がある。売れば、無限の潜在的リスクを抱え込むことになるという批判もあるが、これは市場のメカニズムを理解していない証拠だ。株式と同じように、テーブルの上に置いたものを失うリスクはあるが、置いたもの以上を失うことはない。先物取引は理論的には損失は無限だが、口座に無限の証拠金がないかぎり、無限の損失を被ることはない。私の経験から言えば、買うよりも売るほうが難しいが、だからといって、売るほうがリスクが高いわけではない。特に、大きな分散化ポートフォリオの場合はそうだ。一方、売りはリターン分布が大きく偏る傾向がある。したがって、ヘッジ戦略としての魅力は増す。

マネージド・フューチャーズ・ファンドは大きく長いドローダウンが発生するときがある。これは事実だ。だから、始めるときには注意が必要だ。人は例えばドローダウンが20％といった具合に、パーセンテージでものを考えたがる。詳しくはこのあとの章で話すが、ポジションサイズを調整することでリスクファクターなんて簡単に変えられるため、パーセンテージなんて役には立たない。問題はむしろ、長期リターンで最悪のドローダウンの埋め合わせができるかどうかであって、その場合、みかけの数字なんてまったく意味をなさない。ドローダウンは発生すればつらいが、伝統的な株式のバイ・アンド・ホールドよりも悪いというのは事実ではない。2008年に株式市場（MSCIワールド）が底を付けたとき、資産はピークから55％も下落し、1990

年代半ばの水準に戻った。分散された先物戦略が15年間累積してきた儲けを失うなんてことは聞いたことがないが、バイ・アンド・ホールド戦略は多くの人により安全な代替投資だと考えられているのが実情だ。

　もちろん、ある戦略が過去30年から40年うまくいったとしても、それが次の10年や20年うまくいくとは必ずしも言えない。私たちは定量的な確実性について話しているわけではなく、将来を予測しようとも思わない。私たちがここでやっているのは、確率を少しだけ私たちに有利な方向に傾けて、何度も同じことを繰り返そうとしているだけである。これからもトレンドフォロワーにとって悪い年もあれば、良い年もあるだろう。長期的には高い絶対リターンを生みだし、伝統的な投資手法を上回る確率が高いが、私たちは確率で物を考えているのであって、確実性のことを言っているのではない。このビジネスに保証はない。どんな戦略を選ぼうとだ。何か大きな問題が発生して、トレンドフォロー先物トレードの栄華が終わってしまうとは思わないが、これもけっしてありえないことではない。恐竜だって巨大な隕石が宇宙から降ってきて、消滅させられるとは考えなかったはずだ。どちらも確率としては低いが、けっしてあり得ないわけではないのである。

ビジネスとしてのマネージドフューチャーズ

　本書は主として他人のお金を運用するマネーマネジャーとしてトレンドフォロー先物戦略をトレードする方法について書いたものだ。でも、なぜ人は他人と利益を共有したいと思うのだろうか。長期的に高いリターンが望める良い戦略を持っている場合、その戦略を自分だけの秘密にし、自分のお金だけをトレードしたいと思う人もいるだろう。規模を拡大できず、小規模でトレードしなければならない戦略だとなおさらだ。しかし、大きな資産で運用可能な戦略の場合、利益を共有

してもマイナスにはならず、むしろ得るもののほうが多い。

　初心者の場合、十分な分散化を図り、ボラティリティを抑えてトレンドフォロー戦略でトレードするには大きな資金が必要だ。トレードする技術があったとしても、許容できるリスクで高い分散化を図るだけの資金が足りない場合もあるだろう。そこであなたのお金と他人のお金を共同運用することに意味が出てくるのだ。彼らのお金を運用することで彼らにその代価を請求し、それに加えてあなたのお金も運用すれば、かなり魅力的な仕事になる。自分のお金を運用するのと同じことをやって、収入が入るのだ。あなた自身の利益だけでなく、顧客の利益の一部も得られるわけだから万々歳だ。

　ヘッジファンドを立ち上げ、あなたのお金に加えて外部からのお金も引き受け、1つの口座として運用すれば、作業量の上昇は最小限に抑えたうえで、所得能力は劇的に上昇する。顧客ごとの口座で運用すれば、管理面での作業量は若干増えるが、速く安くスタートできるので経済的にはメリットになる。初心者としては管理報酬によって安定した収益が確保できるため、長期的な運用に集中することができる。この戦略には忍耐力が必要で、毎月利益を得なければならないという経済的なプレッシャーがあればうまくいかない。利益が横ばいになったりマイナスになる時期が長引くこともあり、そういう時期は耐え抜くしかない。あなたの目標はドローダウンを許容範囲内に抑えながら、長期的に大きなリターンを上げることである。外部の投資家のために得た利益の一部を得られるので、良い年の所得能力は自分のお金だけを運用して得られるものをはるかに上回る。

　10万ドルを投資して、1年に20％のリターンが得られれば、2万ドルの利益になる。これは大きな利益だ。しかし、外部の投資家のお金を100万ドル預かり、1.5％の管理報酬と利益の15％の成功報酬が得られれば、管理報酬として1万5000ドル、成功報酬として3万ドル得られる。大きなポートフォリオを構築して同じことをするだけで、2万

ドルではなく、6万5000ドル得られることになるのだ。トレンドフォロー戦略を使うマネージドフューチャーズの魅力は、規模を拡大できることである。作業量はあまり増やさずに、基本的に同じことをして、外部のお金から大きな利益を得ることができるのである。

外部のお金を運用する場合、その戦略に厳密に従うだけでなく、関連する報告書を作成したり、分析したり、適切な書類を作成したりといった受託者責任を負う。これは雑用に思えるかもしれないが、勤勉さを要求されることは悪いことではなく、常にプロとして行動するうえでは不可欠な要素だ。

他人のお金を運用するマイナス面は、自由度が減ることである。投資家に対する売り込み文句として使った、プランと原則に従うという約束を守らなければならない。また、自分自身の口座だけで運用するときよりもとるリスクを減らさなければならない。自分のお金だけを運用しているトレーダーは資産の60％や70％を失っても、3桁の年間リターンが得られればそれでよいが、これはプロのマネーマネジャーとしては売り文句にはならない。潤沢な資金を持つ投資家、特に機関投資家は、たとえリターンは低くても、リスクを低くしたいというのが本音なのだ。

先物運用ビジネスは、注意深く、適切なプランをもってやれば、非常に儲かる商売だ。1970年代からこのビジネスで巨額の富を手に入れた有名なトレーダーはたくさんおり、この分野の公募ファンドの数も増えている。

ビジネスの観点から言えば、ほかのタイプのビジネスに比べるとこのビジネスは非常に分かりやすい。若干簡単ではあるが、このビジネスの手順を示しておこう。

1．お金を投資してくれる顧客を見つける。
2．彼らに代わって先物をトレードする。

3．管理報酬として毎年決まった率の手数料（通常1～2％）をもらう。
4．利益が出たら、成功報酬をもらう（通常、利益の10％～20％）。

　このビジネスモデルで最も良い点は、1000万ドル運用するのも、2000万ドル運用するのも難しさは変わらないという点だ。コストはほとんど同じだが、収益は倍になる。このビジネスモデルは規模を拡大できる。資産がかなりの額に増えるまでは、同じ戦略を同じ方法で行えばよく、変更しなければならないのはポジションサイズだけだ。資産が5億ドルから10億ドルに増えたら、アセットアロケーションと流動性という新たな問題に直面するが、これはむしろ楽しい問題だ。

　このビジネスを始めるときに最も難しい問題は、まったく新たな商品を提供する新参のマネジャーに投資してくれる顧客を探すことである。お金持ちのおじさんが定年退職して、数千万ドルのお金をあなたに投資してくれなければ、ビジネスを始めるための資金作りに苦しむことになるだろう。潜在的な顧客に話を持ちかける前に、彼らに売る信頼のおける商品が必要だ。つまり、投資戦略だけでなく、それを実行するあなたの能力を示す必要があり、そのビジネスに詳しいことも示す必要があるということである。本書の役割は投資戦略の設計方法を示すことである。本書を読み終えたときには、戦略構築の基礎となる良いプラットフォームが得られていることを願うばかりだ。

　ただ単にあなた自身のお金をトレードするのではなく、先物トレードをビジネスとして行うには方法は2つある。

●**マネージドアカウント**　伝統的な手法。顧客は自分名義の口座を持ち、彼らに代わって売買する権利を運用者委任する。設定や法体系がきわめて簡単で、顧客は高度の柔軟性と安全性とを確保できる。各口座は完全に分離されているため、顧客はリスクや、言えばトレーダーが聞き入れてくれるようなことに関しては要望を出すことが

できる。トレードの簡素化を望むのであれば、証券会社やプライムブローカーのマネージド・アカウント・プラットフォームの利用も可能だ。これは１つの口座を開き、顧客の口座の大きさに応じて自動的にトレードを配分してもらうというものだ。お金は顧客自身の口座にあるため、顧客はいつでも口座の残高を確認できるし、通知することなくいつでも解約することができる。仲介者はおらず、証券会社は口座状況を顧客に直接報告するため、マドフのような詐欺事件とも無縁だ。ただしマネーマネジャーにとっては、マネージドアカウントはときにはヘッジファンドよりも管理作業が多くなる。

●**ヘッジファンド**　すべての顧客の口座は１つの大きな口座で運用される。証券会社によっては口座を分ける場合もあるが、基本的にはすべての顧客のお金は１カ所に集められ、一括して運用される。そのため、顧客の報告書や事務処理は簡素化されるが、オンショアとオフショアの組み合わせから成る複雑な組織を持つ場合もある。

どちらを選ぶにしても、それぞれの長所と短所を知っておく必要がある。プロの投資家はマネージドアカウントを好む人が増えているが、それは法的なリスクを軽減するためだ。しかし、マネージドアカウントはヘッジファンドのスキームよりも顧客に多額のお金を預け入れてもらう必要がある。さらに、あなたやあなたの潜在的な顧客がどこに住んでいるかによっても状況は異なる。適用される法体系を調べ、どういった法律が適用されるのかをチェックする必要がある。マネージドアカウントやヘッジファンドを創設するには、創設する地域の規制当局の許可を得る必要があり、その条件を満たさなければライセンスは剥奪される。

トレードビジネスと個人的なトレードとの違い

　個人の口座を運用するのと、ヘッジファンドなどのプロのアセットマネジメントを運用する場合の最大の違いは、ボラティリティである。あなたのファンドのボラティリティがあまりにも高ければ、投資家はあなたにお金を預けたいとは思わないだろう。あなたのリスク選好や期待リターンにもよるが、小さな個人口座で一時的に50％のドローダウンが出ても大したことはないが、そのトラックレコードでは外部の顧客を得ることは難しい。

あなたの戦略は売り物になるか

　自分自身の口座でトレードしたり、信頼の置けるごく一握りの人々の口座を運用する場合、あなたのアイデアがどれほど優れているかをだれに説得する必要もなく、あなたが良いと思うものをトレードできる。本当に強いトレーダーで、素晴らしい実績を持っていれば、ヘッジファンドやプロのマネージドアカウントでも同じことができるかもしれないが、ブラックボックスファンドはもう過去のものだ。潜在的顧客に自分をただ信じてくれと言うだけでは、あなたの戦略がいかに素晴らしいものかをほのめかすだけでは、もう売り文句にはならない。あなたの新しいファンドのために資金を募るのなら、あなたのファンドが何をするのか、あなたのファンドはほかのファンドとどこが違うのかをはっきり示す必要がある。これはあなたの手の内をすべて暴露したり、プログラムのソースコードを開示せよという意味ではなく、あなたの戦略の基本的な考えや、市場のどういった現象をあなたは利用しようとしているのかや、それをどうやってやるつもりなのかをはっきりと説明できなければならないということである。また、リスク特性やリターン特性、それにどういったボラティリティでどういった

リターンを目指すのかも説明できなければならない。また、あなたの商品の独自性、そして長年にわたる輝かしい実績を持つほかの先物マネジャーの似たような商品ではなく、あなたの商品をなぜ買わなければならないのかも説明できなければならない。

プレゼンテーションやマーケティングの技術も必要になる。あなたの戦略の信頼のおけるシミュレーションがあるのなら、チャートやデータをフルに使って説明する。あなたの哲学や戦略を示すプロらしく見えるようなファクトシートを作成し、そのときの市場になぜあなたの商品がふさわしいのか、競合の戦略よりもあなたの戦略のほうがなぜ強いのかを示すのだ。

ビジネスを始めるための資金調達には困難を伴い、作業量もはんぱではない。これによってあなたのプロジェクトが成功するか失敗するかが決まるといっても過言ではない。初期資金を出してくれるようなコネがあったり友達がいればよいが、いなければかなりの苦戦を強いられることになる。素晴らしい戦略、個人口座での成功実績、市場での高い評判があったとしても、この段階ではまだ弱い立場にある。ビジネスを始めるための十分な資金を調達し、ビジネスを立ち上げるためには、不本意ながらも関連するファンドの年次手数料を支払うことも必要になる。

ボラティリティ特性

ボラティリティはパフォーマンスを買う通貨のようなものだ。顧客は支払ったものに見合うものが得られなければ、たちまちのうちに去ってしまうだろう。このビジネスには忠誠心という概念はない。これはおそらく進化論の観点からは良いことだ。ヘッジファンドには３年目の悪い年はない、ということわざがあるが、これは２年悪い年が続けば、投資家はいなくなり、そのファンドは廃業に追い込まれるとい

う意味である。

　シミュレーションでも、実際のトレードでも、リターンの数字だけでなく、ドローダウンとボラティリティにも注意が必要だ。過去30年間同じ戦略でトレードしていたら、最大DDがどうなっていたかをシミュレートしてみよう。ファンドやトレード商品を立ち上げたら、悪いことが起こることを想定しなければならない。ドローダウンとは、ファンドや戦略の過去の最高値からの下落幅を意味する。その年の最初の３カ月で20％の利益を出し、その次の３カ月で利益が10％になったら、10％利益を出しているにもかかわらずドローダウンは8.3％になる。

　あなたの戦略にとってどれくらいのドローダウンが普通なのか、それを取り戻すには通常どれくらいかかるのか、シミュレーションでは最長のリカバリー時間はどれくらいだったのかを知る必要がある。たとえドローダウンがそれほど大きくなくても、資産の新たな高値を更新するのに何年もかかるようでは、顧客をとどまらせることはできない。顧客はいつやってくるかは分からない。通常は月初めにやってくる。低価格で買った投資家は多少のドローダウンは我慢してくれるかもしれないが、高値で買った顧客はいらだつだろう。

　マネージドアカウントの顧客は一般にヘッジファンドの顧客よりも忍耐力がある。つまり、マネージドアカウントの顧客はヘッジファンドの顧客よりもそのマネジャーのところに長くとどまり、関係を終わらせるのにより時間がかかるということだ。これは、マネージドアカウントの顧客のほうがヘッジファンドの顧客よりもマネジャーとの個人的な関わりが強いせいだ。ヘッジファンドではマネジャーが顧客の名前を知ることはない。一方、マネージドアカウントの顧客は見つけるのが難しいというデメリットもある。彼らはより深い関係を求め、しっかりとした管理を求めてくる。

　リスク・リターン特性の測定によく用いられるのがシャープレシオ

だ。これは、ファンドの平均リターンから無リスク金利を差し引いた超過リターンをファンドのリターンの標準偏差で割ったものだ。システマティックな戦略の場合、シャープレシオが0.5を超えるものは許容可能とみなされる。シャープレシオは高いほどよいのは言うまでもない。しかし、シャープレシオは上方ボラティリティも下方ボラティリティもリスクととらえる。投資家にとってマイナスなのはこのうちの一方だけなので、こういった戦略にシャープレシオを使うことについては反論もある。シャープレシオはよく知られた指標であり、顧客に簡単に説明することもできるし、ファンド間の比較も可能なので、もちろんメリットもあるが、ソルティノレシオを併用したほうがよい。これはシャープレシオに似ているが、下方ボラティリティのみを、つまり目標収益を下回った際の収益のブレをダウンサイドリスクとしてとらえている点が異なる。

　あなたの戦略の潜在的ドローダウンとリカバリー時間を分析するときには、収益性も考慮する必要がある。管理報酬のみで少なくともブレークイーブンに持っていくことを目標にすべきだが、ヘッジファンドマネジャーや先物アカウントマネジャーは、本当の収益は成功報酬から得られるということが痛いほどに分かっている。2年間ドローダウン期間にあれば、2年間は成功報酬は得られず、収益に大きな差が出る。結局これはビジネスなのだ。

新規設定と解約

　顧客のお金の出入りはマネーマネジャーにとって頭痛の種だ。お金の出入りをどう管理するかについては明確なプランが必要だ。これは大きな問題であり、リターンに大きな影響を及ぼす可能性がある。お金が入ってきたら、同じ比率でそれまでのポジションに加えるのか、ポジションを選択的に増やすのか、そのお金で新たなポジションを立

てるのか、キャッシュで残すのかを決める必要がある。あなたの運用資金が小さく、分散された大きなポートフォリオを持っている場合、いくつかの先物はポートフォリオに3枚か4枚入っているはずであり、新たな資金を引き受け、運用資産が15％増えても、それに比例してポジションを増やせばよいというわけではない。解約に関しても同じことが言える。

　新たな資金が15％増えたが、ポジションサイズを増やすには少なすぎると判断した場合、すでに投資された分のリターンを効果的に希釈することができる。この場合、新規設定の資金の受け入れと解約に応じて各ポジションを調整するのが正しいやり方だが、ポートフォリオが小さい場合、手動で行わなければならない。あるアセットの先物を2～3枚しか保有していない場合、ポジションサイズには丸め誤差が生じている。その丸め誤差を相殺するために新規設定の受け入れと解約を使うことができる。資金を新規に受け入れた場合、ポジションを選択的に増やすことができる。その場合、前の丸め誤差があるので、ポジションは若干少なめか多めになる。大きな資本がない場合は、裁量的判断が必要になる場合もある。

　株式ファンドのような現物ベースの戦略に比べて先物戦略の良い点は、解約に応じるためのキャッシュが口座に十分にあるという点だ。解約の資本全体に占める割合がそれほど大きくないかぎり、解約したり、割合を減らしたい顧客に対する支払いに応じるのに何も清算する必要はおそらくはないはずだ。

心理的な違い

　シミュレーションデータを見直して、15％のドローダウンが発生していても、それは大したことではないが、初めて巨額のお金を失ったとき、感じ方は違うだろう。あなたの目の前でファンドの純資産がカ

チカチと音を立てて目減りしていくのを見るときの心のストレスは精神的に大きな打撃を与える。その日はついてなくて、あなたの前で赤い数字が秒刻みで拡大し、1秒で何万ドルものお金を失っていくとき、じっと座ってあらかじめ決めたルールに従うのは大変な規律が必要になる。こんな状況で早まった決定をするのは良い考えではない。状況に応じてどう対処するのか、事前にプランを立てることが重要だ。シミュレーションは5％の下落はあり得ることを示しているが、それよりもはるかに大きく下落した場合、どんなに苦しくても、その戦略を打ち切り、サイドラインに下がってはいけない。

　これは口で言うのは簡単だが、従うとなると難しい。これはごく普通の感覚だが、苦痛を感じなくなるまでには、こういった難しい時期を何回か体験する必要がある。戦略がうまくいかなくなったとき破棄したい衝動に駆られることは必ずあるが、そんなときに備えて事前にルールを作っておく必要がある。ついてなくてストレスを感じる日に意思決定をするのは避けるべきであり、事前のプランに従うことに集中すべきである。

　健全さを保つためには、数字を見ないようにするのも一案だ。ファンドの資産を実際のお金とは見ないで、モノポリーゲームのようなスコアとして見るのだ。失ったお金を現実世界のものと考えれば、大局を見失ってさらなる損失を出したり、価格が戻ったときに大きな機会を逃すことになる。もっと悪いのは、最近出した損失を管理報酬や成功報酬に換算して、そのお金があったら何をしただろうかと考えることである。結局、これはモノポリーゲームなのだから。

　ヘッジファンドマネジャーは自分の資産の大部分をファンドに入れておくべきという不文律があるが、これはコインの両面だ。自分のお金をファンドに入れておけば、金銭的な利害は投資家のそれに一致する。つまり、彼らが損をすれば、自分も損をし、彼らが利益を得れば、自分も利益を得るということである。もちろんそうではあるが、マネ

ジャーとしては利益の大半は成功報酬によって得られるわけだから、利害はすでに一致しているわけである。自分のお金をファンドに入れることには心理的なストレスがかかる。自分のお金の大半をファンドに入れておけば、ファンドをモノポリーゲームとして見られなくなる。マネジャーのお金をファンドに入れることを好ましく思う投資家は多い。彼らは、マネジャーが彼らのお金をファンドには入れないで、より合理的な考えができれば、パフォーマンスが上昇することを忘れてしまっているのだ。感情にまかせて投資判断を行うことほど悪いことはない。

第2章 先物データとツール
Futures Data and Tools

アセットクラスとしての先物

　先物はアセットではなく、金融商品だ。私がこれをアセットクラスというのには理由がある。それは、先物はアセットクラスとして扱うことができるからである。先物の最も面白い特徴は、標準化され、取引所に上場されているという点である。したがって、ほかのアセットクラス同様に、原資産が何なのか気にすることなく、アセットクラスとしてほかのアセットクラスと同じ方法でトレードすることができる。先物はシステマティックトレーダーにとってさまざまな利点があるが、当然ながらそれ特有の難点もある。先物戦略では、株式から債券、貴金属、穀物、畜産にいたるまであらゆる物をトレードできる。規格化された商品なので、基本的な特徴は同じである。分散効果をフルに生かしたポートフォリオ戦略を構築することを考えているのなら、これはまさにその夢をかなえてくれるものだ。原資産がS&P500なのか、金なのか、トウモロコシなのか、畜産なのかは気にすることなく、すべて同じように扱うことができる。もちろんボラティリティ特性は異なるため、それはコア戦略で解決する必要はある。

　専門的に言えば、先物取引とは、将来の一定の時期に取引を執行する義務のことを言う。買い手は納会日に原資産を買う義務を負い、売

り手は納会日に同じ価格で同じ原資産を売る義務を負う。先物は元々はリスクヘッジが目的だった。例えば、2カ月先に10トンのトウモロコシを収穫できるトウモロコシ農家が、売値を一定価格に固定できれば、価格の下落の影響を受けることはない。また、米国の会社が6カ月後に1000万ユーロの入金を予定している場合、通貨リスクを避けるために、先物を使って価格を事前に一定価格に固定することも可能だ。先物の大きな特徴は、規格化されていることと、取引所で取引されていることである。したがって、受け渡しの詳細が事前に細かく決められており、そのため義務を移転することが可能になる。つまり、反対売買を行って義務から開放されるということである。例えば、金先物を買ったとすると、あとから金を受け取らなければならないという意味ではなく、納会日が来る前に同じ取引所で同じ限月の金先物を売ればよいのである。実際には、大部分の先物取引は、原資産そのものには興味のない投機家によって行われている。投機家は納会日が来る前に反対売買を行ってポジションを手仕舞いするため、物が物理的に受け渡しされることはない。

　あなたも含め、投機家の目で先物を見ると簡単に理解できる。あるアセットの価格が上昇すると思った場合は先物を買い、下落すると思った場合は売ればよい。株を買うときには普通はすぐに、あるいは少なくとも購入から3日以内に全額を支払わなければならないが、先物の場合はそうではない。最初に準備するお金は取引所が定めた最初の証拠金だけでよい。これは普通は丸代金のほんの一部だ。つまり、あなたが望めば高いレバレッジ効果を期待できるわけである。証拠金取引には大きなリスクも伴うが、レバレッジを適切な分散化を図るための手段として使えば、リスクは必ずしもそれに伴って上昇するわけではない。

　先物取引所はいわゆる値洗い方式を取り入れている。これは、毎日その日の終わりに損益を確定することを意味する。先物の損益は日々

累積されることなく、トレード日ごとに現金口座で現金で清算される。例えば、10枚の金先物を買い、昨日の金の終値が1650ドルで、今日の終値が1652ドルだとすると、その日の利益は1オンス当たり2ドルになる。金の取引単位は100オンスなので、総利益は2000ドルになり、ポジションが未決済でも、その日の終わりには口座残高が2000ドル増えることになる。

名目元本、つまり額面イクスポージャーの計算も簡単だ。市場価格が1652ドルなので、それに取引単位である100を掛け、10枚持っているのでさらに10を掛ければ、現在の保有価値は165万2000ドルと算出できる。これは、この額のお金を口座に入れておかなければならないということではなく、口座にはその一部（証拠金）を入れておけばよい。当初証拠金の額は市場ごとに異なり、一般にその商品のボラティリティが低いほど、証拠金の額は少なくて済む。一般に、当初証拠金は約定金額の10％前後だが、アセットによってはこれよりも高かったり安かったりする。5％から15％というのが一般的だ。各アセットの委託証拠金は取引所の規定に基づき、いつ変更されるとも限らない。トレードしている商品の委託証拠金の更新には十分に注意し、口座に十分なお金があることを確認しておくことが重要だ。

口座残高が減少して要求される証拠金に満たなくなったら、追加金（追証）を差し入れて証拠金を満たすようにしなければならない。でなければポジションは解消させられる。これを維持証拠金という。

砂糖を5枚買いたいと思っていて、今の価格が24.82セントだとする。砂糖の取引単位は11万2000ポンドなので、1枚当たりおよそ2万8000ドルで、5枚買いたいので、購入額は14万ドルになる。そのときの最初の証拠金が1枚当たり2030ドルで、維持証拠金が1450ドルとする。したがって、砂糖を5枚買うには、14万ドルではなく、1万0150ドルあればよい。これは14万ドルのおよそ7.3％だ。しかし、維持証拠金の7250ドルを下回らないように注意しなければならな

表2.1　先物の特徴

特徴	説明
ティッカー	先物市場のコード。例えば、GCはニューヨーク商品取引所の金先物を意味する。ティッカーは残念ながら標準化されていないため、データベンダーごとにティッカーは異なる。複数のデータベンダーを使っている場合、自分で参照表を作成しておくとよいだろう。
限月	限月はアルファベット1文字で表される。幸いにもこれは標準化されているため、どのベンダーも同じ文字を使う。表2.2に示すように、1月から12月まではそれぞれF、G、H、J、K、M、N、Q、U、V、X、Zで表される。
年	先物の限月がいつの年のものかを表す。現在年でなければ、次に限月がある年を表す。
コード	先物は上の3つを組み合わせたコードで表される。したがって、2012年6月が限月のニューヨーク商品取引所の金はGCM2と表される。
納会	決済や実際の受け渡しによって先物取引が終了する日。トレーダーにとってこれが当てはまるのは金融先物のみ。先物の商品や受け渡し可能な物についてはこれは当てはまらない。受け渡し可能な先物は納会日以前に反対売買を行って取引を終了させる必要がある。
最終取引日	これは注意しなければならない日だ。市場によってルールは異なり、呼び方も違う（最初の通知日など）が、すべての先物は取引の最終日があらかじめ決められている。物理的に受け渡し可能な先物の場合、この日を過ぎてもポジションを清算していなければ、現物を受け渡したり、受け渡しを受ける義務を負う。でもこういったことは実際には起こらない。もしあなたがポジションを清算しなければブローカーが強制的にポジションを清算するからだ。しかし、こういったことが起こらないように、期限内にポジションを清算するかロールオーバーしたほうがよい。
取引単位	先物1枚がどれくらいの量に相当するのかを示す。例えば、ニューヨーク商業取引所の原油は1000バレルが1枚に相当し、インターコンチネンタル取引所のスイスフランは12万5000CHFが1枚に相当する。
ポイント値	ほとんどの先物では取引単位とポイント値は同じである。しかし、クロスアセット先物の場合は例外で、損益やリスクを計算する標準的な方法が必要で、先物が1ポイント変動すると損益がいくらになるのか知る必要がある。債券先物の場合、取引単位を100で割ったものがポイント値になる。マネーマーケット先物の場合は、取引単位を100で割って、さらに期間で調整しなければならない。したがって、取引単位が100万の3カ月物ユーロドル先物のポイント値は2500（1,000,000/100/4）になる。トレードしたい先物のポイント値の参照表を作っておくとよいだろう。ティック値と

特徴	説明
	ポイント値を混同するデータベンダーもいるので注意が必要だ。私の場合、ポイント値は、1ティックの動きではなく、1フルポイント動いたときの利益変動という定義に従っている。
通貨	ポイント値が意味をなすためには、先物がどういった通貨で取引されているのかを知り、それをポートフォリオのベース通貨に変換しなければならない。
当初証拠金	これは取引所が決めるもので、先物1枚につき担保としていくら口座に入れておかなければならないかを規定したもの。ポジションが逆行した場合、追証を差し入れる必要があるため、証拠金ぎりぎりで取引するのはやめたほうがよい。口座に十分な証拠金を維持できなければ、ブローカーによってポジションは手仕舞いさせられる。
維持証拠金	先物取引を維持するのに必要なお金。口座残高がこれを下回った場合、ポジションを手仕舞いするか、追証を差し入れなければならない。
取組高	ほとんどの金融商品はヒストリカルデータの項目として始値、高値、安値、終値、出来高があるが、取組高というのはデリバティブ特有のもの。これは市場参加者によって現在保有され、まだ手仕舞いされていないポジションがいくらあるかを示したものだ。先物はゼロサムゲームなので、だれかが売っているものはだれかが買っている。取組高は買いと売りを別々にカウントする。
セクター(アセットクラス)	先物をセクターに分類する方法はいろいろあるが、本書では私たちのニーズに合うように包括的に分類し、通貨、株価指数、金利、農産物、非農産物の5つに分類する。

い。口座残高がこれを下回ると、ポジションを解約するか、追証を差し入れて最初の証拠金の1万0150ドルにまで戻さなければならない。

株などの現物商品と先物などのデリバティブとの大きな違いは、先物には期限があるという点だ。各先物取引には取引が終了する納会がある。つまり、1つの限月から別の限月への乗り換え(ロールオーバー)日を把握しておかなければならないということである。

デリバティブのなかでも先物は比較的簡単な商品だ。先物の基本的な特徴は**表2.1**に示したとおりである。限月はアルファベットコード

表2.2　先物の限月コード

月	コード
1月	F
2月	G
3月	H
4月	J
5月	K
6月	M
7月	N
8月	Q
9月	U
10月	V
11月	X
12月	Z

で示される（**表2.2**）。

先物取引所

　先物取引所は世界中にたくさんあるが、分散戦略を使う先物マネジャーにとって最も重要なのは米国にある2～3の大きな取引所である。ほとんどの取引所はウエブサイトを設けており、彼らが提供する商品に関する役立つ情報を提供してくれているので、一見の価値はある。**表2.3**に挙げた取引所は本書のなかで先物取引に使う取引所だ。

先物と通貨イクスポージャー

　あなたが国際的な投資家やトレーダーで、株式などの現物商品の取引に慣れている場合、先物の通貨イクスポージャーという概念は現物

表2.3 先物取引所

省略名	名前	ウエブサイト	注記
ASX	オーストラリア証券取引所	www.asx.com.au	
CBOT	シカゴ商品取引所	www.cbot.com	
CME	シカゴ・マーカンタイル取引所	www.cme.com	
COMEX	ニューヨーク商品取引所	www.comex.com	NYMEXの貴金属部門
ICE Futures US	インターコンチネンタル取引所	www.theice.com	以前のNYBOT
EUREX	ユーレックス取引所	www.eurexchange.com	
Euronext	ユーロネクスト	www.euronext.com	
HKEX	香港証券取引所	www.hkex.com.hk	
ME	モントリオール取引所	www.m-x.ca	
MEFF	スペイン先物取引所	www.meff.es	
NYMEX	ニューヨーク・マーカンタイル取引所	www.cme.com	今はCMEの一部門
SGX	シンガポール取引所	www.sgx.com	
TGE	東京穀物商品取引所	www.tse.or.jp	TOCOMに統合
TOCOM	東京商品取引所	www.tocom.or.jp	
TSE	東京証券取引所	www.tse.or.jp	
WCE	ICEフューチャーズ・カナダ	www.theice.com/clear_canada.jhtml	以前のウィニペグ商品取引所
CSCE	コーヒー・砂糖・ココア取引所	www.theice.com	今はICEの一部門
NYCE	ニューヨーク綿花取引所	www.theice.com	今はICEの一部門

の通貨イクスポージャーとはまったく異なるので困惑するかもしれない。現物商品の場合、通貨イクスポージャーは非常に分かりやすいが、先物の場合は必ずしもそうとは言えない。あなたがスイスを拠点とする投資家で、ニューヨークでIBMを10万ドル買おうとしている場合、それを買うためのドルも買う必要がある（ここではロンバード貸し付けについては無視する）。つまり、あなたはIBMの株価に対する10万ドルのイクスポージャーだけでなく、ドル（USD）対スイスフラン（CHF）に対する10万ドルのイクスポージャーも負うということである。このイクスポージャーは投資リターンに大きな影響を及ぼし、クオンツ分析でも重要なファクターになる。次の例を見てみよう。

- あなたはスイスを拠点とする投資家で、2007年5月にIBMを1株100ドルで1000株買う。
- そのときの為替レートはおよそ1.21なので、IBMを1000株買うためには12万1000スイスフランの両替が必要になる。
- それから3年後、IBMの株価は122ドルに上昇したので、売って22％の利益を手にしたいと思っている。
- 今のレートはおよそ1.01だ。
- IBMを12万2000ドルで売り、それをスイスフランに両替すると、12万3000スイスフランにしかならず、手数料を払ったらいくらも残らなかった。

これは現物の株式戦略で昔からある問題で、すべての通貨リスクをヘッジするか、戦略と通貨取引を同時にやるか、あるいはすべての通貨イクスポージャーを受け入れるかのいずれかを選択しなければならない。しかし、先物の場合は状況がまったく異なる。

先物ポジションを保有するとき、手数料以外、お金のやり取りはない。保有したポジションは、将来何かを買ったり売ったりする義務で

しかない。前にも言ったように、大部分の先物は実際に買ったり売ったりする前に反対売買をしてポジションを手仕舞いすることが多い。しかし、今はこういう話をしているのではない。ポジションを保有するときにお金のやり取りがないということは、現物取引よりも外為リスクがはるかに少ないことを意味する。IBMの例に似た次の例を見てみよう。

- あなたはイギリスを拠点とする投資家で、ナスダック先物を1枚2000ドルで10枚買う。このときの為替レートは1.56だが、これはほとんど無関係だ。
- 数週間後、1834ドルで売ってポジションを手仕舞いする。
- このときの損失は16万6000ドルだ。これは、2000ドルと1834ドルの差額にポイント値（ナスダックの場合は100）を掛けて、それに枚数である10を掛けて算出した。
- ポジションを手仕舞いした時点での為替レートは1.44なので、あなたの通貨での損失はおよそ11万5300ポンドということになる。ポジションを保有するときの為替レートはこの数字とはまったく無関係だ。

ポジションの最終的な決済と関係がある為替レートは手仕舞いした日の為替レートだけである。つまり、損益をあなたの基準通貨に換算するときだけである。しかし、為替レートの変動が先物の損益とまったく無関係というわけではない。先物にも通貨イクスポージャーは存在するが、現物商品のように名目元本には影響は及ぼさず、イクスポージャーにさらされるのは損益だけである。つまり現在の損益のみが通貨リスクにさらされるということである。したがって、先物の通貨イクスポージャーはきわめて動的で、その度合いもポジションの変動に伴って時々刻々と変化する。これは現物商品を売買する戦略を扱っ

ているときよりもはるかに小さい値だが、ヘッジするのはかなり難しい。損失を出したときに借り越しすることで不必要な料金を取られなくても済むように、ブローカーの口座にはいろいろな通貨の現金を少しずつ準備しておいたほうがよいだろう。

重要なのは、先物の損益には通貨リスクが必ずあるため、十分に注意する必要があるということである。

先物データ

クオンツ戦略を扱うときに最も重要なのはデータである。あなたがやるあらゆることはそのデータがベースになる。したがって、データに少しでも問題があれば、計算値やアルゴリズムは無駄になり、実際のトレード結果はシミュレーションから予想されるものとは大幅に違ってくることもある。株などの現物商品に比べ、先物の時系列分析が複雑なのは、先物には期限があるからだ。各アセットやS&P500、銀、トウモロコシなどを原資産とする先物はいつでも大量に取引されており、各先物は限月がそれぞれに異なり、取引価格もそれぞれに異なる。長期シミュレーションを行い戦略を検証するには、長期にわたるデータが必要になるが、先物の世界ではこれが決定的に不足している。私たちが持っているのは必要な期間の一部だけをカバーする時系列データだけであり、このデータから長期時系列データを構築するかどうかは私たちトレーダーやアナリスト次第だ。

納会がある先物

発会したばかりの新甫限月では納会までまだ間があるため、取引はあまり活発ではない。今から数年先に受け渡しがあるような小麦のトレードにはだれも興味を示さず、そういった先物は納会が近づくまで

流動性は比較的低い。各先物市場には最も流動性が高く、だれもが売買している先物取引が１つある。これは納会が最も近い期近限月である場合もあるが、常にそうではなく、流動性がほかの限月に移るのがいつなのか、あるいはどの限月に流動性が移るのかについては明確なルールはない。株価指数先物や通貨先物など、市場によっては流動性の変化が予測可能で非常に分かりやすい場合もある。こういった市場では、流動性の変化が明確であり、最も流動性の高い限月は納会までの時間が最も短い限月で、流動性は納会日かその１日か２日前にほかの限月に移動する。商品先物市場では、流動性の切り替わりや次にアクティブになる限月がまったく予測できないものもある。

　１つの市場だけをトレードしている人は、市場をじっくり観察し、トレーダーの関心が１つの限月から別の限月に移り変わったらすぐに気づくことができるが、いろいろな市場でトレードしているシステマティックトレーダーはそういった変化を自動的に察知できるような方法を見つけることが必要だ。一般的なトレーダーの観点から言えば、本当に重要なのは最も流動性の高い限月だけである。同じ市場で異なる限月間の価格の違いを利用するCTA（商品投資顧問業者）マネジャーもいるが、一般には最も多くトレードされる限月のみを重視する戦略が普通だ。

　図2.1は2011年の３つの限月のS&P500先物の取組高を示したものだ。この市場の限月は３月、６月、９月、12月の４つだけで、３月限が納会になると、取引は６月限に移り、６月に納会になると、９月限に移る……といった具合に限月が移っていく。６月限は６月16日に納会になるため、その少し前にその限月の取組高は減少し始め、次の限月の取組高は増え始める。**図2.2**は、６月限と９月限は納会が近づくと出来高が急激に増えることを示したものだ。取組高とは市場でまだ手仕舞いされていないポジションの数を表す。つまり、その限月にまだ売りや買い戻しが行われていないポジションがいくつあるかを示す

図2.1　限月間を移動する取組高

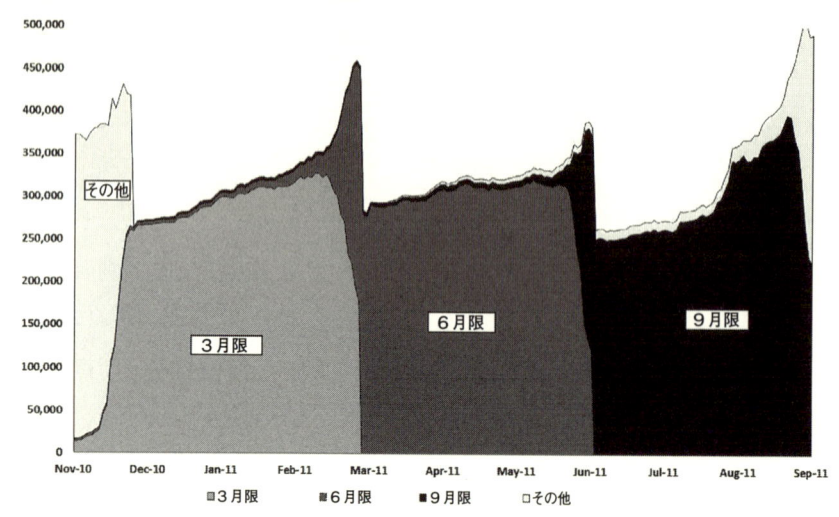

ものだ。あなたがS&P先物を1枚買えば、取組高は1つ増え、それを売って手仕舞えば取組高は1つ減る。売りの場合も同じである。

　取組高が次の限月に移ると出来高が増えるのは、だれもが6月限から9月限にロールオーバーするため、取引が活発になるためだ。これは受け渡し不可能な金融先物なので、理論的には納会が来るまでそれを保持することができるが、それをやる人はほとんどいない。原資産（この場合はS&P指数）のポジションを維持したいのであれば、1つの限月を買うと同時に、別の限月を売ることで、1つの限月を手仕舞いして別の限月を保有するときに発生するオープンプライスリスクを避けることができる。

　必要なのは、1つの限月から別の限月に切り替える基準と、いつそのロールオーバーが必要なのかということだ。一般には、出来高か取組高、あるいは両方を使う方法が使われる。新しい限月が古い限月よりも取組高、出来高、あるいはその両方が高くなったらロールオーバ

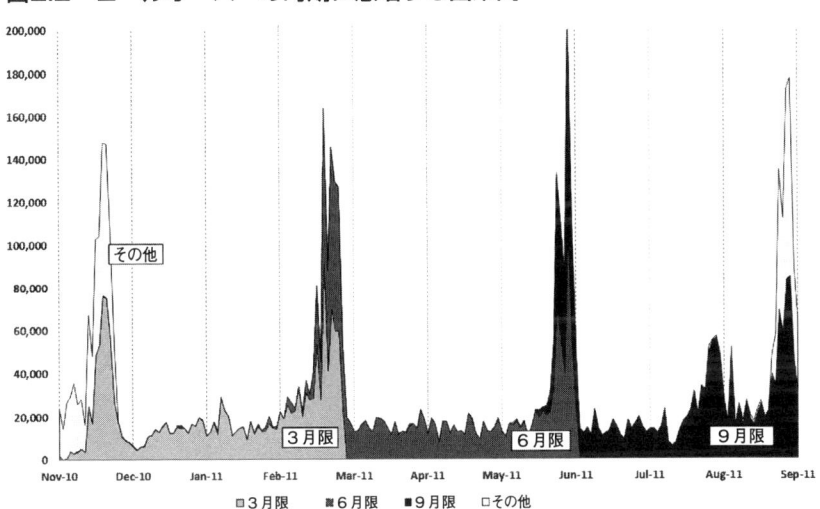

図2.2 ロールオーバーの時期に急増する出来高

ーするのである。何日か続けて価格が高くなって初めてロールオーバーする人もいるし、1つの限月が別の限月の価格を上回った最初の日にロールオーバーする人もいるが、流動性の高い限月に注目し、いつどのようにロールオーバーすればよいかを知っているのであればどちらでもそれほど大差はない。

期間構造

先物市場の期間構造、つまり利回り曲線は、限月を直線で結んでグラフ化したときに得られる曲線の形のことを言う。**図2.3**と**表2.4**は灯油の例を示したものだ。ある月に受け渡されるアセットの価格は、同じアセットでも6カ月後に受け渡されるものの価格とは一般に異なる。異なる限月ごとのこれらの価格の移り変わりを描いたグラフが期間構造である。

図2.3　灯油の期間構造

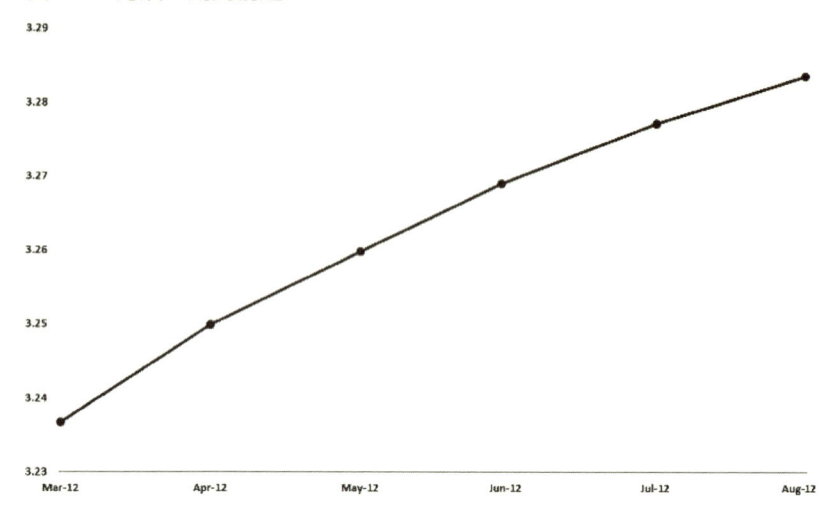

```
3.29
3.28                                                            ●
3.27                                              ●
3.26                                ●
3.25                  ●
3.24
3.23  ●
     Mar-12  Apr-12  May-12  Jun-12  Jul-12  Aug-12
```

　この例では、灯油価格の各限月ごとの価格水準は上昇しているが、先にいくほど価格が高くなるのは自然なことで、こういった現象を「順ザヤ（コンタンゴ）」と言う。場合によっては、価格が先にいくほど下落する場合もあり、それを「逆ザヤ（バックワーデーション）」という。これら2つの言葉は、19世紀の中ごろ、ロンドン株式取引所で株式の決済を延期していた習慣から来たものだ（繰り越し日歩と逆日歩）。難解な言葉だが、これで説明がつくだろう。

　期近よりも期先のほうが価格がなぜ高いのかを理解するためには、ポジションのヘッジコストを考える必要がある。ポジションの適正価格は、そのヘッジコストだ。したがって、何かをヘッジすることができるのであれば、それを価格付けすることができる。だれかが受け渡しが今から1年先の金先物を100枚売ったとすると、これをヘッジする方法は1万オンス（283キログラム）の金をスポット市場で買い、それを受け渡しのときまで保管しておくことである。自宅の地下にで

表2.4　期間構造表

ティッカー	名前	価格
HOH2	2012年3月限灯油	3.2367
HOJ2	2012年4月限灯油	3.2499
HOK2	2012年5月限灯油	3.2598
HOM2	2012年6月限灯油	3.2690
HON2	2012年7月限灯油	3.2771
HOQ2	2012年8月限灯油	3.2835

も保管しないかぎり、金の保管にはお金がかかる。金の保管料に支払ったお金は、使わなければ利息がもらえたお金であり、別のことに使うこともできただろう。当然ながら、これに対しては何らかの補償があってしかるべきだ。でなければポジションを取る価値はない。

　株価指数先物や債券先物などの金融先物の場合、ヘッジのために現物を保管する必要などなく、前もって現金を支払うだけでよいため、金利が期間構造の形状を決める主要な要素になる。したがって、受け渡し可能な先物よりも金融先物のほうが期間構造のカーブは緩やかになる。一方、保管コストが莫大にかかるのが先物の商品だ。これは期間構造の形状を決める大きな要素になる。例えば、天然ガスは保管料が非常に高いため、期間構造は急なカーブを描く傾向がある。

　逆ザヤ、つまり期近よりも期先の先物価格のほうが安くなる期間構造は自然ではないが、特に異常なことでもない。逆ザヤは季節性、金利、保管費が通常とは異なる状態によって発生し、ソフトコモディティーや腐敗しやすい商品の場合は逆ザヤは珍しいことではない。

ベーシスギャップ

2つの先物取引は原資産が同じでも限月が異なれば価格も異なる。

これは期間構造に反映される。同じ年の4月限の金先物と12月限の金先物は価格が異なる。ほかの市場にも同じことが言える。通常は、同じ年の12月限は4月限よりも価格が高く、順ザヤの状態にある。これは金価格の変動とは無関係だ。12月限の価格のほうが高いのは、トレーダーが金のスポット価格が上昇すると思っているからかもしれないが、そうではない。ヘッジコストやキャリーコスト（保管料）というものがかかり、それが原因だ。2つの先物取引の価格の違いは、現在トレードされている限月が納会を迎え、次の限月にロールオーバーするときに重要になる。

　図2.4は2012年5月限と7月限のもみ米の価格を示したものだが、7月限（破線）のほうが5月限よりも常に価格が高いことに注意しよう。これはごく自然だが、この関係が逆転し、受け渡しが遠い将来のものほど安くなることがある。

　限月によって価格が異なる理由はよく理解できたはずだ。それはヘッジコストやキャリーコストのためだ。このため問題が発生する。長期シミュレーションのためにつなぎ足の時系列データを作成するとき、各限月価格を次々とつなぎ合わせればよいというわけにはいかない。実際の市場ではギャップはないにもかかわらず、これをやればデータに人工的ギャップが発生する。バックテストを正しく行うには実際の市場の動きを反映したつなぎ足時系列データが必要だ。しかし、これは必ずしもそのときの実際の価格を反映しているというわけではない。**図2.5**の時系列データを見てみよう。これは調整前の時系列データで、限月同士をただつなぎ合わせただけである。期近を納会まで保有し、納会が来たら次の限月に乗り換える。先物時系列をただつなぎ合わせればこんなデータになる。ためしにロイターのc1コードをグラフ化してみると、こんな感じになるはずだ。このグラフでは、丸で囲まなくても、ロールオーバーがいつ発生したのかは一目瞭然だ。この時期の一見異常な値動きはそのときの実際の市場状態を反映しておらず、こ

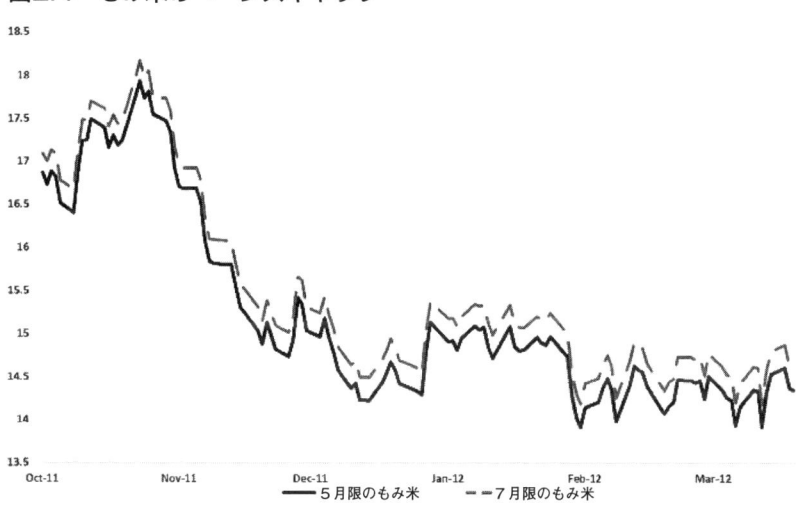

図2.4　もみ米のベーシスギャップ

[図: 2011年10月から2012年3月までのもみ米の5月限と7月限の価格推移グラフ。縦軸は13.5から18.5。凡例: ——5月限のもみ米　---7月限のもみ米]

うしたデータでシミュレーションを行えば意味のある結果は得られない。

　このグラフと**図2.6**のより自然なグラフを比較してみよう。**図2.6**のグラフでは人工的ギャップは消え、ロールオーバーがいつ発生したのかは分からない。よく見ると、最終価格は同じだが、x軸の左側のほうで2つの時系列の間には大きな価格差があることが分かる。調整前の10月の最高値はおよそ17.3だが、調整後は18を越えている。ロールオーバーの時点でのベーシスギャップがプラスかマイナスかによって、価格は高くなったり安くなったりするのだ。

　過去の価格でこのように価格差が発生しているのは、ここで使っているチャートがバックアジャストした価格チャートだからだ。バックアジャストしたチャートでは、x軸の右側では価格は正しいが、前の限月では価格は一致しない。ロールオーバーが発生すると、バックアジャストデータではすべての価格を過去に戻って調整し、人工的ギャ

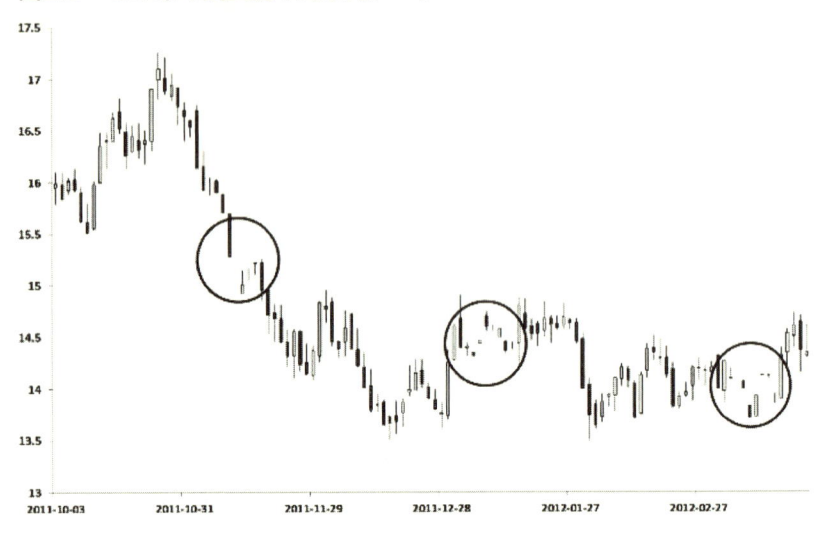

図2.5　もみ米の調整前の時系列データ

ップを取り除く。過去のデータを新たなデータに一致させるには、価格を上下動させなければならないということである。

　この調整を行うにはいくつか方法があり、優れたマーケットデータアプリケーションでは選択が可能だが、どの方法を選んでも大差はない。私の好みの方法は、取組高に基づいて流動性の高い限月を見つけ、ロールオーバー日に新しい限月の終値と古い限月の終値が一致するように、データの最初にさかのぼってその差額を足したり引いたりするというものだ。したがって、あとで調整済み時系列データを見て1985年６月限のトウモロコシの実際の価格を見ようと思っても、すべてのロールオーバー日に調整を行っているため、そのときの実際の価格とは異なる。しかし、長期的な価格のトレンドというものは正しく維持され、最も直近の価格は市場での実際の価格に一致する。

　価格を調整する別の方法には、２つの限月の比率を利用する方法、フォワードアジャストを使う方法、出来高や取組高を使って最も流動

図2.6 もみ米の調整後の時系列データ

性の高い限月を見つけるといった方法がある。これらは長期の戦略にはあまり重要ではないが、もっと詳しく知りたい人はやってみるだけの価値はある。ロールオーバーの方法については、ジャック・シュワッガーが1995年に書いた『ジャック・シュワッガーのテクニカル分析』(金融財政事情研究会)を参照してもらいたい。

先物セクター

　株式の世界に比べると、先物トレーダーにとってはトレードできる商品は限られている。しかし、これは必ずしも欠点とは言えない。だれもが知っているように、分散は良いことであり、パフォーマンスのボラティリティ低下に役立つ。株式の世界にはトレードできる銘柄が大量にあるので、分散のメリットを大きく享受できると考える人もいるかもしれないが、セクターや地域にかかわらず、株式の内部相関は

非常に高い。高度に分散した株式ポートフォリオを構築しても、そのなかには普通の市場状態のときでも連動して動くような株式が含まれているのが普通だ。市場にストレスがかかるイベントが発生すれば、相関はたちまちのうちに1に近づく。もちろん1つの銘柄だけを持つよりも、複数の銘柄を持ったほうが良いが、クロスアセットポートフォリオを持つのに比べるとそれほど大差はない。

これに対して、先物市場には、変動要因が異なるいろいろなアセットクラスが存在する。S&P500から債券、原油、トウモロコシ、畜産に至るまでありとあらゆるものをトレードすることができる。商品間の相関は高いものもあれば、低いものもあり、相関は時間とともに変化するが、株式のように単一のアセットクラスをトレードするよりも、クロスアセット先物をトレードしたほうが分散効果は高い。したがって、どんなアセットクラスも見逃さず、トレードできる幅広い市場を網羅する戦略を持つことが重要だ。でなければ、先物のトレードで分散を図れず、遅かれ早かれ失敗するのは目に見えている。幅広い商品を含めることは、本書で述べる戦略の長期的な安定性を確保するうえで不可欠だ。

分析と資産配分を行ううえでは、投資ユニバースはセクターに分けるのが便利だ。株式の世界では、GICS（世界産業分類基準）やFTSEなど正式な分類法をはじめ、セクターを分類するいろいろな方法がある。先物の世界にも商品をセクターに分ける方法はいくつかあるが、あまり標準化されていないため、あなたの目的に合わせて選ぶしかない。私たちの場合、似たような特徴や原資産を持つ商品の違いをはっきりさせる実用的な方法であればよい。ここでは、ちょっと大雑把だが実用的な、5つのセクターに分ける方法を使うことにする。5つのセクターとは、農産物、非農産物、通貨、株価指数、金利の5つだ。

それではそれぞれのセクターと、本書の戦略に使う各セクターのなかの重要な市場を見ていくことにしよう。

農産物セクター

　農産物セクターにはソフトコモディティー、穀物、繊維、畜産などを含むため、私の農産物セクターの定義には納得できない純粋主義者の人もいるかもしれないが、私は教科書に出てくるような定義ではなく、実用的な定義のほうが好きだ。このセクターをさらに細かく分けることもできるが、そんなことをしてもあまり意味はない。

　農産物セクターは、株式や通貨、債券などを扱ってきたトレーダーにとってはちょっと奇妙に映るかもしれない。農産物の先物市場は非常に多く、コーヒーや綿花から、豚赤身肉や生きている家畜まで、いろいろなものがトレードできるため、まさにスーパーマーケットのようなものだ。このセクターは、異なる市場間の内部相関はあまり高くないため、ある意味で素晴らしいセクターと言えるかもしれない。あなたがトレードするものについて少しばかり理解を深めても害にはならないが、例えば、小麦の需要を上昇させたものが何なのかといったことは一切気にすることなく、どの市場も純粋な数字として扱うことができる。

　農産物先物のほとんどはシカゴかニューヨークで取引されているが、東京、ロンドン、ウィニペグにも取引市場がある。このセクターには実にいろいろな商品が含まれる。コーヒー、ココア、綿花、オレンジジュース、砂糖、トウモロコシ、小麦、木材、ゴム、オート麦、米、大豆、大豆粕、大豆油、生牛、豚赤身肉など多岐にわたる。したがって、分散戦略を使う先物マネジャーにとっては夢のようなセクターだ。これらの商品は米ドルやインフレの影響を多少は受けるが、長期的に見ればこれらはそれほど重要な要素ではなく、各市場にはそれぞれに明確なトレンドがある。分散戦略を使う先物ビジネスが商品セクターから始まったのは偶然ではなく、今でもその名残がある。商品投資顧問業者（CTA）などがそうだ。

このセクターのボラティリティは市場ごとに大きく異なる。このセクターの先物は対象となる商品のファンダメンタルズの影響を受ける。例えば、生産地域の天候不順、収穫量、在庫報告書などだ。重大なニュースが発生すると、その日だけでなく、長期にわたって価格は大きく変動する。値動きが自分に有利な方向ならよいが、逆方向なら打撃になることを忘れてはならない。季節性も考慮すべき要素だ。循環的な需要と供給が価格パターンに影響を及ぼすこともあるからだ。
　これらの市場を扱う取引所にはいわゆる値幅制限というものがある。これは１日に動く価格変動の上限を定めたものだ。価格が最大値幅だけ動けば、買い手と売り手はそれは適正価格ではないことに同意し、サーキットブレーカーが発動して取引は一時中断される。翌日も価格は同じ値幅だけ動く可能性があるが、それよりも少ない場合は参加者が冷静になったと見てよいだろう。
　このセクターの先物は理論的にはすべて受け渡し可能だ。つまり、買いでも売りでも、このセクターの先物を持っている場合、納会が来たら原資産を受け渡すか、受け渡しを受ける義務を負う可能性があるということである。金や生牛やトウモロコシなど、受け渡し可能な先物はすべて、受け渡し期限が来る前にポジションを手仕舞いする必要がある。習慣や用語は市場ごとに異なるかもしれないが、いわゆる最初の通知日よりも前にポジションを手仕舞いしなければならない。その日以降は、自分の責務を履行することを求められる。つまり、原資産を受け渡すか、受け渡しに応じるということである。あなたはどうかは知らないが、オフィスの外にトラックいっぱいの生牛が運ばれてくれば、その日は散々な日になることは請け合いだ。
　ほとんどのトレーダーにとって、これは理論上のシナリオにすぎない。ほとんどのブローカーは、たとえあなたが忘れていても、先物が納会を迎える前にポジションを手仕舞いしてくれるからだ。だからと言って人任せではいけない。いつポジションを手仕舞いするのか、い

表2.5 農産物先物

名前	ポイント値	単位	通貨	取引所
小豆	2,400	KG	JPY	TGE
コーヒー	37,500	Lbs	USc	CSCE
トウモロコシ	5,000	Bsh	USc	CBOT
綿花	50,000	Lbs	USc	NYCE
豚赤身肉	40,000	Lbs	USc	CME
生牛	40,000	Lbs	USc	CME
木材	110,000	Feet	USD	CME
オート麦	5,000	Bsh	USc	CBOT
オレンジジュース	15,000	Lbs	USc	NYCE
キャノーラ油	20	Tons	CAD	WCE
もみ米	2,000	Cwt	USc	CBOT
ゴム	10,000	KG	JPY	TOCOM
大豆粕	100	Tons	USD	CBOT
大豆	5,000	Bsh	USc	CBOT
砂糖	112,000	Lbs	USc	CSCE
小麦	5,000	Bsh	USc	CBOT

つロールオーバーするのかは常に確認しておく必要がある。

　農産物には、ポンドのような質量単位か、ブッシェルのような容積単位が使われるが、木材にはフィートを使うといった例外はたくさんある（詳細については**表2.5**）。

　農産物セクターには、ほかのアセットとの相関の低い、流動性の低い商品が多いという意味で、スモールプレーヤーにとって有利だ。流動性が低いといっても、数千万ドル、あるいは数億ドルの口座にとっては流動性は十分すぎるほどだ。しかし、ビッグプレーヤーはサイズが小さすぎて十分な利益を得ることはできない。日本のゴムやヨーロッパのジャガイモを大量にトレードするのは不可能で、大手のCTAファンドが農産物先物をあまりトレードしないのはこのためだ。口座

が小さい場合、無名のありとあらゆる市場を加えて、リスク調整リターンを向上させるのにはよいだろう。このセクターの内部相関が比較的低いということは、加える市場が増えるほど分散効果は上がることを意味する。

非農産物セクター

このセクターもまた実用的な定義だが、純粋主義者の教科書にはまず出てこないだろう。エネルギーと貴金属を同じセクターに入れたのは、農産物と組み合わせるよりも相性が良いと思ったからだ（**表2.6**）。

エネルギーグループは商品としてはかなり少ないが、面白い機会を提供してくれる。このセクターの中核となるのは原油とその関連製品で、最も重要なのがNY原油だ。原油は、サウジアラビア、テキサス、アラスカなど、過酷な気候と過激な指導者が率いる世界中のさまざまな地域で採掘される生産物だ。原油の最も重要な派生製品が灯油、軽油、ガソリンで、これらの先物商品は流動性が非常に高い。これら4市場は相関が極めて高いが、ときとして別々の変動要因が働き、長期にわたってそれぞれに異なるトレンドを形成することがある。これらはいずれも長期的なトレンドを形成する傾向があるため、分散戦略を使う先物トレンドフォローに打ってつけだ。

エネルギーセクターにはもう1つ非常に面白い商品がある。それはヘンリーハブ（HH）と呼ばれる天然ガスで、原油とは相関性が低い。これは少し毛色の違う商品で、動きも独特だ。天然ガスは主として火力発電に使われ、ロシアとアメリカで採掘される。この商品は独特の特徴を持つ。それは、期間構造が常に急峻な順ザヤ状態にあることだ。つまり、受け渡しが遠い将来の先物は受け渡しが近い先物よりも価格が非常に高いということであり、そのため期間構造は右肩上がりのグ

表2.6　非農産物先物

名前	ポイント値	単位	通貨	取引所
軽油	100	Tonne	USD	NYMEX
原油	1,000	Barrels	USD	NYMEX
灯油	42,000	Gallons	USD	NYMEX
天然ガス (HH)	10,000	mmBTU	USD	NYMEX
ガソリン	42,000	Gallons	USD	NYMEX
金	100	Troy Ounces	USD	COMEX
銅	25,000	Pounds	USc	COMEX
パラジウム	100	Troy Ounces	USD	NYMEX
白金	50	Troy Ounces	USD	NYMEX
銀	5,000	Troy Ounces	USc	COMEX

ラフになる。前にも述べたように、ポジションのヘッジコストのため、ほとんどの商品は順ザヤ状態にある（順ザヤになる主な理由は保管コストと資本の機会コストだが、市場によっては季節性が主な理由になることもある）。

　天然ガスの場合、順ザヤが急峻になるが、これには理由がある。天然ガスは濃度が非常に低いため、保管コストが高くなるからだ。天然ガス先物の売りをヘッジする方法は理論的には今日買って、地下の大きなドームやサイロに貯蔵し、期限日に受け渡す（あるいは、そのまま地中に眠らせておいて、あとで採掘する）ことである。先物トレーダーとしては、実際の商品を受け渡したり、現物を受けたりすることには興味はないかもしれないが、このヘッジの方法は理論的には有効な方法であって、なぜ期間構造がそういった形になるのか、どうすればあなたにとって有利になるのかを理解する必要がある。コスト・オブ・キャリーのヘッジモデルは主として保管される商品に適用され、原油などのアセットにとってこれは期間構造の形状を決定する重要な

図2.7　天然ガスの期間構造

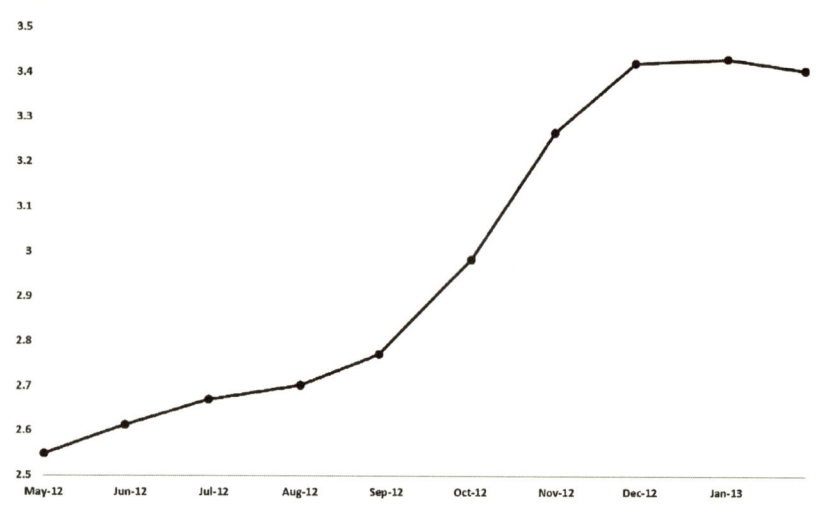

要素になる。天然ガスの場合、保管が非常に複雑で、ほとんど不可能に近いため、期間構造は季節的な需要パターンの影響も受ける（**図2.7**）。

　本書執筆の時点では、2012年5月限と9月限の価格差はおよそ5％だ。納会日の実際の価格は非常に安定しているが、先物は受け渡しが遠い将来のものほど高く取引されている。つまり、左側にいくほど期間構造のカーブはゆるやかに下降するということであり、ここに利益機会がある。つまり、急峻な順ザヤの商品ほど左側に行くほど大きく下降し、この形状が続けば売りで利益が出るということになる。

　急峻な順ザヤや逆ザヤは大きな機会へとつながるが、正しい時系列データを入手することが重要になる。時系列をつなぎ合わせるときにベーシスギャップを正しく調整せずにただつなぎ合わせるだけでは、天然ガスのようなもののトレンドは大きく違ってくる。**図2.8**はこの問題を示したものだ。薄いラインは未調整のもので、各限月の納会日

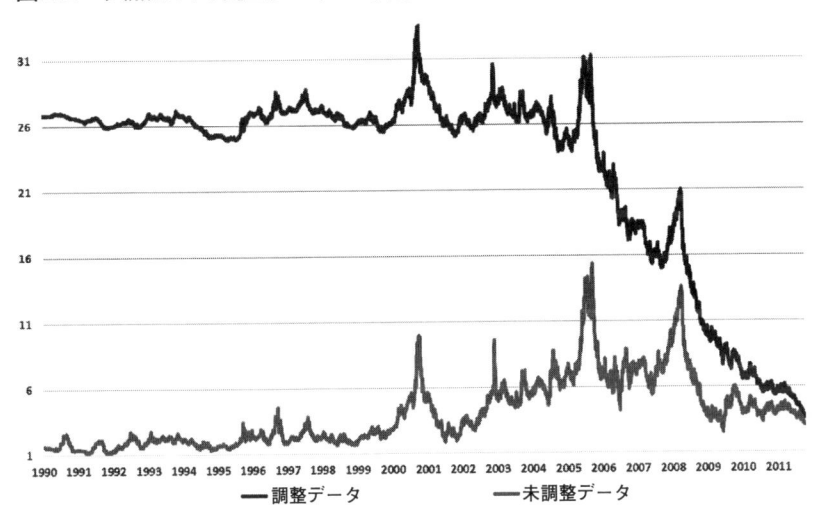

図2.8　天然ガスの調整データと未調整データ

における実際の価格をそのまま示しているが、濃いラインはバックアジャストしたものだ。では、実際の価格は本当は上昇するのだろうか、下落するのだろうか。それはあなたの考え方にもよるが、実際の価格は下落し、売った先物トレーダーは大儲けできた。スポット価格はほとんど変わらず、実際には長期的には上昇したが、先物をトレードしているのであれば、それはほとんど無関係だ。なぜなら、順ザヤ効果によってスポット価格の変化の影響はほとんど無視できるくらい小さいからだ。

　次に貴金属セクターを見てみよう。このセクターには、実際には卑金属と貴金属がある。ルテニウムやオスミウムは市場に流動性がないため、トレーダーが関心を持つのは4つの貴金属だけである。当然ながら、最も重要なのは金だ。金は貴金属の代表格であると同時に、インフレや世紀末的な出来事に対する心理的な保護になるからだ。金は産業利用が限定的であるため、その価値は心理的要素が大部分で、若

干政治的な要素も絡むが、大衆の狂気も過小評価してはならない。金は価値が保証されているため、インフレ、デフレ、戦争、暴動、ゾンビ襲来に対する防衛的手段として用いられることが多い。金は確かにこういった特徴を持つが、それは多くの人々がそう思っているからにほかならない。世界情勢が悪化し、狂った群衆が熊手を持ってあなたの家に近づいてきたら、金の延べ棒よりも、缶詰とショットガンを持って逃げたほうがよいだろう。余談はさておき、金は長期的なトレンドパターンを持つため、分散された先物戦略に含めるべきものだ。

金の弟分である銀は金と相関性が高いが、独自のメリットもある。銀は金に比べると産業利用率が高く、値動きを左右する要因も異なる。よく知られた金と銀以外にも、白金とパラジウムがあり、これらはときには明確なトレンドパターンを示すこともある。金や銀に比べると流動性は低いが、中小規模のマネージド・フューチャーズ・ファンドにとっては流動性は十分だ。

卑金属の先物市場で最も一般的なのは銅で、これはシカゴで取引されている。そのほかの卑金属はロンドン金属取引所で取引されており、実際には先物取引ではなく先渡取引だ。この取引所では、亜鉛、アルミニウム、鉛などのあまり魅力的ではない卑金属も取引されている。取引方法は先物とほぼ同じで、先物市場と先渡市場の違いはあまりない。

通貨セクター

通貨取引に馴染みのない人は、この概念に慣れる必要がある。ドイツのMDAX先物を買うユーロをベースとする投資家は、自国通貨で取引されている株式バスケットを買う。これは簡単だ。同じ投資家が金先物を買うとき、米ドル建てで金を買う。これも簡単だ。しかし、メキシコペソを買うときは、ペソを買って米ドルを売る。通貨取引で

理解しなくてはならないことは、アセットクラスやセクターはどうであれ、1つのポジションを取るときは、必ず何かを買い、何かを売るということである。例えば、IBMの株を買うときは、IBMを買って、ドルを売るといった具合だ。IBMの株を買うためのドルは現金で持っているかもしれないが、そのドルを取得するときは、ドルを買って何かを売るといったポジションを建てなければならない。

同様に、通貨先物を買うときは、1つの通貨を買って、別の通貨は売ることになる。通貨先物はたくさんあり、流動性も高い。スプレッドは先渡し契約よりも小さいことが多い。通貨市場は世界で最も流動性の高い市場で、スポット市場はどういった量にも対応できる。ファンドの大半を通貨で運用する大手CTAファンドにとってこれはとても便利だ。ポジションが大きすぎてほかの市場ではポジションを動かすことが困難で、しかも高くつく場合でも、通貨市場ではそれが可能だからだ。何十億ドルという資産を持つ巨大なトレンドフォロワーのアセットアロケーションを調べてみれば、そのお金の大半は通貨市場で運用していることが分かるはずだ。

通貨先物取引のほとんどは対米ドルである（**表2.7**）。1つの通貨の名前を言えば、それは対米ドルに対する取引を意味する。したがって、CHF先物はCHFとUSDの為替レートに投資することを意味する。最近では、ユーロ/日本円ペアなど、対米ドルではない先物取引も増えている。こうした通貨ペアを使えば、分散が可能になる。米ドルリスクには常に注意し、とっているリスクにも注意が必要だ。ユーロ先物、CHF先物、円先物、英ポンド先物、豪ドル先物を買うということは、米ドルを売るのと同じである。したがって、米ドルが上昇すれば、すべてのポジションの値洗いは一瞬のうちに下落する。こうしたポジションを取ることは、リスクを知ってモデルを適切に構築しているかぎりは良いが、物事が逆行したときにはどうなるかを知っておくことが重要だ。

表2.7　通貨先物

名前	ポイント値	単位	通貨	取引所
AUD/USD	100,000	AUD	USD	CME
GBP/USD	62,500	GBP	USD	CME
EUR/USD	125,000	EUR	USD	CME
CAD/USD	100,000	CAD	USD	CME
JPY/USD	1,250	Million JPY	USc	CME
NZD/USD	100,000	NZD	USD	CME
NOK/USD	200,000	NOK	USD	CME
ZAR/USD	500,000	RND	USD	CME
SEK/USD	200,000	SEK	USD	CME
CHF/USD	125,000	CHF	USD	CME
EUR/CHF	125,000	EUR	CHF	CME
EUR/GBP	125,000	EUR	GBP	CME
EUR/JPY	125,000	CHF	JPY	CME

株価指数セクター

　このセクターは取引できる商品が多く、簡単に取引できるという意味では最大の先物セクターだ。確立された市場で株式バスケットを買うという考え方は非常に分かりやすく、潜在的リスクやリワードを理解するのも簡単だ。原資産となる指数の変動率は毎日ウエブサイトやテレビ、新聞で発表される。本書では単一の株式の先物ではなく、株価指数先物を扱う。その理由は人が考えるほど単純ではないが、私は単一の株式の先物にはあまり興味がない。先物戦略の分散にあまり役に立たないからだ。

　現物の株式は内部相関が高い。したがって、株価指数先物も内部相関が高い。株価指数は非常に数が多いため、戦略にはできるだけ多くの株式先物を含めたい衝動に駆られるかもしれないが、このセクターであまり高いリスクをとるべきではない。株式ベータに大き

表2.8　株価指数先物

名前	ポイント値	単位	通貨	取引所
CAC40	10	Index points	EUR	Euronext
DAX	25	Index points	EUR	EUREX
EuroStoxx	10	Index points	EUR	Euronext
FTSE100	10	Index points	GBP	Euronext
ハンセン	50	Index points	HKD	HKEX
ハンセン中国企業株指数	50	Index points	HKD	HKEX
IBEX35	10	Index points	EUR	MEFF
MSCI台湾	100	Index points	USD	SGX
ナスダック100	100	Index points	USD	CME
日経225	5	Index points	USD	CME
S&P500	250	Index points	USD	CME
S&P60	200	Index points	CAD	ME
SPI200	25	Index points	USD	ASX

なベットをしているにもかかわらず、分散しているという幻想をいだかせるコーナーポートフォリオに陥る可能性があるからだ。しかし、株価指数先物は分散された先物戦略に含めるべきものであり、世界のさまざまな市場の先物を含めるべきだ。**表2.8**が示すように、私はS&P500やナスダック100のような米国の大きな指数先物以外にも、EuroStoxx50、GDAX、CAC40などのヨーロッパの株価指数、ハンセン、日経225などのアジアの株価指数も戦略に含める。ハンセン中国企業株指数やMSCI台湾などの指数を含めれば、中国に対するイクスポージャーも取れる。

　ここで注意しなければならないのは、分散された先物戦略は買いと売りの両方のポジションを取ることができるが、売りサイドは買いサイドとは異なる特徴を持つということだ。株式市場がブル相場にあるとき、長期にわたって秩序正しく徐々に上昇し、利益は毎週複利で増えるため、大きな利益が期待できる。一方、株式は動きが速く、しか

も激しく動く。急に下落したあと、V字型で回復するといった動きは非常に危険だ。このとき高度に分散された先物プログラムでも株式セクターでは苦戦を強いられる。良いシステムでも長期にわたって損失を出すことは珍しいことではない。しかしそれでも、株価指数の売りを戦略から外すことは奨励しない。長期的には大きな利益を得ることなく、場合によっては損失で終わるかもしれないが、短期的には分散化の良い手段であり、リターンを平滑化することもできる。株式市場が下落したときには、売れば利益になり、売らなければ最悪であったところを救ってくれる。

株価指数先物の取引単位はその指数のポイントなので、損益の計算は簡単だ。例えば、価格100で5枚買い、110で売れば、その先物のポイント値が10だとすれば、利益は（110－100）×5×10×1＝500（取引している通貨）と算出できる。

金利セクター

このセクターにはイールドカーブの左端から右端までのすべての金利先物が含まれる。イールドカーブ上の離れた位置にある金利先物は、ボラティリティ水準が異なるためまったく異なる動きをする。ポジションサイジングではこの点を考慮しなければならない。イールドカーブの左端の金利先物は、期間が短く、したがって金利リスクも低いため、右端の金利先物よりもボラティリティが低い。債券については本書の範疇を超える。債券先物をトレードするのにファボッチの本をすべて読む必要はないが、基本的な知識があっても害にはならないだろう。重要なのは、イールドカーブの左側に行くにしたがってボラティリティは減少し、右側に行くにしたがってボラティリティは上昇するということである。

図2.9を見てみよう。左端は短期金利先物で、貸付期間が30日か90

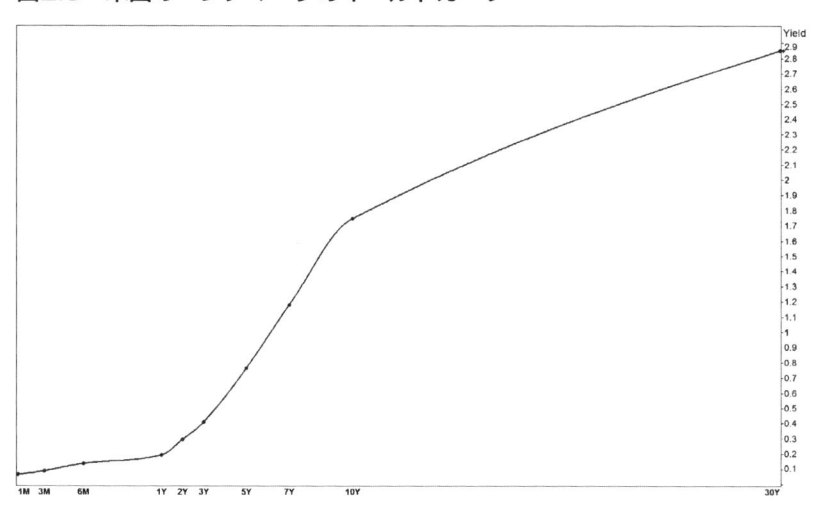

図2.9　米国のベンチマークのイールドカーブ

日のものだ。略してSTIRと呼ばれる。これらの先物はイールドカーブの左側の商品の金利変動をトレードするものだ。このセクターと債券先物との大きな違いは、イールドカーブの右側と左側とで潜在的価格変動が大きく異なることだ。30年物Tボンドが1日に1％（これは通常よりも若干多め）動いても大したことではないが、STIR先物は地殻変動でも起きないかぎり1日に1％動くことはない。つまり、STIRで大きな利益（あるいは損失）を得ようと思えば、ちょっと怖い気もするが、大きなレバレッジを利かせる必要があるということである。

また、額面とポイント値を正しく理解することも重要だ。なぜなら、これらの数値はほかのセクターとは若干異なるからだ。ユーロドルを例に取って見てみよう。これは3カ月物米ドルLIBORに基づく。ただし、ユーロ/ドルとはまったく異なるので混同は禁物だ。ユーロドルという言葉は、ヨーロッパの通貨が生まれるずっと以前に造られた

もので、米国外の米ドルでの定期預金の金利を意味する。額面は100万米ドルで、「100－LIBORの3カ月物金利」で建値される。したがって、ポイント値を得るには、債券先物と同様に、取引単位を100で割って、さらに4で割る（3カ月物なので）。したがって、ユーロドル先物が98から99になったら、1枚当たりに及ぼす影響は2500米ドルになる。もちろん、こういった商品では一晩で1ポイント動くことはほとんどない。

　短期金利先物は、利益を得るためには大きなポジションを取らなければならない。そのため、分散された先物ポートフォリオでは、ファンドの名目イクスポージャーはほとんどがこのセクターによるものだ。例えば、金と比べると、同じ水準のリスクをとるには、ボラティリティで評価する、あるいは各々の値動きを正しく反映させるには50倍の名目元本が必要だ。500万ドルのポートフォリオで100万ドル相当の金を保有するのはオーケーだが、同じポートフォリオで5000万ドルのユーロドルのポジションを保有していたとすると、安眠できるだろうか。しかし、これは間違った考え方であり、心配すべきなのは実際のリスクであって、名目元本ではない。

　イールドカーブの2Yは債券先物で、原資産となる債券が納会日に受け渡される。債券先物は額面価格のパーセンテージで建値され、これは普通の債券と同じだ。つまり、利回りが上昇すれば、債券先物価格は下落し、利回りが下落すれば、債券先物価格は上昇するということである。債券先物は、満期、利率、発行者などが定められ、理論的には期限日に受け渡される債券は複数ある。しかし、最も安く受け渡しできるのはそのうちの1つだけで、その債券が受け渡されることになる。トレーダーとしては、先物を納会まで保有すれば、実際に受け渡したり、現物を受けなければならないため、納会まで保有することは避けたいはずだ。最も流動性が高く、したがって最も関心の高い債券先物は米国、ドイツ、英国、オーストラリア、カナダ、日本の政府

表2.9　金利先物

名前	ポイント値	単位	通貨	取引所
オーストラリア10年物国債	1,000	債券価格	AUD	ASX
オーストラリア3年物国債	1,000	債券価格	AUD	ASX
オーストラリア90日物国債	2,500	価格	AUD	ASX
ドイツ5年物国債（Bobl）	1,000	債券価格	EUR	Euronext
ドイツ10年物国債（ブンズ）	1,000	債券価格	EUR	Euronext
カナダ10年物国債	1,000	債券価格	CAD	ME
カナダ90日物国債	2,500	価格	CAD	ME
ユーリボー	2,500	100万EUR	EUR	Euronext
ユーロスイス	2,500	100万CHF	CHF	Euronext
日本10年物国債	1,000	債券価格	JPY	TSE
長期ギルト債	1,000	債券価格	GBP	Euronext
ドイツ2年物国債（Schatz）	1,000	債券価格	EUR	Euronext
英ポンド短期	1,250	50万英ポンド	GBP	Euronext
米10年物国債	1,000	債券価格	USD	CME
米2年物国債	2,000	債券価格	USD	CME
米5年物国債	1,000	債券価格	USD	CME

が発行した債券だ。もちろん、ほかの国の債券を組み込んでも構わない。

　債券先物には納会というものがある。例えば、米国の場合、金利先物は2年物ノート、5年物ノート、10年物ノート、30年物Tボンドなどがある。ドイツの場合、最も長期の先物はBuxlと呼ばれ、期限が24年～35年のドイツ政府が発行する債券だ。また、このほかにも期限が8.5年～10.5年のBund、4.5年-5.5年のBobl、1.75年～2.25年のSchatzなどがある（**表2.9**）。

　債券先物の値動きは金利変動に連動する。金利変動はインフレや投資家のリスク性向、発行者の支払い能力にも影響を及ぼす。

　債券先物の単位は10万通貨（対象となる通貨）が一般的だ。価格はパーセンテージで表すため、これを100で割れば、債券先物の最も一般的なポイント値である1000になる。先物トレーダーにとって実際の

先物価格よりも重要なのがポイント値だ。実際の先物価格とポイント値はほとんど同じだが、違うときにはポイント値のほうを見ればよい。

債券先物はグループ全体として見るとボラティリティは非常に低い。ただし、納会までの期限の長い債券は期限の短い債券よりもボラティリティが高いのが一般的だ。納会までの期限の長い債券は金利変動に敏感で、価格の動きも速い。とはいっても、ほかのセクターに比べると動きは遅く、10年物ノートと2年物ノートのボラティリティの差は大きい。

必要なツール

トレードを始めるには、まず戦略をモデル化し、それを検証する必要がある。そのためには、多くのデータ、戦略を検証するためのアプリケーション、そしておそらくは独自のデータベースが必要になる。プログラミングに詳しくない人は、関連するプログラミング言語を学習することをお勧めする。

プログラミングについて

クオンツトレーダーはプログラミングについて少なくとも基本的な知識は必要だ。でなければ、このビジネスではやっていけない。これまでにプログラミングをやった経験がないとか、自分の専門外などと言っている場合ではない。この本を読んでいるということは、このビジネスをやろうとか、もっとうまくやれるようになりたいと、ある程度は決心しているものと想定する。プログラミングを理解することはそのプロセスの重要な部分だ。あなたの仕様にしたがってプログラムを組んでくれるコンピューターおたくがいたとしても、詳細を理解できず、自分で調整したり改良したりできなければ非常に不利になる。

秘書がいたとしても、タイプができなくてよいわけではない。ポイント＆クリックシステムや簡単なスクリプト言語は消費者のためのものだ。私たちが目指すのはビッグリーグだ。本腰を入れよう。プログラミングの本を買って、コードの書き方を学ぶべきである。

開発環境

次に必要なのは、戦略を開発するための環境を整えることだ。ソフトウエアパッケージを選ぶときには注意が必要だ。あなたの仕事に合うプラットフォームを選ぼう。チャートを作成したり、トレードシステムを開発するための有名なソフトウエアパッケージは、宣伝されているよりも単純で、機能が限られていることが多い。これらのパッケージは一般消費者向けのものが多い。プロのなかにもこういったパッケージを使っている人はいるが、本格的に使っている人はいない。もっと複雑なものを開発しようとすれば、それはすぐに分かるはずだ。

しかし、優れたソフトウエア環境というものはそれほど多くは存在しない。良い開発環境とは、極限にまでカスタマイズできるものを言う。チャート作成ソフトの問題点は、これらは主としてチャート作成用のアプリケーションであって、戦略開発環境ではない点だ。これらは狭い用途に特化して作られたもので、設計者の意図する範囲を超えれば、すぐに窮地に陥ることになる。また、これらのソフトウエアでは独自のスクリプト言語が使われているため、極めて限定的で、小さな枠のなかでやりくりしなければならない。良い環境とは、何でもできる環境だ。開発者が想像しないようなこともできる環境だ。また、大量のデータを処理でき、メモリーを大量に使うポートフォリオ戦略も扱えるようなソフトウエアでなければならない。また、標準的なプログラミング言語を使っていて、DDLなどの形で新たな機能をプラグインできるようなものが望ましい。アプリケーションがオープンソ

ースなら、機能を拡張することができる。シミュレーションに必要なデータを高速処理するには32ビットのものでは不十分で、あなたの（願わくば）非常にパワフルなワークステーションのメモリーをフル活用するためには、OSもソフトウエアパッケージも64ビットのものを用意するのがよい。

　私の好きなアプリケーションは2つあって、WealthLab.NetとRightEdgeだ。これらはいずれもマイクロソフトの共通言語ランタイム（Common Language Runtime＝CLR）をベースにしたもので、戦略構築言語にはC#が使われている。両方ともオープンソースなので、Visual StudioでカスタムDLLを作成して機能を拡張することができる。WealthLabのほうがRightEdgeよりも習得しやすく使い方も簡単だが、RightEdgeのほうが柔軟性が高く、複雑な戦略のモデリングに適している。MatLabはその環境に慣れた人なら1つの選択肢になるだろう。本書は2012年に書いたものなので、本書をいつ読むかによって、ソフトウエアパッケージや言語は変わっている可能性もあるので注意してもらいたい。

　特に言語に好みがないのなら、C#を学習し、WealthLabでモデリングすることをお勧めする。C#は便利な言語で、学習もしやすい。上級のプログラマーはRightEdgeやMatLabのほうがよいかもしれない。ほとんどの戦略にとって、どのシステムを使うかは大差はない。

　プログラミングを教えることは本書の範疇を超えるので、本書ではプログラミングコードは意図的に省いた。私が説明する戦略を複製するためのコードはそれほど複雑ではない。重要なのは、何を構築するかである。でも誤解しないでもらいたいのだが、このビジネスを始めるつもりならプログラミングを理解する必要があることは忘れないでもらいたい。世界一のプログラマーになる必要はないが、ドラッグ＆ドロップタイプのソフトウエアや単純なスクリプトで書かれたアプリケーションを使うつもりなら、もっと簡単なビジネスを探したほうが

よいだろう。

　どういった開発環境を使うにしても、独自のデータ・プロバイダー・プラグインを構築する必要があるだろう。データ・プロバイダー・プラグインはあなたの使いたいアプリケーションとデータとの間のインターフェースだ。データをどのように保存するかや、そのデータがどこのベンダーのものかにもよるが、独自のDLLを作成して、それをアプリケーションにプラグインして、自分のソースから直接読み込めるようにしておくことも重要だ。これは短時間で行えるが、必要なインターフェースをだれかがすでに作成して、インターネットで公開していることもあるので調べてみるとよい。

データベンダー

　例えば、米国の株式市場だけといった具合に、限られた市場で株式戦略のみをトレードするつもりなら、予算があまりないシステマティックトレーダーが使えるような、そこそこの質の無料のオンラインデータソースが簡単に見つかるはずだ。しかし、先物の場合、もう少し複雑だ。例えば「2005年12月限の大豆」といったように、各先物の時系列を入手するのはそれほど難しくないが、そのデータは調整して保存しなければならない。これは時間がかかり、エラーも発生する。幸いにも、CSIデータのように適度な料金で日々の調整データを提供してくれる良いデータプロバイダーもある。さらに、ブルームバーグのような一般的な市場データソフトウエアパッケージから質の高いデータを取得することも可能だ。ただし、これには当然ながら別にコストがかかる。

　あなたの興味のある市場をすべて網羅するようなデータベンダーがないか調べてみよう。あなたが受け取りたい方法で自動的にデータを調整してくれるようなデータベンダーが好ましく、いろいろな方法を

経験できるようにあなたのルールを適用してくれるような柔軟性を持ったデータベンダーであればなおよい。そして、あなたのニーズに合い、あなたのシミュレーションソフトウエアにフィットする方式で毎日自動的にデータを配信してくれるかどうかも調べてみよう。また、メタデータを見くびってはならない。メタデータからは、ポイント値、通貨、セクター、取引時間、委託証拠金など、あなたがトレードする各市場の付加価値の高いデータを入手できる。

　ここでは製品名や会社名を実名で挙げているが、私は彼らからお金をもらっているわけではなく、割引価格を提供してもらっているわけでもない。彼らからは何の便宜も得ていない。だから、もっとよい製品があればすぐに別のベンダーに乗り換えるつもりだ。

データの保存

　データの保存方法には主として2つある。1つは、選んだデータプロバイダーに完全に依存し、戦略モデリングソフトウエアとツールを彼らのソースから直接動かせるようにする方法、もう1つは、独自のデータベースを作成する方法だ。あなたのソフトウエアがあなたのベンダーのデータベースと直接やりとりする場合、もしそのソースがあなたが作業しなければならないときにシャットダウンしていたら、それは大問題になる。例えば、週末にはシステムをメンテナンスのためにシャットダウンするベンダーもあり、そんなときはデータにアクセスできない。また、毎日自動的にデータの入ったテキストファイルを送ってくるベンダーもあり、この場合はサーバーのダウンタイムに左右されることはないが、それでも彼らのテクニカルフォーマットや基準に従わざるを得ないというデメリットはある。どちらを選ぶかは好みの問題だが、私の場合は独自のデータベースを作成するほうが好きだ。そうすれば、ビジネスの重要な部分はデータプロバイダーに左右

されないで済む。これはまた、プロバイダーを変更するときにも便利だし、複数のプロバイダーからのデータをミックスして使うときにも便利だ。こちらの方法のほうが自由で、自分自身のデータを自分で管理することもできる。MySqlなどでデータベースを作成し、戦略モデリングソフトウエアがそれと直接やりとりできるようにするほうが、費用もかからず、簡単だ。

第3章 分散された先物トレード戦略の構築

Constructing Diversified Futures Trading Strategies

　大手マネージド・フューチャーズ・マネジャーに近い結果を得るには、非常に簡単な戦略で事足りる。本章と次の2つの章ではこれについて書いていく。大手先物ファンドは彼らのプロップ戦略をロズウェルに墜落した宇宙人の写真のように扱い、博士号修得者をたくさん抱え、ふんだんな調査予算があることを得意げに話したがる。ほとんどの場合はそのとおりだが、それがどうしたというのだろうか。数億ドルの運用資産を調達したら、リサーチャーを雇っていろいろと改善するのは悪いことではないが、彼らのリターンを複製するのは、そこそこのソフトウエアと勤勉さがあれば1人でも可能だ。

　これらの章ではトレンドをとらえる最も一般的なアプローチを使って、2つの極めて基本的なトレンドフォロー戦略を説明する。そのあと、これらの戦略を改良して、2つの戦略を1つのより現実的な戦略にまとめ、結果を分析し、パフォーマンスを有名な先物ファンドのパフォーマンスと比較する。

　機能するトレンドフォローポートフォリオ戦略を構築するのに、複雑な数学は必要ではないし、売り買いのルールもほとんど無関係であることを、このプロセスを通じて示していく。トレンドフォローの概念は重要だが、売り買いのルールに心血を注ぐのは誤った考え方だ。

図3.1　トレンドフォローのパフォーマンス

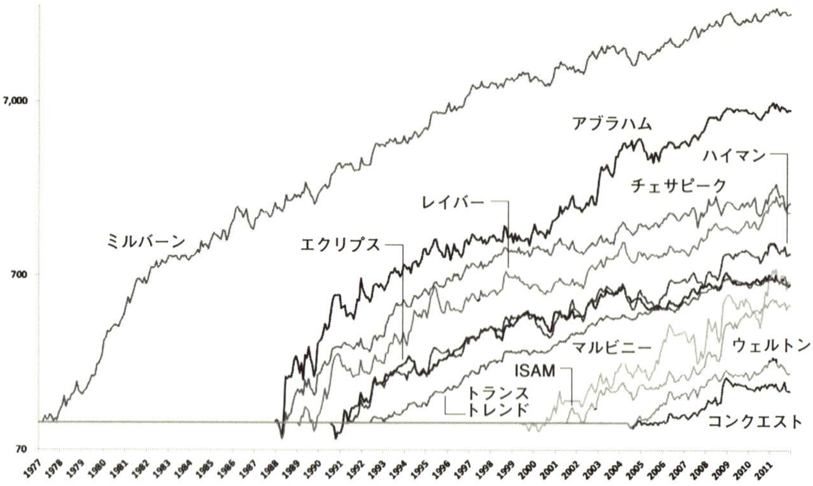
7,000
700
70
ミルバーン
アブラハム
ハイマン
チェサピーク
レイバー
エクリプス
マルビニー
ウェルトン
ISAM
トランス
トレンド
コンクエスト
1977
1978
1979
1980
1981
1982
1983
1984
1985
1986
1987
1988
1989
1990
1991
1992
1993
1994
1995
1996
1997
1998
1999
2000
2001
2002
2003
2004
2005
2006
2007
2008
2009
2010
2011

彼らはみんな同じことをやっている

ちょっと大胆な言い方かもしれないが、トレンドフォローの先物マネジャーはやっていることは多かれ少なかれほぼ同じであり、彼らの戦略を複製するのはそれほど難しいことではない。こんなことを言うのは、この発言があなたの気を引くと思うからだ。そして、今でもあなたがこの本を読んでいるとしたら、おそらくはあなたの気を引くことには成功したと思ってよいだろう。けっしておどけているのではない。私は真剣だ。だからそれを証明したいと思う。もちろん多くのファンドは戦略をそれぞれに微調整し、それによって長期的にはパフォーマンスは大きく違ってくるかもしれない。私の発言は成功した先物マネジャーをけなすことではなく、むしろその反対だ。成功する戦略の構築方法を理解するのと、実際に成功する戦略を構築するのとでは大きな違いがある。これは教えることができない部分だ。本書に登場

第3章　分散された先物トレード戦略の構築

表3.1　トレンドフォローのパフォーマンス

	年次複利リターン（%）	最大DD（%）	MSCIワールドとの相関	開始日
MSCIワールド・トータル・リターン	8.0	-55.0		77/02
ミルバーン・マルチ・マーケット	16.6	-25.6	-0.01	77/02
ダン・ワールド・マネタリー・アンド・アグリカルチャー	14.4	-60.3	-0.03	84/11
ハイマン・ベック・グローバル・ポートフォリオ	11.1	-29.3	-0.10	91/04
スーパーファンド・グリーンQ AG	12.1	-32.8	-0.05	96/03
マルビニー・グローバル・マーケット・ファンド	15.4	-41.3	-0.16	99/05
トランストレンド・スタンダード・リスク	9.8	-10.9	-0.05	92/06
サンライス・エクスパンデッド・ダイバーシファイド	11.9	-19.9	-0.13	96/01
ウィントン・フューチャーズ・ファンドB	16.2	-25.6	0.00	97/10
レイバー・マーケット・リサーチ・ダイバーシファイド・プログラム	12.9	-29.8	0.01	89/01
クラーク・キャピタル・マネジメント・ワールドワイド	13.8	-26.6	-0.11	96/01
チェサピーク・キャピタル・ダイバーシファイド	12.8	-27.8	0.15	88/02
アブラハム・トレーディング・カンパニー・ダイバーシファイド・プログラム	18.7	-32.0	-0.08	88/01
エストランダー&パートノーズ、アフファ・トレンド	12.1	-16.5	0.08	91/10

するファンドを立ち上げた起業家たちは素晴らしい成功を収めた。これは称賛に値する。

　最初の図（**図3.1**）はファンドを比較するのが目的ではなく、この種のファンドのパフォーマンス特性の全体像を見るためのものだ。**表3.1**はこの分野のさまざまなファンドと、開始日からのパフォーマンスを示したものだ。開始日が異なるため、出発点はそれぞれに異なる。一番古いのはミルバーン（Millburn）だが、この表には伝説的なファンドだけでなく、新しい無名のファンドも載せている。これらのファ

図3.2　2004年からの先物ファンドのパフォーマンスの比較──未調整

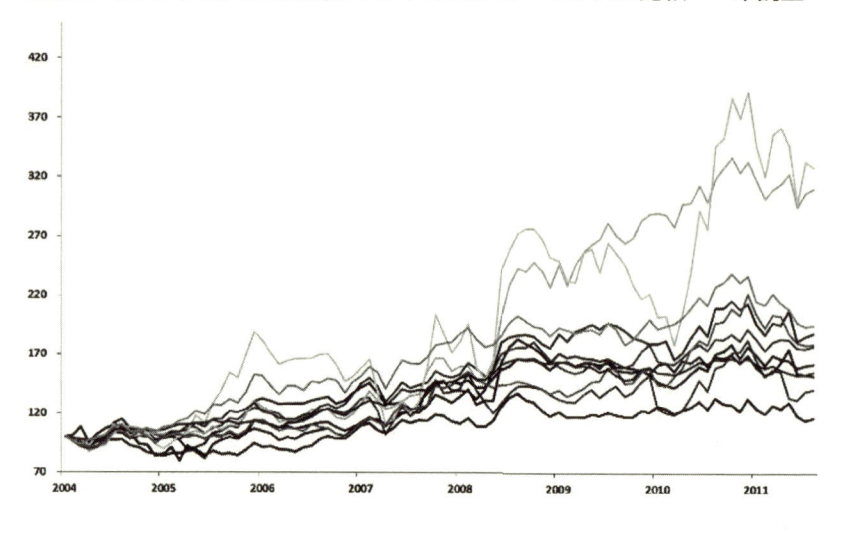

ンドはボラティリティ特性も投資ユニバースもそれぞれに異なるが、よく見ると、山と谷が同時期に発生していることに気づくはずだ。また、長期にわたって素晴らしい実績を誇っているが、最初はあまり芳しくなくて、だんだん調子が上げてきたファンドもいくつかある。これは実際には非常に難しいことだ。

　表3.1の基本的なパフォーマンスの数値を見てみよう。年次複利リターンはただ高いというのではなく、かなり高く、ドローダウンとボラティリティの数字も良い。これらのファンドのなかで最低の年次リターンでも２桁に近い。株式市場でも長期的に見るとこれほど良くはない。このリストのなかで最も古いファンドであるミルバーンが1977年に創設されてからのMSCIワールド指数の年次複利リターンは８％だ。さらに詳しく見てみると、MSCIワールドの年次標準偏差は15％で、最大DD（ドローダウン）は55％だったので、これらのファンドに比べると、MSCIワールド指数はかなり劣る投資ビークルというこ

図3.3 2004年からの先物ファンドのパフォーマンスの比較——ボラティリティで調整

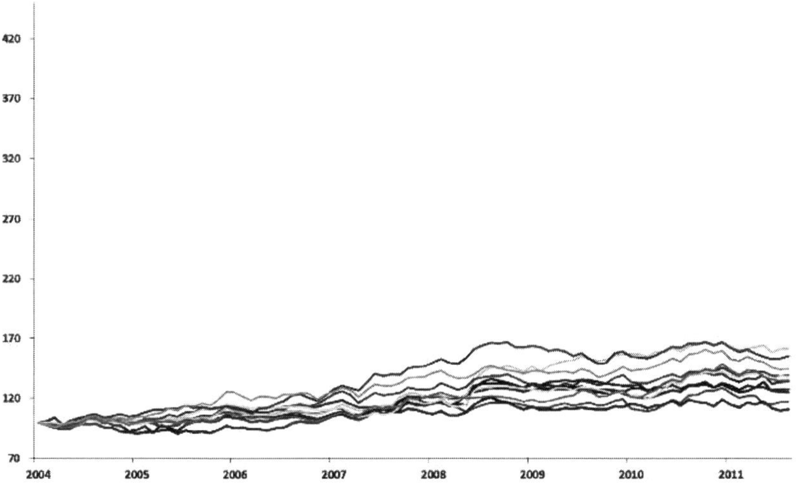

とになる。

　年次リターンとリスクを見るとかなり差があるため、これらの戦略のリスク特性が異なるのは明らかだ。だから、彼らはみんな同じことをやっているとは、どんな意味なのだろうと思うことだろう。**図3.2**と**図3.3**を見るとその意味が分かるはずだ。**図3.2**はそれぞれの先物ファンドのパフォーマンスを2004年に100で標準化したものを示したものだ。このデータは各ファンドの純粋な実績であり、この時期ほとんどすべてのファンドが利益を出している以外、一見同じようには見えない。細かく見ないかぎり類似性はよくは分からない。最も古いファンドのものは除外したが、どのラインがどのファンドのものかは気にする必要はない。ここではそれは重要ではない。これは**表3.1**と同じファンドだ。ここで重要なのは、類似点を観察することである。

　図3.3も同じファンドのパフォーマンスだが、重要なのは縦軸が同じであるという点だ。**図3.2**と**図3.3**との違いは、**図3.3**が各ファン

表3.2 先物ファンドの相関

	MSCIワールド・トータル・リターン	ミルバーン・マルチ・マーケット	ダン・ワールド・マネタリー・アンド・アグリカルチャー	ハイマン・ベック・グローバル・ポートフォリオ	スーパーファンド・グリーンQ AG	マルビニー・グローバル・マーケット・ファンド
MSCIワールド・トータル・リターン		−0.01	−0.03	−0.19	−0.11	−0.16
ミルバーン・マルチ・マーケット	−0.01		0.78	0.67	0.78	0.62
ダン・ワールド・マネタリー・アンド・アグリカルチャー	−0.03	0.78		0.64	0.67	0.60
ハイマン・ベック・グローバル・ポートフォリオ	−0.19	0.67	0.64		0.62	0.65
スーパーファンド・グリーンQ AG	−0.11	0.78	0.67	0.62		0.67
マルビニー・グローバル・マーケット・ファンド	−0.16	0.62	0.60	0.65	0.67	
トランストレンド・スタンダード・リスク	−0.04	0.75	0.63	0.62	0.77	0.59
サンライス・エクスパンデッド・ダイバーシファイド	−0.14	0.74	0.73	0.73	0.77	0.70
キャンベル・コンポジット	−0.02	0.69	0.67	0.59	0.70	0.54
ウィントン・フューチャーズ・ファンドB	0.01	0.66	0.63	0.55	0.72	0.47
エックハート・トレーディング・カンパニー・スタンダード・プラス	0.06	0.53	0.57	0.41	0.50	0.41
レイバー・マーケット・リサーチ・ダイバーシファイド・プログラム	0.22	0.77	0.67	0.62	0.73	0.60
クラーク・キャピタル・マネジメント・ワールドワイド	−0.12	0.49	0.51	0.54	0.52	0.48
チェサピーク・キャピタル・ダイバーシファイド	0.20	0.68	0.62	0.52	0.73	0.71
アブラハム・トレーディング・カンパニー・ダイバーシファイド・プログラム	−0.10	0.52	0.47	0.56	0.62	0.55
エストランダー&パートナーズ、アファ・トレンド	0.07	0.56	0.54	0.62	0.60	0.58

第3章　分散された先物トレード戦略の構築

トランストレンド・スタンダード・リスク	サンライズ・エクスパンデッド・ダイバーシファイド	キャンベル・コンポジット	ウィントン・フューチャーズ・ファンドB	エックハート・トレーディング・カンパニー・スタンダード・プラス	レイバー・マーケット・リサーチ・ダイバーシファイド・プログラム	クラーク・キャピタル・マネジメント・ワールドワイド	チェサピーク・キャピタル・ダイバーシファイド	アブラハム・トレーディング・カンパニー・ダイバーシファイド・プログラム	エストランダー&パートナーズ、アファ・トレンド
-0.04	-0.14	-0.02	0.01	0.06	0.22	-0.12	0.20	-0.10	0.07
0.75	0.74	0.69	0.66	0.53	0.77	0.49	0.68	0.52	0.56
0.63	0.73	0.67	0.63	0.57	0.67	0.51	0.62	0.47	0.54
0.62	0.73	0.59	0.55	0.41	0.62	0.54	0.52	0.56	0.62
0.77	0.77	0.70	0.72	0.50	0.73	0.52	0.73	0.62	0.60
0.59	0.70	0.54	0.47	0.41	0.60	0.48	0.71	0.55	0.58
	0.70	0.70	0.65	0.55	0.73	0.51	0.64	0.55	0.58
0.70		0.65	0.61	0.47	0.69	0.54	0.72	0.66	0.62
0.70	0.65		0.56	0.44	0.69	0.39	0.63	0.52	0.48
0.65	0.61	0.56		0.53	0.69	0.54	0.62	0.58	0.65
0.55	0.47	0.44	0.53		0.60	0.60	0.46	0.38	0.48
0.73	0.69	0.69	0.69	0.60		0.57	0.76	0.51	0.69
0.51	0.54	0.39	0.54	0.60	0.57		0.38	0.46	0.62
0.64	0.72	0.63	0.62	0.46	0.76	0.30		0.56	0.59
0.55	0.66	0.52	0.58	0.38	0.51	0.46	0.56		0.49
0.58	0.62	0.48	0.65	0.48	0.69	0.62	0.59	0.49	

ドのリターンをリターンの標準偏差で調整したという点だ。リターンをボラティリティで調整すれば同じ条件で比較することが可能になる。各ファンド間には若干の違いはあるが、彼らがみんな同じ基本概念に基づいているというのはこの図からはっきり分かる。パフォーマンスには若干の違いはあるものの、彼らはみんな同じイベントに対して同じ反応をしている。これらのファンドの最も大きな違いは、どういった投資ユニバースを使っているかである。つまり、セクター配分がどうなっているか、どんな時間枠を使っているか、どんなリスク水準を使っているかである。

　表3.2に示した相関は月々の対数リターンに基づいている。これを見ると、これらのファンドは世界の株式市場との相関はないが、互いの相関は高い。なかには0.8という高い相関を持つファンドもあり、これらはほぼ同じファンドと見てよい。とはいえ、これらのファンドが悪いという意味ではなく、リターンを見ると顧客に対して大きな価値を創出していることが分かる。しかしながら、彼らはみんな分散されたトレンドフォロー先物ファンドであるため、やり方はそれほど変わらない。

　本書では、これらのファンドがどういうファンドで、素晴らしい成果をどのようにして達成しているのかを詳しく見ていく。これから追々分かってくると思うが、基本的な手法は過度に複雑化する必要はなく、個人がこのビジネスに参入し、ビッグプレーヤーと張り合うのは可能だ。

トレンドフォローの魔法のブラックボックスの中身

　一般に信じられている通説とは違って、トレンドフォローはそれほど複雑な概念ではない。トレンドフォローとは、価格が上昇あるいは下落するのを待って、しばらくは同じ方向に動き続けることに賭け、

価格が逆行してトレンドが終焉したと思ったところでその賭けをやめることを言う。これほど簡単なのにほとんどの人が失敗するのは、間違ったことに気を取られ、重要なことを見逃しているからである。彼らは指数移動平均と単純移動平均のどちらを使うべきなのか、RSI（相対力指数）とストキャスティックスのどちらを使うべきなのか、いろいろなインディケーターを組み合わせたほうがいいのか、新たなインディケーターを作るべきなのか、パラメーターを調整すべきなのか、フィルターを加えたほうがよいのかといったことばかりに時間と労力を注ぎ込んでいるように思える。どの方法でやってもどっちみち同じことなのに、そういった方法の小さな違いについて事細かに書いている本が多い。全体的な筋書きを見失うのにこれほど優れた方法はないだろう。

トレンドフォローの基本的な考え方は極めて単純で、複雑に見せようとしても意味はない。一方向に勢いづくのを待って、その波に乗る。これだけだ。全時間の３分の２の時間帯は負ける。したがって、勝ちトレードで負けトレードを埋め合わせ、かつ家賃をまかなえるだけのお金を残せるようにすることが重要だ。もちろんこの戦略を細かく見ていくと異なる点はいろいろあるが、そのほとんどは大した違いではない。

しかし、真の違いを生む要素はいくつかあり、これらには注意が必要だ。違った方法を何千回もシミュレートしてブレイクアウトを測定したり、移動平均線の変化形を調べたりするよりも、次の要素を調べたほうが時間をより生産的に使うことができる。

- **●分散** 長期的な結果に影響を及ぼす唯一最も重要な要素は、どのように分散するかである。戦略にどの商品を含めるかと、それぞれのセクターの割合をどうするかは非常に重要だ。
- **●ポジションサイジング** 各商品のボラティリティに基づいて正しい

ポジションサイズを決定することは最も重要だが、幸いにもこれはそれほど複雑ではない。

- **タイムホライゾン**　どういった長さのトレンドをフォローするかを決める必要がある。例えば、1～2週間のトレンドをとらえたいのか、5～8週間のトレンドをとらえたいのかといった具合だ。ときにはこれがパフォーマンスに大きな影響を及ぼすこともある。
- **リスク水準**　リスクとリターンの間にはトレードオフの関係が存在する。つまり、リスクが大きければ、リターンも大きく、リターンが小さければ、リターンも小さいということである。あなたとあなたの投資家にとって安心できる水準のリスクを見つけることが重要だ。
- **単一の戦略か複数の戦略か**　長期的に見ると結果にそれほど大きな差はないかもしれないが、1つの戦略を複数の時間枠で実行するか、似たような複数のトレンドフォロー戦略を同時に実行することで、短期的なボラティリティを平滑化することができる。

投資ユニバース

　分散された先物戦略で長期にわたる成功を収めるには、複数の市場と各市場ごとに複数の限月を対象とする必要がある。こうしたトレンドフォロー戦略を1つの市場、あるいは1つのアセットクラスで実行するのは、良くて大バカ者、悪ければ自殺行為になりかねない。こうした戦略でナスダック100だけをトレードしたとして、追証が発生しても私のせいにしないでもらいたい。複数市場といっても、S&P500とナスダック100だけ含めればそれでよいという意味ではない。異なるアセットクラスにさまざまな先物市場を含めないのであれば、そもそもこんなビジネスは最初からやるべきではない。時には1つの市場やアセットクラスが負ける年が何年も続き、そのあとで好転するとき

表3.3 均等に重み付けした投資ユニバース

農産物	非農産物	通貨	株価指数	金利
綿花	軽油	AUD/USD	CAC40	ブンズ
トウモロコシ	原油	GBP/USD	DAX	ドイツ２年物国債(Schatz)
木材	灯油	EUR/USD	FTSE100	長期ギルト債
生牛	天然ガス（HH）	JPY/USD	HS中国企業	カナダBA手形
豚赤身肉	ガソリン	NYD/USD	ハンセン	２年物Tノート
オート麦	金	EUR/CHF	ナスダック100	10年物Tノート
もみ米	銅	EUR/GBP	日経225	ユーロドル
大豆	パラジウム	EUR/JPY	S&P500	ユーロスイス
砂糖	白金	CHF/USD	EuroStoxx50	ユーリボー
小麦	銀	CAD/USD	ラッセル2000	英ポンド短期

もある。つまり、私が言いたいのは、負け続ける市場があったとしても、あらゆるものをトレードせよということである。勝ちトレードで負けトレードを埋め合わせることができれば、これらの市場を分散化に含める価値はある。市場の情勢が変わって、負け市場が勝ち市場にならないとも限らない。複数市場を含めることの重要性はいくら強調してもしすぎることはない。１つの商品で１つの戦略を使うのは、素晴らしいスキルを持っているか、死を願う人だけだ。

　市場の数と戦略の複雑性との間にはトレードオフの関係がある。市場を増やせば分散効果は高まり、トレード機会も増えるが、市場を増やしすぎれば戦略は複雑になり、運用も難しくなる。市場の数をどれくらいにするかはシミュレーションをやってみて決めたほうがよい。また、自分のリスク許容量にも合うようにする。私は市場の数が少ないほうが良い結果が得られたとしても、まずは多くの市場でシミュレーションを始めることにしている。

　本章では、第２章で述べた各セクターごとに10の市場を当初投資ユニバースに含める（**表3.3**）。各セクターに同じ数の市場を含めるのは、

各セクターが戦略に及ぼす影響を論理的に同等にし、セクターの寄与度を分析するためだ。実際の戦略では、このようにセクターの重み付けを同じにすることはないが、今は説明目的でこうしている。あなたの学習を助け、あとであなたが実際の投資ユニバースを選ぶときに良い判断ができるようにするうえでは役に立つはずだ。

しかし、なぜこういった市場を選んだのだろうか。高い流動性を持ち、簡単にトレードできるものばかりだが、それ以外はランダムだ。一般的なトレンドフォローの先物ファンドはおよそ100の異なる先物を使うが、例えば金と銀のスプレッドをトレードすることで人工市場を作るファンドもある。

私が使うのは日足データだけである。これは簡単にするためと、日中データで頭を悩ますことなく戦略を実行できるようにするためだ。これは先物データなので、第2章で述べたように正しく調整されていなければならない。これは非常に重要だ。正しく調整されていない先物データを使えば、戦略を構築しても時間の無駄になり、その戦略を使ってトレードしてもお金をドブに捨てるようなものだ。

ポジションサイジング

優れたポジションサイジングの公式がなければ、どんなに素晴らしいトレードルールがあっても無駄だ。上のポートフォリオに含まれている市場はボラティリティ特性がそれぞれに異なる。ボラティリティという言葉はここでは漠然としているが、ごく最近のさまざまな市場の潜在的値動きという意味である。

EuroStoxx50指数は1日で1～2％動くこともざらで、イベントのあった日は4～5％動くこともあるが、ユーロドルが1日に0.5％も動くことはない。したがって、各トレードに同じ名目元本を割り当てれば、ポートフォリオはボラティリティの高い市場の影響を受け、ボ

ラティリティの低い市場の影響はほとんど受けない。これは私たちの欲するところではない。したがって、各市場で何枚買ったり売ったりするかを決めるときには、各市場のボラティリティを考慮しなければならない。ボラティリティの測定方法にはいくつかある。アベレージトゥルーレンジ（ATR。真の値幅の平均）を使う人もいれば、リターンの標準偏差を使う人もいるし、独自の公式を使う人もいる。基本的には、ほとんどのCTA（商品投資顧問業者）の使う手法はほとんど同じで、ボラティリティの低い市場のサイズを大きくすることで、各ポジションが戦略全体に及ぼす影響を同等にすることを目指している。

　本書では、ATRを使う。これはボラティリティを測定するのに昔からよく使われている測度で、少なくとも40年は使われている。これは各市場の1日の平均的な動きを測定するもので、これをポジションサイズを決めるときの基準にする。トゥルーレンジ（真の値幅）とは1日の値幅を高値、安値、終値を基に見たもので、t日のトゥルーレンジの公式は以下のとおりである。

$$TR_t = \max(H, C_{t-1}) - \min(L, C_{t-1})$$

　今日の高値と昨日の終値の高いほうから、今日の安値と昨日の終値の安いほうを差し引いたものが今日の値幅になる。ATRを求めるには、これらの数値の平均を取ればよい。各市場の長期にわたる平均的なトレーディングレンジを求めるときには、私は指数移動平均を用いる。ATRを平滑化する別の方法を示している本もあるかもしれないが、どれを使っても大差はない。

　ボラティリティの測度としてATRを使うのは、ポジションサイズを標準化するときに比較できる数字であるということと、任意の日の値動きがどれくらいになるのかが予測できるためである。ATRを使

えば、ポートフォリオ全体に対する各ポジションの目標とする影響度を設定することができる。そして、この目標とする影響度は一種のレバレッジとして働き、これを上げたり下げたりすることで、戦略のリスクを上げたり下げたりすることができる。

　私たちの戦略では、リスクファクターとして20ベーシスポイントを用いる。つまり、各ポジションのポートフォリオに及ぼす日々の平均的な影響は0.2％ということである。例えば、今のポートフォリオの価値を100万ドルと仮定しよう。各ポジションがポートフォリオ全体に及ぼす理論的な影響は20ベーシスポイントなので、ドルに換算すると2000ドルになる。金の買いシグナルが出て、そのときの金市場のATRがちょうど10ドルだとすると、ニューヨーク商品取引所（コメックス）の金先物はポイント値は100なので、私たちが買う先物1枚の理論的な影響は1000ドルだ。したがって、2枚買えばよいということになる。

　「理論的な影響」という言葉を使うのは、ボラティリティは常に一定ではなく、ポジションの保有期間中に大きく変化することがあるからだ。このポジションサイジングは一定のボラティリティに依存するものではなく、ポジションを取ったときのATRを潜在的な値動きの推定値として使う。ポジションサイズはポジションの保有期間中は一定で、増えたり減ったりすることはないが、最終的な戦略では調整してもよい。枚数の公式は以下のとおりである。

　枚数＝（0.002×資産）÷（ATR_{100}×ポイント値）

　資産は、トレードしている口座の残高、もしくは口座残高のうち考察対象の戦略に配分される額を意味する。ATRについてはすでに説明済みだ（ポイント値が分からない人は第2章を読み直してもらいたい）。公式の分母は、その商品の1日の平均的な値動きだ。ただし、

ボラティリティは一定とする。別の通貨建ての先物を扱うときは、口座資産と同じ通貨に換算する必要がある。また、ポイント値は先物の価格といつも同じとは限らない。もちろん、先物は1枚単位でしか売買することはできず、端数での売買はできない。したがって、数字は切り捨てにする。

ここでのマジックナンバーは0.002（0.2％）で、これをリスクファクターに適用する。これは実際には任意の数字で、これを変えれば戦略のリスクも変化する。これを決めるときには、シミュレーションをやって、その結果から適切な数値を割り出すのがよい。小さな数値を使えば、リスクやリターンも小さくなり、大きな数値を使えばリスクやリターンも大きくなる。

ポジションサイジングにはATRを用いるが、それは説明が簡単で、しかも機能的にも十分だからだ。ATR以外にも似たようなものはあるが、どれも一般的なリスク基準を使って、ポジションサイズをその市場の予測される値動きに対して調整するものだ。もう1つよく使われるのが標準偏差だ。ただし、標準偏差を使う場合、価格の標準偏差ではなく、日々のリターンの標準偏差を使うことに注意しよう。

マージン・トゥー・エクイティー（証拠金比率）のみをポジションサイジングとリスク測度として使って素晴らしい成果を上げている先物ヘッジファンドを知っているが、私はこれはやらない。これは、ヒストリカルボラティリティを推測するのとは違った方法だが、目指すものは同じだ。取引所は市場参加者のデフォルトリスクを最小化するために、自分たちのボラティリティの考えに基づいて先物の証拠金を決める。証拠金がその市場のリスクを正確に反映していると思うのであれば、証拠金を基準として使うことができる。例えば各ポジションのリスクを常にマージン・トゥー・エクイティーで0.5％に設定するといった具合だ。しかし、証拠金は取引所の主観によって決められ、突然前触れもなく変更されることもあるため、この手法には注意が必

要だ。また、委託証拠金の正確な過去のデータを入手するのは難しいため、結果を過去にさかのぼってシミュレートするのも困難だ。しかし、この方法を使って素晴らしい成果を上げている大手ファンドもあるため、一蹴するつもりはない。

スリッページ、手数料、そのほかのコスト

コストの影響を軽く見てはいけない。コストを無視すれば、良いシミュレーション結果は得られるかもしれないが、現実のトレードでこの誤りを後悔することになる。本章では、先物１枚の往復手数料として20ドルと、現実的なスリッページを想定する。完璧な数値ではないかもしれないが、これくらい慎重を期したほうがよいだろう。

トレードビジネスを始めるときには、管理報酬、成功報酬、保管料、アドミニ費用、監査費、ファンドや顧客の口座を管理するのに必要な費用を計算しなければならない。希望的観測ではなく現実的な数値を計算するために、私は管理報酬として1.5％、アドミニ費用や保管料など固定コストとして0.5％、成功報酬として15％を含めた。

流動性について

現物の株式などとは違って先物戦略には１つ独特の特徴がある。それは、多額の現金を必要としないという点だ。これらの商品は高いレバレッジがかけられるため、当初証拠金をまかなうだけの現金があればよく、追証によって殺されないようにすればよい。しかし、これはギャンブルのようなもので、プロのCTAマネジャーがやるようなものではない。実際には、ほとんどのCTAは委託証拠金を超える額の十分な運用資金を持っている。現金で持っていることはいろいろな意味で好ましいことではない。現金を持っていても利息はつかず、主要

なブローカーに対して不必要な取引先リスクを抱えることになるからだ。ブローカーが倒産すれば、あなたに代わってブローカーが管理している現金はすべて消失するが、有価証券であればこれとは分離され、返却される。

これに対する対策としては、余剰キャッシュで国債を買うのがよい。リスクの高い債券を買って余計なリスクをとっても意味はない。そのときの金利にもよるが、この方法は現金よりも安全であるだけでなく、ファンドのリターンにも貢献する。本書執筆の時点では、CTAが余剰キャッシュから稼ぐことのできる金利収入は取るに足りないが、つい最近までパフォーマンスを大きく押し上げてきた。

本書では、できるだけ現実的な結果を提示するために、特に明記しないかぎり、結果には余剰キャッシュに対する利息も含めている。

戦略の特徴

この業界で昔から言われていることわざに、お金を稼ぐには安く買って高く売る、というものがある。しかし、これはトレンドフォロー先物トレーダーには当てはまらない。トレンドフォロワーは、高く買ってそれよりも高く売るか、安く売ってそれよりも安く買い戻す。1カ月に20％も上昇し、さらに大きく急上昇して、買われ過ぎを示す商品を買うといったクレイジーなポジションを取ることも往々にしてあるかもしれない。行きすぎたのでそろそろ反転するはずと人が思うところで仕掛けるのがポイントだ。

長期リターンチャートを見ると、トレンドフォロー戦略は簡単で、儲かるように見えるが、その戦略に本当に従えるかどうかを判断するためには、短期的なリターンや日々のリターンも調べる必要がある。これはあなたの性格と、その戦略が指示している方法でトレードしたいのかや、さらにあなたの顧客が結果をどう見るかにもよる。これら

の戦略の多くはドローダウンが30％にもおよび、取り戻すのに1年以上かかる場合もある。大きなドローダウンが発生する直前に運用を開始し、1年後もその状態が続き、なぜいつまでも損失の状態が続くのかを顧客に説明しなければならなくなると、違う戦略を選べばよかったとか、違うリスク水準を選べばよかっと思うかもしれない。しかし、ボラティリティの高い戦略ほど長期的に見れば儲けは大きいのは確かだ。要するに、あなたとあなたの顧客がどこまで耐えられるかなのである。

第4章では、単純さと汎用性とに基づいて厳選した2つのトレンドフォロー手法を説明する。これらの戦略はトレンドフォロー先物トレードの原理に慣れるための良い出発点になるはずだ。これらの戦略は長い目で見れば儲かるが、オリジナルの形で使用するのは勧めない。しかし、実際に使えない単純なモデルを説明するわけではないので、心配は無用だ。本書の進行にともなって、これらの戦略は改良し、実際のヘッジファンドででも使える完璧な手法にするつもりだ。

トレンドフォロー戦略の分析

トレンドフォロー戦略の目指すところは、すでにあるトレンドで仕掛け、反転するまでそのトレンドに乗り続けることだ。つまり、トレンドの最初と最後は切り捨てて、真ん中をとらえるということである。その根底には、市場はトレンドに従って動く、という考え方がある。しかし、どの市場もほとんどの期間は利用価値のある本当のトレンドは見られず、トレンドフォロワーは市場に参入しないか、新しいトレンドだと思って仕掛けるが本当のトレンドではなかったため損をし続けるかのいずれかだ。どの市場もトレンドのない期間が長く続き、ときには何年も続くこともある。トレンドフォロートレーダーがさまざまなセクターのさまざまな市場でシステマティックにトレードしなけ

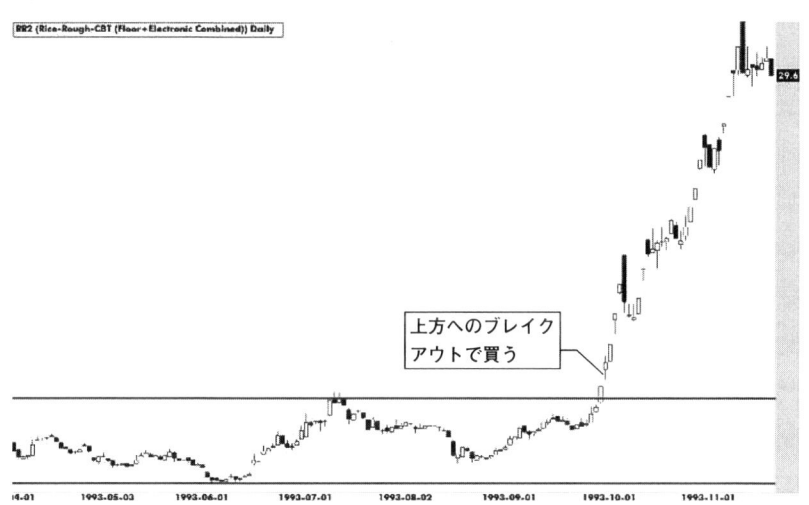

図3.4　上方へのブレイクアウトで買う──もみ米

(チャート内注釈：上方へのブレイクアウトで買う)

ればならないのはこのためだ。こういった戦略を１つの市場や少数の市場で運用するつもりなら、宝くじでも買ったほうがマシだ。

　トレンドフォローを扱った本は、仕掛けルールのことばかりに長々と時間を割き、戦略の重要な要素は無視することが多い。実際には、買いや売りのルールよりも、ポジションサイジングや分散のほうがはるかに重要だ。プロでない人は、買いや売りのルールにばかり時間とエネルギーを注ぎ、分散やリスクといったもっと重要なことには見向きもしない。トレンドフォロー戦略は、間違った仕掛けルールや手仕舞いルールでも、良い分散やリスクのルールと組み合わせれば利益を出すことがあるが、この逆だと大失敗する。

　古典的な先物トレンドシステムのなかでこうしたトレーダーがよく使う方法は２つある。１つは、上方にブレイクアウトしたら買い、下方にブレイクアウトしたら売るというもので、そのためにはブレイクアウトを見つける方法が必要になる（**図3.4**）。

図3.5　移動平均の交差でポジションをドテンする――ナスダック

(チャート内ラベル：買いを手仕舞って、売る)

　もう1つの方法は、移動平均線などの古典的なトレンドインディケーターを使って、交差ルールで仕掛けるというものだ（図3.5）。最も簡単な例は、価格チャートに重ねて移動平均線を描き、価格が移動平均線を上に交差したら買い、下に交差したら売るというものだ。

　前述のとおり、仕掛けルールはトレード戦略のなかで最も重要ではない要素だ。したがって、これに割く時間は最小限にすべきである。とは言っても、仕掛けルールは無関係なので無視せよと言っているわけではない。長い目で見ればトレード結果を大きく作用するもっと重要な要素があると言っているだけである。

　トレンドルールにはフィルタールールを伴うことが多い。つまり、市場がブル相場にあるときだけ買い、ベア相場にあるときには売るということである。トレンドフォロワーは、短期的に逆の動きが発生すると強いトレンドにも従わない人が多いが、良いフィルタールールはこういったときに便利だ。フィルターの簡単な使い方は、長期トレン

ドフィルターには200日移動平均を、トレンドでの仕掛けシグナルにはもっと短いトレンドフィルターを使うといった具合に、異なる期間のトレンド測度を2つ使うというやり方だ。長期のトレンドの方向にのみ仕掛けるためには両方のインディケーターが一致することが必要だ。ここで紹介している戦略には、トレンドフィルターは使っていない。まずは戦略をできるだけ単純にすることだけを念頭に置いた。このあと、いろいろなものを加え、結果にどんな影響を及ぼすのか見ていく。

第4章 2つの基本的なトレンドフォロー戦略
Two Basic Trend-Following Strategies

　トレード戦略の理論ばかり話していても仕方がない。本章ではあなたが自分で複製して検証することができる例を示していく。何が機能し、何が機能しないのかを自分自身で見極めてもらいたい。まずは2つの基本的なトレンドフォロー手法を紹介する。これらの戦略は遅くても1970年から、あるいはもっと以前から使われているものだ。この2つの戦略を選んだのは、単純で汎用性があるからであり、重要なポイントを説明するのには打ってつけだと思ったからだ。この極めて単純でよく知られた戦略は、複雑な改良をしなくても、プロのトレンドフォローファンドに匹敵するほどの結果を得ることができる。これらの戦略を、これらの戦略でも使われているよく知られたポジションサイジングの公式と分散プランも合わせて紹介する。これらの戦略が長期的に高いパフォーマンスを上げ、ヘッジファンドの世界でも十分に通用するものであることが分かるはずだ。

　最初の戦略は本当に古典的なもので、モデル化やトレードも簡単だ。この戦略の基本となるのは移動平均（過去X日の平均価格）である。この戦略では、期間の異なる2つの移動平均線——速度の速い移動平均線と遅い移動平均線——を使う。まずは、速い移動平均線には10期間を、遅い移動平均線には100期間を使うことにしよう（**図4.1**）。これらの数字の重要性については本章でこのあと見ていく。

図4.1　標準的な移動平均線の交差戦略

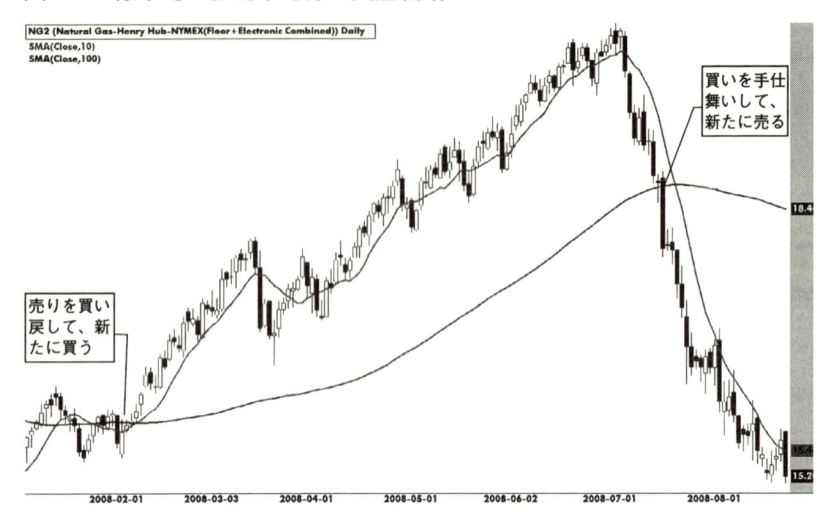

NG2 (Natural Gas-Henry Hub-NYMEX(Floor + Electronic Combined)) Daily
SMA(Close,10)
SMA(Close,100)

（チャート内注記）
- 売りを買い戻して、新たに買う
- 買いを手仕舞いして、新たに売る

　この戦略はすべての市場で買いと売りのどちらもトレードし、常に市場に参入している状態にある。つまり、運用対象のどの先物も買いか売りのいずれかのポジションが建っているということである。買っている状態で損切りに達したら、売りにドテンし、売っている状態で損切りに達したら、買いにドテンする。この段階ではトレンドフィルターのようなものは一切使っていない。したがって、ただ単に移動平均線の交差シグナルが発生したらそれに従うだけである。この戦略では日足データを使っており、シグナルが出た翌日にトレードする。最後に、データスヌーピングについて話しておきたい。これは戦略をモデル化するときによく犯す過ちで、トレードする時点で実際には入手できないデータを使うことを言う。例えば、火曜日にシグナルが出たら、シミュレーションは水曜日の朝に買うことを想定しているが、スリッページや手数料（第3章を参照）を含めれば、仕掛け価格は悪くなるのが一般的だ。

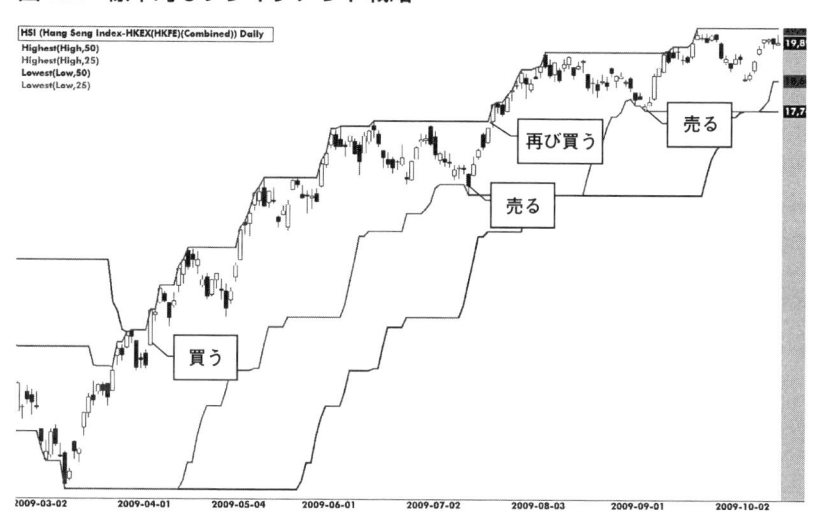

図4.2　標準的なブレイクアウト戦略

　この戦略のロジックは実に簡単だ。速い移動平均線が遅い移動平均線を上に交差したら、トレンドは上昇トレンドだ。トレンドが上昇トレンドにあるので、価格が反転したらすぐにストップに引っかかって小さな損失を出すが、逆にトレンドが続けば理論的に無限の富を得ることができることを想定して買う。

　2番目の戦略は、新しいトレンドで仕掛け、それが続くかぎりその波に乗り続けるというものだ。この場合もルールは簡単だ。今日の終値が過去50日の最も高い終値と等しいか上回っているとき、翌日に買い、今日の終値が過去50日の最も安い終値に等しいか下回っているとき、翌日買っているものを売って、売りにドテンする。手仕舞うときのロジックも同じで、終値が25日の最安値に達したら買いを手仕舞い、価格が25日の高値を更新したら売りを買い戻す（**図4.2**）。分析は毎日の終値で行い、トレードはシグナルが出た翌日に仕掛ける。

　移動平均線の交差戦略とは違って、このブレイクアウト戦略は常に

ポジションが建った状態にあるわけではない。ポジションがストップに引っかかったら、次のシグナルが出るまでポジションはとらないので、しばらくポジションのない状態が続くこともある。

戦略のパフォーマンス

どんな戦略でもパフォーマンスを正しい文脈で見ることは重要だ。年次複利リターンを見るだけでは、その戦略が有効かどうかも、その戦略がほかの戦略に比べて良いのか悪いのかさえも分からない。どの戦略が優れた戦略なのかを調べるには、さまざまなリスク測度を見る必要があり、その戦略で実際にやっていけるかどうかを見るには、その戦略の資産曲線を細かく調べる必要がある。高い利益を出す戦略でも最悪の時期はある。それに耐えられないのであれば、あなたとあなたの投資家に合う違った戦略を見つけたほうがよい。

図4.3の資産曲線を見ると、どちらの戦略も長期的には利益を出すことが分かるが、早まった判断をしてはいけない。長期的な資産曲線をちょっと見ただけでは、例えば移動平均線戦略のほうがブレイクアウト戦略よりも良い戦略であると判断することはできない。このタイムスパンでは移動平均線戦略のほうがブレイクアウト戦略よりも儲かったかもしれないが、ボラティリティ調整ベースではどちらの戦略が優れているかは分からない。縦軸には対数を使っていることに注意しよう。これはグラフを読みやすくするためだ。ここで見られるように、長期にわたる変動率が大きい場合、線形のスケールでは両者の関係が分かりづらい。このため、本書のグラフは縦軸には対数を使っている。

基本的な戦略の長期的なパフォーマンスを理解するために、ベンチマークとなる4つのファンドを比較する。まずはMSCIワールドで、これはいろいろな地域の1000以上の銘柄で構成されているため、世界の株式市場のパフォーマンスの一般的なベンチマークだ。次は、バー

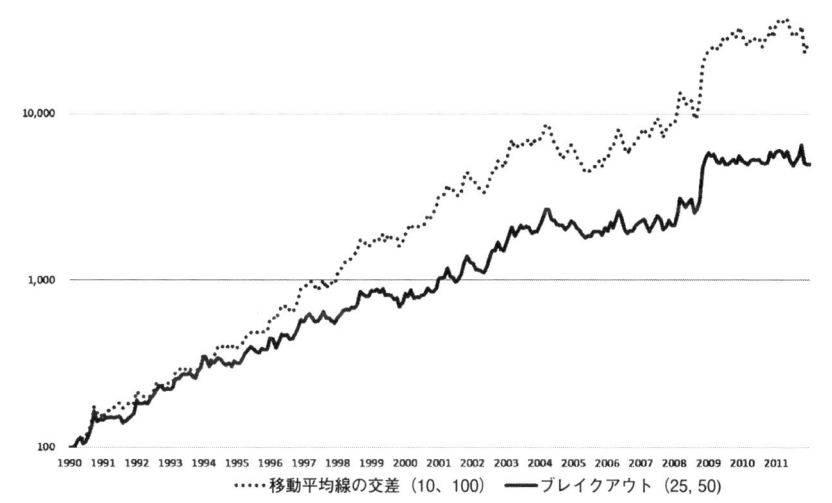

図4.3　移動平均線戦略とブレイクアウト戦略

……… 移動平均線の交差（10、100）　── ブレイクアウト（25、50）

クレーBTOP50で、これはマネージドフューチャーズ業界を複製することを目指した指数だ（**図4.4**）。これに、ミルバーンとダンを含めた（**図4.5**）。ミルバーンはこの業界のパイオニアで、1970年以降高い業績を上げてきたため、優れたベンチマークになる。ミルバーン同様、ダンも高い業績を誇る長期パフォーマーで、この業界の伝説的存在だ。業界を代表するものとしてこれら２つのファンドを示したのは、これらのファンドは長期にわたる正式な業績データが入手可能で、素晴らしいパフォーマンスを誇るからだ。

　これらのチャートと**表4.1**のサマリーデータからは、何十年にもわたって使われてきた最も基本的な戦略は、伝統的投資を大きく上回っていることが分かる。株式の長期パフォーマンスから見てみよう。22年分のデータによるシミュレーションでは、世界の株式市場のベンチマーク（MSCIワールド）の年次パフォーマンスは4.7％で、これは国債から得られる無リスク金利をかろうじて上回っている。一般大衆の

図4.4　ベンチマークとコア戦略の比較

••••• 移動平均線の交差（10、100）　―― ブレイクアウト（25、50）　－－ MSCIワールド　══ バークレーBTOP50

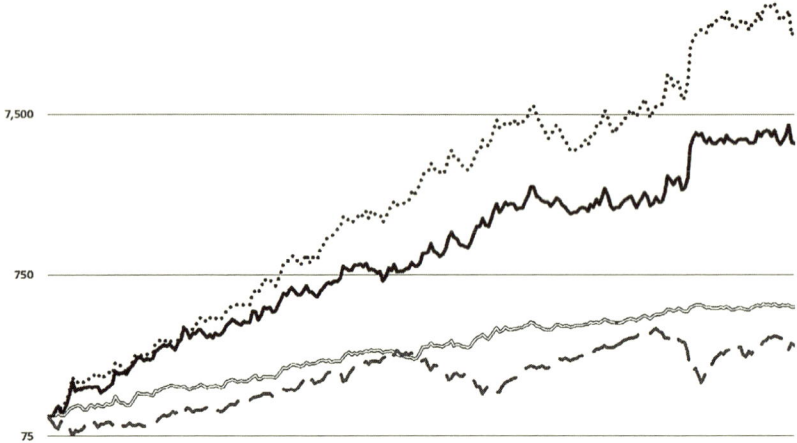

図4.5　CTAファンドとコア戦略の比較

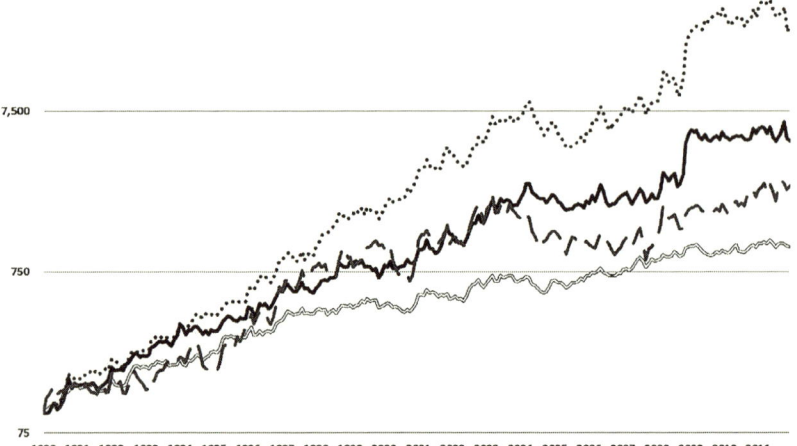

••••• 移動平均線の交差（10、100）　―― ブレイクアウト（25、50）　－－ ダン　══ ミルバーン

表4.1　コア戦略とベンチマークおよびCTAファンドとの比較（1990年1月～2011年12月）

	移動平均線の交差 (10、100) リスクは0.2%	ブレイクアウト (25、50) リスクは0.2%	MSCI ワールド	バークレー BTOP50	ミルバーン	ダン
年次複利リターン	28.9%	19.4%	4.7%	7.3%	11.5%	15.9%
最大ドローダウン	-48%	-32.2%	-57.5%	-13.3%	-22.8%	-60.3%
ドローダウン÷年次リターン	-1.66	-1.66	-11.36	-1.81	-1.99	-3.78
利益の出た月の比率	65%	60%	62%	60%	62%	58%
最良の月	57.9%	56.8%	11.3%	10.6%	17.7%	31.2%
最悪の月	-30.3%	-32.2%	-18.9%	-7.0%	-11.1%	-23.5%
シャープレシオ (RF:2.5%)	0.89	0.68	0.22	0.54	0.68	0.53
ソルティノレシオ	1.84	1.36	0.01	0.87	1.09	0.79

間には、株式は必ず上昇するので、このアセットクラスに投資すべき、という考え方が根強くある。歴史上の一定の期間においてはこれは正しかったが、過去数十年においては、これは当てはまらない。1990年1月の初めに100ドル投資したとすると、22年たった今では100ドルは276ドルになっている。およそ3倍になったわけだから良くは見える。しかし、投資額を2倍にするには年次リターンはわずか3.2%でよく、3倍にするには5.1%でよいのだ。また、このベンチマークの最大損失（最大ドローダウン［DD］）は57.5%だった。つまり、どこかの時点で元手のおよそ50%以上を失ったことになる。最近では、株式市場は大きなドローダウンを何度も経験し、取り戻すには程遠い状態だ。

　洞察力のある読者なら、この指数を買って保有することによって得られたであろう配当でその損失を埋め合わせできるのではないかと思うはずだ。答えはノーである。ここで提示しているMSCIワールドのデータはトータルリターンの時系列データだ。したがって、配当はすでに含まれている。配当を除けば、年次リターンはわずか3.4%だ。

次に、バークレーBTOP50を見てみよう。これは長期的に堅実なパフォーマンスを示しており、このタイプの戦略にとって良いのは言うまでもない。年次複利リターンは7.3％と高く、これは同じく100ドル投資すれば500ドルになったことを意味する。最大DDは13％を少し上回る程度だが、これは年次リターンを見れば納得いくだろう。注意してもらいたいのは、これは多くの先物トレーダーのパフォーマンスから構成される指数であるという点だ。したがって、全体のボラティリティは当然ながらそれぞれの構成要素のボラティリティよりも低い。図4.4に示したBTOP50とMSCIのリターン特性を比較すると、マネージドフューチャーズ指数のほうがリターン曲線がスムーズであることが分かる。株式市場は良い年と悪い年があるが、この指数は安定している。株価指数のようにリターンに大きな下落は見られない。

　この業界のビッグプレーヤーも比較に含めるために、何十年も前から存在し一目置かれる存在である２つのマネージドフューチャーズファンドを示した。ミルバーンは1977年の操業開始以来の年次複利リターンが11.5％なので、100ドル投資すれば1000ドル以上になったことを意味し、どのベンチマークも足元にも及ばない。ダンの創業は1984年で、それ以来の年次複利リターンはおよそ15％だ。一流のトレンドフォローマネジャーはたくさんいる。彼らについてはあとで見ていくことにするが、とりあえずはこの２つを業界を代表するファンドとして比較に加えた。本書で実名を挙げて褒め称えても、私はどのファンドからもお金は受け取ってはいないことをはっきり言っておきたい。

　では、私たちの２つの戦略はこういった指数や強力な競合他社と比べるとどうだったのだろうか。移動平均線戦略は年次複利リターンが28.9％で、最大DDが48％、ブレイクアウト戦略は年次複利リターンが19.4％で、最大DDは32.2％だった。どう見ても私たちの２つの戦略のほうがベンチマークよりもボラティリティが高いのは明らかであり、

リターンもリスクも高い。今のところはボラティリティが高すぎるような気がするが、取ったリスクに対して利益が高ければ、それほど心配することもないだろう。ボラティリティ水準そのものは問題にはならない。なぜなら、ポジションサイジングの要素を調整し、リスクとリターンを下げれば、ボラティリティはいとも簡単に下げられるからだ。これについては詳しくは第5章で説明する。重要なのは、絶対リターンと絶対ドローダウンの数字ではなく、2つの比率なのである。

　ボラティリティが異なる戦略を比較するには通常シャープレシオを使う。これは戦略をランク付けするための万能の方法として見られることが多く、シャープレシオの高い戦略が優れているということになる。しかし、この考えには関心しない。その理由を説明する前に、まずシャープレシオがどんなものなのかを見ておくことにしよう。公式は実に簡単だ。過去の年次リターンから無リスク金利を差し引いて、それを戦略のリターンの標準偏差で割るだけである。

　このレシオの問題点は、ボラティリティの扱い方だ。分母はリターンの標準偏差で、これはボラティリティだ。つまり、この公式はボラティリティは悪いものであって、厳しく罰するべきものとしてとらえているのである。基本的な考え方は間違ってはいないし、ボラティリティの高いリターンよりも安定したリターンのほうが良いのは明らかだ。しかし、シャープレシオの計算方法では、異なるタイプのトレードは比較できない。標準偏差は平均リターンと実際のリターンの平均値からの乖離に基づいて計画されるので、標準偏差が上昇するとシャープレシオは下がる。標準偏差は正の差も負の差も対等に扱うことに注意しよう。したがって、例えば、2008年後半のトレンドフォロー戦略のように、あなたの戦略のパフォーマンスが急上昇すれば、リターンはよくなるが、シャープレシオはあまり高くはならない。

　私たちのような戦略にとって、評価尺度としてシャープレシオが好ましくないもう1つの理由は、私たちがやっているのが高度にレバレ

ッジのかかったトレードであるということである。どれくらいレバレッジがかかっているかは、クロスアセット戦略を見ていくときに議論するが、レバレッジを測る従来の測度はこの文脈では意味をなさないものが多い。しかし、私たちは明らかにレバレッジをかけている。前に提示したポジションサイジングの公式を見ると、どれくらいのポジションを取りたいかによって、つまりどれくらいのリスクをとりたいかによって、上げたり下げたりできる重要な入力値があることに気づくはずだ。この数値を下げれば、リターンは下がり、ドローダウンも下がり、標準偏差も下がる。上げればこの逆だ。しかし、あなたのリターンから差し引く無リスク金利は変わらない。したがって、この数値を下げれば、標準偏差も下がるが、シャープレシオの公式の分子であるリターンも大幅に下がる。

重要なのは、どれくらいのリターンを得られるかと、そのリターンを得るためにはリスク水準をどれくらいにしなければならないかである。シャープはおそらくは最初はこれを目指していたと思うが、彼の公式のリスクの定義に問題がある。

完璧ではないが、私たちにとってはシャープレシオよりもソルティノレシオのほうが役に立つ。ソルティノレシオの考え方はシャープレシオと同じだが、下方ボラティリティのみを測定する点が異なる。こうすれば戦略が正しい方向に動くことに対して罰を受けないようにすることができる。

最大DDを年次リターンで割れば、最大DDが通常の年の利益と比べてどれくらい大きいのかについておおよその目安がつく。移動平均線戦略もブレイクアウト戦略も、最大DDは通常の年の利益の1.66倍だった。これに対して、MSCIワールドは11.36倍、BTOP50は1.81倍、ミルバーンは1.99倍、ダンは3.78倍だった。リターンに対してどれくらいのドローダウンなら許容できるのかを考えなければならない。あなたの戦略が健全で、時間がたてば取り戻すことができるとしても、

リターンに対してドローダウンがあまりにも大きすぎれば、顧客は逃げてしまう。ここで紹介した先物戦略はどれも数値的には健全だが、株式市場でおよそ11.5年分のパフォーマンスを棒に振るのはいただけない。

戦略間の相関

　ここで見ていくのは月次リターンの相関だ。ある戦略のリターンがほかの戦略のリターンとどれくらい関連性があるかを見るものが相関だ。相関を算出するときには注意が必要だ。初心者によく見られる過ちを犯さないようにしなければならない。相関の計算に不慣れな人に最も多い間違いは、月次リターンをエクセルに入力して、組み込みCorrel()関数を実行することである。これは間違ったデータを生みだす可能性が高い。もう1つの過ちは、価格時系列、ファンドの純資産、先物価格等を入力して、同じくCorrel()関数を実行することである。これはもっと悪いデータしか生みださない。問題はエクセルの関数ではない。これはこの目的では完璧な仕事をする。問題は入力データにある。入力値にはリターン率や価格ではなく、自然対数で計算したリターンを使うのが正しいやり方だ。

　自然対数で計算したリターンを計算するための公式は以下のとおりである。

$R_i = Ln(P_i \div P_{i-1})$

　ただし、P_iは時点iにおける時系列の価格または価値、P_{i-1}は同じ時系列の1日前の価格または価値で、R_iが時点iの自然対数で計算したリターンである。これをエクセルを使ってやる場合、時系列の価格デ

ータを行セルに入力し、その隣の行セルに組み込みLn()関数を入力すれば、新しい列にリターンの自然対数の値が入力される。そのあと、Correl()関数に2つのリターンの自然対数を入れれば相関が算出できる。

相関係数は－1と1の間の値を取る。この値が比較する2つの時系列間の関係の特徴を表す。値1は両者が同じものであり、同じ動きをすることを表し、－1はまったく逆の動きをすることを表す。ゼロは完全に無相関であることを表す。

表4.2に示した相関表からは興味深いことがいくつか観察できる。まず、私たちの2つのトレンド戦略の相関が非常に高いということだ。相関係数はおよそ0.9なので、2つの戦略はほとんど同じということになる。これは、買いや売りのルールがそれほど重要ではないことを示している。コアとなる概念は同じで、ポートフォリオの構成もそれほど変わらない。2番目に興味深いのは、私たちの戦略が世界の株式指数と負の相関にあるという点だ。ただし、負の相関度はそれほど高くはない。つまり、私たちの戦略はリターンの期待値が正で、世界の株式指数と負の相関を持つわけだから、私たちの戦略は株式ポートフォリオの良い補完になるということである。リターンが正で、相関が負ということは、株式ポートフォリオの一環として保有すれば、リターンは向上し、リスクは減少させることができることを意味する。事実、バークレー指数のような分散された先物戦略は世界の株式指数と負の相関を持つ。ゼロまたは若干負の相関を持ち、リターンの期待値が高いビークルをポートフォリオに含めることで分散効果は高まる。

私たちの戦略のBTOP50との相関は高いが、極めて高いというわけではない。私たちのリターンのおよそ65％はこの指数によって説明がつくということになる。65％というと低いと思われるかもしれないが、私たちの現在のリスク水準と投資ユニバースはほとんどのファンドとは異なり、私たちが使っているのは余計なものを省いた極めて基本的

表4.2 コア戦略とベンチマークおよびCTAファンドの相関

	移動平均線の交差	ブレイクアウト	MSCIワールド	バークレーBTOP50	ミルバーン	ダン
移動平均線の交差		0.89	-0.17	0.64	0.61	0.60
ブレイクアウト	0.89		-0.23	0.66	0.63	0.59
MSCIワールド	-0.17	-0.23		-0.09	-0.01	0.03
バークレーBTOP50	0.64	0.66	-0.09		0.84	0.81
ミルバーン	0.61	0.63	-0.01	0.84		0.71
ダン	0.60	0.59	-0.03	0.81	0.71	

な戦略だ。また、ミルバーンとダンはBTOP指数と高い相関を持つと同時に、互いの相関も高いことに注意しよう。

　私たちの戦略が大手ファンドとそれほど高い相関を持たない主な理由は、アセットクラスミックスによるものだ。私たちは資金を前に述べた5つのセクターに均等に配分するが、これは実際にはあまり一般的な方法ではない。今のところは読者の教育目的のために資産をこれらのセクターに均等に配分しているが、このあともっと現実的なアセットミックスへと切り替えるつもりだ。

　あなたがスモールトレーダーなら、資産を均等に配分するのは、良いか悪いかは別として、簡単だ。しかし、資金がこれらのファンドの水準に達し、高いレバレッジで運用する何十億ドルもの資金が集まったら、少なくとも大きなサイズではトレードできない市場も多くなるはずだ。流動性が問題になった場合、ファンドはトレンド分析をより長期で行う傾向があり、先物の商品などに比べると流動性の高い通貨や金利への資産配分を増やし、投資ユニバースにおける市場数も増やす。もちろんコモディティーにも流動性の高い先物は存在するが、通貨や金利に比べると数は圧倒的に少ない。

パラメーターの安定性

　私たちの戦略では意図して良いパラメーターを選んだと思うかもしれないが、そう考えるのも無理はない。ここでは、そうではないことを証明していきたいと思う。用いる戦略はこれまでと同じだが、ここではその短期バージョンと長期バージョンを作成する。移動平均線戦略では10日と100日を使っていたが、ここでは短期バージョンには5日と50日を、長期バージョンには20日と200日を使う（**図4.6**）。また、ブレイクアウト戦略では25日と50日を使っていたが、短期バージョンでは15/30を、長期バージョンでは50/100を使う（**図4.7**）。

　チャート（**図4.6と図4.7**）を見ると、パラメーターを変えてもリターン特性は移動平均線戦略もブレイクアウト戦略もほぼ同じように見える。ブレイクアウト戦略の場合、長期バージョンのほうが短期バージョンよりも若干良い。しかし実際には、長期的に見るとどのパラメーターを選ぶかで大きく異なる。しかし、どれも株式市場よりもはるかに良く、そのほとんどはプロの資産運用に利用することができるだろう。もちろん、これらの戦略は大して労力を使うことなく改良することができる。それをこれから示していくので、まだトレードはしないでおこう。

　表4.3を見るとどの戦略もリターンはプラスだが、リターンというものはボラティリティの文脈で見なければ意味はない。複利リターンとドローダウンはどの戦略も似たり寄ったりなので、年次リターンに対するドローダウンの比率もほぼ同じだが、例外は短期のブレイクアウト戦略だ。短期戦略は中期戦略に比べると、ポジションの仕掛けや手仕舞いでちゃぶつくことが多いため、リスクをもう少し考慮する必要がある。短期ブレイクアウト戦略はこのなかで最悪のパフォーマーであることは明らかだが、それでもほとんどのベンチマークに比べると良い。

第4章　2つの基本的なトレンドフォロー戦略

図4.6　移動平均線戦略のパラメーターの安定度

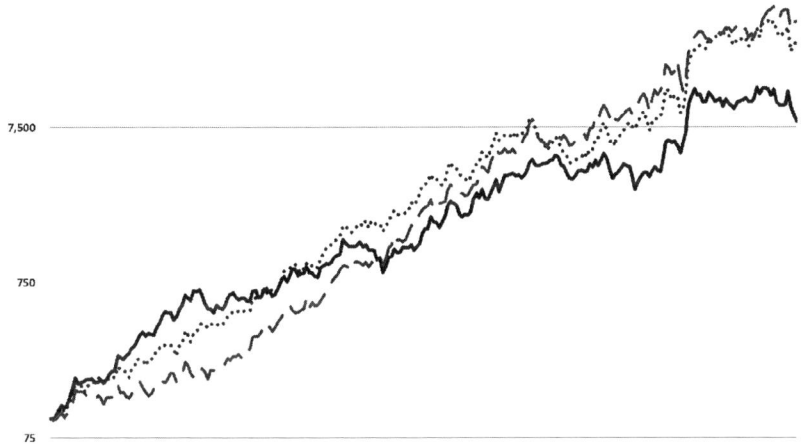

・・・・・ 移動平均線の交差（10、100）　――― 移動平均線の交差（5、50）　― ― ― 移動平均線の交差（20、200）

図4.7　ブレイクアウト戦略のパラメーターの安定度

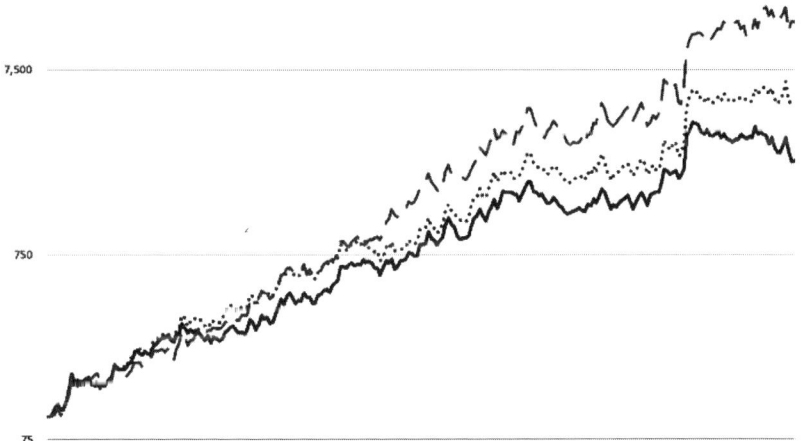

・・・・・ ブレイクアウト（25、50）　――― ブレイクアウト（15、30）　― ― ― ブレイクアウト（50、100）

125

表4.3 パラメーターの安定度の比較（1990年1月～2011年12月）

	MA交差 10×100 リスクは 0.2%	MA交差 5×50 リスクは 0.2%	MA交差 20×200 リスクは 0.2%	ブレイクアウト 25×50 リスクは 0.2%	ブレイクアウト 15×30 リスクは 0.2%	ブレイクアウト 50×100 リスクは 0.2%
年次複利リターン	28.9%	22.2%	25.7%	19.4%	15.5%	25.0%
最大ドローダウン	-48.0%	-40.8%	-33.6%	-32.2%	-38.9%	-36.4%
ドローダウン÷年次リターン	-1.66	-1.84	-1.31	-1.66	-2.51	-1.45
利益の出た月の比率	65%	63%	58%	60%	60%	63%
最良の月	57.9%	52.8%	50.1%	56.8%	53.1%	60.5%
最悪の月	-30.3%	-20.2%	-23.5%	-21.6%	-16.2%	-25.9%
シャープレシオ（RF:2.5%）	0.89	0.72	0.86	0.68	0.59	0.81
ソルティノレシオ	1.84	1.38	2.07	1.36	1.16	1.67

　リターンが若干下がったり、時間枠によってリターンに違いがあったりするときもあるが、長期的に見れば大差はなく、どの戦略も高いパフォーマンスを生みだす。したがって、時間枠パラメーターは安定していると言えるだろう。長期的に見るとリターンが若干違ってくる場合もあるが、どの時間枠がベストなのかは一概には言えない。

基本戦略からの結論

　本章でこれまでに見てきたように、簡単なトレンドフォロー戦略でも長期的に見れば高いパフォーマンスを上げることができる。どういったトレンドフォロー戦略を選ぶかはあなたが思うほど重要ではない。買いと売りの良いルールがあればもちろん役に立つだろうが、何十年にもわたって人々に使われてきた最も基本的な手法を使っても良い結果は出せる。秘密のソースは買いと売りのルールではないのだ。

戦略の改良

　これまで見てきた2つの戦略から分かるように、非常に簡単な戦略でも素晴らしい成果を上げることができることが分かったはずだ。でももっと良い成果を上げるために、これらを改良してみることにしよう。本節では、私たちの戦略に簡単だが重要ないくつかの要素を加え、1つの戦略にまとめる。そしてその戦略を使って分散化された先物プログラムのリターンをさらに分析していく。まずは、今の戦略の問題点とその改善策を見てみることにしよう。

　これまでの戦略は利益は出るもののいくつかの問題点がある。どちらの戦略も長期的に見ると高いパフォーマンスを上げるが、ボラティリティが投資家が許容できないほどに高く、そのため心理的に難しいトレードをたくさん生みだす。心理的に難しいトレードとはちょっと奇妙に聞こえるかもしれないが、トレード戦略を決める前に考えなければならない要素だ。例えば、あなたの戦略は長期的に見れば利益が出るが、勝率はわずか30％で、毎日売り買いを繰り返す傾向があるとすると、トレードを続けるのは難しいだろう。トレードの70％は負けトレードになるので、ときにはトレードをスキップしてもよいのではないかと思ってしまう。負けトレードのすべてを穴埋めしてくれるようなトレードをスキップしてしまえば、その年は散々な年になってしまう。分散された先物戦略の60％から70％は負けトレードになるのはごく一般的なことで、この点がこのトレードスタイルの難しいところだ。トレーダーの多くは自分の戦略に疑問を持ち、放棄すべきでないときに放棄してしまうのはこのためだ。

　戦略のリスクをもう少し低くし、トレードしやすくし、できればもう少し利益も増やしたい。戦略はシンプルだが現実的なものにするつもりだ。10個のオシレーターを加えたり、ニューラルネットワークによる機械学習といったつまらないものを加えるつもりはない。機関投

図4.8　トレンドフィルターを持たない移動平均線戦略はオーバートレードに陥る

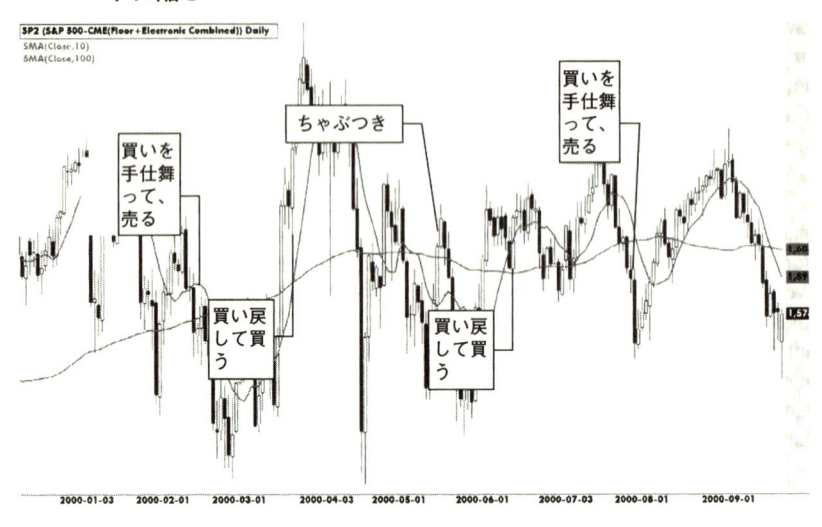

資家による運用にも使えるようにするために、小さな改良を加えるだけだ。複雑にすればよくなるわけではない。経験から言えば、簡単なトレンドフォロー戦略のほうが、複雑な数式を駆使したり、ルールをたくさん使った戦略よりも、実際にはうまくいく。

トレンドフィルター

　私たちの2つの戦略はそれぞれ独自の問題を抱えているが、これらの問題は関連性があるため、同じ方法で解決することができる。移動平均線戦略の最大の問題は、たとえそのときにトレンドがなくても、常にポジションを取った状態にあることである。市場が横ばいになると、この戦略は仕掛けと手仕舞いを繰り返し、負けてばかりだ。これでは利益が出ないばかりか、不快で自信も失う。**図4.8**はS&P500が2000年半ばに横ばいになったときの状態を示したものだ。そこで必要

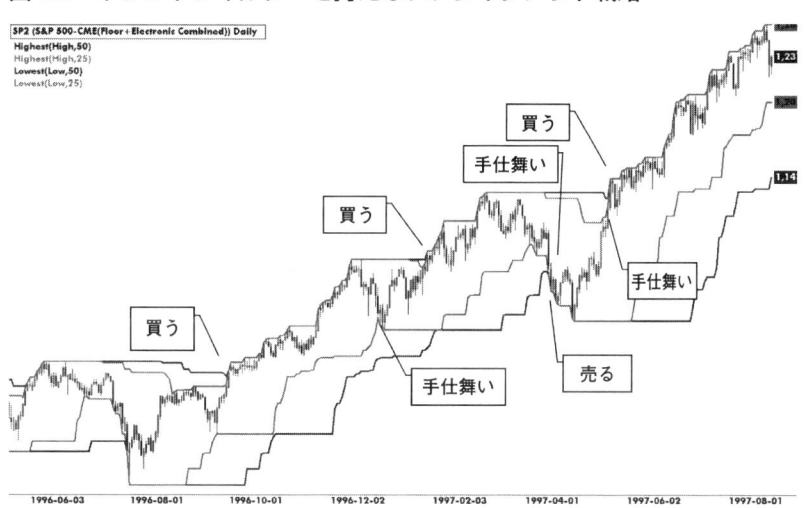

図4.9　トレンドフィルターを持たないブレイクアウト戦略

になるのが、利益の出そうなトレンドがないときには買ったり売ったりしないようなトレンドフィルターだ。

これに対して、ブレイクアウト戦略は常にポジションを取った状態にはなく、価格のブレイクアウトが発生したあとでのみ仕掛けるのでこの問題はないが、似たような問題はある。ブレイクアウト戦略は一定の日数の間の高値を更新したら買いを仕掛け、同じ日数の間の安値を更新したら売りを仕掛けるため、ときには市場のトレンドに逆らってトレードするときがある。しばらく強いトレンドが続いたあと、少しだけ押したり戻したりするのは珍しいことではない。そういった押しや戻しはある戦略にとっては利食いして手仕舞う絶好の機会になるが、反対ポジションを仕掛ける場所ではない。

図4.9はドットコムバブル絶頂期にS&P500が強いトレンド相場にあったときのブレイクアウト戦略を示したものだ。一見しただけで明らかなことが2つある。この戦略は強いブル相場で売りを仕掛けてい

図4.10　移動平均線をトレンドフィルターとして使う

る。これはナンセンスだ。もう1つは、オーバートレードしているという点だ。強いトレンド相場で買ったり売ったりを繰り返している。

　こういった問題を防ぎ、大きなトレンドの方向にのみトレードを仕掛け、数日ごとに売り買いを繰り返してちゃぶつかないようにするためには、トレンドフィルターを加えるのがよい。移動平均線戦略は、中期トレンドの方向を測定できるように若干遅い移動平均線にすれば、それ自身が良いトレンドフィルターになる。最適化やごまかしを避けるために、数字はきりの良い任意の数字を用いる。重要なのは概念であって、細かい部分にこだわる必要はない。

　図4.10は、ブル相場のあとベア相場になったときの原油を示したものだ。今がどういった相場にあるのかを見極めるために使ったのは、2つの移動平均線だ。濃いラインが遅い100日移動平均線を示し、薄いラインは速い50日移動平均線を示している。ここでは移動平均線はシグナルを出すのには使わず、市場の方向性を見るためのフィルター

としてのみ使っている。市場全体が上昇トレンドにあるときにだけ買い、下落相場にあるときにだけ売るといったルールを設けることで、トレード数を減らし、勝率を上げるという2つの効果が得られる。

　表4.4を見ると、単純なトレンドフィルターを使っただけでブレイクアウト戦略は大きく改善されたことが分かる。年次リターンは向上し、最大DDとボラティリティは減少している。また、利益の出た月数は増え、最悪の月は前に比べると減少している。最も注目すべきことは、最大DDが大幅に減少したことだ。今では最大損失は平均的な年のリターンの1.16倍にまで下がり、戦略は大きな成果を上げ始めた（図4.11）。

損切りの改善

　ブレイクアウトで仕掛けたり手仕舞ったりした場合、損切りに達するまでそれぞれのトレードがどれくらいリスクがあるのかは分からない。損切りが発動するのは、価格が25日の安値を更新したときで、25日の安値を更新するまで価格がどれくらい下落するのかは、状況によって大きく異なることを忘れてはならない。問題が発生するのは、大きく上昇して放射線状のチャートを成すものを買ったときだ。これが反転すると、大きく下落して25日の安値を更新し、得た利益のすべてを市場に戻すことになる。一方、トレンドが徐々になくなり、数カ月横ばい状態になれば、損切りまでの価格差は小さくなる。この損切り手法は、ベストポジションのほとんどを諦めなければならないため、従うのは心理的に難しい。そこで、損切りにもっと予測能力を加えてみる。

　第3章ではポジションサイジングにアベレージトゥルーレンジ（ATR。真の値幅の平均）を使ったのを覚えているだろうか。ここでは同じ概念を損切りに使い、ポジションサイジングと損切りが同時

表4.4　トレンドフィルターを加える前と後のパフォーマンス（1990年1月～2011年12月）

	ブレイクアウト （25×50）	フィルターを加えた ブレイクアウト （25×50）
年次複利リターン	19.4%	22.4%
最大ドローダウン	-32.2%	-26.0%
ドローダウン÷年次リターン	-1.66	-1.16
利益の出た月の比率	60%	63%
最良の月	56.8%	56.8%
最悪の月	-21.6%	-18.6%
シャープレシオ（RF:2.5%）	0.68	0.80
ソルティノレシオ	1.58	1.77

図4.11　トレンドフィルターの効果

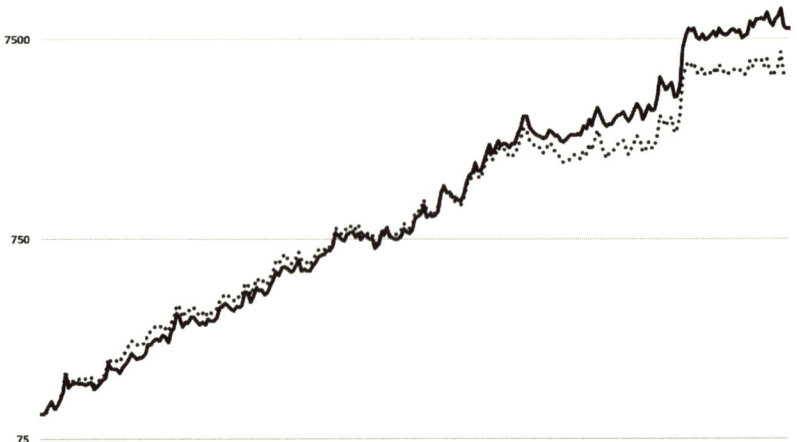

･････ ブレイクアウト戦略（25×50）　　── フィルターを加えたブレイクアウト戦略（25×50）

に機能し、ポートフォリオの動きを予測できるようにする。以前出てきた公式は以下のとおりだ。

$TR_t = \max(H, C_{t-1}) - \min(L, C_{t-1})$

$ATR_t = \Sigma TR_{t-j} \div n$

枚数＝（0.002×資産）÷（ATR_{100}×ポイント値）

公式も簡単だが、文章で言えば次のようになる。

- トゥルーレンジ（真の値幅）とは日々の動き、つまり任意の日に（ドルで）どれくらい動いたかを示す。
- ATRとは、一定の日数（ここでは100日）にわたるトゥルーレンジの平均。
- ATRに対象となる先物のポイント値を掛けたものは、その先物の普通の日の日中の動きからどれくらいの損益を期待できるかを示したもの。
- リスクファクターを0.002に設定したということは、リスクがポートフォリオに与える影響が0.2％であることを意味する。したがって、日々の影響をドルで表すにはポートフォリオの価値（資産）にリスクファクターを掛ける必要がある。
- 上の数値を先物1枚の平均的な影響度で割ると、買うべき枚数（切り捨て）が求まる。

ボラティリティの異なるアセットを扱うトレーダーとしては、損切りをパーセンテージで設定するのはよい考えではないことは明らかだ。その点ATRはボラティリティに対してすでに調整されているので、

直接使うことができる。簡単にするために、ストップはトレーリングストップにする。これは、ポジションを建ててからのベストポイントから常に3ATRユニットだけ離れた位置にストップを置くことを意味する。したがって、買いの場合は常にポジションの最高値から3ATRユニットだけ下の位置に置き、売りの場合は常に最安値から3ATRユニットだけ上の位置に置く。

各ポジションの理論的な最大コストは分かっている。1ATRユニットにつきリスクが0.2％で、損切りは常に3ATRユニットだけ離れた位置に置くので、最大コスト（損切り）は60ベーシスポイントになる。しかし、ボラティリティは常に一定ではないことを忘れてはならない。これは重要なことなので何回でも言う。ATRユニットやほかの似たようなものはごく最近の過去データに基づいた推定値にすぎない。シミュレーションをやったりプランを立てるときには、ボラティリティは常に変化するという嫌な性質を持つため、あなたの最終的なパフォーマンスを損なう場合もあることを忘れてはならない。ATRはある程度信頼のおける推定値にはなるが、絶対確実なものではないので注意が必要だ。

この戦略では日中の損切りは使わない。したがって、トレードは必ずシグナルが出た日の翌日の寄り付きで行う。トレードを手仕舞う前に価格が損切りを超えて下落することもあるが、これも考慮すべき点の1つだ。

表4.5と図4.12が示すように、この現実的な損切りを加えることで利益は減少するが、リスクも減少する。強いトレンド相場での極端な動きは減少し、パフォーマンスはよりスムーズになっている。ドローダウンは20％に減少し、年次複利リターンは18％だ。プロの投資家ならこれでやっていける。

もう一度ベンチマークと比較してみると、新たなチャンピオンは競合たちを打ち負かしている（図4.13）。MSCIワールドのような株価

表4.5　ボラティリティベースの損切り（1990年1月〜2011年12月）

	ブレイクアウト （25×50）	フィルターを加えたブレイクアウト（25×50）	フィルターとATRストップを加えたブレイクアウト（25×50、0.2%）
年次複利リターン	19.4%	22.4%	17.9%
最大ドローダウン	-32.2%	-26.0%	-20.2%
ドローダウン÷年次リターン	-1.66	-1.16	-1.13
利益の出た月の比率	60%	63%	63%
最良の月	56.8%	56.8%	41.3%
最悪の月	-21.6%	-18.6%	-14.7%
シャープレシオ（RF:2.5%）	0.68	0.80	0.74
ソルティノレシオ	1.58	1.77	1.57

図4.12　損切りの効果

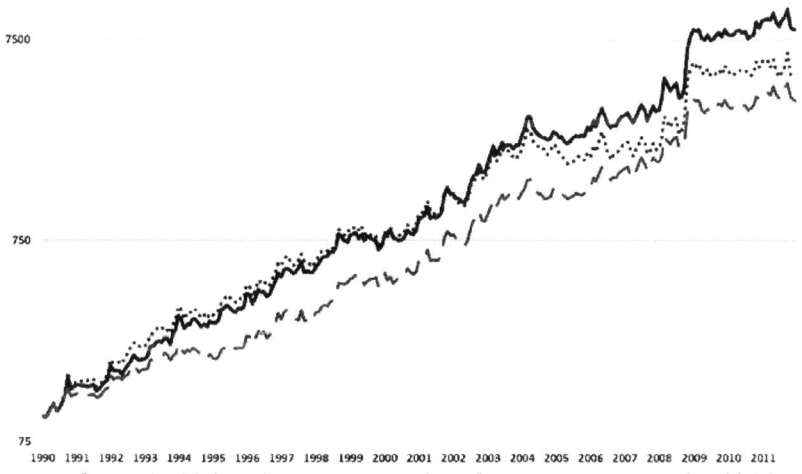

指数と分散された先物戦略を比較するのは、死んだ馬を蹴っ飛ばすようなものだが、強いてこれをやったのは、伝統的な投資手法がいかに劣っているかを示すためだ。ダンとミルバーンという2つの伝説的な先物ファンドと比較すると、私たちの戦略のほうが優れているのだろ

図4.13　ベンチマークおよびCTAファンドとの比較

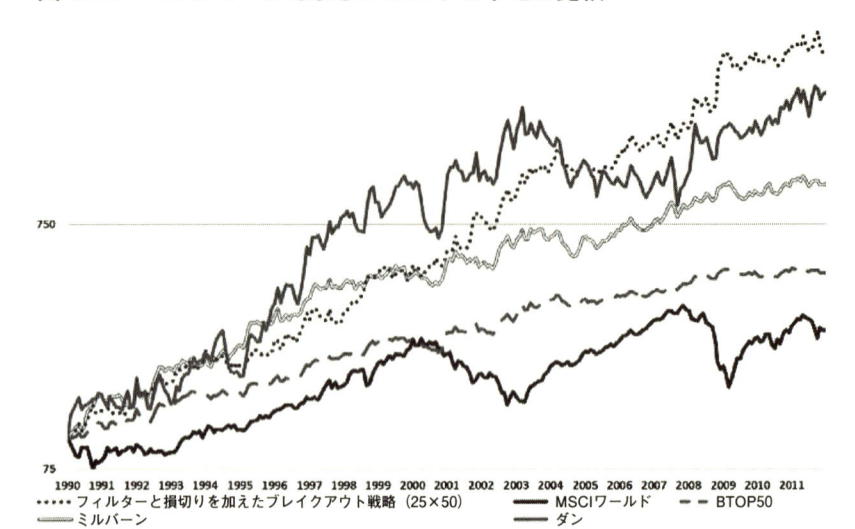

（グラフ：縦軸75〜750、横軸1990〜2011年）

・・・・・ フィルターと損切りを加えたブレイクアウト戦略（25×50）　　――― MSCIワールド　　- - - BTOP50
――― ミルバーン　　――― ダン

うか。そうとは言えない。しかし、彼らの戦略が私たちの戦略よりも優れているとも言えない。1つだけはっきり言えるのは、私たちの単純な戦略でもこの業界の雄に十分に対抗でき、極めて高いボラティリティ調整済みパフォーマンスを示すということである。

　図4.14は年ごとのパフォーマンスを示したものだ。株式市場が悪いとき、先物戦略は良い傾向があるが、株式市場も先物戦略も良い年もたくさんある。

　私たちの戦略の最大の問題点は、2009年のパフォーマンスが異常に高いことだ。これは通常の年の2倍以上に及ぶ。一見これは問題にはならないように思えるが、この戦略のその年の後半の日々のボラティリティは恐ろしいほどに高く、信念を変えずにその戦略を貫き通した先物マネジャーはほとんどいなかった。その年に多くのマネジャーが戦略を無視したことが良かったのか悪かったのかは、今となっても分からない。戦略を無視し、リスクを下げたマネジャーは、理論的に得

図4.14　年ごとの比較

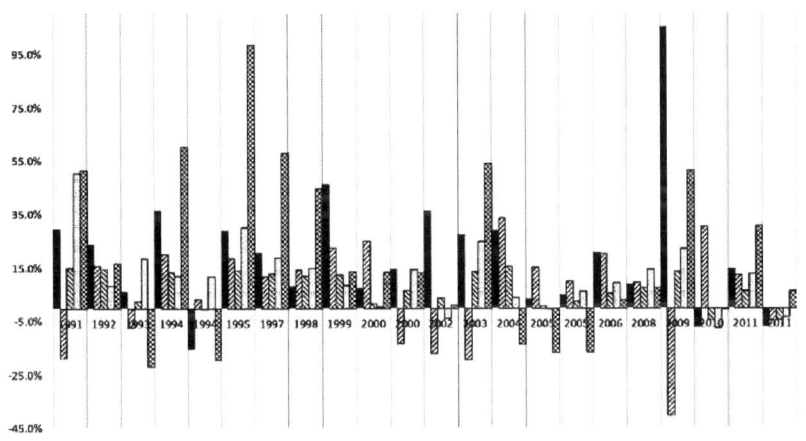

■フィルターと損切りを加えたブレイクアウト　■MSCIワールド　■BTOP50　□ミルバーン　■ダン

られるリターンよりは下げたが、空前絶後のボラティリティの高まりのなかで大きな損失を出す可能性のリスクを抱えずに済んだことだけは確かだ。私たちの戦略は最終的には素晴らしい成果を上げたが、それはマネジャーたちの何日も続く眠れない夜と引き換えに得られたものだ。

リスクコントロール

　ここで紹介した戦略はリスクが高すぎるし、それほど高い年次リターンは得られないと感じているかもしれない。しかし、心配は無用だ。ちゃんと解決方法がある。ポジションサイジングの公式でリスクファクターをどう使ったかは覚えているだろうか。戦略のリスクを上げたり下げたりしたい場合は、その入力値を変えるだけでよい。各ポジションがポートフォリオの日々のパフォーマンスにどんな影響を及ぼし、ポートフォリオにどんな損益をもたらすのかを決めるのがリスクファ

図4.15　リスク水準の変更

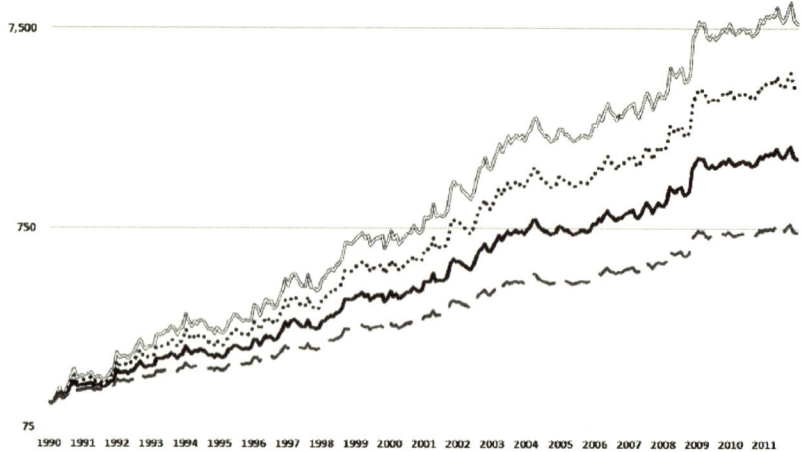

```
          1990 1991 1992 1993 1994 1995 1996 1997 1998 1999 2000 2001 2002 2003 2004 2005 2006 2007 2008 2009 2010 2011
          ······ 20bpのリスク    ―― 15bpのリスク    -- 10bpのリスク    ― 25bpのリスク
```

クターだ。

　前述のポジションサイジングの公式では、リスクファクターとして0.2%を使った。つまり、各ポジションは理論的にはポートフォリオ全体に対して平均的な日には0.2%の影響を及ぼすということである。ポジションサイズは変えないが、リスクはボラティリティの変動によって、あるいは大きな値動きによって変わる。今100ドルで取引されていて、買ったときにATRが2ドルの商品でも、半年保有して、価格が200ドルになったらATRは変わる。リスクは、持っているポジションが買いポジションなら成功率とともに拡大するが、売りポジションの場合は成功率が高まればポジションが小さくなるため縮小する。

　つまり、ポジションサイズと損切りの位置はこのリスクファクターに依存するため、リスクファクターを大きくしたり小さくすると大きな影響を及ぼすということである。**図4.15**は前と同じ戦略だが、リスクファクターが変わっている。リスクファクターを最初の0.2%か

表4.6　レバレッジの影響

月	月次リターン（％）	非レバレッジ	2倍のレバレッジ
		100.0	100.0
1月	+5	105.0	110.0
2月	-5	99.8	99.0
3月	+10	109.7	118.8
4月	-10	98.75	95.0

表4.7　リスク水準を変えたときの戦略の比較（1990年1月～2011年12月）

	フィルターとATRを加えたブレイクアウト　リスクは0.2％	フィルターとATRを加えたブレイクアウト　リスクは0.15％	フィルターとATRを加えたブレイクアウト　リスクは0.10％	フィルターとATRを加えたブレイクアウト　リスクは0.25％
年次複利リターン	17.9％	13.7％	9.4％	22.0％
最大ドローダウン	-20.2％	-15.6％	-10.8％	-24.5％
ドローダウン÷年次リターン	-1.13	-1.14	-1.15	-1.11
利益の出た月の比率	63％	63％	63％	63％
最良の月	41.3％	30.0％	19.4％	53.4％
最悪の月	-14.7％	-11.1％	-7.5％	-18.2％
シャープレシオ（RF:2.5％）	0.74	0.71	0.64	0.76
ソルティノレシオ	1.57	1.48	1.25	1.61

ら大きくしたとき（0.25％）と、小さくしたとき（0.15％と0.1％）とを比較してみよう。

　リターンの全体的な特徴はあまり変わらないが、動きの大きさは大きく変わっている。リスクファクターを0.2％にすると、リターンがリスクファクターが0.1％のときの2倍にならないのはいろいろな理由があるが、読者のみんなはもう分かっているはずだ。管理報酬は一定で、成功報酬はそのときどきによって変わるが、最も重要なのはレ

バレッジである。レバレッジはときとして幻想を抱かせることもある。

　レバレッジ戦略を考えるときによく犯す過ちは、複利の影響を見逃してしまうことだ。月次リターンが**表4.6**のようになる仮想的な市場を考えてみよう。リターン率はレバレッジのかかっていない投資の場合は同じだが、レバレッジのかかった投資はそれとは異なる。レバレッジのかかった投資のリスクを2倍にしても、リターンは2倍にはならない。

　図4.15に示した4つのリスク水準の統計量を比較したものが**表4.7**である。戦略のリスク水準を変えるとパフォーマンスは大きく違ってくる。

　これらのバリエーションを使えば、リスク水準を選び、比較するベンチマークも選ぶことができる。安全にプレーすることを好み、比較するベンチマークとしてボラティリティの低いBTOP50を選ぶのであれば、リスク水準は0.1％がベストだろう。このリスク水準であれば、1990年代のBTOP50にフィットする。ただし、この10年はこの指数のボラティリティはさらに下がり、当然ながらリターンも下がった（**図4.16**）。

　図4.17は私たちの戦略の0.1％バージョンのリターンとBTOP50のリターンを年ごとに比較したものだ。どの年もリターンはほぼ同じだが、大きく異なる年がいくつかある。1994年は私たちの戦略は大きなマイナスリターンになり、BTOP50のリターンはほとんどゼロに近かった。1996年と1997年は、私たちの戦略は絶対リターンはプラスだったが、ベンチマークには負けた。1998年から2001年にかけては、私たちの戦略がベンチマークを上回った。これは、指数のボラティリティが下落し、私たちの戦略のボラティリティは上昇したためだ。最も大きく異なるのは2008年で、このときは私たちの戦略は指数のリターンの2倍を超えた。この詳細については第6章で詳しく見ていくが、これは私たちの戦略がトレードを手仕舞えというシグナルが出るまで利

第4章 2つの基本的なトレンドフォロー戦略

図4.16　0.1％のリスクファクターを使ったコア戦略とBTOP50との比較

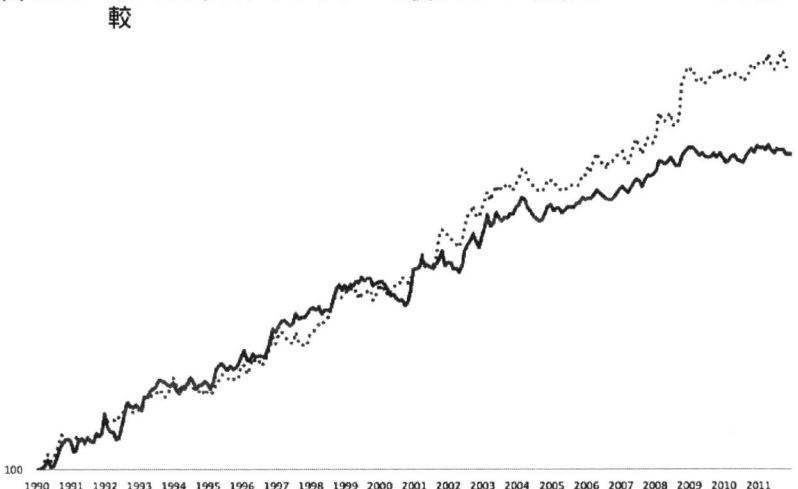

図4.17　0.1％のリスクファクターを使ったコア戦略とBTOP50との年ごとの比較

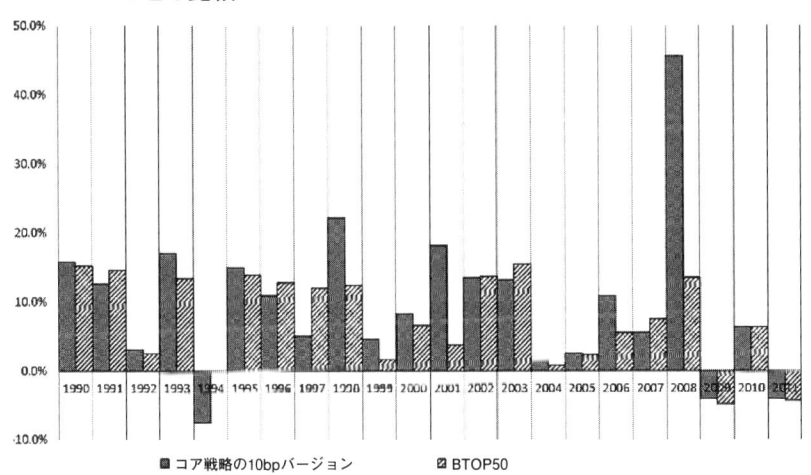

141

図4.18　0.25％のリスクファクターを使ったコア戦略と２つの大手先物ファンドとの比較

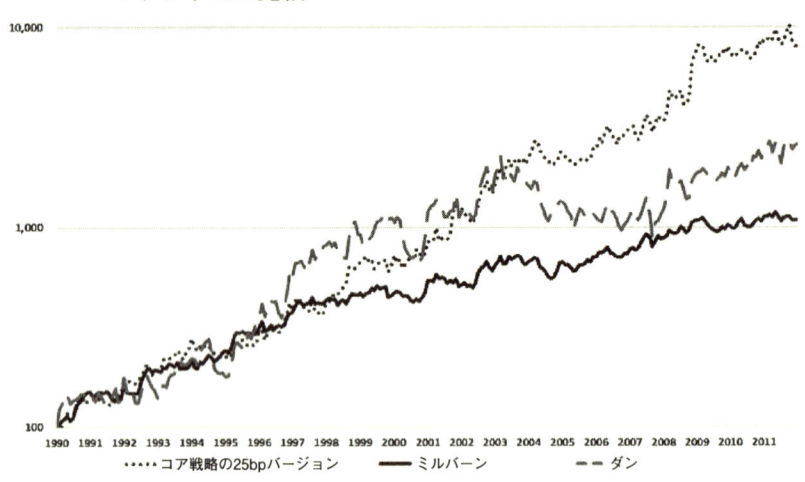

を伸ばしたからである。2008年のように極端なトレンドにあった年は、彼らの戦略のボラティリティがこれまでにないほど上昇したため、戦略を無視してリスクを下げた先物マネジャーが多かった。ビジネス上の判断としてはこれでよかったように思う。その理由については第６章で説明する。しかし、これによってその年の終わりの絶対パフォーマンスは下がった。1994年も、パフォーマンスが下がり始めると、2008年と同じようにリスクを手動で下げた可能性が高い。

　大きなリターンを得るためにもっと大きなリスクをとることを好むのであれば、0.25％バージョンをお勧めする（**図4.18**）。この戦略は２つのベンチマークとある時期まではリターンがほぼ同じだが、ある時点からベンチマークを大きく上回っている。ファンドが大きくなると、以前と同じリスクはとれず、流動性の低い市場にはアクセスできなくなるため、これは当然といえば当然だ。何十億ドルという規模の先物ファンドは小さな商品市場ではトレードできない。この規模のフ

表4.8　コア戦略とベンチマークの年次リターン（％）

	コア戦略0.1%	コア戦略0.15%	コア戦略0.2%	コア戦略0.25%	MSCIワールド	BTOP50	ミルバーン	ダン
1990	15.9	22.7	29.6	36.7	−18.7	15.2	50.4	51.6
1991	12.7	18.2	23.8	29.3	16.0	14.7	8.2	16.9
1992	3.2	4.6	6.0	7.3	−7.1	2.5	18.7	−21.8
1993	17.1	26.4	36.3	46.9	20.4	13.4	12.1	60.2
1994	−7.4	−11.5	−15.4	−19.2	3.4	−0.2	11.7	−19.3
1995	15.0	21.9	28.8	35.7	18.7	14.0	30.3	98.7
1996	10.9	15.7	20.6	25.5	11.7	12.9	19.0	58.2
1997	5.1	6.6	8.0	9.2	14.2	12.0	14.9	44.6
1998	22.2	33.7	46.2	59.6	22.8	12.4	8.4	13.7
1999	4.6	6.0	7.3	8.4	25.3	1.6	0.4	13.3
2000	8.3	11.3	14.2	17.0	−13.0	6.6	14.4	13.1
2001	18.2	27.2	36.2	45.2	−16.8	3.8	−3.8	1.1
2002	13.5	20.5	27.4	34.2	−19.4	13.7	24.9	54.0
2003	13.2	20.8	28.7	37.0	33.7	15.5	4.0	−13.4
2004	1.4	2.3	3.1	3.7	15.2	0.9	−0.4	−16.7
2005	2.7	3.7	4.6	5.4	10.0	2.4	6.2	−16.4
2006	10.9	15.7	20.5	25.3	20.6	5.6	9.2	3.1
2007	5.6	7.3	8.6	9.5	9.6	7.6	14.4	7.6
2008	45.6	73.5	104.9	140.1	−40.4	13.6	22.4	51.4
2009	−3.9	−5.6	−7.5	−9.7	30.7	−4.8	−7.4	−0.6
2010	6.3	10.3	14.3	18.4	12.3	6.4	12.6	30.7
2011	−4.0	−5.3	−7.0	−8.8	−4.9	−4.3	−3.5	6.4

ァンドのお金を投資するには流動性が低すぎるからだ。

　同じ理由で、私たちのシミュレーション結果は非現実的なのではないかと思う人もいるかもしれない。もし実際のファンドでこれだけ高いリターンが得られるのであれば、そのファンドには大金が集まるため、最終的にはこういった高いリターンを維持することは困難になるのではないか。確かにそのとおりだが、あなたが50億ドルの先物ファンドを運用しているとすると、あなたの最大の関心事はもはや25％の複利リターンを得ることではないはずだ。**表4.8**と**表4.9**は、私たちの戦略の4つのバージョンとベンチマークを比較したものだ。

表4.9 コア戦略（リスク水準0.2%）の月次リターン

	1月(%)	2月(%)	3月(%)	4月(%)	5月(%)	6月(%)	7月(%)	8月(%)	9月(%)	10月(%)	11月(%)	12月(%)	年(%)
1990	−1.6	2.5	7.6	5.6	−6.5	3.4	6.2	9.6	6.3	−8.3	1.4	1.5	29.58
1991	0.7	1.1	0.6	−4.6	1.1	0.1	−3.3	1.1	3.9	4.3	1.2	16.8	23.78
1992	−4.9	1.6	0.3	−2.4	4.3	1.5	7.2	6.0	−6.0	−3.4	2.7	−0.2	5.96
1993	1.6	9.9	0.6	−0.2	2.9	0.2	5.1	−2.7	−5.4	5.2	2.1	13.4	36.35
1994	−6.7	−5.0	5.1	−2.6	4.1	−1.4	−3.2	−4.2	0.4	−4.0	6.1	−4.2	−15.41
1995	−1.3	2.5	9.2	1.2	5.9	−1.1	−2.6	−3.0	2.0	−1.2	1.5	13.8	28.76
1996	−0.7	−8.3	5.9	10.0	−3.2	2.0	−6.6	3.3	7.9	7.6	10.2	−6.6	20.57
1997	9.2	2.8	−3.7	−5.0	−2.6	−0.4	11.4	−11.0	−0.2	−2.6	1.8	10.5	7.98
1998	0.7	5.7	2.5	−1.4	4.8	2.2	5.2	15.4	−0.5	−0.9	2.1	3.6	46.19
1999	2.1	3.2	−5.1	2.2	−8.3	4.4	2.4	0.5	1.5	−10.4	6.8	9.5	7.28
2000	−7.2	3.7	−7.8	3.3	4.4	2.9	−0.3	8.0	−4.1	−2.7	2.8	12.4	14.19
2001	−0.1	0.8	13.3	−11.6	2.2	−1.3	0.5	6.3	22.1	6.8	−4.2	0.3	36.19
2002	−4.8	−1.0	−4.2	−2.6	7.2	11.1	11.9	3.1	8.1	−9.6	−1.0	9.1	27.40
2003	8.6	7.3	−7.4	8.4	6.6	−6.0	4.5	3.0	−3.9	3.1	−4.7	7.9	28.72
2004	3.2	10.4	1.3	−9.1	−4.4	−3.0	−0.5	−4.8	1.3	1.5	9.8	−0.8	3.11
2005	−4.4	0.3	−4.0	−2.3	1.1	2.3	2.4	−0.8	−1.1	2.1	10.1	−0.4	4.57
2006	9.1	−4.2	9.7	7.3	−6.6	−3.7	−4.5	3.8	−0.8	5.8	3.1	1.4	20.49
2007	2.4	−9.1	−3.0	7.7	10.6	6.1	−8.0	−7.0	8.2	7.4	−3.7	−0.7	8.57
2008	8.9	22.4	−5.1	−3.1	5.6	2.6	−11.7	0.5	5.9	41.3	6.6	9.0	104.91
2009	−2.1	0.7	−11.1	−2.5	4.5	−4.4	3.0	4.8	3.3	−3.4	7.7	−6.7	−7.52
2010	−3.4	1.7	3.6	1.4	−3.3	0.7	−5.3	2.3	3.4	10.6	−3.1	6.0	14.28
2011	−1.1	3.2	−2.7	9.9	−9.1	−4.6	2.8	11.1	5.0	−14.7	−3.5	−0.6	−6.97

パラメーターの安定度チェック

　今の戦略は前の戦略とは少し異なるので、ベースパラメーターのサニティーチェックをやったほうがよいだろう。この場合のベースパラメーターとは、ブレイクアウトに用いる日数である。今は50日を使っているので、25日と100日を使ってチェックしてみることにしよう。なぜ最適化を行って完璧な数値を選ばないのだろうかと思う人もいるかもしれないが、それは間違いだ。最適化ははっきり言って悪魔のようなもので、あなたをひどい目にあわせる。どんなに強く踏みつけて

表4.10　パラメーターの安定度（1990年1月～2011年12月）

	フィルターとATRストップを加えたブレイクアウト——50日バージョン	フィルターとATRストップを加えたブレイクアウト——25日バージョン	フィルターとATRストップを加えたブレイクアウト——100日バージョン
年次複利リターン	17.9%	21.5%	17.7%
最大ドローダウン	-20.2%	-29.3%	-18.8%
ドローダウン÷年次リターン	-1.13	-1.37	-1.06
利益の出た月の比率	63%	62%	64%
最良の月	41.3%	41.6%	41.0%
最悪の月	-14.7%	-15.7%	-14.6%
シャープレシオ（RF:2.5%）	0.74	0.85	0.76
ソルティノレシオ	1.57	1.93	1.61

も、逃げていってはくれない。市販のソフトウエアには最適化機能など組み込む必要はない。最適化はヒストリカルデータをカーブフィットし、現実を反映しないにもかかわらず、安全だという誤った認識を持たせてしまう極めて有害なものだ。

　しかし、キーパラメーターを少しだけ変えて、結果が予想どおりになることを確認するのは賢明だ。と言っても、年次リターンがまったく同じにならなければならないわけではない。全体的な概念が機能することを確認できればよい。それが確認できないときは、なぜそうなのかを考えなければならない。あなたの戦略がなぜほかの時間枠では機能しないのか、最初のパラメーターが実際には役に立たないカーブフィットにはなっていないかどうかを確認する必要がある。

　表4.10はオリジナルの50日の戦略と、25日と100日の戦略とを比較して、パラメーターの安定度をチェックしたものだ。短期のブレイクアウト戦略は年次リターンは高いが、ドローダウンも大きく、ボラティリティも高い。最良の月と最悪の月の数値はそれぞれにほぼ同じだ。年次リターンに対するドローダウンの比率を見ると、25日バージョン

図4.19　コア戦略のパラメーターの安定度

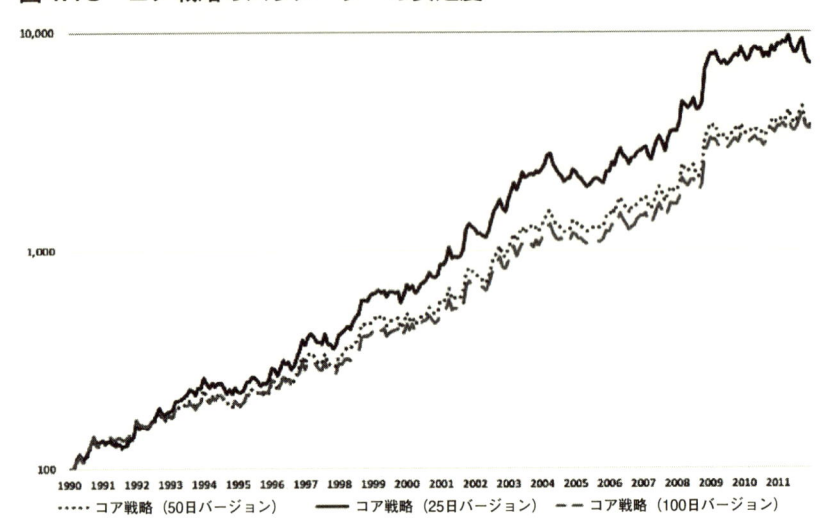

は普通の年のリターンの1.37倍、オリジナルの50日バージョンは1.13倍、100日バージョンは1.06倍である。

　結論を言えば、25日バージョンはボラティリティは若干高いが、この戦略は3つの時間枠にわたって安定している。したがって、この戦略はサニティーチェックに合格したとみなしてもよいだろう（**図4.19**）。

先物トレードのしっかりとした土台

　この戦略は信頼性が高く、現実的で、プロのマネーマネジメントに十分に使えるものだ。私は私自身と私の顧客のためにシステマティックなトレード戦略をいくつか使っている。この戦略と同じものはないが、いくつかはこの戦略に近い。こういった戦略を使うことを真剣に考えているのなら、戦略を自分のものにするための努力が必要だ。ソ

フトウエアとデータを入手して、戦略のコードを書き、検証することが必要だ。詳細を見直し、自分で改良し、この戦略が自分のスタイルにフィットする方法で機能するようにすることが重要だ。自分がトレードする戦略をよく知らなければ、その戦略を勘ぐり、悪いときには無視してしまうことになる。

コア戦略のルール

この戦略のルールを見直しておこう。これは余計なものをあまり加えていないが、正しく使えばしっかりと機能する、極めてシンプルなブレイクアウト戦略だ。

- 買いを仕掛けるのは、50日移動平均が100日移動平均の上にあるときだけ。
- 売りを仕掛けるのは、50日移動平均が100日移動平均の下にあるときだけ。
- 今日の終値が過去50日間で最も高い終値であれば、買う。
- 今日の終値が過去50日間で最も安い終値であれば、売る。
- ポジションサイジングは、以前示したATRベースの公式に従ってボラティリティを調整したもの。ただし、リスクファクターは20ベーシスポイント。
- ポジションを建てて以来最も高い終値から3ATRユニット下落したら、買いポジションを手仕舞う。
- ポジションを建てて以来最も高い終値から3ATRユニット上昇したら、売りポジションを手仕舞う。
- 投資ユニバースは5つのセクターからなり、各セクターにはそれぞれ10の市場が含まれる。

第5章 トレンドフォローのパフォーマンスの徹底分析

In-Depth Analysis of Trend-Following Performance

本章では第4章で紹介した基本戦略の徹底分析を行い、このタイプの戦略の損益が何によってもたらされるのかを調べていく。セクター別、あるいは売り・買い別の寄与度を掘り下げて調べてみることにしよう。

戦略の振る舞い

今私たちの手にある戦略は長期的にはうまくいくように思えるが、実際のお金を使ってトレードを始める前に、その戦略がどのようにしてお金を稼ぎ、損をするのかを十分に把握しておく必要がある。戦略を実行するには、事前にその性質をよく把握する必要がある。でなければ、いざというときにおじけづき、ルールを無視し始めてしまうだろう。戦略開発者の多くは、その戦略の振る舞いを理解するのに、バックテストソフトウエアで生成された全体的な統計量しか見ない。ここでは年ごとの統計量を詳しく見ていく。平均的なバックテストソフトウエアから得られる統計量もまったくの無価値というわけではないが、全体像のほんの一部を語るだけである。まずはこの戦略の一般的な統計量を見ていこう。そのあとで詳しく見ていく。

ポジションの平均的な保有期間は6週間と4日だ。そのなかで、勝

ちトレードの平均保有期間は10週間と3日だが、負けトレードの平均保有期間はわずか2週間だ。勝ちトレードは、利益をあまり市場に戻さないかぎりできるだけ長く保有し、負けトレードは早々に手仕舞う傾向があるので、これは不思議ではない。中期トレンドフォローの平均保有期間としては6週間から7週間というのが普通だ。また、ロールオーバーは新しいポジションとはみなさず、すでに保有されたポジションの延長とみなすことに注意しよう。この戦略では平均すると1週間で3つのトレードが生成される(ロールオーバーは数に入れない)。

この戦略の勝率は42%だ。したがって、敗率は58%ということになる。トレンドフォロー戦略を使ってトレードしたことのない人は、全時間帯の半分以上負けていることに違和感を覚えるかもしれないが、これはごく普通のことだ。非常に儲かるトレンドフォロー戦略を見たことがあるが、それは敗率が70%以上だった。これは勝ちトレードの平均が負けトレードの平均を大きく上回るからなのは言うまでもない。仕掛けるトレードの大部分が負けトレードになるときに、新たなトレードシグナルをすべて受け入れ続けることは簡単ではない。これはトレンドフォロー先物戦略をトレードするうえで最もつらい部分だ。

図5.1のトレード結果の分布のヒストグラムを見ると、今言ったことがよく分かるはずだ。図を見ると分かるように、最も頻度の高い損益は0.5%から0.75%の損失だ。理論的な損切り水準が60ベーシスポイントで、スリッページやギャップを加味すれば、損失はこれ以上になるかもしれない。全トレードのうち、損益が-0.25%と+0.25%の間の値を取るトレードは40%で、損益が-0.5%と+0.5%の間の値を取るトレードになると全トレードの70%にも及ぶ。つまり、ほとんどのトレードはほぼ同じような損益になるということである。これは全体的な分布を見れば分かるはずだ。分布の「ファットテール」という言葉は金融では否定的な意味を持ち、市場が負の外れ値を持つ傾向を言うことが多い。簡単に言えば、正規分布の形からは予測できないよう

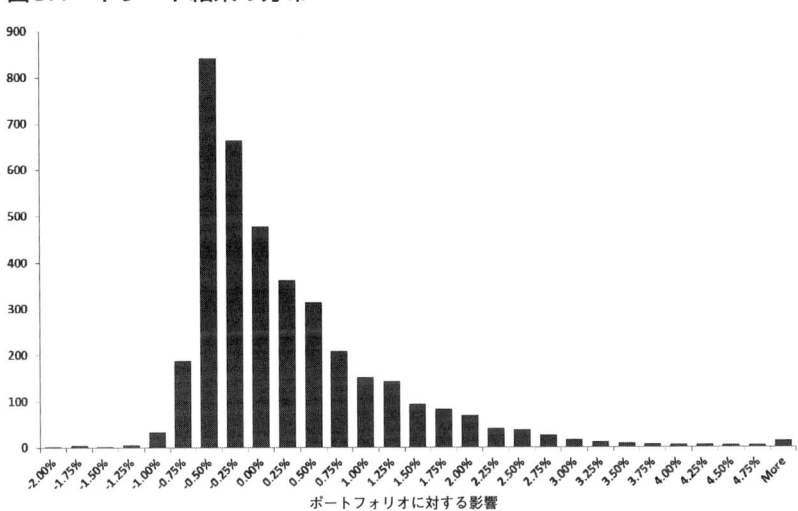

図5.1　トレード結果の分布

な予期せぬ損失が発生するということである。しかし、このケースの場合はファットテールはあなたに有利に働く。これこそが分散化トレンドフォロー戦略の醍醐味なのだ。

このトレードの分布図は2.1という非常に高い歪度を持つ。これは分布の全体的な傾きが右側に偏っていることを意味する。私たちの22年分のデータを使ったシミュレーションでは、2％を超える損失のトレードはないが、5％以上の利益をもたらしたトレードは15回あった。重要なのは、全トレードの大部分は小さな損失や小さな利益に終わるが、5％から10％のトレードは大きな利益を生むホームラン級のトレードになるということである。

最大連勝数は14回だったが、こんなに勝ちトレードが続くとすっかりいい気持ちになるものだ。ところがそのすぐあとで、今度は負けトレードが続いた。24連敗だった。この戦略ではこんなことも起こり得るということを知らなければ、トレードなんてやめたくなるだろう。

バックテストソフトウエアパッケージで示されるようなもっと標準的な統計量を挙げたほうがよかったかもしれないが、それはほとんど役に立たないと思う。こういった戦略ではなおさらだ。平均損失が2.93％と言ったところで、それが何の役に立つだろうか。なぜなら、パラジウムの2.93％の損失とブンズの2.93％の損失は異なるからだ。こうした文脈でパーセンテージを使っても現実を分かりにくくするだけだ。これよりも資産曲線をセクターごとに、あるいは買いと売り別に、あるいは戦略にとって意味のある方法で分解し、大きな虫眼鏡を使ってパフォーマンスに寄与するものを細かく調べたほうがはるかによい。実際のお金をリスクにさらす前にトレード戦略の性質を調べるにはこの方法しかない。

株式ポートフォリオの補完としての基本戦略

機関投資家も個人投資家も、ほとんどの投資家は自分たちのお金の大部分を株式で持つことを好む。つまり、株式を買って、長期にわたって保有したいわけである。これは、「株式市場は長い目で見れば必ず上昇する」という学校や政府に植えつけられた教えによるものだと思っている。これはある意味では正しい。もちろん、ジョン・メイナード・ケインズが言うように、「長期的に見れば、われわれはみな死ぬ」のだが。1990年初めから2011年の終わりまでの22年間にMSCIワールドがどのようにして4.6％の年次複利リターンを生みだし、57.5％の最大DD（ドローダウン）を被ったかについてはすでに述べたとおりだ。したがって、そのDD直前のピークのときに買ったとすると、元手を取り戻すのに10年以上かかるだろう。追い討ちをかけるようだが、もしあなたのお金をインデックスファンド（指数に連動する投信）に投資していたとすると、年次リターンはかなり大きな確率で下がっただろう。これではアンダーパフォームするために銀行にお金を払ってい

るようなものだ。

　株式の悪口を言ったとして頭を棒でたたかれる前に、私の立場のことを少し説明しておきたい。私は株式に反対しているわけではない。事実、私は利益の出る株式戦略もトレードしていて、なかには買いだけのものもある。私は、指数に入っているような株式のバスケットを買って、何年も持ち続けるという標準的な方法に反対しているだけである。これは先に述べた数値からも分かるはずだが、とてもリスクの高い戦略だ。しかし、大学や政府や銀行のマーケティング戦略が功を奏し、人々は資産の半分以上を失うリスクと引き換えに得られる４～５％のリターンに満足しているようだ。株式が長期のブル相場にあるときに市場に参加する有望な戦略はたくさんあり、相場がブル相場になったら本当に儲かるが、買って何十年も持ち続けるだけというのは私にはナンセンスだ。でもこれが好きな投資家は多い。彼らのリターンは、お金の一部を株式市場に投資し、残りのお金を本書で議論するような戦略に投資すれば、大幅に向上させることができる。

　そこで１つ疑問がある。これは私たちの潜在的な顧客にも自分にも問うてもらいたい質問だ。それは、「標準的な買いのみの株式ポートフォリオはマネージドフューチャーズを加えることで改善できるのか」だ。共分散行列とかラグランジェの未定係数法なんかを使う厳密なマルコビッツ法を使えば、最適なアセットミックスを小数点以下10位くらいまで厳密にはじき出すことができる。でも正直に言って、こんなことをやっても、本書の貴重な読者も含めて、だれにとっても時間の無駄になるだけだ。現代ポートフォリオ理論には興味深い概念がいろいろあるが、その手法の大部分は現実的ではなく、教室の外ではあまり使うべきものではない。

　効率的フロンティアの中心概念はそこそこ通用するが、それにまつわる前提や手法には使えないものもある。そこで簡単な変化形を作成して分散に関する私の要点を証明していくことにする。次の分析では

2つの戦略を使う。1つは、セクターを均等に重み付けし、リスクファクターとして20ベーシスポイントを使い、すべてのコストを含んだ私たちのトレンドフォロー先物戦略、もう1つは、配当を含まないMSCIワールドだ。問題は、ポートフォリオ全体としてベストなボラティリティ調整済みパフォーマンスを得るには、それぞれの戦略をどれくらい買えばよいかである。

これを検証するために、これら2つのアセットの資産構成比を10％から10％ずつ増やした9つの異なる組み合わせと、いずれかの資産を0％と100％にした2つの組み合わせを作成した。リバランスは毎月行い、良い期間のあとの先物戦略の長期パフォーマンスの上昇に伴ってポートフォリオにおける先物戦略の構成比が増えすぎないようにした。

先物戦略の期待リターンはMSCIワールドよりもはるかに高いので、最良のリターンが先物戦略の配分を最大にすることによって得られるのは当然だが、ここではそういうことを求めているわけではない。図5.2は2つのアセットで構成されたポートフォリオの効率的フロンティアを示したもので、y軸は年次複利リターン、x軸はリスクの代理としての標準偏差を表している。考え方はいたってシンプルだ。できるだけ低いボラティリティで、できるだけ高い年次リターンを得ることである。ボラティリティは基本的にリターンを得るために支払う通貨である。

図5.2から分かることは、株価指数だけから構成されたポートフォリオから始めて、先物戦略の配分を徐々に増やしていくことで、リターンの標準偏差は減少し、年次複利リターンは上昇するということである。先物の配分を30％〜40％より少なくすれば、リターンは減少し、リスクは上昇する。

表5.1は図5.2と同じデータを示したものだが、曲線の各地点における最大ドローダウンの欄が追加されている。先物の配分を100％に

図5.2　分散された先物戦略を加えることで株式ポートフォリオのリターンは向上する

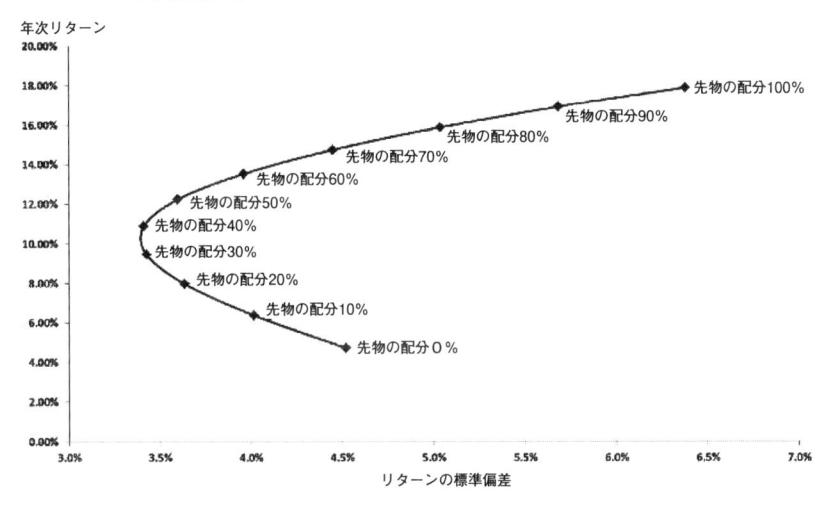

[グラフ：横軸 リターンの標準偏差、縦軸 年次リターン。先物の配分0%〜100%を10%刻みでプロットした効率的フロンティア曲線]

表5.1　分散された先物戦略を加えた株式ポートフォリオ

先物の配分	リターンの標準偏差（%）	年次リターン（%）	最大ドローダウン（%）
0	4.5	4.0	55.4
10	4.0	5.7	46.5
20	3.6	7.5	36.4
30	3.4	9.1	26.3
40	3.4	10.7	16.7
50	3.6	12.2	12.8
60	4.0	13.7	14.8
70	4.5	15.0	16.7
80	5.1	16.3	18.5
90	5.7	17.5	20.4
100	6.4	18.7	22.2

するとリターンは最大になるが、ポートフォリオのドローダウンは株式を加えたほうが減少する。

　実際には選べるアセットは2つ以上あり、そのほかの複雑な要素も加わるため、各アセットクラスをどれくらい買えばよいかという最適点を決めるのは難しくなる。したがって、これは数値うんぬんではなくて、ガイドラインとして見てもらいたい。

トレードの方向

　私たちがたどり着いた戦略は方向に依存しない。つまり、買いと売り（仕掛けと手仕舞い）についても、ポジションサイジングにおいても対称的ルールを使った。これまでは総合的な結果のみを見てきた。結果はベンチマークに対して十分対抗可能だが、パフォーマンスに寄与する要素はまだ細かく見ていない。まず最初に見なければならないのは、買いと売りとでは違いがあるのかということである。このシミュレーションを自分でやったことがない人にとっては、結果にショックを受けるかもしれない。また、その結果に対する私の推奨する扱い方も意外かもしれない。

　トレンドフォロー戦略の売りサイドは扱いが難しく、直観と相いれない考え方が要求される。**表5.2**は私たちの基本戦略のパフォーマンスを、買いのみ、売りのみ、買いと売りを使ったときに分けて示したものだ。

　売りだけを行ったときの複利リターンは2.5%だが、これはタイプミスではない。最大DDの年次複利リターンに対する比率は13だが、これもタイプミスではない。この戦略の売りサイドのみの結果は、単独の戦略として見るとひどいものだ。13年ものパフォーマンスを犠牲にするドローダウンを被るくらいなら、株式のバイ・アンド・ホールドのほうがマシではないだろうか。1つだけはっきり言えることは、

表5.2　買いと売り（1990年1月～2011年12月）

	フィルターとATRストップを加えたブレイクアウト（50日）——買いと売り	フィルターとATRストップを加えたブレイクアウト（50日）——買いのみ	フィルターとATRストップを加えたブレイクアウト（50日）——売りのみ
年次複利リターン	17.9%	15.5%	2.5%
最大ドローダウン	-20.2%	-14.7%	-32.4%
ドローダウン÷年次リターン	-1.13	-0.95	-12.9
利益の出た月の比率	63%	59%	49%
最良の月	41.3%	24.2%	31.6%
最悪の月	-14.7%	-10.0%	-12.1%
シャープレシオ（RF:2.5%）	0.74	0.78	0.06
ソルティノレシオ	1.57	1.74	-0.61

売りサイドでのみトレードするのは良くないということである。ということは、買いのみをトレードしたほうが良いのかというと、それほど単純ではない。買いのみをトレードした場合、リターンは15.5％で、最大DDが14.7％で、DDのリターンに対する比率は最も良い。シャープレシオもソルティノレシオも最高なので、標準的な最適化テクニックからすれば、買いのみの戦略が最も優れているように思える。しかし、標準的な最適化テクニックは現実世界では失敗する戦略を生みだすことが多い。評価に使うレシオの値が良いからといって、分析をやめてはいけない。

図5.3を見ると、買いのみのバージョンはある程度スムーズに上昇してはいるが、買いと売りを組み合わせたバージョンよりは悪い。しかし、堅実に伸びている。これに対して、売りのみのバージョンは妙なパターンを描き、買いのみのバージョンの足元にも及ばない。しかし、売りのみのバージョンはMSCIワールドとそれほど差はない。MSCIワールドが悪いとき、売りのみのバージョンは上昇しているこ

図5.3　買いと売りの比較

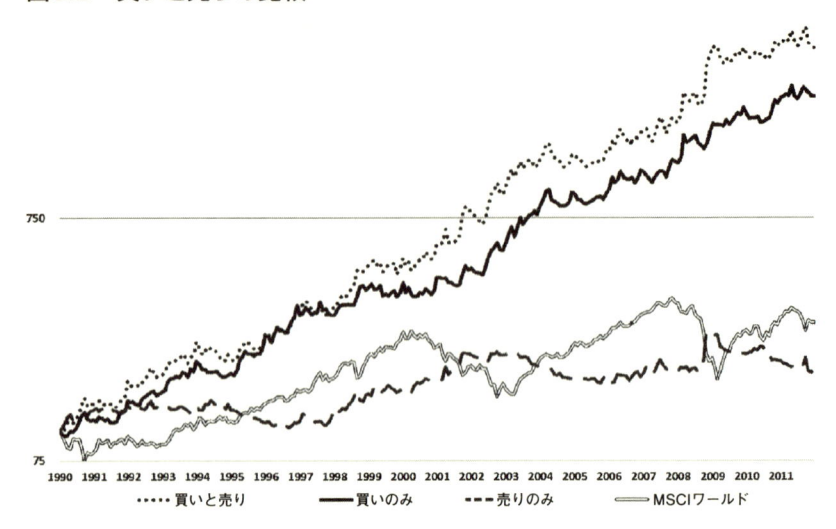

とに注目しよう。この効果を見逃してはならない。株式がベア相場にあるとき、うまくいっている戦略はほとんどなく、こんなときに売りを行えば大きな違いが出る。しかしもっと重要なのは、市場が下落して市場参加者がどこにも逃げ場がないとき、売りサイドは素晴らしい利益をもたらすということだ。ベア相場のときに大きな利益をもたらすものは株価指数の売りだけではない。エネルギーなどの売りも利益をもたらす。2008年のトレンドフォロー先物の極端に良いパフォーマンスは売りによってもたらされたもので、売りのみを行ったマネジャーはその年は救われた。

　戦略開発者は安易な道を選び、売りサイドを削除するという"最適化"を行う傾向がある。しかし、これはバカ者のやることだ。ボラティリティ調整レシオは上昇し、トレードは減少し、全体的なイクスポージャーも減少する。売りサイドは削除したほうがよいのかどうか、もう少し時間をかけて考えてもらいたい。売りサイドを削除すれば、

戦略は競争力を失い、市場のボラティリティが上昇したときに大きな問題を引き起こす。

　これがあなたの戦略の競争力を奪う理由は明らかだ。買いのみに傾けば、すべてのアセットクラスをトレードしたとしても、世界の株式市場との相関は上昇する。マネージドフューチャーズの利点の１つは、一般大衆の気持ちがふらついても、株式市場とは分離されて、上昇した年も下落した年もお金を儲けることができる点だ。株式ポートフォリオの魅力的な補完となるためには、私たちのマネージドフューチャーズ戦略は、世界の株式市場との相関は低く、あるいは負の相関を持ちながら、正の期待リターンを持たなければならない。これを達成できれば、私たちの商品を買う株式市場の投資家に大きな分散効果をもたらすことができる。これは大きな売り文句になる。正のリターンを持ち、相関は低いか負の相関を持つことで、投資家のポートフォリオを効率的フロンティア曲線のもっと魅力的な地点に持っていくことができるのだ。

　私たちがこれまで使ってきた、買いと売りの両方を使ったトレンド戦略はこの条件を満たしている。買いのみのバージョンも、小さなドローダウンで高い年次リターンをたたき出してはいるが、株式市場との相関は高くなる。買いと売りの両方を使った戦略は、株式市場との相関は負（－0.16）だったが、売りを除くと相関は＋0.18に上昇した。それほど大きな違いはないように思えるが、これは世界の株式市場との関係やほかの戦略との関係を考えると、ポートフォリオのパフォーマンスに大きな影響を与える。株式市場と正の相関を持つというのは、株式ポートフォリオを持っている人にとっては分散という観点からはあまり好ましいことではない。ほとんどの人は株式ポートフォリオを持っているのでこれについては対処が必要だ。

　図5.4は**図5.2**と同じ効率的フロンティアに、先物戦略から売りを削除したときの効率的フロンティア（薄いほうの線）を重ね書きした

図5.4　買いのみの先物戦略では効率的フロンティアは右側にシフトする

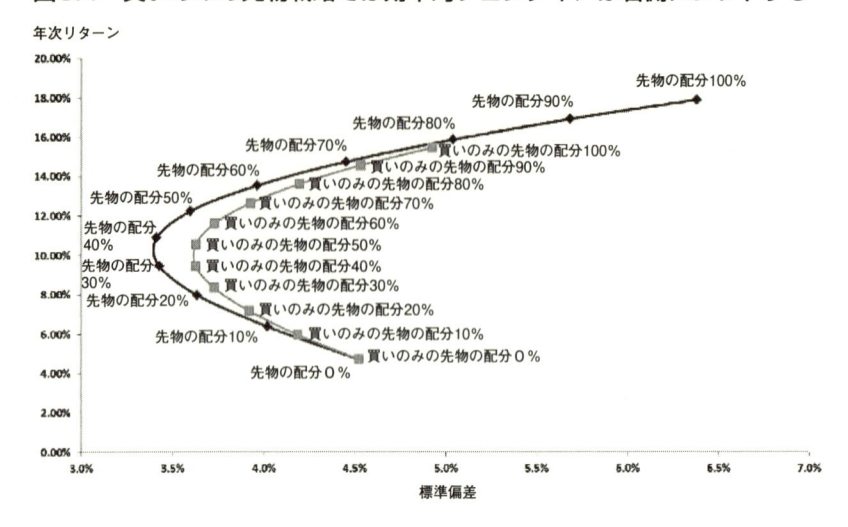

ものだ。曲線は全体的に右側にシフトしていることに注目しよう。つまり、同じ年次リターンに対して、ボラティリティは上昇したということである。この分析の目的は、できるだけ低いボラティリティでできるだけ高いリターンを達成することなので、その点では売りを削除するのはあまり良いとは言えない。

セクターの影響

　寄与度を算出するときには、管理報酬と成功報酬は無視する。なぜなら、セクターに分解するうえではこれらを含めてもあまり意味はないからだ。ここで求めているのは、私たちの戦略の各要素の相対パフォーマンスであり、その目的ではファンドの各種費用は無意味だ。ここでも、最初の戦略と同じく0.2％のリスクファクターを使った戦略を使う。この基本戦略は極めて高いリターンを生みだすことが分かっているが、それが何によってもたらされるのかは分析してこなかった。

表5.3　セクターの比較——手数料差し引き前の年次リターンの算術平均

	すべての セクター (%)	通貨 (%)	農産物 (%)	非農産物 (%)	株価指数 (%)	金利 (%)
買いのみ	18.8	2.8	2.6	2.2	2.2	8.9
売りのみ	3.9	0.7	2.4	1.3	-0.2	-0.3
買いと売り	22.7	3.5	5.1	3.5	2.0	8.6

本節ではこの分析を行う。

表5.3は、買いと売りの寄与度に分解した各セクターごとの平均年次リターンを示したものだ。これは手数料を無視した平均リターンであり、手数料を含めた複利リターンよりは若干高いことに注意しよう。この表からは、長期的には金利セクターが最も儲かるセクターであることが分かる。しかし、この先も金利セクターが最も儲かるセクターであるとは言えず、このまま儲かり続けるのかも分からない。利回りが下がり、債券価格が上昇した時期が何十年も続いたため、金利の買いが大きく寄与したが、今の先進国の利回り水準を考えると、金利の買いが寄与する可能性はしばらくは限定的だろう。結局、債券の利回りが下落してゼロになることはないのだ。

農産物と非農産物は長期的には買いも売りもうまくいっている。売りのみの戦略のほうがリターンは若干低いが、これはトレンド戦略では普通だ。通貨は買いサイドに大きく傾いているが、売りも少しは寄与している。

株価指数先物がほかのセクターに比べると儲けが少なく、売りのみではマイナスになっているのには驚くかもしれない。株式は10年から20年前まではこの種の戦略にとっては非常に儲けが多かった。何が株式市場を変え、こんなに不安定でトレンドが持続しなくなったのかは憶測するしかない。考えられる要因は、電子市場への移行と高頻度ア

ルゴリズムトレードの増加だが、グローバル化が進み、世界中の株式市場の相関が高くなったことも要因の１つだ。特に2000年、2008年、2011年のような恐怖の時期には、まったく異なるセクターや地域で構成された指数間の相関は１に近づく。投資ユニバースの構成要素が高い相関を持つことは好ましいことではない。良いときには大きな利益が得られるが、いったん同時に反転すると、瞬く間に大きな損失を被ることになる。

年次リターンのグラフでは2008年のリターンが突出しているが、もっと掘り下げて見てみよう。2008年は利益も極端に高かったが、ボラティリティも極端に高い。これは例外的なことで繰り返し発生することではない。しかし、買いのみと売りのみのセクターの平均リターンを見れば、損益が何によってもたらされているのかははっきりする。

私たちの戦略の買いのみバージョンと売りのみバージョンは動きがまったく異なる。買いのみバージョンは年を追うごとに利益が比較的スムーズに上昇しているが、売りのみバージョンはリターンが年によって大きく上下している。売りのみの戦略は買いのみの戦略に比べると利益ははるかに少なく、長期的にみれば損をすることも多い。しかし、売りはボラティリティを安定させる役割を果たすと同時に、極端な市場状態では大きな利益を生みだすため、戦略に加える価値はある。買いのみと売りのみのトレード結果はセクターごとに大きく異なるため、各セクターが買いと売りでどんな振る舞いをするのか細かく見ていくのは重要だ。

図5.5の買いと売りを組み合わせた結果を見ると、次のことが分かる。

- 金利は利益の出た年が圧倒的に多く、リターンもかなり良い。
- 株価指数のリターンはまあまあといったところ。ゼロやマイナスの年が多く、大きなマイナスの年もある。目を引くのは2008年のリタ

第5章　トレンドフォローのパフォーマンスの徹底分析

図5.5　年ごとの各セクターの平均寄与度

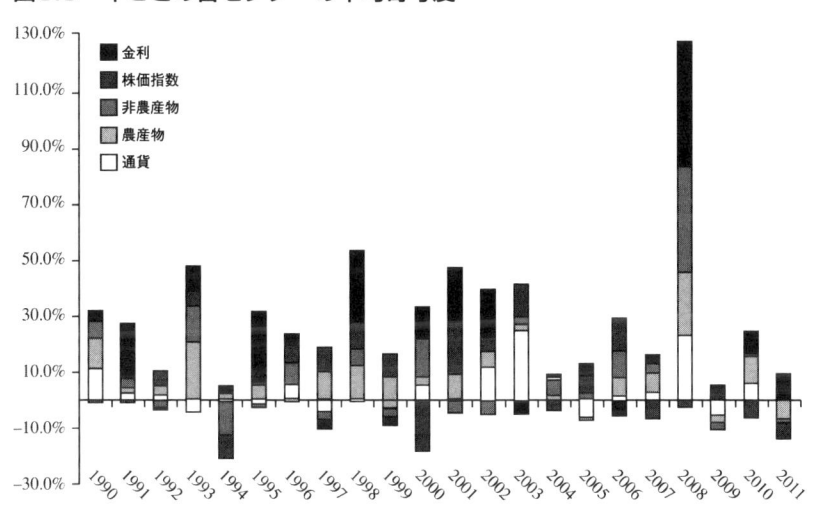

■ 金利
■ 株価指数
■ 非農産物
■ 農産物
□ 通貨

図5.6　各セクターの平均寄与度──買いのみ

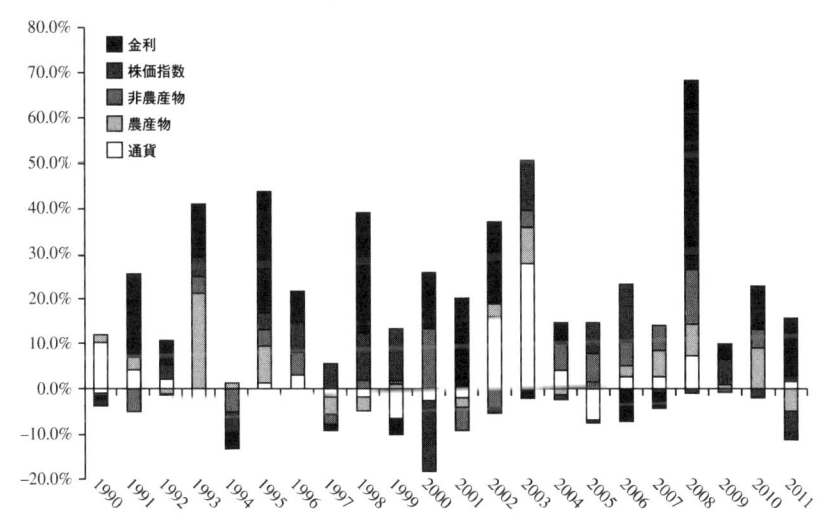

■ 金利
■ 株価指数
■ 非農産物
■ 農産物
□ 通貨

163

図5.7 各セクターの平均寄与度――売りのみ

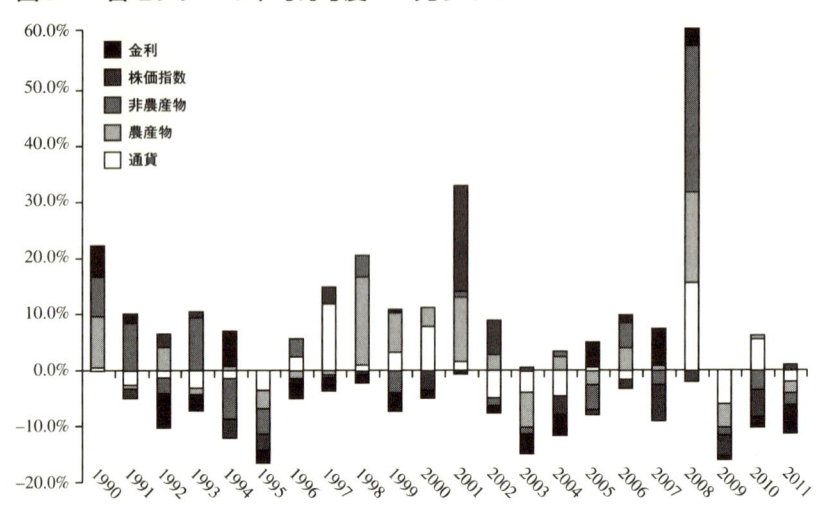

- ーン(これについてはあとで説明する)。
- 非農産物は極端に悪い年は1年だけで、そのほかの年は良い。また、2008年のリターンは極端に良かった。
- 農産物はほとんどがプラスで、大きなプラスの年もいくつかあるが、大きなマイナスの年はほとんどない。
- 通貨は極端に良い年はないが、ほぼ半分の年がプラス。良い年の利益は、悪い年の損失を上回っている。

図5.6は買いのみの損益を示したものだ。各棒グラフはすべてのセクターの買いのみのトレードの寄与度を足し合わせたものだ。その年の売りのみのパフォーマンスによってトータルリターンよりも高かったり低かったりする。ここで重要なのは、この図と**図5.5**との違いである。

図5.5と図5.6からは次のことが分かる。

●金利セクターの買いはリターンが非常に大きい。リターンは半分の年以上でプラスだが、良い年のほうが悪い年よりも圧倒的に良い。ほとんどの年は金利の買いのリターンが支配している。
●株価指数は買いのみのほうが若干良い。買いのみのほうがプラスの年が若干多く、利益も若干多い。しかし、株価指数は長期的に見ると損益にあまり貢献していない。
●非農産物の買いは利益はゆっくりとだが、確実に上昇している。寄与度はそれほど大きくないが、安定している。
●農産物の買いは非農産物よりもはるかに安定し、リターンがマイナスの年はほとんどない。
●通貨の買いは、買いと売りを組み合わせたものとほとんど変わらない。

　図5.7は売りのみの戦略のリターンを示したものだ。この図を見てすぐに感じることは、バーが比較的小さく、マイナスになっている年が多いということだ。

●金利の売りはポートフォリオにプラスの影響を及ぼしている年はほとんどない。
●株価指数の売りは2001年のドットコムバブルのときは大きなプラスのリターンを上げたが、そのほかの年ではほとんど損をしている。驚くべきことは、2008年がマイナスになっているという点だ。
●非農産物の売りは利益を出した年は少ないが、勝った年の利益は負けた年の損失よりも大きい。
●農産物の売りは大きなプラスのリターンの年が何年かあり、大きなマイナスの年は3年しかない。

●通貨の売りは買いのみと同様、買いと売りを組み合わせたものとあまり変わらない。

この期間に何が起こったのかについてはもう少し詳しく調べる必要がある。損益が何によってもたらされたのかは年ごとに見る必要がある。そうすれば、分散されたトレンドフォロー戦略が現実世界でどのように機能するかが分かってくるはずだ。この分析は第6章で行う。

キャッシュマネジメントと国債の金利（無リスク金利）の影響

先物を買うときには、株式を買うときと同じように現金で決済する必要はない。先物を買うときには、最初の証拠金と、逆行したときに追証を請求されない程度のお金を口座に入れておけばよい。ポートフォリオの唯一のポジションが小麦10枚で、1ブッシェル当たりの価格が800セントだとすると、契約総額は40万ドル（5000ブッシェル×10×800セント＝40万ドル）だが、こんな大金を口座に入れておく必要はない。どれくらいの現金を用意すればよいのかは、取引所が決めるその商品の委託証拠金によって異なる。

本書執筆の時点では、小麦1枚の当初証拠金はおよそ3000ドルなので、10枚買うには3万ドル口座に入れておけばよい。小麦の維持証拠金は現時点ではおよそ2250ドルだ。これは、含み損を差し引いたあと、1枚当たり口座に常に置いておかなければならない現金のことだ。価格が780セントに下がると、ポイント値が5000ドルで、セントで建値されるとすると、1枚当たりの含み損は1000ドルになる。したがって、10枚では1万ドルの含み損になり、最初の証拠金の3万ドルが口座にあるだけでは、1枚当たりの維持証拠金2250ドルには足りないため、追証が請求される。

追証が発生すると、足りない分を差し入れなければポジションは強制的に手仕舞いさせられる。追証はできれば避けたいもので、そのためには正しいキャッシュマネジメントが必要になる。予期しない追証が求められないように注意したい。大きく逆行しても大丈夫なように、口座残高には余裕をもたせておくとよいだろう。

　ファンドが米ドル建てで、米国の取引所でのみ取引しているのであれば、キャッシュの状況は簡単に把握できる。しかし、ほとんどの人はそうではない。いくつの国で取引したいかにもよるが、5～10個の通貨に関わっているのが普通だ。したがって、それぞれの通貨口座に十分なお金が入っているかと、通貨イクスポージャーを管理するという仕事が加わることになる。

　しかし、すべての現金をブローカーの口座に置いておくのは危険だ。お金の無駄になるだけでなく、不必要なリスクを負い込むことにもなる。リスクを一言で言うならば、リーマンブラザーズである。この不運な投資銀行の例は最も顕著な例だが、この事件の前後にも同じようなことがそのほかの銀行にも起こった。成功した先物トレード会社の多くがMFグローバルの破綻で消滅した。無責任な会社によるこうした大規模な破綻はこれだけではないだろう。銀行やブローカーのより巨大な破綻はこの先もあり得る。どこが破綻するのかは分からない。

　銀行やブローカーに株式や債券を保有している場合、その銀行やブローカーが突然破綻すればそれは手痛い経験になるが、株式や債券は口座保有者名義になっているため、あなたやあなたの投資家は最終的には株式や債券を取り戻すことができる。しかし、現金となるとちょっと詰が違ってくる。本書をここまで読んできた人は、準備預金制度の仕組みについては分かっているはずだ。あなたが銀行に預けたお金は実際には銀行にはない。このシステムの詳細やメリット・デメリットは本書のテーマではないが、簡単に説明しておくと、銀行に預けたお金は他人のお金として集められ、それを必要とする人に貸し出され

るのである。

　例えば、マットレスの下から1000ドル見つかったので、それを地方銀行に持って行って普通預金口座に預けたとしよう。銀行は法規定の定めに従ってその一部を銀行に残しておき、そのほかのお金は他人に貸す。銀行があなたのお金の900ドルをだれかに貸し、その人が中古車を買ったとする。彼はその中古車を売り、得たお金をあなたと同じ銀行の普通預金口座に預けたとする。すると銀行には1900ドルのお金が入るが、銀行はまた1710ドルを他人に貸す。こうやってこのプロセスは繰り返される。例えば、預金額の10％を準備金として取っておかなければならないとすると、あなたの1000ドルは銀行システムのマジックによって新たに1万ドルを生むことになる。

　だれもが自分たちのお金は銀行にあると思っている。その幻想はみんながお金を銀行から一斉に引き出すまで続く。もちろん、銀行が破綻しなければこんなことは起こらない。理解しなければならないのは、銀行に預けてある現金は安全ではなく、取引先リスクにさらされているということである。銀行が破綻すれば、あなたはすべての現金を失うことになる。しかし、銀行にはある程度の現金は入れておく必要があり、取引先リスクもビジネスコストだが、ブローカーは厳選すべきであり、不必要な現金を預け入れるのはやめたほうがよい。

　すべてのお金を現金で持っていてはいけない2番目の理由は、利息がほとんどつかないからだ。2012年に本書を執筆している時点では、国債利回りは利息が極めて低い水準だが、リスクは低減でき、少なくとも若干の金利収入は手に入る。本書で紹介する基本戦略は証拠金比率（マージン・トゥー・エクイティー・レシオ）10％から20％で運用する。したがって、使われないお金が大量に残っていることになる。この戦略を運用する1000万ドルのファンドでは、国債に600万ドル、あるいはそれ以上を投資する。

　余剰キャッシュをどう保有するかについてはプランを立てなければ

ならない。私は一流の国の国債を自国通貨で持つことをお勧めする。信用のおけない国債を買って数ベーシスポイント増えたとしても、リスクが増えるだけである。あなたの余剰キャッシュをあなたのファンドの基準通貨を管理する国の国債、あるいはユーロであれば加盟国で最も信頼のある国の国債に投資すれば、リスクはほとんどゼロだ。その国の経済状況とは無関係に、G7の国はお金の印刷機を持っているので、彼らの国の通貨で償還する。例外はユーロ圏だが、強い国は安全と見てよいだろう。

満期日が異なるものでロールオーバーし続けるためには、期間の異なるものを組み合わせるのが良い。一部は短期証券で持ち、大部分を期間が1年から3年の証券で持つのが一般的なやり方だ。長い目で見ればキャッシュ管理を正しく行うことの効果は絶大だ。少なくとも過去はそうだった。

利息収入の効果についてはまだ話していないが、なぜなのだろうと思う読者もいることだろう。これはマネージドフューチャーズのリターンにとって大きな要素であり、全体的なリターンに大きな影響を及ぼす可能性が高い。これについて話さないわけは、これは過去には大きな要素だったが、将来的にも大きな要素であるとは言えず、少なくとも1980年代から1990年代ほどの影響はないと思えるからだ。過去30年にわたるマネージドフューチャーズ戦略のリターンの大部分は、国債からの金利収入によってもたらされたものだ。これについてはさらに探究する必要がある。

それでは私たちの基本戦略に戻って、余剰マネーを現金で保有するときと、国債に投資したときのリターンの違いを見てみよう。ここでは、国債は平均期間が2年の米国債とし、全資産の65％をこれらの国債に投資すると仮定する。

表5.4を見ると分かるように、余剰キャッシュに対する利息は徐々に減少し、現在（2012年）ではかなり低くなっている。これは、全体

表5.4　フリーキャッシュに対する利息の影響

	利息なし (%)	利息あり (%)	利息の影響度 (%)
1990	30.4	37.1	6.6
1991	25.6	30.2	4.6
1992	6.3	9.1	2.7
1993	42.5	45.2	2.7
1994	-16.5	-13.5	2.9
1995	28.1	32.9	4.8
1996	22.2	26.4	4.2
1997	7.4	11.5	4.1
1998	51.9	56.8	4.9
1999	6.8	10.6	3.8
2000	14.0	18.8	4.8
2001	41.8	45.0	3.1
2002	33.1	34.6	1.4
2003	35.2	36.2	1.0
2004	4.6	5.7	1.1
2005	5.0	7.4	2.5
2006	22.3	26.3	4.0
2007	8.4	12.2	3.8
2008	123.9	126.7	2.9
2009	-5.8	-5.5	0.2
2010	17.4	17.6	0.2
2011	-5.1	-5	0.2

的な利回りが数十年にわたって低下しているからだ。これはコインの両面だ。余剰キャッシュに対する無リスクリターンは減少したものの、債券先物はずっと買い持ちであったため、利回りの低下で債券価格が上昇したために大儲けした。

　1980年代と1990年代はまさに先物マネジャーにとっての黄金期で、5％以上の無リスク金利収入を得ると同時に、それに対する成功報酬も手にすることができた。この余剰的な副収入は主として国債の金利収入からもたらされたものだが、先物マネジャーはそれに対する成功

報酬も手にすることができたわけである。先物マネジャーの長期的な実績を分析するときには、このことに留意しなければならない。マネージドフューチャーズ業界のリターンの減少の大きな要因は低い金利環境によるものだが、10年か20年前はリターンはかなり高かった。

　金利収入がなくてもトレンドフォロー戦略のリターンは長期的に見ると非常に高く、投資信託などの従来の投資戦略よりもリターン・リスク比率は非常に高かった。もう10年さかのぼって1980年代を見ると、金利収入の影響は今よりもはるかに高かった。そういった環境では、先物の運用は今よりもはるかに楽である。1985年のような年には先物マネジャーはフラット（利益を得ることも損をすることもない）で終わったが、米国債を保有することで7％の利益を得たというちょっと奇妙な状況を考えてみよう。失敗した年であったにもかかわらず、この7％に対して成功報酬が得られるわけである。こうしたイージーマネーの状況がまたすぐにやって来るとは考えないほうがよい。今しばらくは金利は低いまま推移し、競争はますます激化する可能性が高い。

レバレッジについて

　トレンドフォローを用いた先物トレードはレバレッジをかける必要がある、と言われても大して驚くほどのことはないが、ではどれくらいレバレッジをかければよいのだろうか。金融メディアでは、「レバレッジ＝リスクが高い」という構図が出来上がっている。桁外れのレバレッジを取ったトレーダーたちの話を聞くことも多いだろう。しかし、レバレッジとリスクは2つの完全に異なる概念であり、必ずしも関係があるわけではない。もちろん、高いレバレッジが高いリスクを意味するのは確かだが、レバレッジが高いからといって必ずしもリスクが高いわけではない。もちろん、例えばIBMの株式だけといったように1つのアセットしか保有していない場合は、イクスポージャー

が５万ドルから10万ドルになった場合、リスクは２倍になる。しかし、デリバティブやクロスアセット商品では話はこれほど単純ではない。

レバレッジを分かりやすく説明するために、私たちの基本戦略で運用する典型的なポートフォリオを考えてみることにしよう。口座サイズが500万ドルで、基本戦略を使ってリスクファクター0.2％でトレードしたとしよう。2009年５月21日現在、ポートフォリオを構成するポジションは19で、すべてのセクターを網羅するポートフォリオが構築されたとする。日付は任意に選んだものだが、私の話の要点からすれば、任意に選んでも何ら差し支えはないだろう。ポートフォリオの価値は500万ドルで、名目イクスポージャーは5530万ドルだ。一見馬鹿ばかしいこれらの数字は、私たちにとってほとんど意味はない。私たちは、100％のイクスポージャーや150％のイクスポージャーではなく、1100％のイクスポージャーにさらされているのだ。つまり、11：１のレバレッジということになる。これは典型的なポートフォリオだが、ときにはイクスポージャーがこれの２倍になることもある。

表5.5は対象日のすべてのポジションを含んだフルポートフォリオのセクター、枚数、保有期間などを示したものだ。ポートフォリオに対する影響度も示している。つまり、ポートフォリオ全体に対する損益の比率だ。イクスポージャーはその契約の額面価値を示している。つまり、枚数に１枚当りの価格を掛け合わせて、ドルに換算したものだ。イクスポージャーはポートフォリオ全体の価値に対する比率でも表されている。最後の欄は損切りコストで、これは価格が損切り価格まで下落したらいくら損をするかを表している。

表をよく見ると、セクターごとにイクスポージャーが異なることに気づくはずだ。金利セクターはどれもイクスポージャーが大きいが、これは偶然ではない。すべてのポジションはボラティリティで調整したものだ。つまり、各ポジションのリスクは均等ということである。したがって、ボラティリティの高いアセットは配分（イクスポージャ

表5.5 ポートフォリオの構成（2009年5月21日）

ポジション	セクター	枚数	保有日数	ポートフォリオに対する影響（%）	名目イクスポージャー（ドル）	名目イクスポージャー（%）	損切りコスト
豪ドル	通貨	6	15	0.61	389,280	7.79	-29,280
カナダBA手形	金利	30	156	2.64	7,353,496	147.07	-15,766
カナダドル	通貨	7	1	0.01	604,100	12.08	-19,600
綿花	農産物	11	9	-0.35	127,655	2.55	-8,910
ユーロ	通貨	4	1	0.13	691,350	13.83	-26,350
ユーロドル（3カ月物）	金利	31	31	0.68	7,578,338	151.57	-20,538
ユーリボー（3カ月物）	金利	35	158	6.11	11,337,779	226.76	-9,243
ユーロスイス（3カ月物）	金利	51	158	5.23	13,835,671	276.71	-14,671
ボンド短期金利（3カ月物）	金利	41	29	0.68	7,853,534	157.07	-26,738
ハンセン中国企業	株価指数	3	13	0.06	181,175	3.62	-18,929
ハンセン	株価指数	2	11	0.05	201,572	4.03	-16,881
ナスダック100	株価指数	2	16	-0.05	261,798	5.24	-15,998
ニュージーランドドル	通貨	7	9	0.04	380,800	7.62	-18,200
ガソリン	非農産物	4	1	0.05	274,714	5.49	-31,114
大豆	農産物	5	15	0.62	261,000	5.22	-26,000
砂糖	農産物	20	14	0.28	210,112	4.20	-28,000
スイスフラン	通貨	5	5	0.11	585,438	11.71	-20,125
銀	非農産物	3	10	0.18	224,670	4.49	-22,170
2年物Tノート	金利	14	157	1.46	2,945,636	58.91	-18,516

ー）が小さくなり、ボラティリティの低いアセットは配分が大きくなる。相対的に言えば、金利は株価指数、商品先物などに比べるとボラティリティが非常に低く、一般に期間が短いほどボラティリティは低い。1100%のイクスポージャーのうち、およそ960%が短期のマネーマーケット先物によるものだ。つまり、私たちのポートフォリオは金利によって支配され、株価指数、商品先物、通貨の影響はまったくないという意味なのだろうか。それは違う。全19ポジションのうち6ポジションが金利だ。つまり、現時点のリスクの3分の1を金利が負っ

ているということである。

　注目すべきなのは損切りまでの距離である。つまり、ポジションが逆行して損切りに達したらいくら損をするかの価格差である。**表5.5**からも分かるように、金利の損切りコストはほかのアセットクラスに比べると小さい。どのポジションについても損切りの計算方法は同じだ。オープンポジションのピーク値から３×リスクファクターが最大損失となる。500万ドルのポートフォリオの場合、市場に戻す分の最大額は理論的には３万ドルということになる。もちろんこれにはスリッページや潜在的逆行ギャップは含まれていない。したがって、最悪のケースの計算では、予測不可能な非常に悪いことが発生することを想定する必要があり、それに対する対応策も考えなければならない。

　買いと売りを合わせた金利先物の名目イクスポージャーは口座サイズの10倍以上である。金利市場が１日で10％逆行したらどうなるのかと聞きたくなる人もいるだろう。口座はたちまちのうちに破産してしまうのではないか。もちろん、その可能性もないとは言えない。空から大きな隕石が降って、ビルを壊してしまえば、トレードもジ・エンドになる可能性が極めて高いが、もっと現実的に考えてみよう。私は短期金利市場で１日に10％動くことはないと思うが、５％ならあり得るかもしれない。言ってみれば、１％の動きでも不安だ。でも、こんなことは今までになかった。マネーマーケットで１日に10％動くことを心配するのは、S&P500がクロージングベルが鳴る直前にゼロになることを心配するのと同じである。そんなことが起こったら、トレード口座のことを心配するどころではなくなる。地下室に埋めている金を心配するどころではなくなる。そんなことが起こったら、あなたが心配しなければならないことは、缶詰がいくつあるかと、どれくらい武装すればよいかである。世界を変えてしまうような出来事が起こらないかぎり、こんなことは起こり得ないのである。

　誤解しないでもらいたいのだが、絶対に起こり得ないようなことが

起こることはある。そういった出来事は、テレビに出ている評論家の表現を借りると、5標準偏差の出来事だ。正規分布を超えた異常な出来事は思った以上に多く発生するものだ。しかし、どのセクターも弱みを持っているため、こういったリスクはすべてのセクターに均等に配分される。ユーロドルが1日で1％動くといったことがあり得るように、ナスダック100が1日で25％動くといったこともあり得る。過去に発生した最悪のシナリオよりもさらに悪いことが向こう5年のうちに発生することを想定し、それに備えるべきだが、名目イクスポージャーが恐ろしく大きな数字であるように思えるからといって、それを気にしても仕方ない。

第6章 年ごとの分析
Year by Year Review

　私たちがたどり着いた戦略はすでにCTA（商品投資顧問業者）ファンドや先物マネジャーたちが構築する戦略とほぼ同程度の水準にある。現在の形でも十分運用に使えるレベルにはあるが、改善の余地はまだある。今の私たちのコア戦略は、トレンドフォロー・マネージド・フューチャーズ・ファンドの基本戦略に極めて近い戦略であるがゆえの利点もある。一般に戦略を改良するための意思決定を行うに当たっては、それがどんな振る舞いをするのかを理解する必要があるが、これを見極めるのは非常に難しい。そのためには経験を積むしかなく、その戦略でどんなことが可能なのかを調べるには、それが荒れた市場でどんなパフォーマンスを生むのかを見ること以外にない。しかし、本章ではその代わりに、私たちの戦略が長期にわたってどんなパフォーマンスを上げてきたのかをできるだけ詳しく見ていくことにする。

　年によって興味深い年とそうではない年があるのは確かだ。ほとんど動きのない年がある一方で、大きなスイングが発生し、重要な分析的結論を導き出せる年もある。1990年から2011年までの22年にわたって、この間に何が発生し、何がうまくいき、何がうまくいかなかったのかを調べてみることにしよう。これまでの章に出てきたシミュレーションデータを見ると簡単なように思えるが、本章ではどこに難しさ

があるのかに焦点を当てる。

　本章の分析では、現実を反映するために手数料とスリッページを含め、管理報酬として1.5％、成功報酬として15％を想定する。これらの報酬は1年後に支払われるものとする。実際には、管理報酬は月ごとあるいは四半期ごとに支払われるのが普通で、成功報酬を年の中間に請求するファンドもあるが、それらのタイミングは分析にはほとんど影響はない。

　市場の比較にはMSCIワールドを使う。このパフォーマンスには再投資された配当も含まれている。この戦略はこの株価指数を模倣したり打ち負かすのが目的ではなく、まったく異なるので、MSCIワールドをベンチマークとして比較対象にするのは実際にはあまりよくないが、私の経験から言えば、個人投資家も機関投資家も株式市場の全体的な状態を重視する傾向があり、株式市場が上昇すれば先物マネジャーのプレッシャーも上昇し、下落すれば彼らのプレッシャーも下がる。あなたの戦略は株式とは完全に無関係なものとはいえ、この傾向は強い。だれもが儲けているときは儲けたいと思い、だれもが負けているときは損失もそれほど気にはならないのが人間の本質であるとしか説明はできない。投資家にとって損失が気になるのは隣人が稼いでいるときである。この現象には驚かされるばかりだが、これがこの世界の紛れもない事実であるように思う。

本章の読み方

　本章は本書で最も長い章である。この戦略の22年にわたる振る舞いやパフォーマンスを見ていくと、まるで古代史でも読んでいるような感覚にとらわれ、単に紙数を増やすためではないのかと勘ぐりたくもなるだろう。しかし、それはまるで見当外れだ。本章は本書のなかで最も貴重な学習機会を提供してくれるものだ。トレンドトレードを真

剣に理解したいのなら、各年をじっくり検証することが重要だ。パフォーマンスチャートをじっくりと見て、プロのトレンドトレーダーの生活がどんなものなのかを想像してみよう。

　いろいろな本や宣伝資料で目にするのは、トレンドトレードは簡単でとても儲かる、というものだ。長い目で見れば確かに儲かり、トレードルールも簡単だが、年ごとの振る舞いを調べたり、セクターや買い・売り別に分解してみると、実際に良い結果を達成するのは簡単どころではないことが分かるはずだ。本章は現実性チェックと考えるとよい。これは、誇大広告することなく、良い面も悪い面も含めてこのビジネスの本当の姿を示す私のやり方だ。トレンドトレードをビジネスとしてやりたいのなら、まずは本書を１回読んだあとで本章にもどって詳しく学習することをお勧めする。

　戦略を自分で構築するのか、私のコア戦略を改良するのかは別として、あなたのトレード戦略が決まったら、現実的なシミュレーションを行い、年ごとそして月ごとの詳細を本章と比較して、あなたの戦略が私のコア戦略とどう異なるのか、将来的にも使えるものなのかを確認することだ。

　戦略を選ぶときには、シミュレーションのサマリーデータや長期の資産曲線だけを見てはいけない。

　本章で年ごとの検証が終わったら、続く章では現存の先物ヘッジファンドを複製してリバースエンジニアリングする方法についてさらに詳しく見ていくと同時に、コア戦略をさらに改良する方法についても見ていく。

1990年

　1989年に戻ろう。ボン・ジョヴィのLPレコードが飛ぶように売れ、中国は天安門広場に戦車を乗り入れ、パステルカラーの1980年代はゆ

っくりと色あせていった。あなたが新たに立ち上げたマネージド・フューチャーズ・ファンドには投資家から1000万ドルの資金が集まり、インフラの整備もでき、いよいよ仕事に取りかかろうというときで、あなたはとてもハッピーだった。

1990年1月2日の朝、あなたはコンピューターで戦略のシミュレーションを行った。スクリーンには当初ポートフォリオに組み込むべき買いと売りの先物の長いリストが現れた。ポジションの数は、仕掛けを行うためのトレンドがいくつあるかによって大幅に異なる。このとき、プレーすべき良いトレンドがたくさんあったので、あなたの先物の当初ポートフォリオは平均よりも大きかった。

覚えておかなければならない重要なことは、どのポジションも戦略の全体的なリターンに与える日々の影響が同じになるように、ポジションサイズはすべてボラティリティで調整するということである。この詳細については前の章を参照してもらいたい。この重要性についてはどれくらい強調しても強調しすぎることはない。正しいポジションサイジングを行わなければ、あなたの戦略は失敗するだけである。

1990年1月の初めにおけるこの戦略の当初ポートフォリオは**表6.1**に示したとおりである。

各ポジションのボラティリティ調整済みサイズがすべて同じだとすると、ファンドの配分を見るには単に各セクターを足し合わせるだけでよい（**表6.2**）。ボラティリティ調整済みサイズは、各アセットのボラティリティが時間がたっても常に一定という不完全な前提に基づくため、これはおおよその数値でしかない。**図6.1**の円グラフを見ると分かるように、当初ポートフォリオはセクター間のバランスがよく取れている。最大のシェアはコモディティー（農産物と非農産物）だが、通貨と金利もかなり大きい。シェアが最も小さいのは株価指数だが、それでも13％だ。また、株価指数は買いのみで、金利はユーロドルと米国金利が買いで、ポンド短期金利は売り、貴金属は売り、エネ

表6.1　当初ポートフォリオ（1990年）

市場	買い/売り	セクター
木材	買い	農産物
生牛	買い	農産物
オート麦	売り	農産物
大豆	売り	農産物
スイスフラン	買い	通貨
豪ドル	買い	通貨
英ポンド	買い	通貨
カナダドル	買い	通貨
ユーロ/米ドル（ECU）	買い	通貨
日本円	売り	通貨
CAC40	買い	株価指数
FTSE100	買い	株価指数
ハンセン指数	買い	株価指数
原油	買い	非農産物
銅	売り	非農産物
灯油	買い	非農産物
軽油	買い	非農産物
パラジウム	売り	非農産物
ガソリン	買い	非農産物
カナダBA手形	売り	金利
ユーロドル	買い	金利
ポンド短期金利	売り	金利
10年物Tノート	買い	金利

表6.2　セクター配分（1990年）

	買い	売り	トータル
通貨	5	1	6
農産物	2	2	4
非農産物	4	2	6
株価指数	3	0	3
金利	2	2	4
トータル	16	7	23

図6.1　セクター配分（1990年）

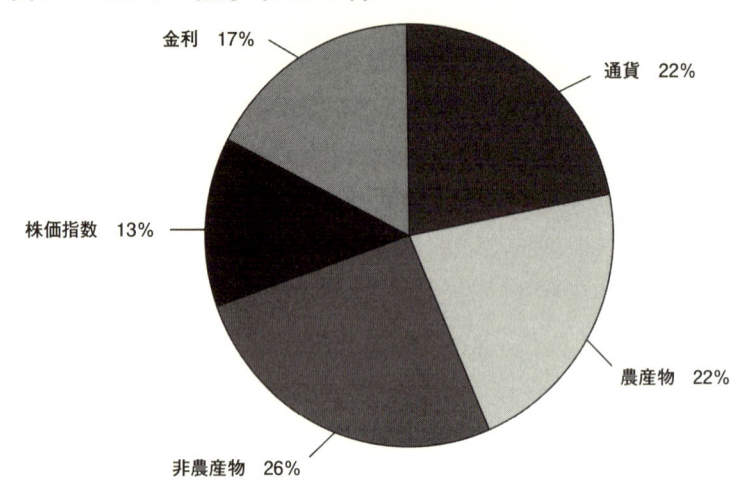

- 金利　17%
- 通貨　22%
- 株価指数　13%
- 農産物　22%
- 非農産物　26%

ルギーは買い、農産物は買いと売りだ。当初ポートフォリオとしては実に興味深いポートフォリオである。

　1990年代の最初の年は大荒れの年で、世界の株式市場は25％以上も下落した。大波乱の1980年代をようやく脱出したというのに、回復の見込みはまだなかった。この年、株価は乱高下し、18％の下落に始まり、そのあと15％上昇、そしてまた22％下落して、9％上昇した。こういった市場では普通の株式戦略でお金を儲けるのは難しい。そんなときに役立つのが分散された先物戦略だ。

　図6.2は、この年の私たちの戦略とMSCIワールドのパフォーマンスを比較したものだ。私たちの戦略は年初めは横ばいが続き、この年の最大損失3％を喫したが、その後は徐々に回復した。MSCIワールドが下落を続ける一方で、私たちの戦略はどんどん上昇していった。それと同時に、私たちの戦略は買いバイアス（ポートフォリオの買いの持ち高が売りの持ち高よりも大きい状態）から売りバイアスにシフトした。5月には私たちの戦略も指数も反転し始め、夏の間は横ばい

図6.2 戦略のパフォーマンス（1990年）

凡例: ……MSCIワールド　——ファンド　-- 買い　——売り

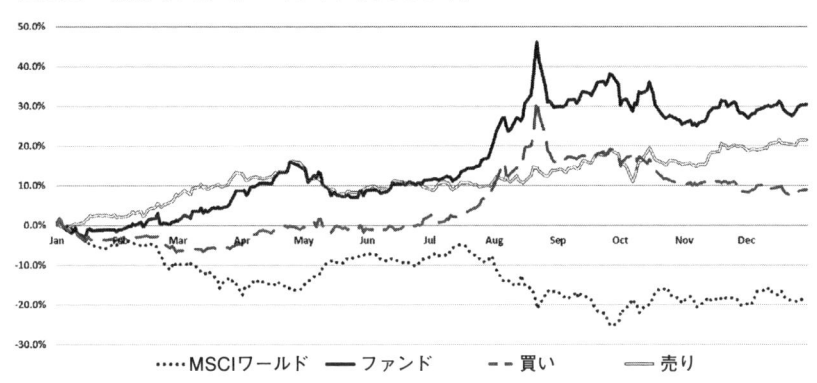

図6.3 セクター別パフォーマンス（1990年）

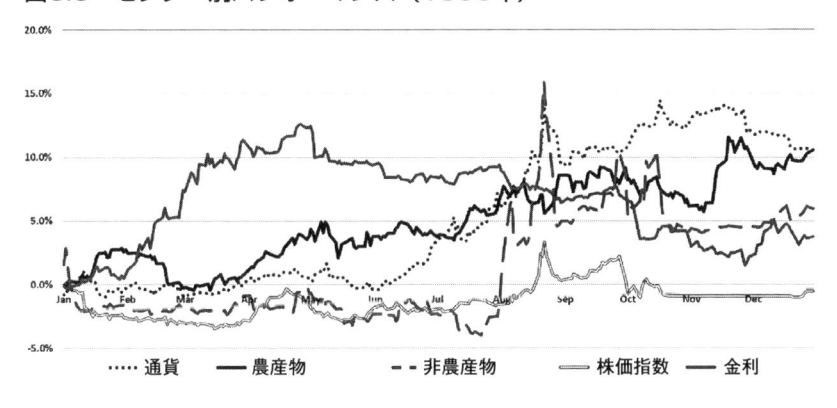

凡例: ……通貨　——農産物　-- 非農産物　——株価指数　——金利

　が続き、8月には再び元のトレンドに戻り、指数は下落し、私たちの戦略は上昇した。私たちの戦略のピークは9月で、利益が急上昇したが、これは長くは続かず、この年の残りの期間は再び横ばいから下落の状態に入った。この年の最大リターンは45％を超えたが、年の終わりには30％に下落した。

　図6.3から**図6.5**はセクター別パフォーマンスと買いおよび売りの

パフォーマンスを示したものだ。この年は売りのほうがパフォーマンスがスムーズで、何カ月か横ばいの時期はあったものの、最終的には買いよりもパフォーマンスはよかった。これはこの戦略では珍しいことで、普通は売りのほうがチョッピーで、予測不能で、利益も少ない。

この戦略にとってこの年は比較的良い年で、およそ30％のリターンを得たが、心理的には難しい年でこれを過小評価してはならない。運用資産1000万ドルから始めたとすると、ピークには資産は1450万ドルになったことになる。大きなリターンに興奮し、ワクワクしたはずだ。上昇トレンドが続くことを期待し、年の終わりにはいくら儲かるかを何回も計算したはずだ。もちろん、成功報酬も増え、投資家たちのヒーローになったような気分になったはずだ。これは人間の心理であり、とめることはできないが、分散されたトレンドフォロー戦略は極端に大きなリターンのあとにはリターンは急激に下落し、そのあとは横ばいになることを忘れてはならない。

8月の終わりに早々にシャンペンで乾杯したあと、大きな下落に襲われた。売りサイドは依然としてスムーズだったが、買いサイドは急落し、口座残高はものの数日で150万ドルも減少した。今にして思えばこの年は全体的には良かったものの、このときの下落は手痛かった。そのあと、この年の残りの時期はマネジャーにとってフラストレーションのたまるものとなった。残りの4カ月間はファンドは乱高下しながら、徐々に下降していき、その年のピークに戻ることはなかった。

短気な投資家もいて、不満を募らせた顧客からは解約請求されただろう。彼らは8月を普通と見たのだ。残りの4カ月は連敗ばかりだと感じた彼らの、マネジャーとしてのあなたに対する信頼は揺らぎ始めた。8月の終わりにファンドに投資した投資家はこの年の終わりには10％損をし、満足のいく結果を得られなかったことを忘れてはならない。

図6.3を見ると分かるように、この年の間にセクターリーダーは変

図6.4　セクター別パフォーマンス──買い（1990年）

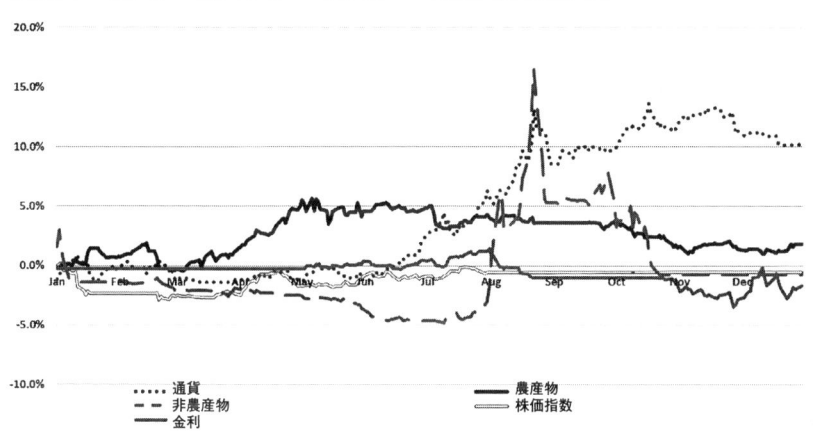

　　　　…… 通貨　　　　　―― 農産物
　　　　--- 非農産物　　　　―― 株価指数
　　　　―― 金利

図6.5　セクター別パフォーマンス──売り（1990年）

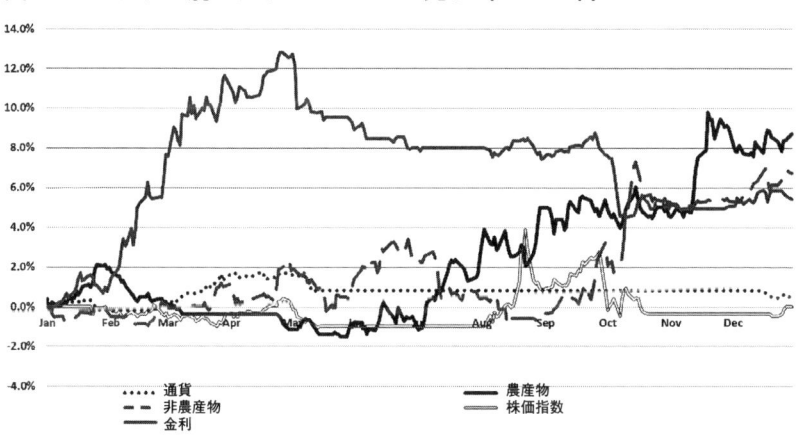

　　　　…… 通貨　　　　　―― 農産物
　　　　--- 非農産物　　　　―― 株価指数
　　　　―― 金利

わっている。最初の四半期のリーダーは金利だったのは明らかだ。5月までは金利がファンドの損益を独占していた。そのあとは徐々に下降トレンドに入ったものの、この年の終わりの時点では依然として利益が出ていた。これもフラストレーションのたまるものだが、ごく一般的なことであり、ビジネスコストとみなすべきである。**図6.5**を見

ると分かるように、金利の利益は主に売りサイドからのもので、大部分は英国とカナダの金利商品によってもたらされている。この年の農産物セクターは非常に安定したリターンを稼ぎだし、スムーズに上昇し続けている。このセクターの場合も利益の大部分は売りサイドによってもたらされている。非農産物セクターはボラティリティが高く、8月のパフォーマンスの急上昇は非農産物セクターによるものだ。このセクターのパフォーマンスは6月の終わりまではマイナスで、特筆すべきことは何もない。損失はかさみ、この年は冴えない年になると思われた。しかし、8月になると利益は急上昇した。急上昇の大きさから考えると、きっと何か特別なことが市場で起こったに違いない。1990年の8月に何が起こったのだろうか。

　湾岸戦争と言ってくれれば満点だ。日食と答えた人はこの章の残りは部屋の隅っこにでも行って、日食が市場と何か関係があるか考えてみてもらいたい。イラク軍がクウェートを侵攻したとき、私たちの戦略は原油関係の市場をすでにいくつか買っており、原油価格や原油関連市場の急騰が私たちに大きな利益をもたらした。砂漠の盾作戦が実行されたあと原油価格が再び下落したため、一部は市場に戻すことになってしまった。こういった市場の1つはガソリンで、これは**図6.6**に示したとおりだ。価格の上と下に引いた2本の実線は50日の高値と50日の安値で、これはブレイクアウトが全体的なトレンドと同じ方向のときにどこで仕掛けるべきかを示している。ローソク足の日足の下の点線はその日の損切りの位置を示している。これは日の終わりに仕掛ける損切りなので、翌日に手仕舞うためには終値がこの点数を超えることが条件になることに注意しよう。

　株価指数にとってこの年は退屈な年で、いくつか仕掛けたり手仕舞ったりしたものの、そのほとんどは小さな損失で終わった。このセクターはこの年のほとんどはゼロラインを下回り、ファンドのパフォーマンスにはほとんど貢献しなかった。通貨は6月まではかろうじて儲

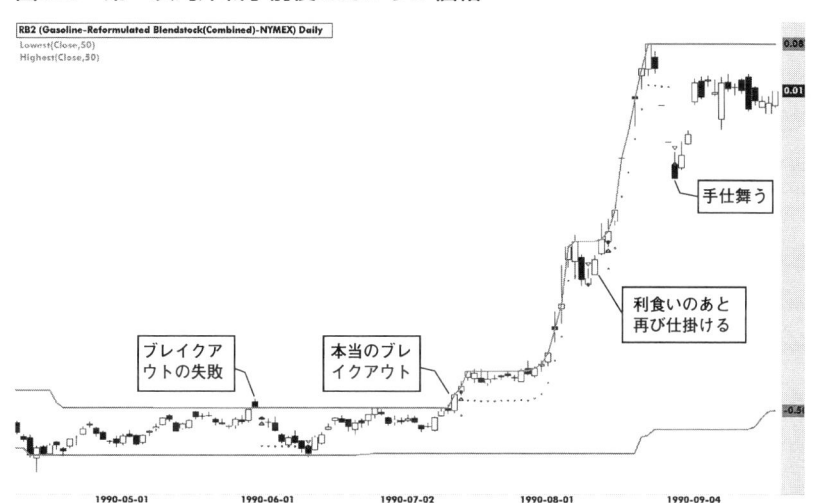

図6.6　第一次湾岸戦争前後のガソリン価格

けを出していた程度だが、そのあといきなり急上昇し、その年の残りの期間は一貫して大きな利益を上げた。

　この年はかなりの利益を上げて終わっているが、その大部分は通貨の買いと農産物の売りによるもので、非農産物と金利もそこそこ貢献した。年の終わりの内訳は**表6.3**に示したとおりである。

　これらの数値はポートフォリオに対する影響度を示したものだ。ただし、手数料とスリッページは差し引いているが、外部手数料と金利収入は差し引いていない。**表6.4**はこれらの項目をすべて差し引いたこの年の正味結果を示したものだ。この表では手数料計算は単純化している。したがって、あなたをファンドマネジャーにすることを意図するものではなく、概略を示すにとどめていることに注意しよう。手数料は適度な価格で計算してくれる会社があるので、それを使うと便利だ。手数料差し引き前の結果は30.4％だが、あなたの投資家はこの数字を見るわけではない。投資家が見るのは手数料足し引き後の数字

表6.3 セクターごとのパフォーマンス（1990年）

	通貨（%）	農産物（%）	非農産物（%）	株価指数（%）	金利（%）	トータル（%）
買い	10.2	1.9	-0.8	-0.5	-1.7	9.0
売り	0.5	8.7	6.7	0.0	5.4	21.4
トータル	10.7	10.6	5.9	-0.5	3.8	30.4

表6.4 1990年の結果

年	1990年
最初の純資産価値（NAV）	100
トレード結果	30.4%
金利収入	6.6%
各種費用	-0.5%
管理報酬	-1.8%
成功報酬	-5.2%
正味結果	29.5%
最終的なNAV	129.5

（29.5％）だ。1990年代は金利が非常に高く、米国や英国などの国債からの利益が多かった。この効果については第5章で詳しく説明したが、この時代はこの効果が極めて高く、高いインフレ時代には先物ファンドの運用がいかに簡単であったかを物語っている。

もちろん、差し引かなければならないコストもある。これについてはアドミニ費用や保管料などの固定外部コストとして0.5％、管理報酬として1.5％を想定している。管理報酬はファンドの平均価値に基づいて計算されるため、当初運用資産の1.5％を上回る場合もあれば下回る場合もある。この年のようにうまくいけば、コスト差し引き後の利益の15％の成功報酬が得られる。表6.4を見ると、年初の当初資産に比べると成功報酬がいかに高いかが分かる。

1991年

　1991年に入ると当初ポートフォリオは前年とは違ってきているが、これはごく普通だ(**表6.5**)。昨年のポートフォリオのポジション数は23だったが、この年はわずか14でスタートしている(**表6.6**)。各ポジションのリスクは理論的には「ほぼ」同じであることを思い出そう。しかし、厳密に言えば各ポジションのリスクは同じではない。あるいは少なくとも「ほぼ」という言葉が拡大解釈されている。しかし、この概念についてはすでによく分かっているはずだ。ポジションを新規に建てるときには、過去100日の価格変動に基づいて各ポジションの理論的なリスクが同じになるようにボラティリティに対して調整する。100日の価格変動は私たちの目的では十分によい予測因子になる。実際のリスクは価格の変動に伴ってポジションが変われば変化し、ボラティリティの変動によっても変化する。それでもこの年のポートフォリオは1990年の当初ポートフォリオよりはリスクが低いのは明らかだ。

　当初ポートフォリオはコモディティーへの配分が大きく、特に農産物の配分が大きかった。**図6.7**の円グラフを見ると分かるように、この当初ポートフォリオにおける農産物と非農産物の占める割合はおよそ60％で、株価指数はCAC40の売りポジション1つだけで、占める割合はわずか7％にすぎない。

　図6.8は1991年の損益の推移を示したものだ。この戦略は実行する価値があったのか、あるいは破棄したほうがよかったのか考えてみてもらいたい。1990年はうまくいったが、1991年は年が終わる前に戦略を放棄してもおかしくなかっただろう。10月までの9カ月間は多くのトレードを仕掛けたり手仕舞ったりしたが、損益はほとんど出なかった。1年間仕掛けと手仕舞いをせっせと繰り返すも、数字は変わらないばかりか、株式市場を大きく下回った。10月の初めには、だれもが

表6.5　当初ポートフォリオ（1991年）

市場	買い/売り	セクター
トウモロコシ	売り	農産物
綿花	買い	農産物
生牛	買い	農産物
オート麦	売り	農産物
大豆	売り	農産物
小麦	売り	農産物
豪ドル	売り	通貨
カナダドル	買い	通貨
CAC40指数	売り	株価指数
天然ガス	売り	非農産物
パラジウム	売り	非農産物
ユーリボー	売り	金利
ユーロドル	買い	金利
2年物Tノート	買い	金利

表6.6　セクター配分（1991年）

	買い	売り	トータル
通貨	1	1	2
農産物	2	4	6
非農産物	0	2	2
株価指数	0	1	1
金利	2	1	3
トータル	5	9	14

この戦略に辟易し、調整することを考えただろう。しかし、ルールを守り、ゲームプランに従った者が報われる。戦略が予期しない動きをし始めたら、何が間違っていたのかを調べ、間違っていたら修正すべきかどうかを判断すべきだが、1991年に見られるようなパフォーマンスはけっして珍しいことではない。じれったいと思うかもしれないが、泳ぎ続けることが重要であって、パラメーターをいじる必要はない。

第6章　年ごとの分析

図6.7　セクター配分（1991年）

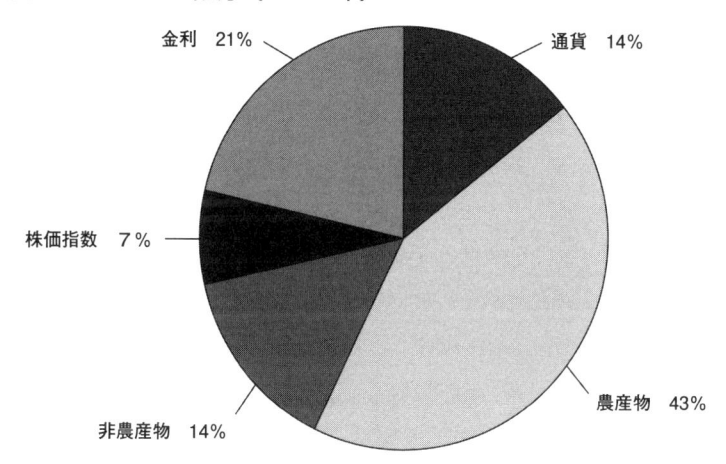

金利　21%
通貨　14%
農産物　43%
非農産物　14%
株価指数　7%

図6.8　戦略のパフォーマンス（1991年）

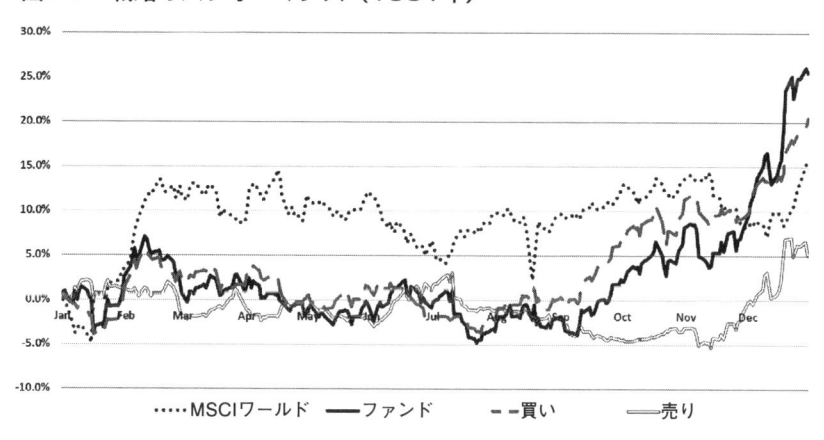

……MSCIワールド　――ファンド　－－買い　――売り

　8月のMSCIワールドの急下落は何かの間違いだと思うかもしれないが、インターネットで「ソ連のクーデター」で検索すれば、事の次第が分かるはずだ。しかし、このイベントが私たちの戦略に与えた影響は微々たるものだった。

　セクター別パフォーマンス（**図6.9**）を見ても、年初からの長く退屈な3四半期は**図6.8**とほぼ同じだ。この間、どのセクターも損益が

図6.9　セクター別パフォーマンス（1991年）

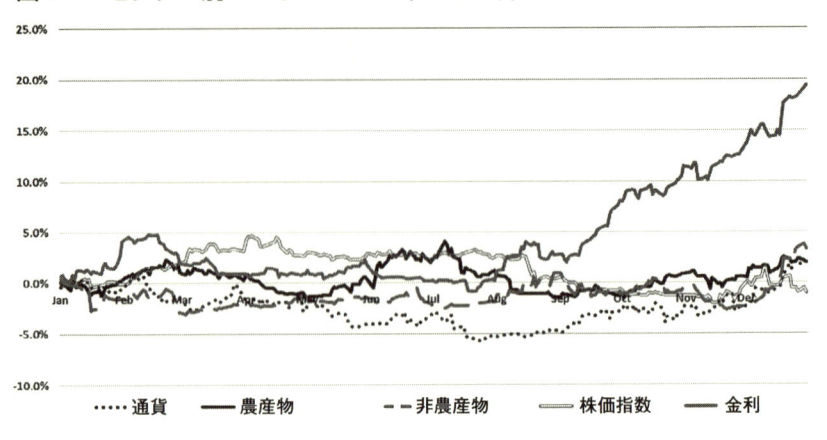

凡例：通貨　農産物　非農産物　株価指数　金利

図6.10　セクター別パフォーマンス──買い（1991年）

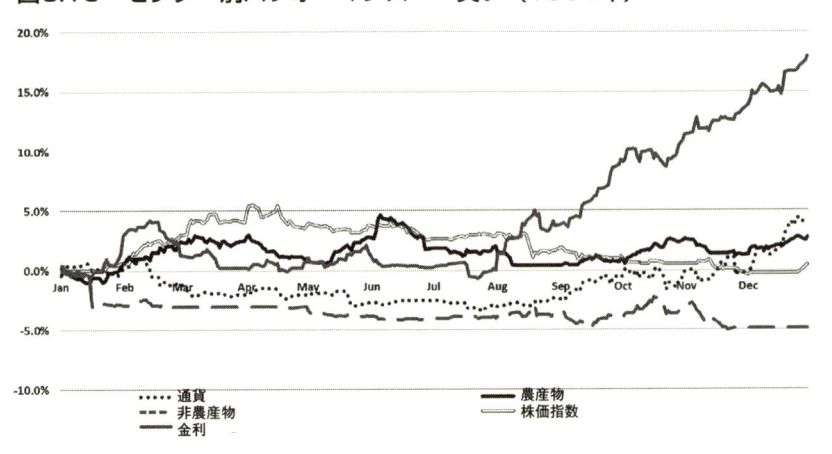

凡例：通貨　農産物　非農産物　株価指数　金利

ほとんどなかった。最後の四半期になって金利が上昇し始め、この年の残りの期間にわたって上昇し続けた。これは明らかに何らかのイベントが発生した証拠だ。**図6.10**と**図6.11**の買いと売りを比較すると、今年の後半にセクターの全体的なパフォーマンスが上昇したのは金利の買いによるものであることが分かる。非農産物の売りも少しだ

図6.11　セクター別パフォーマンス──売り（1991年）

凡例：通貨、非農産物、金利、農産物、株価指数

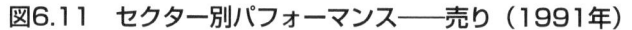

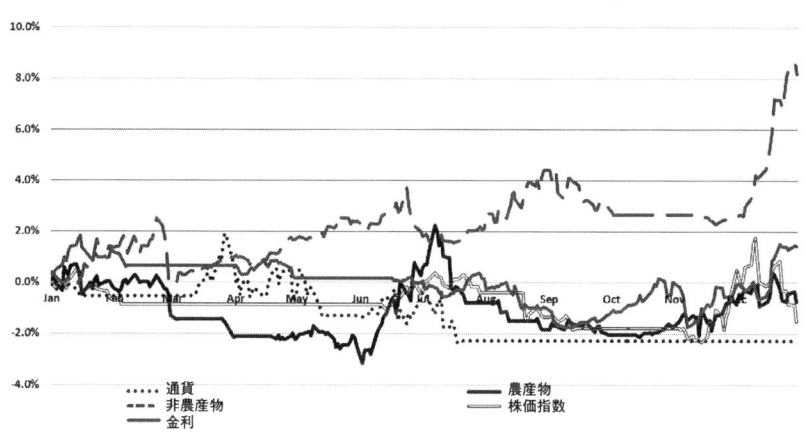

図6.12　ソ連のクーデターのときのS&P500

（チャート注釈：買いを仕掛ける／買いを手仕舞う）

け寄与している。ソ連が崩壊すると、西側諸国の債券の利回りが下落し始めたため、私たちの債券先物の買いが大きな利益を生んだのである（図6.12）。

表6.7　セクターごとのパフォーマンス（1991年）

	通貨（%）	農産物（%）	非農産物（%）	株価指数	金利（%）	トータル（%）
買い	4.3%	2.7%	-4.9%	0.5%	17.9%	20.5%
売り	-2.3%	-0.7%	8.2%	-1.5%	1.5%	5.1%
トータル	2.0%	2.0%	3.3%	-1.0%	19.4%	25.6%

表6.8　1991年の結果

年	1991年
最初の純資産価値（NAV）	129.5
トレード結果	25.6%
金利収入	4.6%
各種費用	-0.5%
管理報酬	-1.7%
成功報酬	-4.2%
正味結果	23.7%
最終的なNAV	160.3

　私たちにとって幸運だったのは、ソ連のクーデターが発生したとき、株価指数にはあまり投資していなかったことだ。もし大量に投資していれば、悲惨なことになっていただろう。しかし、クーデターのあとの数日は大きく反騰したため、そこで仕掛けた。これらのトレードは損失に終わったが、正しい判断だったと思っている。

　手数料差し引き前のパフォーマンスは＋25.6%で、この数字だけ見ればこの年は良い年だったと思うはずだ（**表6.7**）。こういった状況で先物戦略を運用するのはかなりハードだが、およそ5％の金利収入によって救われた（**表6.8**）。すべての手数料を差し引いたリターン（投資家に報告するリターン）は24%を下回ったが、これでも株式市場やほかのベンチマークを上回った。

1992年

　1992年の当初ポートフォリオのリスク水準はかなり高かった。ポジション数は全部で29で、非農産物の売りと農産物の売りが大半を占めた（**表6.9**）。このポートフォリオはちょっと変わっている。なぜなら、通貨の買い（ドルの売り）がいくつかと、コモディティーの売りが大量に含まれているからだ。一般に、コモディティーはドルが下がると上昇する傾向があるため、ドルとコモディティーの両方を同時に売るのは一般通念に反する。もちろん、市場には決まったルールがあるわけではなく、何でもあり得る。少なくとも、短期間ではそうだ。

　表6.10と**図6.13**を見ると分かるように、株価指数に対する投資は少なく、買いが２つと売りが１つだけだ。したがって、このセクターのリスクは低い。金利は買いに偏っており、買いは５つだが、売りは２つだけだ。

　図6.14を見ると分かるように、この年の初めは非常に不安定で、ファンドマネジャーは苦戦を強いられた。数日間で３％上昇したあと、８％下落して１月が終わる前に－５％になった。そのあと数カ月かけて少しずつ上昇し、４月にはほぼゼロラインにまで回復したが、最終的には－７％まで下落した。６月には若干立ち直ったもののパフォーマンスは依然としてマイナスだった。投資家は何が起こっているのか、この戦略はもうダメなのか、と頻繁に電話してきたはずだ。私たちにとって幸運だったのは、世界の株式市場も同じように下落したことだ。投資家はみんなが損をしているときに損をしても比較的寛容なので、おそらく解約請求はそれほど多くはなかっただろう。

　７月になると前半の半年間の苦戦が報われ、買いも売りも利益を出し始め、数カ月でその年の最高値である＋15％に達した。この戦略にはよくあることだが、このあとトレンドがいきなり反転して大きな利益は再び市場に戻すことになった。10月の初めにはハラハラさせられ

表6.9 当初ポートフォリオ（1992年）

市場	買い/売り	セクター
トウモロコシ	売り	農産物
綿花	売り	農産物
木材	売り	農産物
豚赤身肉	売り	農産物
大豆	売り	農産物
小麦	買い	農産物
英ポンド	買い	通貨
ユーロ（ECU）	買い	通貨
日本円	買い	通貨
スイスフラン	買い	通貨
DAX指数	売り	株価指数
ハンセン指数	買い	株価指数
S&P500指数	買い	株価指数
原油	売り	非農産物
金	売り	非農産物
軽油	売り	非農産物
ガソリン	売り	非農産物
灯油	売り	非農産物
天然ガス	売り	非農産物
パラジウム	売り	非農産物
白金	売り	非農産物
銀	売り	非農産物
カナダBA手形	買い	金利
ドイツブンズ	買い	金利
ユーロドル	買い	金利
ユーリボー	売り	金利
ポンド短期金利	売り	金利
2年物Tノート	買い	金利
10年物Tノート	買い	金利

る状況に陥ったが、その年の残りの期間は横ばい相場でも5％の利益を維持した。

　図6.15から図6.17のセクター別パフォーマンスを見ると、1月

表6.10 セクター配分（1992年）

	買い	売り	トータル
通貨	4	0	4
農産物	1	5	6
非農産物	0	9	9
株価指数	2	1	3
金利	5	2	7
トータル	12	17	29

図6.13 セクター配分（1992年）

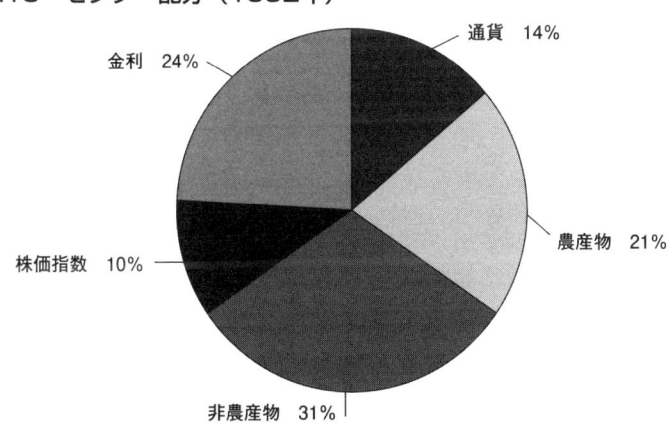

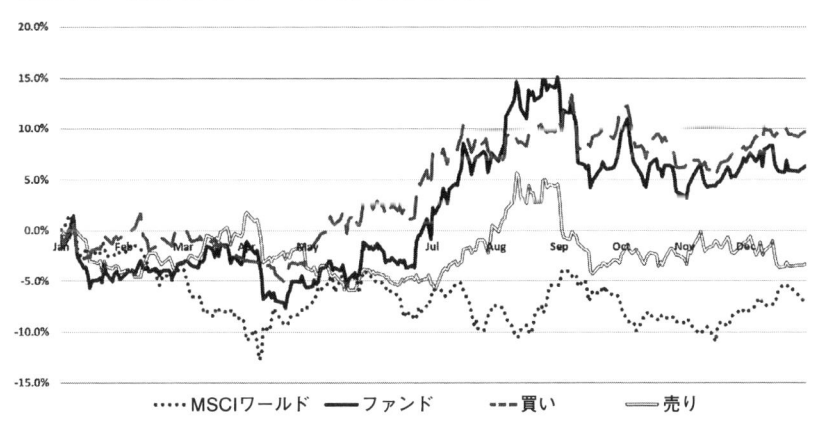

- 通貨 14%
- 農産物 21%
- 非農産物 31%
- 株価指数 10%
- 金利 24%

図6.14 戦略のパフォーマンス（1992年）

……MSCIワールド　――ファンド　---買い　――売り

図6.15　セクター別パフォーマンス（1992年）

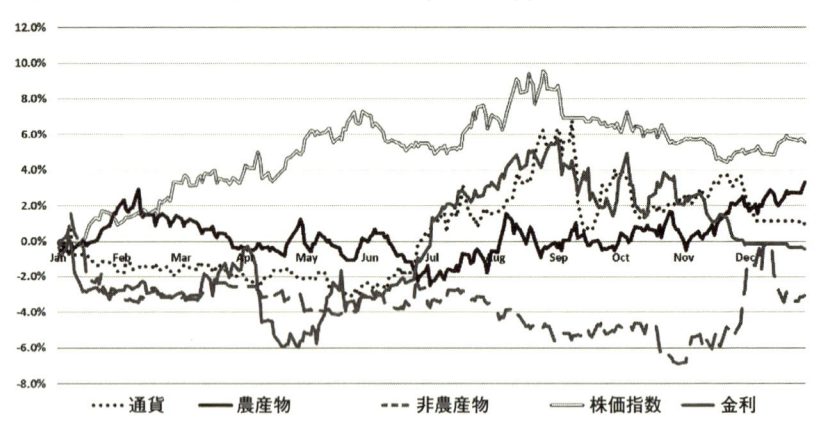

……通貨　――農産物　――― 非農産物　―――株価指数　――金利

図6.16　セクター別パフォーマンス――買い（1992年）

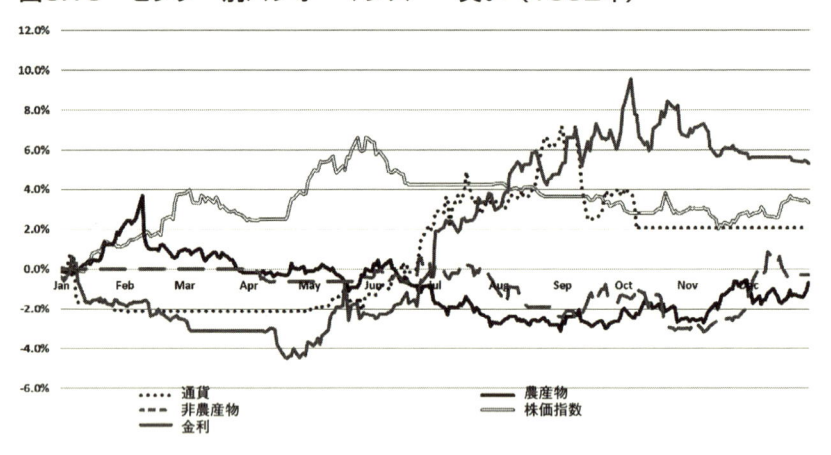

……通貨　　　　　　　　――農産物
――― 非農産物　　　　　―――株価指数
――金利

　の突然の下落は金利の買い、通貨の買い、非農産物の売りによるものであることがはっきりと見て取れる。これらのポジションの多くはしばらくの間保有されていたもので、利益を出していたが、年の初めに反転して損失となってしまった。次々と損切りに引っかかったため、最初の1カ月でポジションは3分の1にまで減少した。

　世界の株価指数のパフォーマンスにムラがあったなかで、この戦略

図6.17　セクター別パフォーマンス──売り（1992年）

凡例：通貨、非農産物、金利、農産物、株価指数

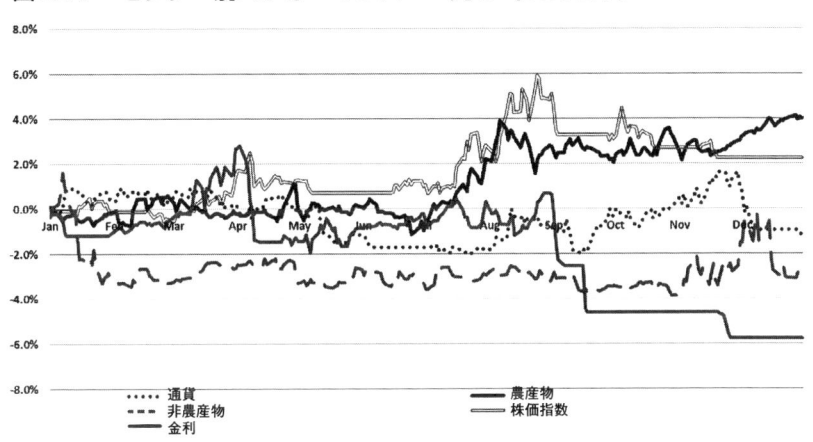

図6.18　ECU先物（1992年）

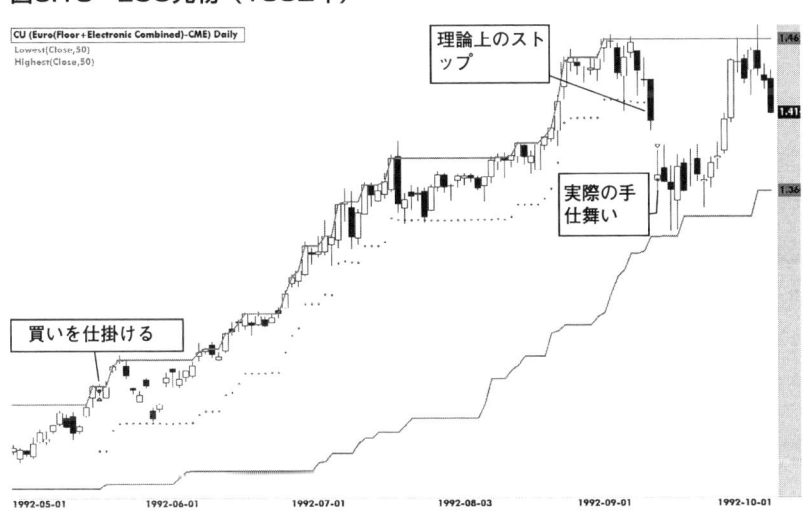

（チャート内注記：買いを仕掛ける、理論上のストップ、実際の手仕舞い）

の株価指数セクターはこの年は非常にうまくいき、安定したリターンをたたきだした。この戦略はこの年の大部分の期間にわたって、株価指数の買いと売りを保有し続けた。これは非常に珍しいことだ。なぜ

表6.11 セクターごとのパフォーマンス（1992年）

	通貨（%）	農産物（%）	非農産物（%）	株価指数（%）	金利（%）	トータル（%）
買い	2.1	-0.7	-0.3	3.3	5.3	9.7
売り	-1.1	4.0	-2.8	2.2	-5.8	-3.3
トータル	1.0	3.3	-3.1	5.6	-0.5	6.3

表6.12 1992年の結果

年	1992年
最初の純資産価値（NAV）	160.3
トレード結果	6.3%
金利収入	2.7%
各種費用	-0.5%
管理報酬	-1.6%
成功報酬	-1.0%
正味結果	5.9%
最終的なNAV	169.8

なら、異なる地域の株式市場は相関が非常に高く、買いか売りのいずれかを選ぶのが普通だからだ。でもこの年は、上昇する市場がある一方で、下落する市場もあり、相関性があまりなかったのが幸いした。欧州と米国の市場は下落したが、香港の株式市場は上昇した。日本は経済危機にあったため、日経平均の売りで大金を稼ぐことができた。

通貨先物のいくつかは9月にドルが復活すると下落したが、その大部分はすでに利益が出ていたので利益を確定した。図6.18のユーロのチャートを見ると、9月にギャップが発生して損失を出したことが分かる。

この年はどのセクターも冴えなくて、特に非農産物は最悪だったが、どのセクターもそれほど大きな損失は出さなかった。

表6.11と表6.12を見ると分かるように、1992年は全体的にあま

り良い年ではなかったが、何とかプラスで終わることができた。手数料などを差し引く前のリターンは6.3%で、金利収入とコストはほぼ同じで、正味リターンは5.9%だった。この年はだれにとってもきつい年だった。ほとんどの投資家は意図的かどうかは別として株式市場をベンチマークとして使うが、株式市場はこの年およそ7％下落した。こうした環境を考えるとこの年は悪い年だったが、極端にひどい年でもなかった。もちろん、12カ月間懸命に努力しても得るものがほとんどなかったわけだから、読者がうなずくことはないかもしれないが。

1993年

　1993年の当初ポートフォリオは16のポジションからなり、リスク水準は中程度だった（**表6.13**、**表6.14**、および**図6.19**）。ポートフォリオは農産物の買いに若干偏っていることを除いて、比較的よく分散され、突出して投資されたセクターはなかった。昨年の終わりは損益曲線はしばらく横ばいで、市場にも強いトレンドがなかった。1993年の当初ポートフォリオに特に大量に投資するセクターがなかったのはこのためだ。

　図6.20を見ると、この年の最初の月はイベントはなく、少し利益は出たがその利益もすぐに消えた。しかしそのあと、エキサイティングな時期が始まる。利益は急増し、１カ月かそこらで20％に達した。その後しばらくは横ばいが続いたものの、全体的には上昇傾向にあり、この年の終わりには急上昇して最高値の＋40％で終えた。この年は難しい時期のほとんどない素晴らしい年だった。

　利益の大半は買いサイドからのもので、売りサイドはゼロラインすれすれで推移し、ゼロ以下の月もいくつかあった。利益の大部分が買いサイドからもたらされるのは珍しいことではない。しかし、長い目で見れば、リターンを安定させるためには売りも必要で、世界市場が

表6.13 当初ポートフォリオ（1993年）

市場	買い/売り	セクター
豚赤身肉	買い	農産物
生牛	買い	農産物
木材	売り	農産物
オート麦	買い	農産物
もみ米	買い	農産物
砂糖	売り	農産物
英ポンド	買い	通貨
ユーロ	売り	通貨
スイスフラン	売り	通貨
FTSE100指数	買い	株価指数
S&P500指数	買い	株価指数
軽油	売り	非農産物
銀	買い	非農産物
ドイツブンズ	売り	金利
10年物Tノート	売り	金利
2年物Tノート	買い	金利

表6.14 セクター配分（1993年）

	買い	売り	トータル
通貨	1	2	3
農産物	4	2	6
非農産物	1	1	2
株価指数	2	0	2
金利	1	2	3
トータル	9	7	16

下落したときには売りは非常にうまくいく。

　この年の初めに大きく上昇しているのは主として農産物によるものだが、金利セクターも少しだけ貢献している（**図6.21**と**図6.22**）。農産物による利益は買いと売りが同時に利益を出したことによるもので、分散化戦略の威力を示している。この年の後半には農産物の売り

図6.19 セクター配分（1993年）

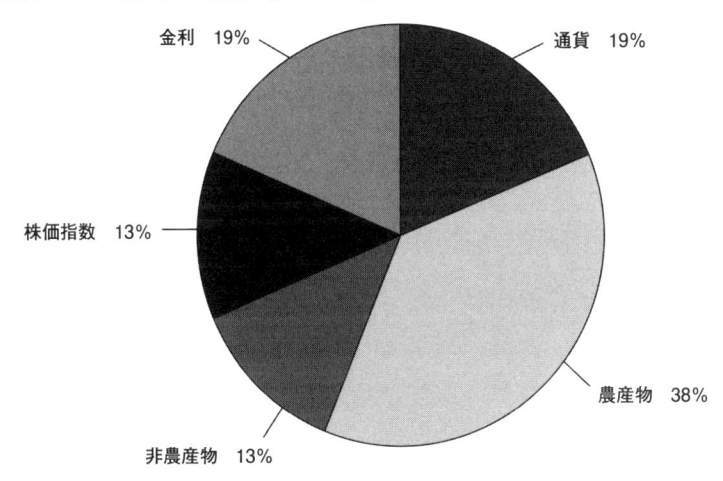

- 金利 19%
- 通貨 19%
- 農産物 38%
- 非農産物 13%
- 株価指数 13%

図6.20 戦略のパフォーマンス（1993年）

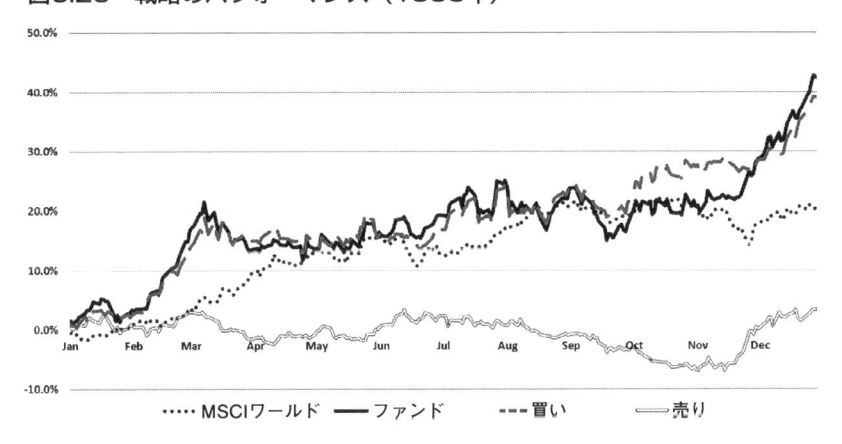

······ MSCIワールド　──ファンド　--- 買い　── 売り

は下落している（**図6.23**）が、買いは利益を維持するだけではなく、大きく上昇している。

　私たちのファンドのリターン曲線がMSCIワールドとほぼ同じ曲線を描いている（**図6.20**）ことからすれば、利益の大部分は株価指数の買いから得られたのではないかと思うかもしれないが、そうではな

203

図6.21 セクター別パフォーマンス（1993年）

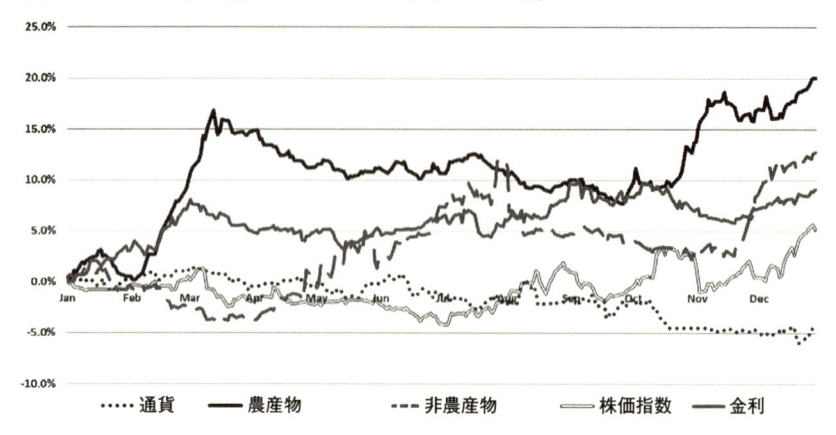

······ 通貨　── 農産物　--- 非農産物　── 株価指数　── 金利

図6.22 セクター別パフォーマンス──買い（1993年）

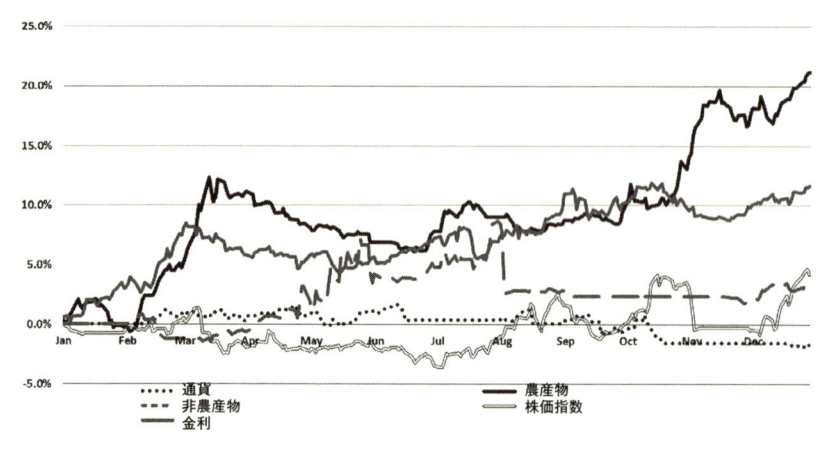

······ 通貨　　　　　　　　　　── 農産物
--- 非農産物　　　　　　　　　　── 株価指数
── 金利

い。この戦略の株価指数セクターのパフォーマンスは、買いと売り双方が悪く、12月の終わりにかろうじて利益を出している程度である。この年を支えたのはコモディティーであり、農産物の買いはこの年のほとんどの期間にわたって牽引役となり、非農産物の売りも12月には急上昇してリターンに大きく貢献している。

　動きのない月が何カ月かあり、秋には波乱含みの展開になったもの

図6.23　セクター別パフォーマンス──売り（1993年）

凡例：通貨、非農産物、金利、農産物、株価指数

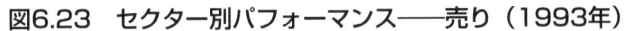

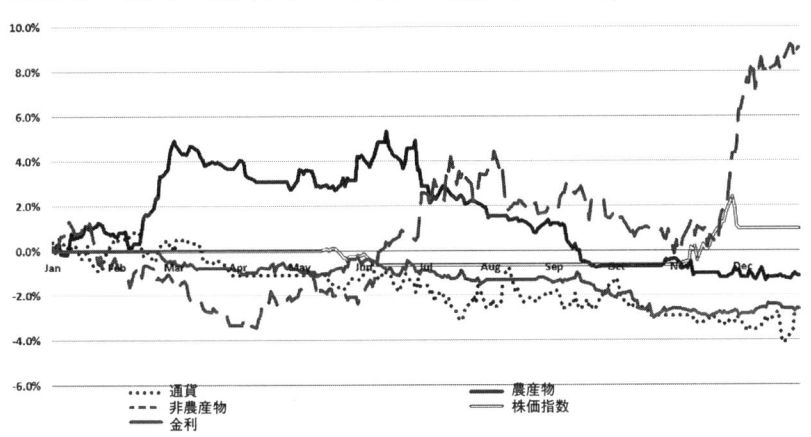

図6.24　豚赤身肉の買いポジション（1993年）

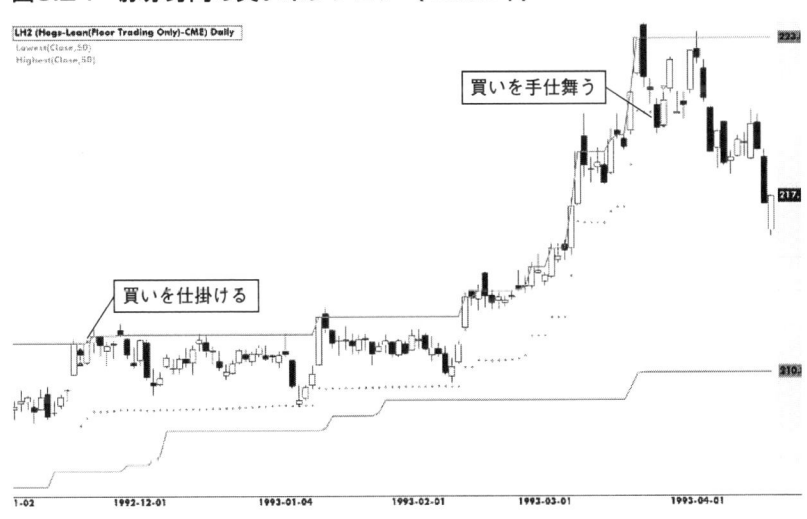

「買いを仕掛ける」／「買いを手仕舞う」

の、トレンドフォロー先物マネジャーにとってこの年は楽しい年だった。ファンドのリターンは分散が功を奏して上昇したが、8月5日に非農産物が急落し、そのあとの数日は痛みを伴い、その余波はしばらく続いた。非農産物はたった1日でトレンドが突然大きく反転して、

表6.15 セクターごとのパフォーマンス（1993年）

	通貨（%）	農産物（%）	非農産物（%）	株価指数（%）	金利（%）	トータル（%）
買い	-1.7	21.2	3.7	4.2	11.7	39.1
売り	-2.9	-1.2	9.0	1.0	-2.6	3.3
トータル	-4.6	20.0	12.8	5.2	9.0	42.5

表6.16 1993年の結果

年	1993年
最初の純資産価値（NAV）	169.8
トレード結果	42.5%
金利収入	2.7%
各種費用	-0.5%
管理報酬	-1.8%
成功報酬	-6.4%
正味結果	36.3%
最終的なNAV	231.5

大きな打撃を受けた。細かく見ていくと、貴金属を買い、エネルギーを売っていたが、金などの貴金属が突然理論的ストップの何倍も超えて大きく下落して、大きな損失になったばかりか、エネルギー先物が突然急騰したため同じく大きな損失になった。こういったイベントが発生するとこの世の終わりのような気持ちになるが、世界が終わることはなく、こういった時期は分散された先物トレードという大きな利益が望める業界のビジネスコストにすぎない。

結局、この年は40％を超えるリターンで終えたが、利益の大部分は農産物セクターからのもので、非農産物と金利も少し貢献した。リターンがマイナスだったのは通貨だけだった。

この年の農産物セクターの利益を支えたのは豚赤身肉（**図6.24**）だが、貢献したのはこれだけではない。豚赤身肉のポジションはこの

年に入る前からすでに持っていたが、2月までは横ばいが続いた。しかし、年初から2カ月経って突然上昇し始めた。価格はうなぎ上りに上昇し、それから2カ月後には手仕舞って大きな利益を得た。価格が点線で表した損切りポイントに近づくことがときどきあり、すんでのところで損切りに引っかかるところだった。

すべての手数料を差し引いても投資家に対して36％以上のリターンが確保できたうえ、マネジャーは成功報酬も得られた。この年は、投資家にとってもマネジャーにとっても満足のいく年だったと言ってもよいだろう（**表6.15**と**表6.16**）。

1994年

この年の当初ポートフォリオは、1月の初めの時点で28のポジションを保有し、リスクは平均を上回った（**表6.17**と**表6.18**）。**図6.25**に示すように、ポートフォリオの半分はコモディティーからなり、そのうち農産物と非農産物が半分ずつで、残りは株価指数、通貨、金利にほぼ均等に配分された。貴金属は買い、エネルギーは売り、株価指数は買い、金利はほとんどが買い、農作物は買いと売りだった。これによってポートフォリオは分散され、ポジション数も多く、内部相関は低くなる。

1月の初めの時点ではバランスのよく取れたポートフォリオだったが、これが大失敗に終わり、数十年来で最悪のポートフォリオになるとはこのときはまだ知る由もなかった。1994年は毎日損失がかさみ、イライラした顧客からなじられるくらいだったら、歯医者の学校にいけばよかったと思うような年だった。

1月の最初の週が終わる前には、ファンドはすでに5％の損失を出していた。しかし、**図6.26**が示すように、悪夢はこれで終わりではなかった。売りサイドは月並みではあったがまずまずのパフォーマン

表6.17 当初ポートフォリオ（1994年）

市場	買い/売り	セクター
小麦	買い	農産物
トウモロコシ	買い	農産物
大豆	買い	農産物
綿花	買い	農産物
木材	買い	農産物
オート麦	売り	農産物
豚赤身肉	売り	農産物
カナダBA手形	買い	通貨
豪ドル	買い	通貨
英ポンド	売り	通貨
ユーロ	売り	通貨
日本円	売り	通貨
FTSE100指数	買い	株価指数
DAX	買い	株価指数
ハンセン	買い	株価指数
S&P500指数	買い	株価指数
CAC40指数	買い	株価指数
金	買い	非農産物
銀	買い	非農産物
白金	買い	非農産物
ガソリン	売り	非農産物
灯油	売り	非農産物
原油	売り	非農産物
軽油	売り	非農産物
長期ギルト債	買い	金利
ポンド短期金利	買い	金利
ドイツブンズ	買い	金利
ユーリボー	売り	金利

スを示していたが、この年を台無しにしたのは買いサイドだった。2月の終わりにはファンドは13%も下落し、ゼロラインさえはるかかなたの状態だった。11月には－20%になり、この年の初めに投資した投

表6.18 セクター配分(1994年)

	買い	売り	トータル
通貨	2	3	5
農産物	5	2	7
非農産物	3	4	7
株価指数	5	0	5
金利	3	1	4
トータル	18	10	28

図6.25 セクター配分(1994年)

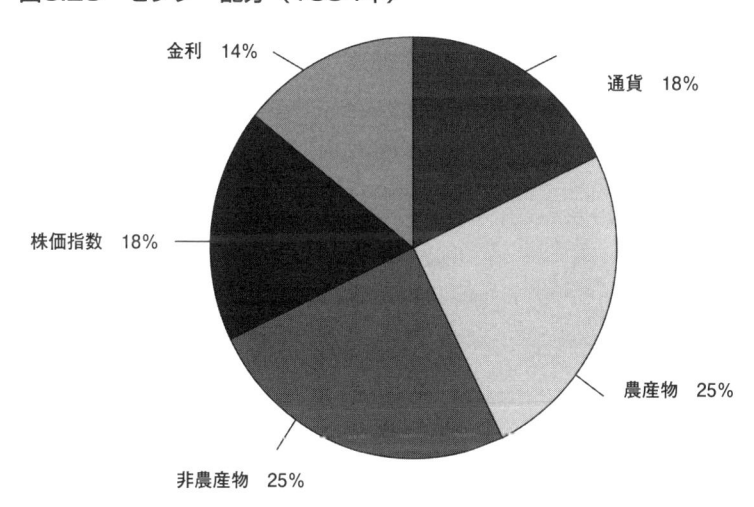

- 金利 14%
- 通貨 18%
- 農産物 25%
- 非農産物 25%
- 株価指数 18%

資家は、当初投資額を取り戻すためにはNAVが25％上昇する必要があった。彼らがハッピーでなかったことは言うまでもない。

　-20％から少しだけ持ち直したものの、その年は結局は-17％で終わった。損失のほとんどは買いポジションによるものだった。**図6.27から図6.29**のセクター別パフォーマンスを見ると、どのセクターもうまくいっていないが、特に悪かったのは非農産物と株価指数だった。貴金属ポジションは年明け直前に仕掛け、1月の初めにはす

図6.26 戦略のパフォーマンス（1994年）

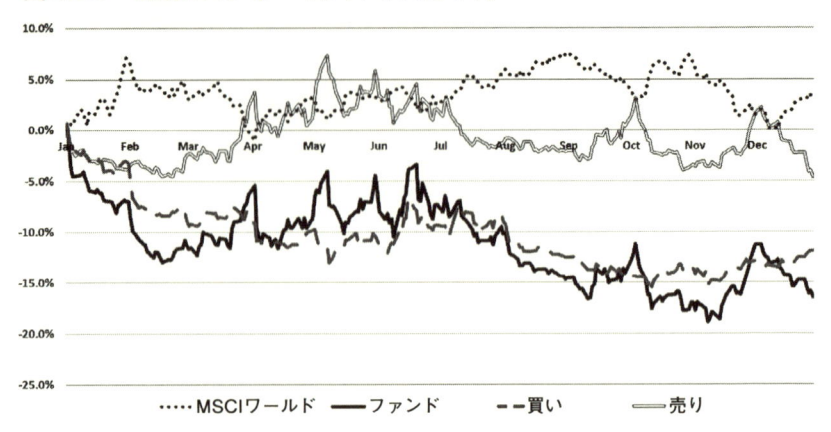

·····MSCIワールド ── ファンド ── 買い ── 売り

図6.27 セクター別パフォーマンス（1994年）

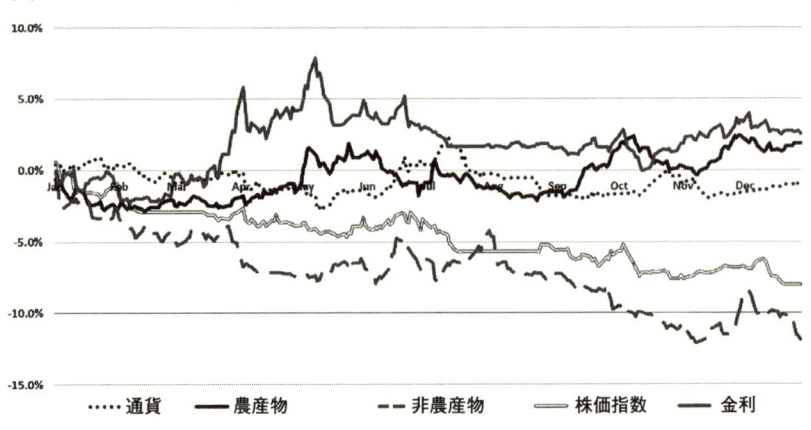

·····通貨 ── 農産物 ── 非農産物 ── 株価指数 ── 金利

べて損切りに引っかかった。エネルギーはほとんどが１月の最初の数日以内に損切りに引っかかった。２月に再び仕掛けたが再び損切りに引っかかり、損失は増すばかりだった。年の初めにトレンドの多くが反転し、ポジションは次々と損切りに引っかかった。金属とエネルギーの不調は続き、儲けの出る夏にも損失は増した。

　株価指数も同じような状態だった。１年を通じて買いと売りを仕掛

図6.28 セクター別パフォーマンス——買い(1994年)

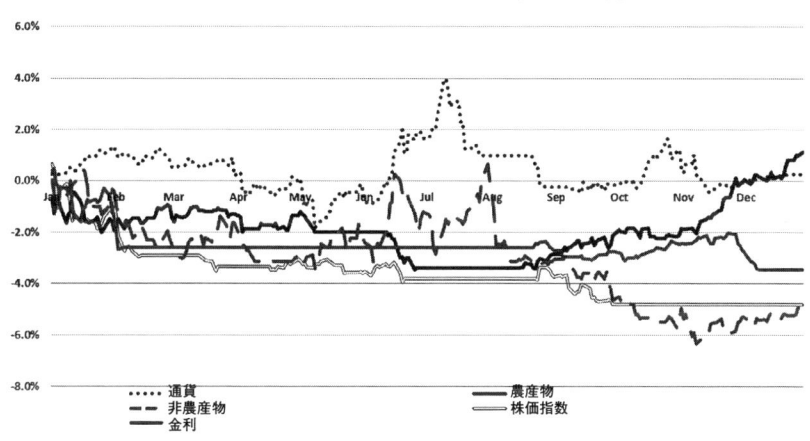

図6.29 セクター別パフォーマンス——売り(1994年)

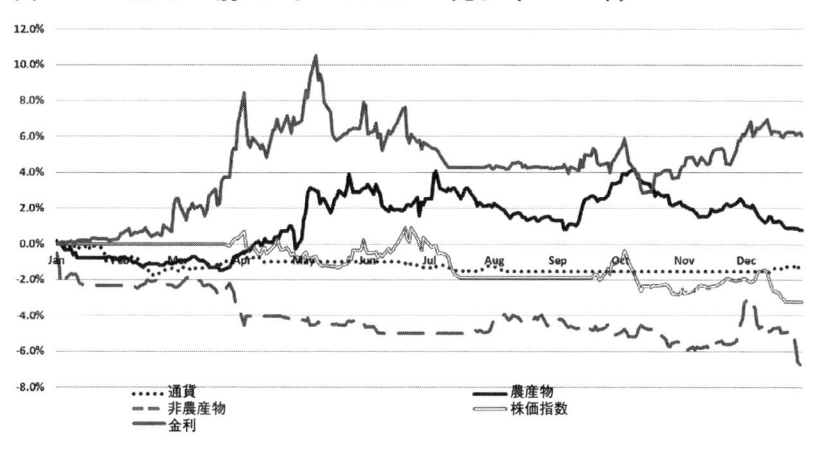

けたが、株式市場にはトレンドがなく、結局は損失に終わった。この年は本当にフラストレーションのたまる年だった。たとえそれまでの年が良かったとしても、こんな年には戦略に疑いを持ち、最悪の場合、この年にフィットさせようと戦略を修正する可能性すらある。しかし、悪い年に基づいてルールを変えるのは間違いだ。こんな年でも長期的な戦略が健全に見えれば、良い時期が再び近づいていることをあなた

に確信させてくれるかもしれない。しかし、これは本に書くのは簡単だが、実際には難しい。こういったことは経験によって学ぶしかない。しかし、トレードルールを変更することなく、こういった最悪の年をうまく乗り切り、翌年に何とか利益を出すことができれば、自分の戦略と自分の能力に対して新たな自信がつき、トレードの達人へと大きく飛躍することができるだろう。

年の終わりには、買いサイドは12％、売りサイドは5％の損失を出した。損失は主に非農産物と株価指数からもたらされたものだった（図6.26と図6.27）。農産物と金利はかろうじてプラスで終わったが、利益は話にならないくらい少なかった。損失を出してもマネジャーへの管理報酬など固定費用は支払われる。もちろん、成功報酬はない。固定コストを差し引いたあとのリターンは－16.5％で、顧客からの苦情電話が殺到することは必至だった。世界の株式市場が数パーセントの利益を出しているときに、あなたは16％もの損失を出しているのだから、人々が疑問を持ち始めても当然だ。ファンドが儲けているかぎり、顧客はどうやって儲けたのかなど細かいことは気にしないが、いったん損失を出すと、投資したビークルのリスクを正しく理解しているのがだれなのか、理解していないのがだれなのかははっきりする。

私は自分の投資家とは良いときも悪いときもできるだけコミュニケーションを取り、彼らに戦略やリスク水準、ポジショニング、特徴などについて理解させるようにしている。しっかりと情報を与えれば、この年のように大きなドローダウンを喫したときでも、顧客はハッピーではないにしろあなたから離れることはない。しかし、理由も理解せずにそれまでに大きな利益を出した顧客は、1994年のような年にはあなたから離れていくだろう。

この年は特に非農産物セクターでダマシのブレイクアウトシグナルがたくさん出た。図6.30の金のチャートは、このセクターの典型的なトレードを示したものだ。売りシグナルが出たので売ったが、そこ

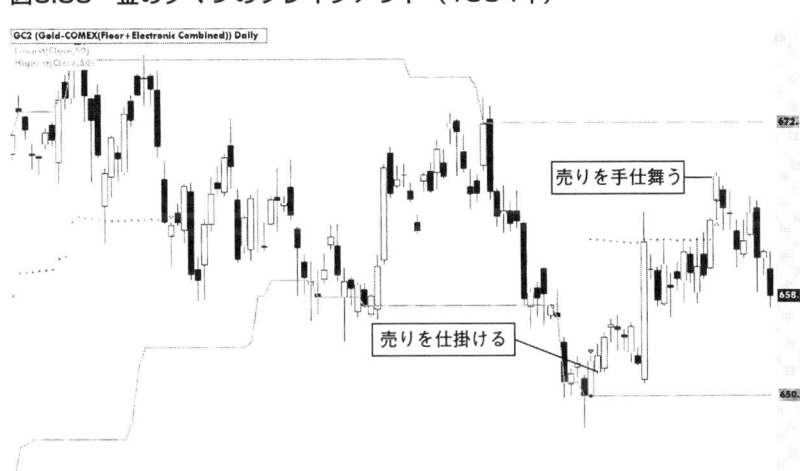

図6.30　金のダマシのブレイクアウト（1994年）

表6.19　セクターごとのパフォーマンス（1994年）

	通貨（%）	農産物（%）	非農産物（%）	株価指数（%）	金利（%）	トータル（%）
買い	0.2	1.1	-4.9	-4.8	-3.5	-11.8
売り	-1.3	0.8	-7.0	-3.2	6.1	-4.6
トータル	-1.1	1.9	-11.9	-8.0	2.6	-16.5

表6.20　1994年の結果

年	1994年
最初の純資産価値（NAV）	231.5
トレード結果	-16.5%
金利収入	2.9%
各種費用	-0.5%
管理報酬	-1.4%
成功報酬	0.0%
正味結果	-15.4%
最終的なNAV	195.9

は実際は安値で、そのあと価格は上昇して損切りに引っかかった。

　この最悪の年は成功報酬はまったく入らず、したがってファンドのコストは当然ながら利益の出た年よりも少なかった（**表6.19**と**表6.20**）。金利収入とコストを合わせたものはかろうじてプラスだったが、投資家に対しては15.4％の損失となった。

1995年

　1995年は、ニック・リーソンが英国最古の投資銀行ベアリングズを経営破綻に追い込み、O・J・シンプソンが無罪を勝ちとった年だ。過去12カ月で投資家に莫大な損失を負わせていたため、大きなプレッシャーを感じていた。相次ぐちゃぶつきで、ポートフォリオは崩壊寸前。残っているポジションも少なかった。当初ポートフォリオは13ポジションからスタートし、その60％がコモディティーで、株価指数のポジションは１つもない（**表6.21**、**表6.22**、**図6.31**）。

　図6.32を見ると分かるように、年の初めはほとんど何も起こらず、２カ月たってもリターンはゼロ水準で推移していた。そのあと、一時的に下落して－６％になった。1994年直後だったこともあり、一瞬ドキリとした。３月になって戦略に忠実であったことがようやく報われ、そのあとは月を追うごとにリターンは上昇していった。７月にピークを迎え、ファンドのリターンは25％に達し、1994年の初めに投資した投資家はやっとお金を取り戻すことができた。このリターンの一部はそのあとの数カ月間で市場に返したものの、ファンドは12月まで＋10％水準を維持した。このあと再び急上昇して、その年は最終的には＋28.1％（手数料差し引き前）で終えた。

　２月の下落は株価指数の売りによるものだった。しかし、この年の最も注目すべきことはこれではない（**図6.33**～**図6.35**）。注目すべきなのは、損益が１年全体を通じて１つの要素によって支配されてい

第6章 年ごとの分析

表6.21 当初ポートフォリオ（1995年）

市場	買い/売り	セクター
綿花	買い	農産物
木材	売り	農産物
豪ドル	買い	通貨
カナダドル	売り	通貨
日本円	売り	通貨
銅	買い	非農産物
金	売り	非農産物
銀	売り	非農産物
軽油	売り	非農産物
原油	売り	非農産物
天然ガス	売り	非農産物
2年物Tノート	売り	金利
ポンド短期金利	売り	金利

表6.22 セクター配分（1995年）

	買い	売り	トータル
通貨	1	2	3
農産物	1	1	2
非農産物	1	5	6
株価指数	0	0	0
金利	0	2	2
トータル	3	10	13

ることだ。そういった意味ではこの年は珍しい年である。この年の牽引役となったのが金利の買いだ。そのほかのトレードは戦略にはほとんど影響を及ぼしていない。MSCIワールドで見たその年の株価市場は非常によく、MSCIワールドは安定的に上昇し最終的には＋18％で終えたが、株価指数先物の買いではほとんど利益は出ていない。

　実質的にはこの年のリターンはほとんどが金利の買いによってもたらされた。3カ月物のユーロドルから30年物Tボンドまで、あらゆる

図6.31　セクター配分（1995年）

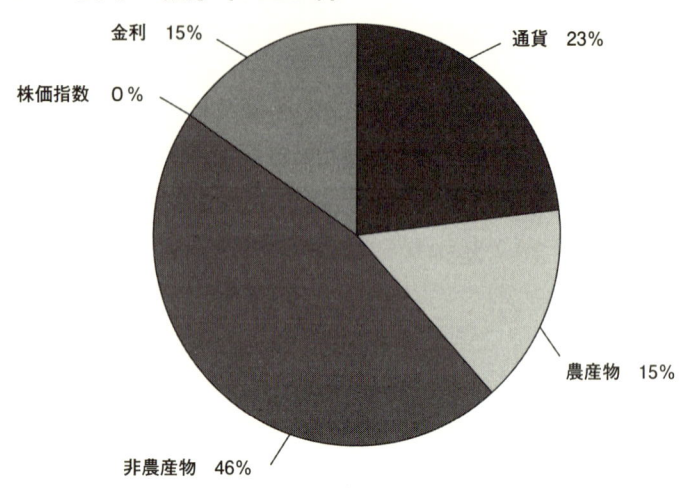

金利　15%
株価指数　0%
通貨　23%
農産物　15%
非農産物　46%

金利先物を買って大きな利益が出た。ほかのセクターはすべてゼロラインに沿って推移し、大きな損益はなかった。

　この年は大きな世界的トレンドに乗る戦略を持つことの重要性を物語っている。コモディティーや通貨だけをトレードしていれば、損益ゼロの年になっただろうが、この戦略はあらゆることを試し続けたおかげで、あるセクターはうまくいった。もちろん、損失を許容範囲内に収めることができなかったセクターもあった。この年は利益は出たが、イベントのない年でもあった。分散されたトレンドフォロー戦略をまだトレードしたことがない人にとっては退屈に聞こえるかもしれないが、何年かたてばこんな年がまたやってくることを望むはずだ。

　1995年の債券市場の上昇トレンドはまだ堅調に続いていた。**図6.36**を見ると分かるように、トレードによっては半年にもわたって利益を稼ぎ続けているものもある。

　表6.23と**表6.24**を見てみよう。良い年の割には、成功報酬が少なすぎるような気がするのではないだろうか。そのとおりである。これ

図6.32　戦略のパフォーマンス（1995年）

……MSCIワールド　——ファンド　--買い　—売り

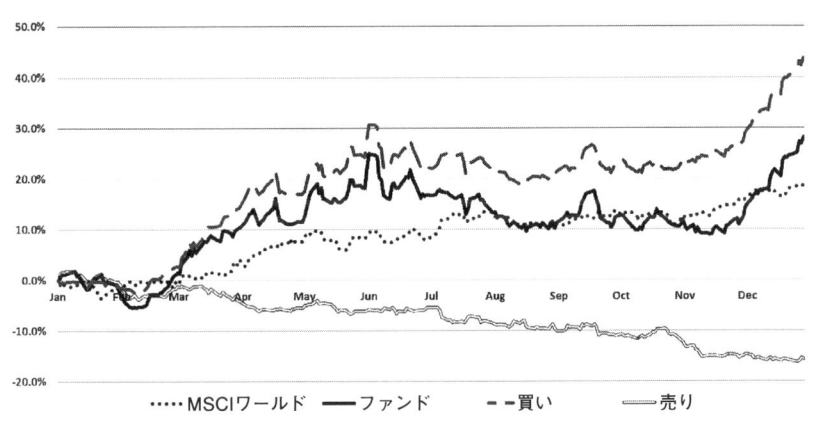

図6.33　セクター別パフォーマンス（1995年）

……通貨　——農産物　--非農産物　—株価指数　——金利

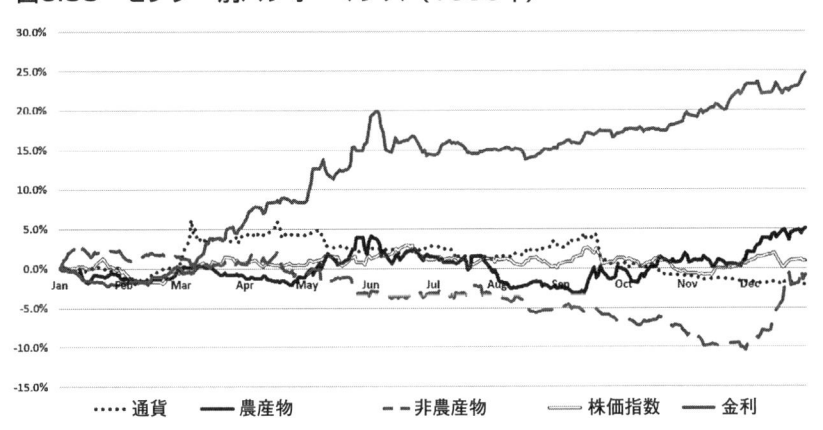

はヘッジファンドやそのほかの絶対リターンマネジャーが適用するハイウォーターマーク方式によるものだ。私たちが成功報酬をもらうのは、手数料を差し引いたあとのファンド資産がハイウォーターマークを超えたときのみであり、超過分に対して一定比率の成功報酬をもらう。これによってヘッジファンドマネジャーのインセンティブと投資家の利害が、少なくとも理論的には一致する。しかしそうなれば、特

図6.34　セクター別パフォーマンス──買い（1995年）

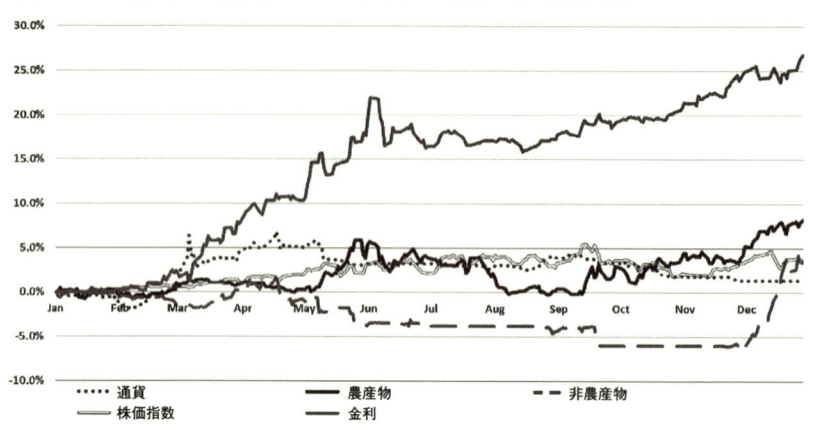

凡例: ･･････ 通貨　──── 農産物　── ── 非農産物　──── 株価指数　──── 金利

図6.35　セクター別パフォーマンス──売り（1995年）

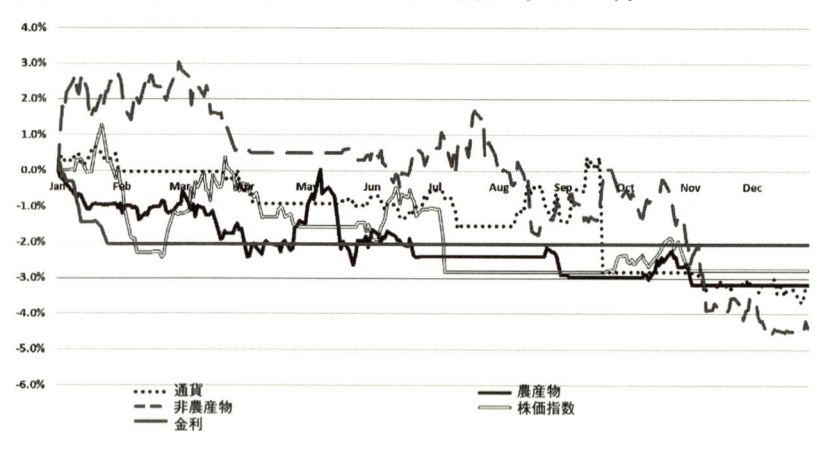

凡例: ･･････ 通貨　── ── 非農産物　──── 金利　──── 農産物　──── 株価指数

にドローダウンに陥ったとき、ファンドマネジャーは非常に大きなリスクをとろうとするのではないかと言う人もいるだろう。しかし、ここではこの議論には触れない。とにかく、1994年には大きな損失を出したので、成功報酬が支払われるためには、その損失分を取り戻す必要があった。この年はかろうじてその損失分を取り戻すことができた。でも報酬は少なかった。

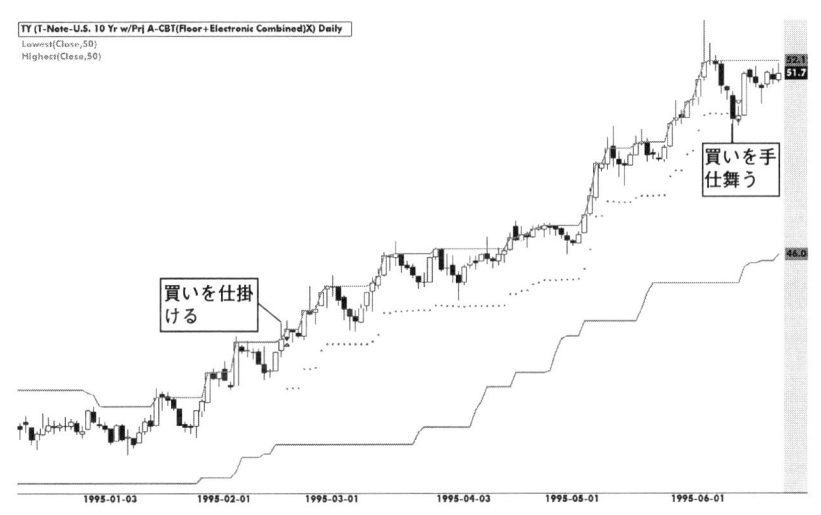

図6.36　長期金利──米国10年物債券（1995年）

（チャート内注釈：「買いを仕掛ける」「買いを手仕舞う」）

表6.23　セクターごとのパフォーマンス（1995年）

	通貨（％）	農産物（％）	非農産物（％）	株価指数（％）	金利（％）	トータル（％）
買い	1.4	8.2	3.5	3.7	26.9	43.7
売り	-3.3	-3.2	-4.4	-2.8	-2.1	-15.6
トータル	-1.9	5.0	-0.8	1.0	24.8	28.1

表6.24　1995年の結果

年	1995年
最初の純資産価値（NAV）	195.9
トレード結果	28.1％
金利収入	4.8％
各種費用	-0.5％
管理報酬	-1.7％
成功報酬	-1.9％
正味結果	28.7％
最終的なNAV	252.0

表6.25　当初ポートフォリオ（1996年）

市場	買い/売り	セクター
トウモロコシ	買い	農産物
豚赤身肉	買い	農産物
大豆	買い	農産物
砂糖	買い	農産物
小麦	買い	農産物
英ポンド	売り	通貨
ユーロ	売り	通貨
日本円	売り	通貨
DAX	買い	株価指数
ハンセン	買い	株価指数
日経225	買い	株価指数
原油	買い	非農産物
灯油	買い	非農産物
軽油	買い	非農産物
パラジウム	売り	非農産物
白金	売り	非農産物
ガソリン	買い	非農産物
銀	売り	非農産物
カナダBA手形	買い	金利
ドイツブンズ	買い	金利
ユーロドル	買い	金利
ユーリボー	買い	金利
ユーロスイス	買い	金利
長期ギルト債	買い	金利
ポンド短期金利	買い	金利
2年物Tノート	買い	金利
10年物Tノート	買い	金利

1996年

　1996年の当初ポートフォリオはポジションが27という非常にアグレッシブなもので、金利、コモディティー、ドルの買いにウエートが置

表6.26 セクター配分（1996年）

	買い	売り	トータル
通貨	0	3	3
農産物	5	0	5
非農産物	4	3	7
株価指数	3	0	3
金利	9	0	9
トータル	21	6	27

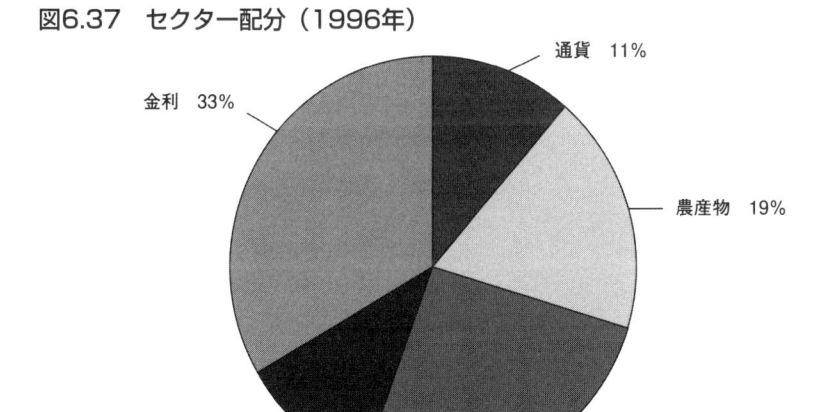

図6.37 セクター配分（1996年）

かれた。ただし非農産物は、エネルギーが買いで金属は売りだ。株価指数も買いだが、インターネットバブルの初期に当たるため、これは特に驚くにはあたらない（**表6.25**、**表6.26**、**図6.37**）。

　この年はフラストレーションのたまる状況がたくさん発生したため、心理的にはつらい年だった。戦略にきちんと従い、無視するという過ちを犯さないためには強靭な精神力を要する年だった。まず、1月の半ばに急落して－6％まで下落した（**図6.38**）。最初の数週間で6％

図6.38 戦略のパフォーマンス（1996年）

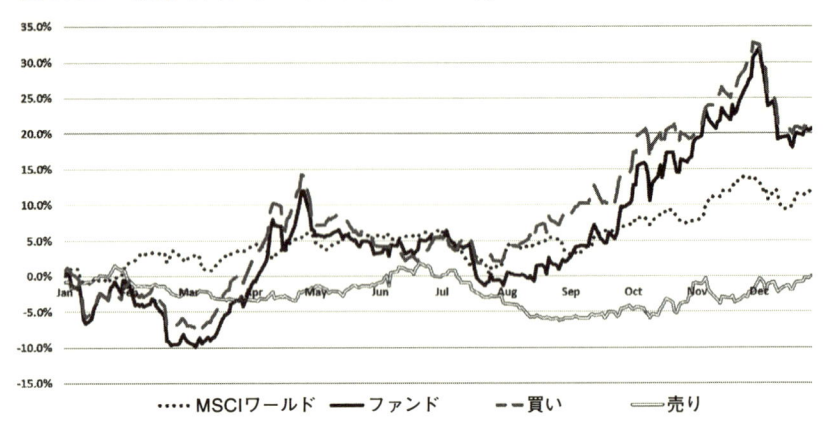

図6.39 セクター別パフォーマンス（1996年）

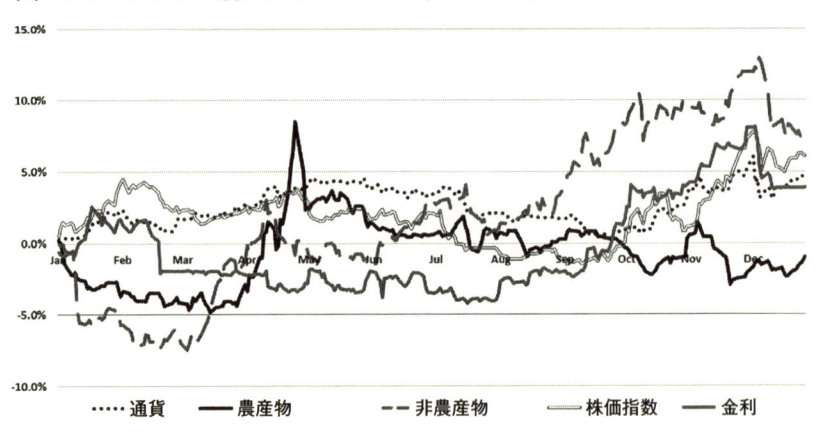

も下落すると、先手を打つことなど不可能だ。2月には少し盛り返したが、それでもゼロラインぎりぎりで、3月中旬には再び下落。今度は10％まで下落した。その間、株式市場は数パーセント上昇したものの、やがて暗雲が立ち込め始める。

5月には状況が好転して、＋12％と急上昇したものの、この状態は

長くは続かなかった。再び＋５％まで下落したあとは数カ月にわたって横ばいが続き、そのあと８月には再びゼロラインを割り込んだ。頑張ってやってきて、－10％から＋12％まで盛り返したのに、再びゼロラインを割るとは、何ともフラストレーションを感じる展開だ。

トレンドフォロー戦略にはよくあることだが、状況が悪くなると、救済の手が差し伸べられる。９月になるとトレンドが始まり、ついに＋30％まで上昇した。これほどの短期間で＋30％まで上昇するとは非常に大きな動きであることは間違いない。12月には再び急落したが、それでも＋20％でこの年を終えた。

図6.39から**図6.41**を見てみよう。初期の損失は主としてコモディティー（農産物と非農産物）の、特に買いによってもたらされたものだ。最初の月は、金利の買い、株価指数の買い、ドルの買いによってコモディティーによる損失をある程度は挽回した。２月に一時的に上昇したのもこれらのセクターによるものだ。しかし、２月の終わりから３月の初めにかけて、これらのセクターも下落し始めたため、ファンド全体は打撃を受け、－10％まで下落してしまった。３月の初めに金利の買いが急落して損切りに引っかかり、数カ月間は奈落の底にあった。

1995年の終わりから1996年の初めにかけて、もみ米とそのほかのいくつかの農産物は上昇した（**図6.42**）。トレンドは急激に上方に加速した。のちに大きく反転して損切りに引っかかるまでは利益の大部分をもたらした。

大きな下落から救いの手を差しのべてきたのがコモディティーで、これらのグループは動き出すと動き方を知っているようだ。４月に一度急上昇した。これは買っていた原油関連がうなぎ上りに上昇したためだ。しかし、売っていた貴金属は下落した。それと同時にトウモロコシや米、木材といった農産物の買いも上昇し、大きな利益をもたらした。コモディティーの上昇のピークは５月（**図6.40**）で、そのあ

図6.40　セクター別パフォーマンス──買い（1996年）

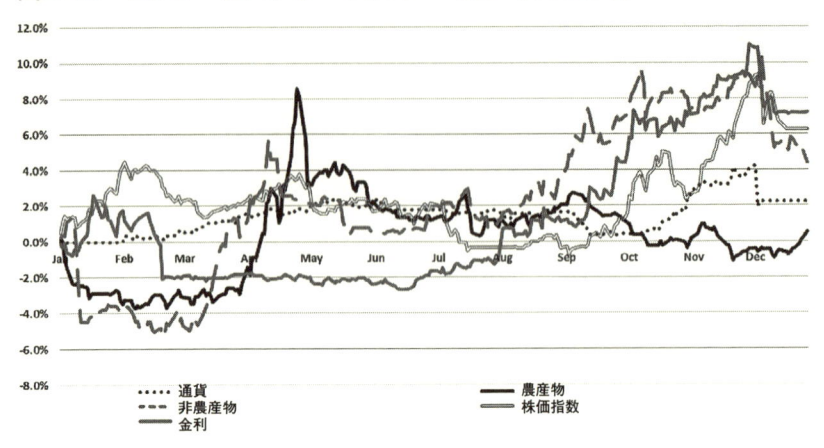

凡例：
- ・・・・ 通貨
- ---- 非農産物
- ── 金利
- ── 農産物
- ── 株価指数

図6.41　セクター別パフォーマンス──売り（1996年）

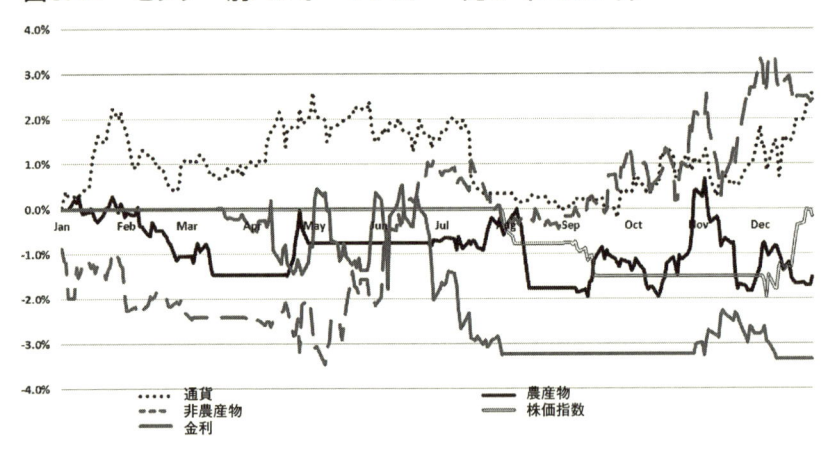

凡例：
- ・・・・ 通貨
- ---- 非農産物
- ── 金利
- ── 農産物
- ── 株価指数

とは反転して次々と損切りに引っかかった。しかし、利益の大部分は温存された。

　5月から7月にかけての横ばいの動きは、セクター全体にトレンドがなかったためで、トレンドフォローにとっては利益機会はなかった。リターンは2桁の伸びを達成したが、そのすべてを市場に返した。そのあと、非農産物と金利の買いが再びトレンドを取り戻した。しばら

図6.42　もみ米（1996年）

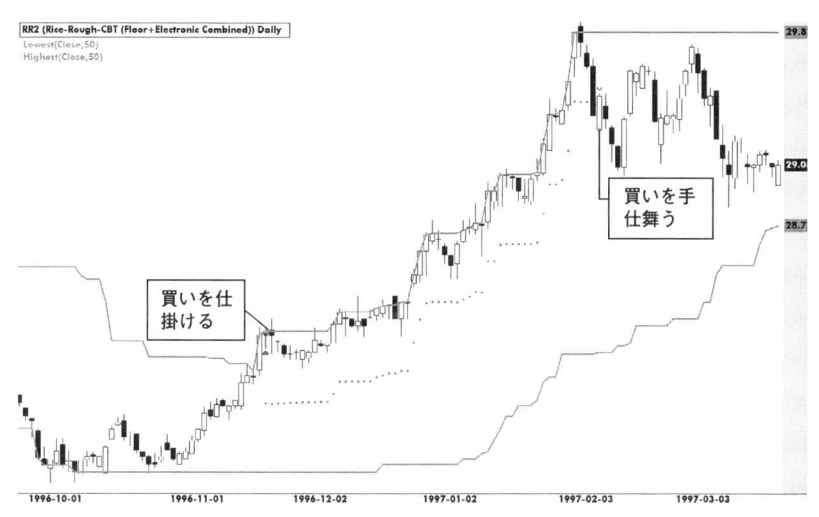

(チャート内注記: 買いを仕掛ける / 買いを手仕舞う)

表6.27　セクターごとのパフォーマンス（1996年）

	通貨（%）	農産物（%）	非農産物（%）	株価指数（%）	金利（%）	トータル（%）
買い	2.8	0.4	4.8	6.3	7.2	21.5
売り	2.4	-1.2	3.0	-0.1	-3.3	0.7
トータル	5.2	-0.8	7.8	6.2	3.8	22.2

表6.28　1996年の結果

年	1996年
最初の純資産価値（NAV）	252.0
トレード結果	22.2%
金利収入	4.2%
各種費用	-0.5%
管理報酬	-1.7%
成功報酬	-3.6%
正味結果	20.5%
最終的なNAV	303.8

くすると株式市場の上昇を受けて、株価指数の買いもこれを後押しした。8月にはゼロラインを割り込んだファンドだったが、これら3セクターの上昇を受けて、12月の初めには30％という高いリターンを達成した。

しかし、この戦略は、強い上昇のあとは一度にすべてが反転して、大きな利益を市場に戻すことになる運命にある。強いトレンドにあったこれら3セクターは12月にはトレンドがなくなり、損切りに引っかかる前にファンドは＋22.2％まで下落した（**表6.27**と**表6.28**）。しかし、この年は非常にエキサイティングで成功した年としてみなしてもよいだろう。

戦略を開始してから7年たった今、投資家の当初資産は3倍にまで増え、年次複利リターンもおよそ18％を達成した。最初からこのファンドに投資し、ずっとこのファンドを支持してくれた投資家はとてもハッピーで、この年の20.5％のリターンでこの戦略に対する確信を得たことと思う。戦略への信頼が試される非常に不安定な年であったため、この結果は喜ぶべきだろう。

1997年

この年は南海泡沫事件以来の最大のバブル期の真っただ中にあり、金融界は新興企業への投資に沸いていた。これは結局はお金を失う新手の方法にすぎなかったが、トレンドフォロワーにとって素晴らしい年になると思ったのも無理はない。インターネット株は驚くほどのトレンドを示したが、ほかの金融商品はトレンドに欠き、ボラティリティは非常に高かった。1997年の当初ポートフォリオはリスクは中程度で、さまざまなセクターにわたる19のポジションでスタートした。比率が高かったのは通貨とコモディティーだったが、買いと売りの分布はほぼ同じで、ポートフォリオの構成を見ると牽引役となる強い市場

表6.29 当初ポートフォリオ（1997年）

市場	買い/売り	セクター
トウモロコシ	売り	農産物
生牛	買い	農産物
豚赤身肉	買い	農産物
オート麦	売り	農産物
もみ米	買い	農産物
英ポンド	買い	通貨
カナダドル	売り	通貨
ユーロ	売り	通貨
日本円	売り	通貨
スイスフラン	売り	通貨
FTSE100	買い	株価指数
日経225	売り	株価指数
原油	買い	非農産物
金	売り	非農産物
白金	売り	非農産物
ガソリン	買い	非農産物
銀	売り	非農産物
ユーロドル	買い	金利
ユーリボー	買い	金利

表6.30 セクター配分（1997年）

	買い	売り	トータル
通貨	1	4	5
農産物	3	2	5
非農産物	2	3	5
株価指数	1	1	2
金利	2	0	2
トータル	9	10	19

に欠けていたことは明らかだ（**表6.29**、**表6.30**、**図6.43**）。

　この年は先物マネジャーにとってはあまりハッピーな年ではなく、リターンは結局はプラスで終わったものの、そこに行き着くまでの道

図6.43　セクター配分（1997年）

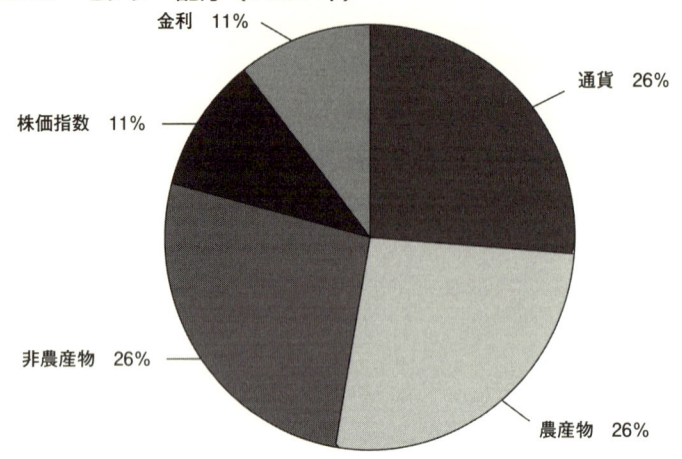

金利　11%
通貨　26%
株価指数　11%
非農産物　26%
農産物　26%

図6.44　戦略のパフォーマンス（1997年）

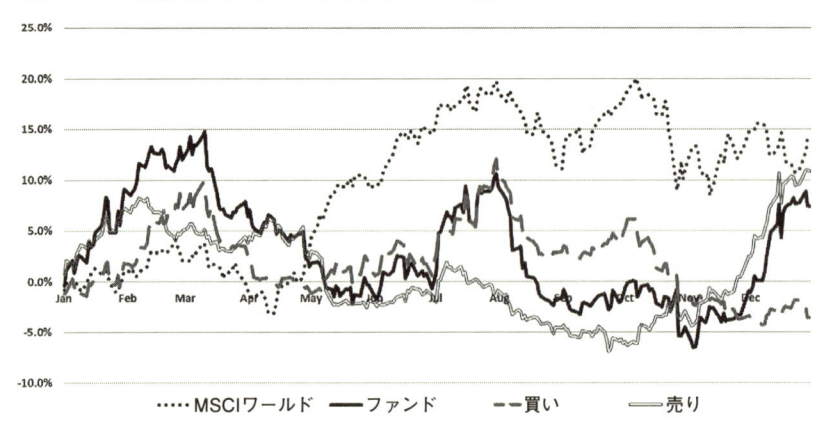

……MSCIワールド　――ファンド　－－買い　――売り

は困難を極め、マネジャーの安眠を妨げたのは明らかだ。3月までは非常に順調で、特に株価指数の買いとドルの買いによって最初の3カ月でポートフォリオは15%のリターンを達成した（**図6.44**）。ここまでは問題はなく、だれもが笑顔で、残りの3四半期も同じようなリターンが続けば成功報酬はいくらになるだろうと何回もそろばんをはじいた。

ところが、3月の終わりから状況は一変し、リターンは＋15％から＋5％に急落。そのあとゼロラインにまで下落し、それも割り込んでしまった。大きな利益を手にしたあと、それをすべて失うのは、最初から利益がなかったよりも悪いと言う人もいる。15％の利益を無に帰してしまうのは非常につらいことで、この年の中ごろまでは努力に見合うようなことは何も得られなかった。数カ月横ばいが続き、リターンはゼロライン辺りにとどまったままだったが、そのあと再び上昇した。これは株式指数の買いによるものだった。

しかし、幸運は長くは続かず、今度は前よりもさらに大きく下落した。＋10％まで持ち直したあと、株価指数が調整モードに入ると大きく下落し、9月には5％下落し、笑顔は消えた。11月には事態はさらに悪化し、金利と非農産物の下落によってファンドは－6.5％にまで落ち込んだ。3月の水準からすれば20％を超える下落だ。このとき救済の手を差し伸べてくれたのが強いドルだった。通貨先物の売りが上昇し始めたのだ。加えて、農作物と非農作物のトレンドが私たちに有利な方向に形成され、その年は＋6.4％で終えることができた。この年は最終的にはプラスで終わったが、たかだが6％であり、この年のボラティリティの高さを考えると十分なものではなかったのは明らかだ。

結局は利益の大部分は通貨先物の売りによってもたらされた。通貨先物は対ドルなので、これはドルを買うのと同じだ。強いブル相場の株価指数の買いで儲けたものの、コモディティーと金利セクターの損失を埋め合わせることはできなかった（**図6.45**～**図6.47**）。

この年の終わりに救世主となったのが通貨トレードの1つで、それは日本円の売りだった（**図6.48**）。9月の初めに仕掛け、そのあと数カ月にわたってほとんど横ばい状態が続いたが、そのあと利益をもたらした。このトレードとそのほかの通貨の売りによって、この年の最後の数カ月のパフォーマンスは上昇した。

図6.45　セクター別パフォーマンス（1997年）

…… 通貨　　── 農産物　　-- 非農産物　　── 株価指数　　── 金利

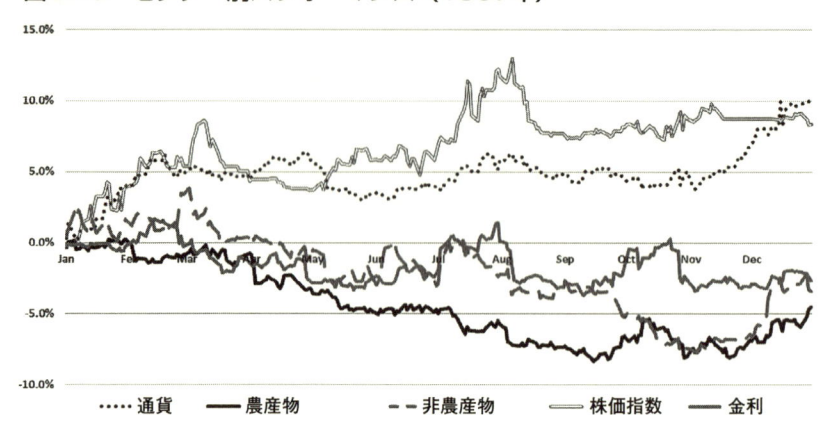

図6.46　セクター別パフォーマンス──買い（1997年）

…… 通貨　　── 農産物　　-- 非農産物
── 株価指数　　── 金利

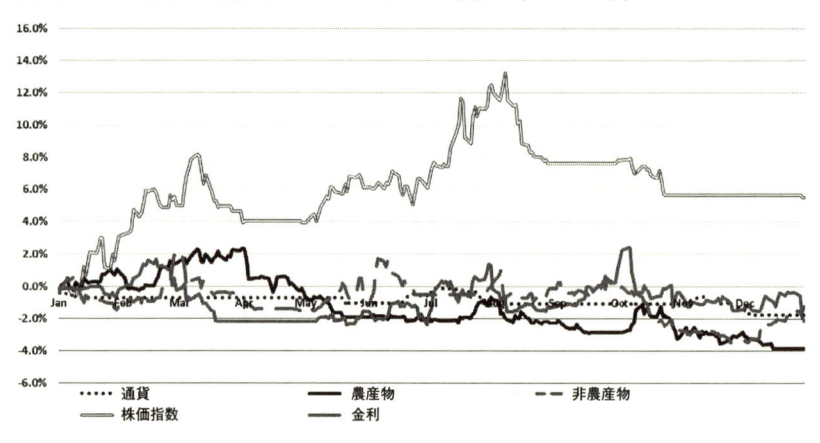

　表6.31と**表6.32**を見ると分かるように、最終的なリターンは7.4％で、金利収入を加えると11.5％になったが、オフィスの電気代やマネジャーの食事代、それに成功報酬などのコストを差し引くと投資家のリターンは8.0％になり、その半分は金利収入だった。これはこの金利環境のなかでかなりの低リスクで受け取れるお金だ。投資家はこ

第6章　年ごとの分析

図6.47　セクター別パフォーマンス──売り（1997年）

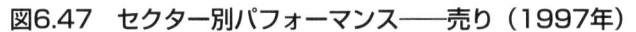

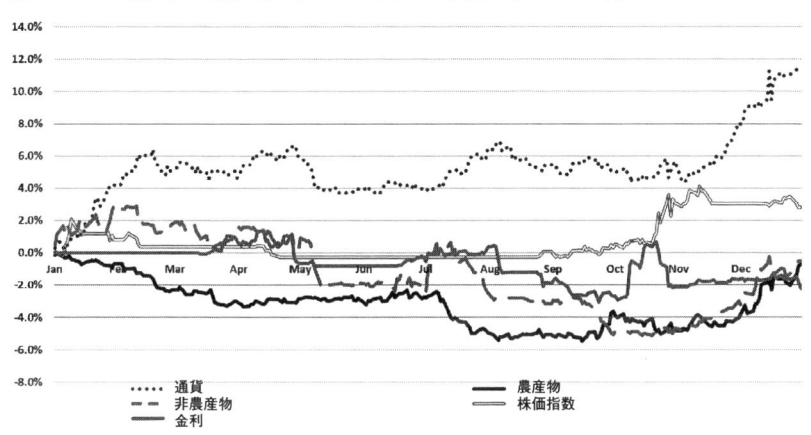

図6.48　日本円の売り（1997年）

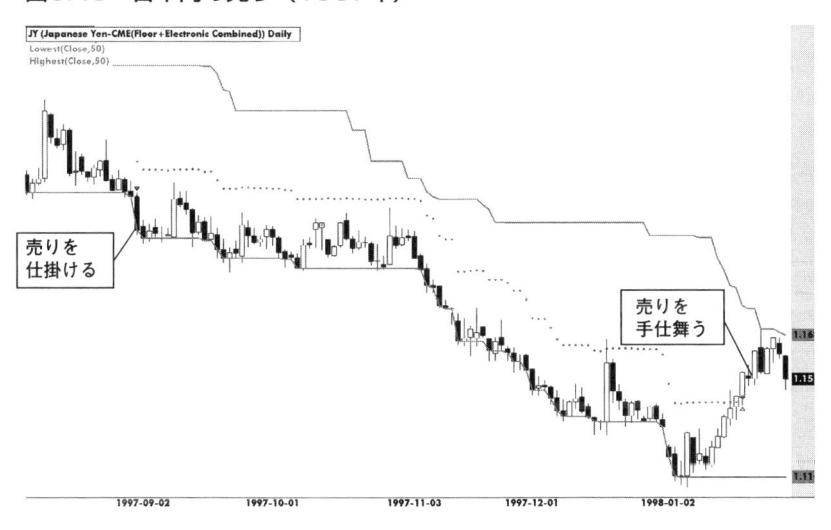

の結果には満足しないだろう。あのままパフォーマンスが上がらなければ、郵便箱は解約請求で埋め尽くされただろう。

表6.31　セクターごとのパフォーマンス（1997年）

	通貨（%）	農産物（%）	非農産物（%）	株価指数（%）	金利（%）	トータル（%）
買い	-1.8	-3.9	-2.2	5.5	-1.2	-3.5
売り	11.4	-0.7	-0.5	2.8	-2.2	10.9
トータル	9.6	-4.5	-2.6	8.4	-3.4	7.4

表6.32　1997年の結果

年	1997年
最初の純資産価値（NAV）	303.8
トレード結果	7.4%
金利収入	4.1%
各種費用	-0.5%
管理報酬	-1.6%
成功報酬	-1.4%
正味結果	8.0%
最終的なNAV	328.0

1998年

　前年は満足のいく年ではなかったため、1998年はプレッシャーを感じながらの幕開けとなった。当初ポートフォリオはあらゆるセクターの25のポジションからなり、売り傾向なのは明らかだが、金利だけは例外だった（**表6.33**、**表6.34**、**図6.49**）。4つの通貨先物を売っていたが、これは1997年と同様、ドルの買いと同じである。また、農産物とエネルギーも売りで、株価指数は売りが買いを上回った。1990年代にナスダックを売っていたというのは奇妙に聞こえるかもしれないが、1997年の終わりごろ、ナスダックはただ単に下落というのではなく、売りを仕掛けるのが当然と思えるほど大きく下落した時期があったのだ。

表6.33 当初ポートフォリオ（1998年）

市場	買い/売り	セクター
綿花	売り	農産物
木材	売り	農産物
生牛	売り	農産物
豚赤身肉	売り	農産物
オート麦	売り	農産物
小麦	売り	農産物
豪ドル	売り	通貨
カナダドル	売り	通貨
ユーロ	売り	通貨
日本円	売り	通貨
DAX	買い	株価指数
ナスダック100	売り	株価指数
日経225	売り	株価指数
原油	売り	非農産物
銅	売り	非農産物
灯油	売り	非農産物
軽油	売り	非農産物
天然ガス	売り	非農産物
ドイツブンズ	買い	金利
Schartz	買い	金利
ユーロスイス	買い	金利
長期ギルト債	買い	金利
ポンド短期金利	売り	金利
2年物Tノート	買い	金利
10年物Tノート	買い	金利

　1998年は非常に興味深い年だった。理由はいくつかあるが、とりわけロシアの財政危機と米国の巨大ヘッジファンド（LTCM）の破綻が挙げられる。LTCMは市場のメカニズムを解き明かしたことによってノーベル記念スウェーデン国立銀行賞を受賞した2人が参加していた。

　この年の初め、若干上下動はあったものの、1年を通してみればそ

表6.34 セクター配分（1998年）

	買い	売り	トータル
通貨	0	4	4
農産物	0	6	6
非農産物	0	5	5
株価指数	1	2	3
金利	6	1	7
トータル	7	18	25

図6.49 セクター配分（1998年）

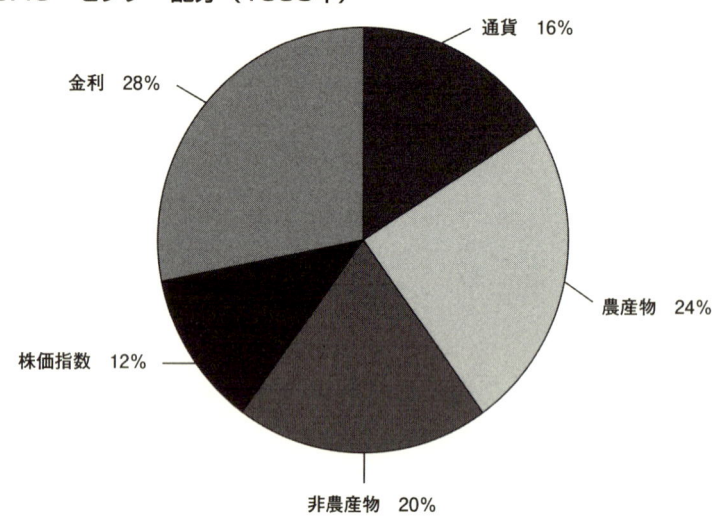

- 通貨　16%
- 農産物　24%
- 非農産物　20%
- 株価指数　12%
- 金利　28%

れほど気にするほどのことではない（**図6.50**）。1月には数週間で利益は＋7.5％にまで上昇したが、そのほとんどを市場に戻すことになる。これはそれだけでもつらいことだが、前年のような最悪の年のあとではなおさらだ。しかしそのあと上昇し始める。1998年はトレンドフォロワーにとって10年に一度の絶好期で、記憶に残る年になった。2月にはゼロラインに戻ったが、その後ファンドは順調に上昇し、10％を少し超える水準にまで達した。その後、数カ月にわたる横ばいが

図6.50　戦略のパフォーマンス（1998年）

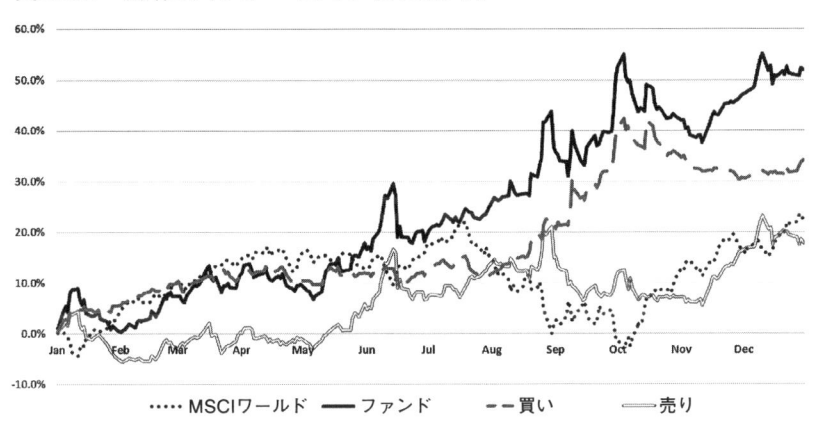

図6.51　セクター別パフォーマンス（1998年）

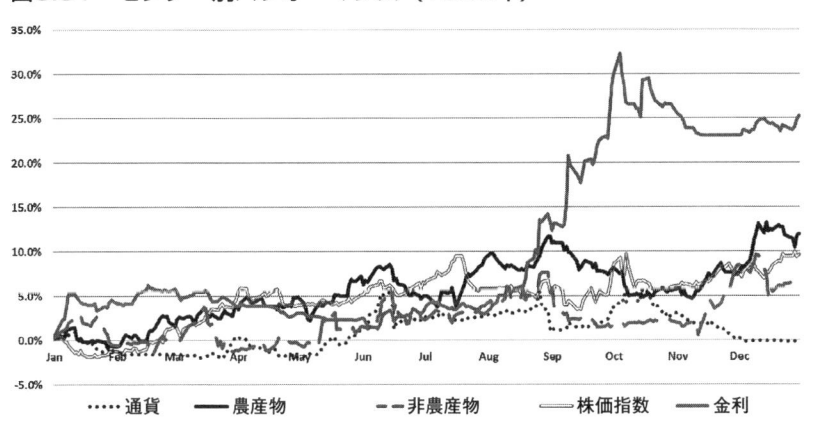

続き、その後は+30%まで上昇した。その後、下落し始めると昨年の悪夢がよみがえったが、それは長くは続かなかった。一度押したあと、トレンドは再び勢いを取り戻し+30%まで上昇し、その後急激に加速してものの数日で+42%にまで上昇した。

　10%ほど押したが、下落はそこで止まり、再び上昇した。10月に再び急上昇して、+53%でピークを付けた。ここでポジションを手仕舞

図6.52　セクター別パフォーマンス——買い（1998年）

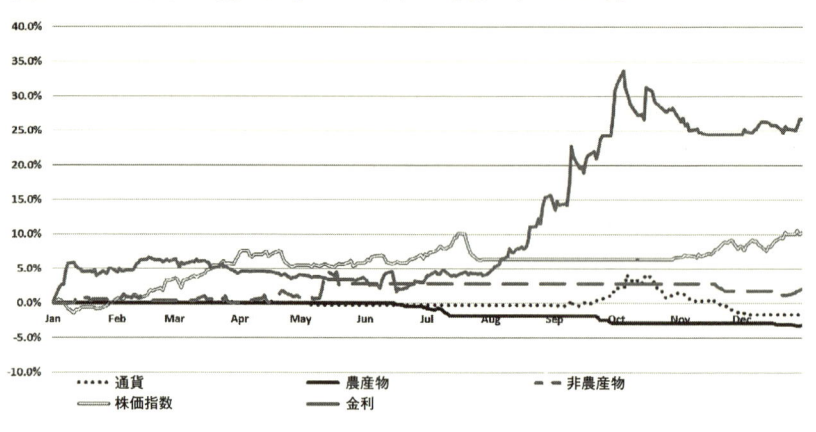

凡例：・・・・・ 通貨　　―― 農産物　　-- - 非農産物　　―― 株価指数　　―― 金利

図6.53　セクター別パフォーマンス——売り（1998年）

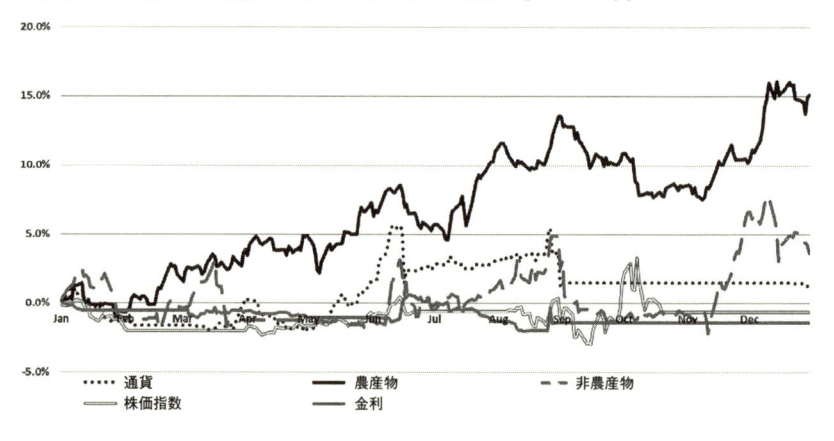

凡例：・・・・・ 通貨　　―― 農産物　　-- - 非農産物　　―― 株価指数　　―― 金利

いするか減らして、大きな利益を年末までに市場に戻さなくても済むようにとだれもが考えたはずだ。しかし、戦略を無視するのは良くない。戦略に従ってさえいれば、利益はおのずとついてくるものだ。再び10％以上市場に返したが、再び上昇して年末前には50％を上回るところまで上昇した。これはまさに驚くべき年だった。儲けは大きかったが、精神的にも疲れる年で、度重なる急激な反転は人々をイライラ

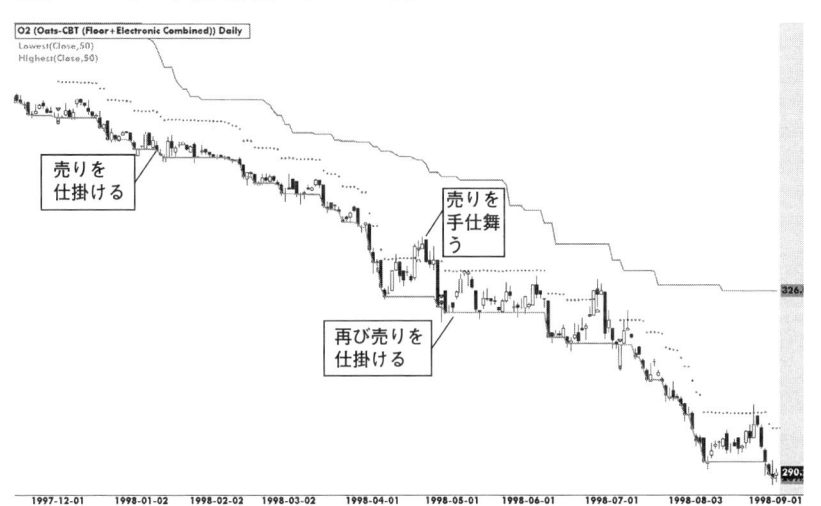

図6.54 オート麦の売り（1998年）

させた。

　図6.51から図6.53を見ると分かるように、年末のプラスの結果に貢献したセクターは多かったが、金利の買いと農産物の売りが52％のうちの42％を占め、この年の利益を独占した。

　なかでもオート麦の売りは農産物セクターを牽引したトレードの1つだった（図6.54）。1997年の12月に仕掛けたあと、下降トレンドが続き、4月に一気に下落した。価格が私たちに有利な方向に動くと、ストップを移動させて、戻ったところで手仕舞った。これはトレンドが反転したときに利益をあまり市場に返さなくてもいいようにする安全策だ。この場合、トレンドは下がり続け、数日間下落を見送ったあと、再び売りを仕掛け、10月までそのまま波に乗った。

　この年はマネジャーにとって素晴らしい年となった（表6.35と表6.36）。管理報酬と成功報酬を合わせると当初資産のおよそ9％だった。ちょっと多すぎるのではと思えるかもしれないが、これほどの年

表6.35　セクターごとのパフォーマンス（1998年）

	通貨（%）	農産物（%）	非農産物（%）	株価指数（%）	金利（%）	トータル（%）
買い	-1.6	-3.1	2.0	10.3	26.7	34.2
売り	1.0	15.1	3.7	-0.6	-1.4	17.7
トータル	-0.6	12.0	5.7	9.6	25.3	51.9

表6.36　1998年の結果

年	1998年
最初の純資産価値（NAV）	328.0
トレード結果	51.9%
金利収入	4.9%
各種費用	-0.5%
管理報酬	-1.9%
成功報酬	-8.1%
正味結果	46.1%
最終的なNAV	479.3

なのだから納得いくはずだ。1990年の最初に10万ドル投資した投資家は、今や資産は50万ドルに増えていた。

1999年

　夢のような1998年を終えて気分は最高で、最悪だった1997年は遠い昔のように感じる。1999年の当初ポートフォリオも1998年に倣って、大きな利益をもたらしたセクターの配分を高くした（**表6.37、表6.38、図6.55**）。金利は買い、コモディティーは売り、株価指数は買いというはっきりしたポートフォリオだ。金利の買いは欧州が中心で、コモディティーはトウモロコシから原油、金に至るまでさまざまな商品を売った。

表6.37　当初ポートフォリオ（1999年）

市場	買い/売り	セクター
トウモロコシ	売り	農産物
綿花	売り	農産物
木材	買い	農産物
オート麦	売り	農産物
もみ米	売り	農産物
大豆	売り	農産物
砂糖	売り	農産物
小麦	売り	農産物
カナダドル	売り	通貨
日本円	買い	通貨
CAC40	買い	株価指数
FTSE100	買い	株価指数
ナスダック100	買い	株価指数
S&P500	買い	株価指数
原油	売り	非農産物
金	売り	非農産物
銅	売り	非農産物
軽油	売り	非農産物
天然ガス	売り	非農産物
パラジウム	買い	非農産物
ガソリン	売り	非農産物
ドイツブンズ	買い	金利
ドイツ2年物国債（Schatz）	買い	金利
ユーリボー	買い	金利
長期ギルト債	買い	金利
ポンド短期金利	買い	金利

　1999年はわれわれトレンドフォロワーにとって極めて厳しい年で、転職を考える十分な時間が与えられた年でもあった。この年の第1四半期は横ばいで、リターンは＋4％と－4％の間を行き来した（**図6.56**）。5月には急落して－8％にまで落ち込んだが、そのあと徐々

表6.38 セクター配分（1999年）

	買い	売り	トータル
通貨	1	1	2
農産物	1	7	8
非農産物	1	6	7
株価指数	4	0	4
金利	5	0	5
トータル	12	14	26

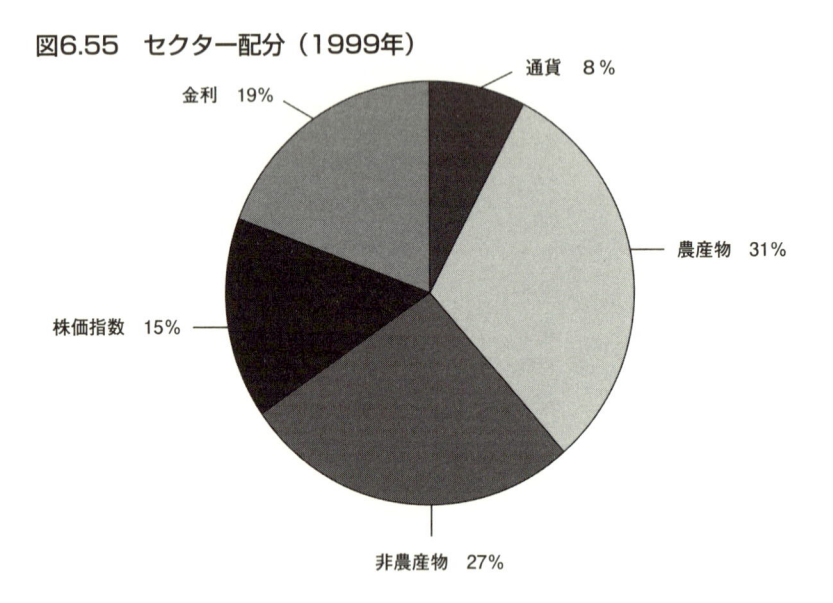

図6.55 セクター配分（1999年）

- 通貨 8％
- 農産物 31％
- 非農産物 27％
- 株価指数 15％
- 金利 19％

に上昇した。6月にはゼロラインを上回り、＋6％まで行ったものの、これは長くは続かなかった。そのあと大きく下落して、ものの数日でファンドはおよそ10％も下落した。オフィスのなかは落胆ムードが漂い、次の数カ月にわたって資産曲線はゼロライン辺りを漂った。回復を待ち望む声が聞かれた。

10月の初めにはファンドは再びゼロに逆戻りした。ボラティリティ

図6.56　戦略のパフォーマンス（1999年）

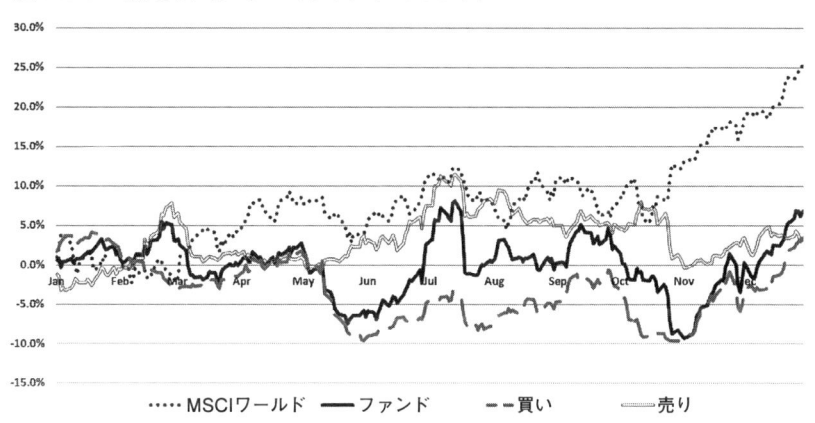

図6.57　セクター別パフォーマンス（1999年）

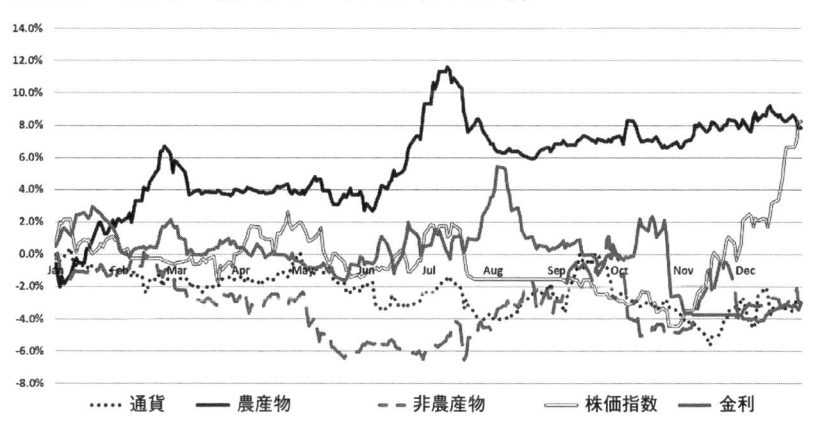

の高かった過去9カ月を振り返り、これ以上悪くはならないだろうと思ったが、予想は裏切られ、さらに悪化した。損失はかさみ、11月には-10％にまで下落し、緊迫したムードが漂った。この年ももう終わりに近かった。この1年は状況がめまぐるしく変化した。ポケットに大きな穴があいていたような気分だった。しかし、この年はまだ終わってはいなかった。11月半ば、損失は減少し始め、12月には再びゼロ

図6.58　セクター別パフォーマンス——買い（1999年）

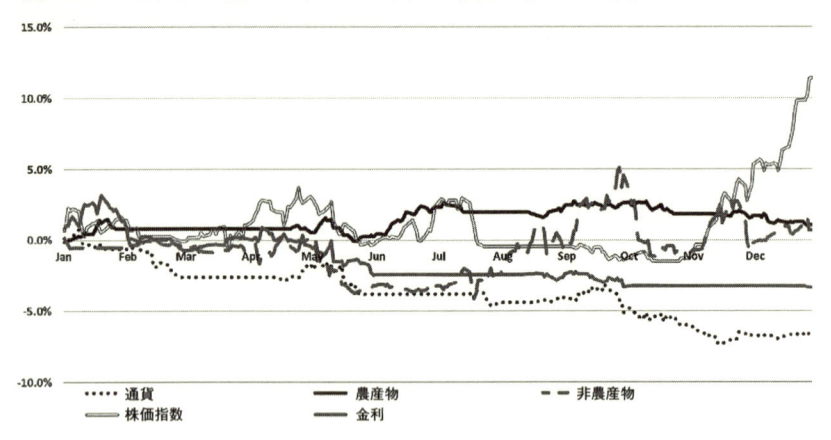

凡例：……通貨　——農産物　―― 非農産物　——株価指数　——金利

図6.59　セクター別パフォーマンス——売り（1999年）

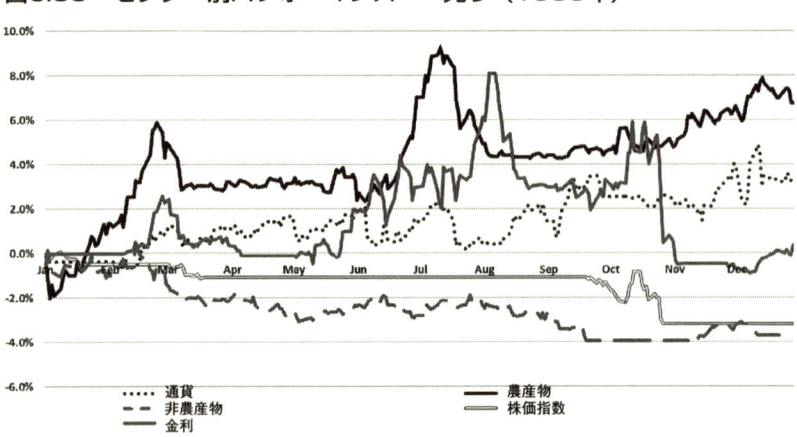

凡例：……通貨　―― 非農産物　——金利　——農産物　——株価指数

ラインにまで回復した。そして、年の終わりには、ファンドは何とか＋5％にまで戻すことに成功した。世界の株式市場が1年で25％のリターンを上げているときに5％のリターンしか得られないとは何とも皮肉だが、少なくとも投資家のお金は取り戻すことができた。

　図6.57から図6.59はセクター別パフォーマンスを示したものだ。1年を通してうまくいったのは農産物の売りのみで、この年を何とか

図6.60　ナスダック（1999年）

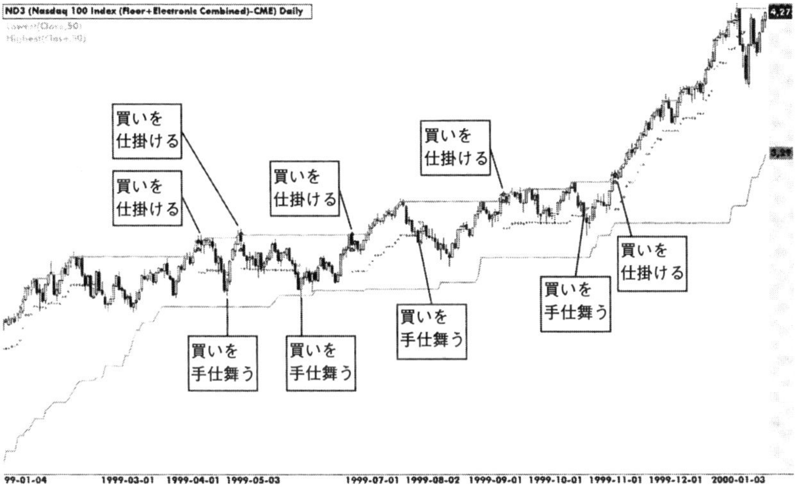
ND3 (Nasdaq 100 Index (Floor+Electronic Combined)-CME) Daily
買いを仕掛ける
買いを仕掛ける
買いを仕掛ける
買いを仕掛ける
買いを仕掛ける
買いを手仕舞う
買いを手仕舞う
買いを手仕舞う
買いを手仕舞う
99-01-04
1999-03-01
1999-04-01
1999-05-03
1999-07-01
1999-08-02
1999-09-01
1999-10-01
1999-11-01
1999-12-01
2000-01-03

表6.39　セクターごとのパフォーマンス（1999年）

	通貨（%）	農産物（%）	非農産物（%）	株価指数（%）	金利（%）	トータル（%）
買い	-6.4	1.1	0.7	11.4	-3.3	3.5
売り	3.1	6.8	-3.7	-3.2	0.3	3.3
トータル	-3.3	7.8	-3.0	8.3	-3.0	6.8

表6.40　1999年の結果

年	1999年
最初の純資産価値（NAV）	479.3
トレード結果	6.8%
金利収入	3.8%
各種費用	-0.5%
管理報酬	-1.6%
成功報酬	-1.3%
正味結果	7.3%
最終的なNAV	514.1

プラスで終わることができたのはこのおかげであり、年の中ごろで急上昇したのもこのおかげだ。しかし、非農産物は悲惨な年で、特に売りが悪かった。

　もう1つプラスのリターンに貢献したのは、年の終わりの株価指数の上昇だ。そのほかのセクターは1年を通じて冴えなくて、一時的には利益を上げたものの、12月の終わりにはすべて市場に返してしまった。

　1999年はハイテクブームの最後の年だったことは多くの人々が覚えているはずだ。しかし、実際にはナスダックにはトレンドはほとんどなかった（**図6.60**）。10月になって上昇し始めると利益になったが、その前は方向感がなく、ほとんど儲けにはならなかった。ナスダックはダマシのブレイクアウトのあと激しい修正局面が続き、手仕舞いシグナルが出た。これはオーバートレードにつながり、10月に上昇し始めるまではほとんどが損失になった。

　確かに悪い年ではあったが、すべての手数料を差し引いたあとのリターンはそれでもおよそ7.3％だった（**表6.39**と**表6.40**）。リターンはプラスではあったが、投資家たちは高いボラティリティや高金利の割には低いリターンだと感じたはずだ。世界の株式市場が25％上昇していても、彼らの不安を拭い去ることはできなかった。ハイテクバブルの絶頂期だったため、投資家たちに、インターネット株なんかに投資しないであなたに付いてくるように言ってみても、それは無理な注文というものだろう。

2000年

　世界が滅亡するような予兆があったにもかかわらず、時計の針が1999年から2000に変わっても何も起こらなかった。この年の当初ポートフォリオはほぼすべてのセクターにわたる32のポジションで構成さ

表6.41　当初ポートフォリオ（2000年）

市場	買い/売り	セクター
トウモロコシ	売り	農産物
綿花	売り	農産物
豚赤身肉	買い	農産物
オート麦	売り	農産物
もみ米	売り	農産物
大豆	売り	農産物
砂糖	売り	農産物
小麦	売り	農産物
カナダドル	買い	通貨
ユーロ	売り	通貨
日本円	買い	通貨
ユーロ/ポンド	売り	通貨
ERU/JPY	売り	通貨
スイスフラン	売り	通貨
CAC40	買い	株価指数
DAX	買い	株価指数
FTSE100	買い	株価指数
ハンセン	買い	株価指数
ナスダック100	買い	株価指数
S&P500	買い	株価指数
EuroStoxx50	買い	株価指数
原油	買い	非農産物
銅	買い	非農産物
灯油	買い	非農産物
軽油	買い	非農産物
パラジウム	買い	非農産物
白金	買い	非農産物
ガソリン	買い	非農産物
ユーロドル	売り	金利
ユーロスイス	買い	金利
10年物Tノート	売り	金利
2年物Tノート	売り	金利

表6.42 セクター配分（2000年）

	買い	売り	トータル
通貨	2	4	6
農産物	1	7	8
非農産物	7	0	7
株価指数	7	0	7
金利	1	3	4
トータル	18	14	32

図6.61 セクター配分（2000年）

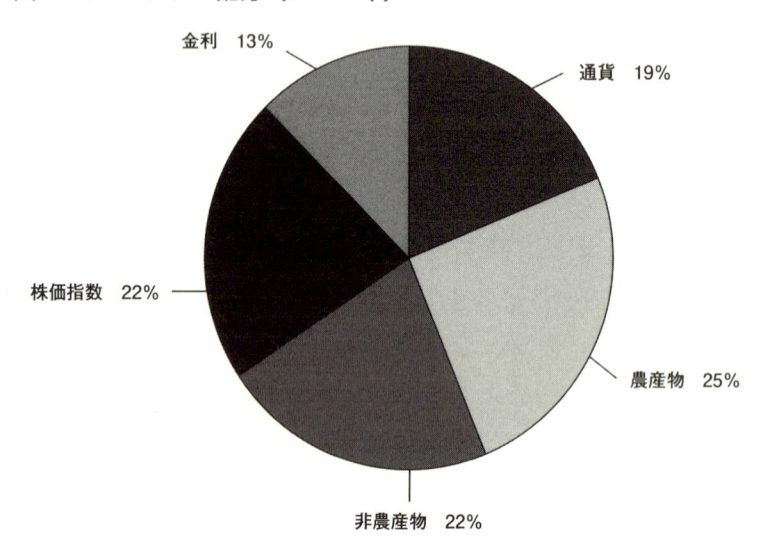

れた（表6.41、表6.42、図6.61）。取ったポジションはこれまでに比べると非常に多く、農産物の売り、非農産物の買い、株価指数の買いが大半を占めた。金利と通貨は買いと売りの両方向で仕掛けたが、2つのコモディティーと株価指数はいずれか一方に大きく偏った。2000年の初めに株価指数の買いのウエートを高めたのは過ちだったが、それはなぜなのだろうか。

図6.62 戦略のパフォーマンス（2000年）

本書をここまで読んできた人は、2000年がイベントの多い年になったとしても驚かないだろう（**図6.62**）。トレードを始めて2日目で恐怖が襲った。大晦日の二日酔いがまださめやらぬうちから6％の損失を出してしまったのだ。新年が明けて1週間で損失は12％にまで上り、酔いは一気にさめた。これはもちろん7つのポジションを取っていた株価指数の買いによるもので、これらの株価指数が同時に下落したのだ。市場の混乱期にはほとんどのセクターの内部相関は高くなる傾向があるが、株価指数セクターの内部相関は極端な水準にまで上昇する傾向がある。株価指数セクターが大打撃を被ったのはまさにこんなときだった。

第1四半期の残りの期間でファンドは徐々に損失を減らしていったが、これは主に非農産物の買いによるものだ。そして、3月の中ごろにはみんなが待ち望んだゼロラインに再び戻した。しかし、2000年は一筋縄ではいかない年で、株価指数が再び下落して、ファンドは－15％にまで下落した。しかしこのとき、世界の株式市場はわずかしか下落していなかった。株価指数の買いポジションのほとんどが損切りに

図6.63　セクター別パフォーマンス（2000年）

凡例：……通貨　――農産物　－－非農産物　――株価指数　――金利

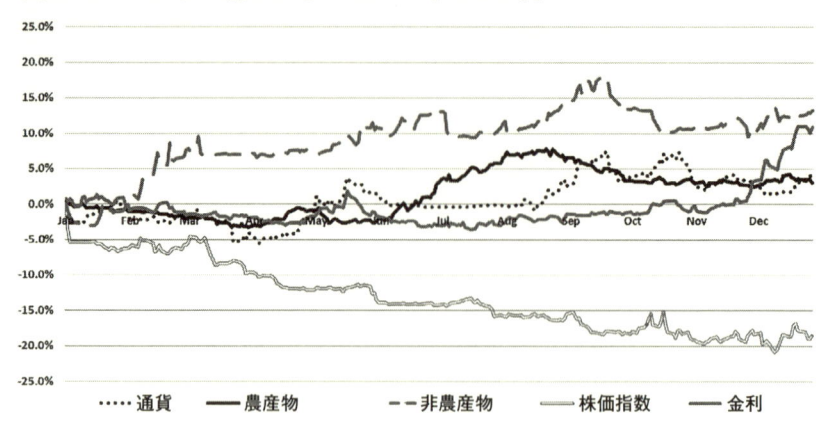

引っかかり、通貨が牽引役を引き継ぐと、5月には再び持ち直してゼロラインを一時的に上回ったが、6月には再び−10％にまで下落した。

このあと、農産物の売りと、通貨および非農産物の助けもあって、9月には＋11％という2桁の利益をマークしたが、良いときは長くは続かなかった。株価指数の買いとコモディティーの利益を市場に返したことによって、再び2回大きく下落し、11月には−5％にまで落ち込み、年末まで1カ月を残して再びマイナスのパフォーマンスを見る羽目になった。この危機を救ってくれたのが金利の買いだった。株式市場は株価指数のポジションを手仕舞ったあと大きく下落し始めた。金利の買いで大きく儲けたおかげで、この年は＋14％で終わることができた。

株式市場は非常にボラティリティが高かったため、株価指数は買い、売りともに損失を出し、この損失のファンド全体に占める割合は18.5％にも上った（図6.63）。これに対して、そのほかのセクターはプラスで終わり、特に非農産物と金利のおかげで、投資家には良いリターンを示すことができた（図6.64）。

第6章　年ごとの分析

図6.64　セクター別パフォーマンス──買い（2000年）

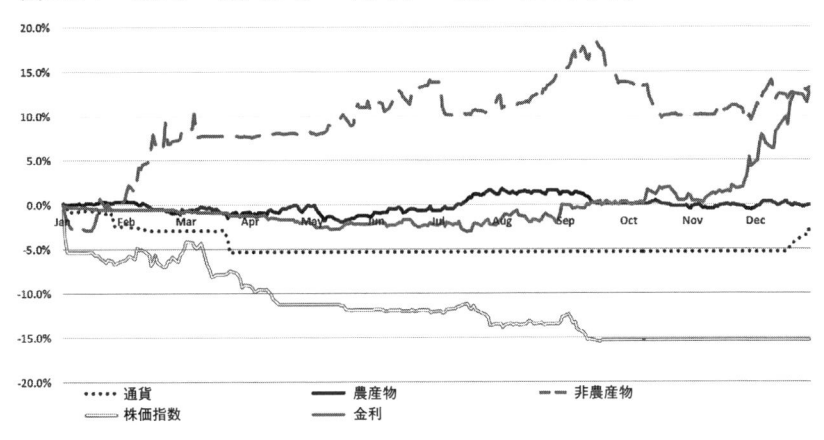

凡例：通貨、農産物、非農産物、株価指数、金利

図6.65　セクター別パフォーマンス──売り（2000年）

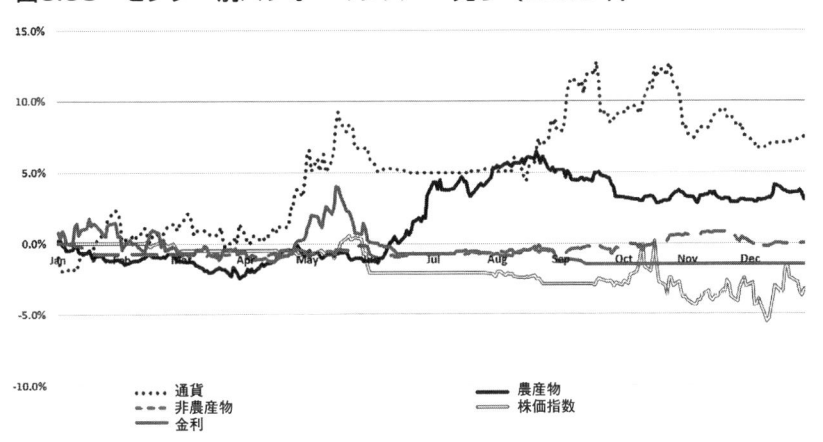

凡例：通貨、農産物、非農産物、株価指数、金利

　2000年は全般的にドルが強かった。つまり、通貨の売りが良かったということになる（図6.65）。特に良かったのは英ポンドだった（図6.66）。

　すべてのコストを差し引いたあとのリターンは14.2％で、15％には届かなかったものの、2000年のような年ではクレームもそれほど来ないだろう。前にも述べたように、投資家はリターンを株式市場と比較

図6.66　英ポンドの売り（2000年）

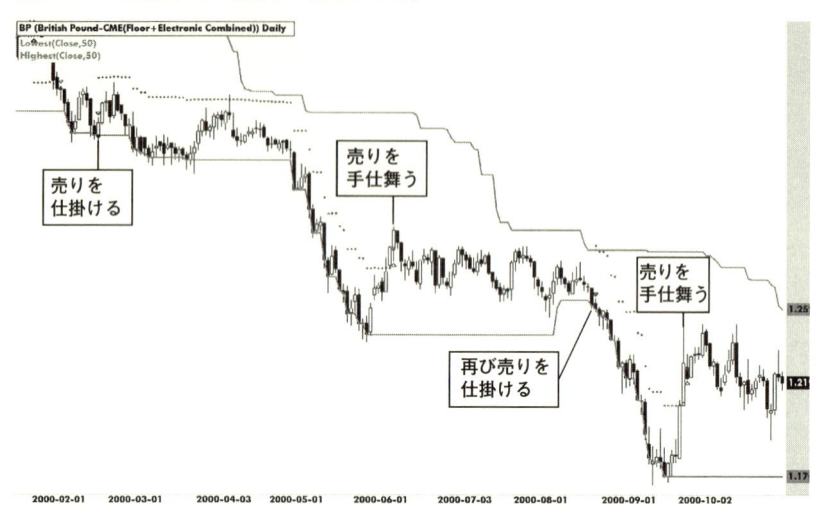

売りを仕掛ける

売りを手仕舞う

再び売りを仕掛ける

売りを手仕舞う

表6.43　セクターごとのパフォーマンス（2000年）

	通貨（%）	農産物（%）	非農産物（%）	株価指数（%）	金利（%）	トータル（%）
買い	-2.5	0.0	13.2	-15.3	12.7	8.1
売り	7.5	3.1	0.0	-3.2	-1.4	5.9
トータル	5.0	3.1	13.2	-18.5	11.3	14.0

表6.44　2000年の結果

年	2000年
最初の純資産価値（NAV）	514.1
トレード結果	14.0%
金利収入	4.8%
各種費用	-0.5%
管理報酬	-1.6%
成功報酬	-2.5%
正味結果	14.2%
最終的なNAV	586.9

する傾向がある。株式市場の平均的な投資家が15％の損をし、ハイテク株を買っていた人はもっと損をしたことを考えると、このリターンはそれほど悪くはない（**表6.43**と**表6.44**）。

2001年

　前年と同様、この年の当初ポートフォリオは非常にリスキーで、33のポジションからなる。このポートフォリオが偏っていることは一見しただけで明らかだ（**表6.45**、**表6.46**、**図6.67**）。株価指数と金利のイクスポージャーを見れば、2001年の世界市場の状態ははっきりする。株価指数は7つのポジションがすべて売りで買いはなく、金利は10のポジションがすべて買いで売りはない。これはアグレッシブなベア相場のポートフォリオで、市場が上昇すれば大きな損失を被る可能性が高い。通貨と2つのコモディティーは買いと売りの両方から仕掛けているため、必要とされる分散効果は確保されている。

　2001年の第1四半期はイベントが多かったように思えるが、1年後に聞かれるとあまり思い出せない。ファンドは当初は5％上昇したが、そのあと下落して数カ月間ゼロライン辺りをうろついた（**図6.68**）。4月には一時的に上昇し、年初来のリターンは＋20％まで上昇したが、1カ月後にはまたゼロに戻った。9月には上昇したものの、それまではほとんど代わり映えしなかった。前の2年が悪かったため、パフォーマンス向上に対するプレッシャーは高かったが、この年も9カ月間ほとんど利益が出なかったため、どんなに強い精神の持ち主でも動揺は隠せなかっただろう。長続きして成功するトレンドフォローで運用される先物ファンドが存在しない理由はまさにこれにある。自分の戦略を信じて従い続ければ、長い目で見れば大きなリターンを上げることができるが、戦略を疑ったり、トレードルールを無視したり、顧客に逃げられてファンドをたたまなければならないような時期というも

表6.45 当初ポートフォリオ（2001年）

市場	買い/売り	セクター
大豆	買い	農産物
小麦	売り	農産物
トウモロコシ	買い	農産物
綿花	売り	農産物
もみ米	売り	農産物
オート麦	売り	農産物
木材	売り	農産物
生牛	買い	農産物
スイスフラン	買い	通貨
EUR/GBP	買い	通貨
日本円	売り	通貨
EUR/JPY	買い	通貨
EuroStoxx50	売り	株価指数
FTSE100	売り	株価指数
DAX	売り	株価指数
日経225	売り	株価指数
S&P500	売り	株価指数
CAC40	売り	株価指数
ナスダック100	売り	株価指数
天然ガス	買い	非農産物
白金	買い	非農産物
銀	売り	非農産物
パラジウム	買い	非農産物
長期ギルト債	買い	金利
ドイツブンズ	買い	金利
ユーリボー	買い	金利
ユーロスイス	買い	金利
ドイツ2年物国債（Schatz）	買い	金利
カナダBA手形	買い	金利
10年物Tノート	買い	金利
ポンド短期金利	買い	金利
2年物Tノート	買い	金利
ユーロドル	買い	金利

表6.46　セクター配分（2001年）

	買い	売り	トータル
通貨	3	1	4
農産物	3	5	8
非農産物	3	1	4
株価指数	0	7	7
金利	10	0	10
トータル	19	14	33

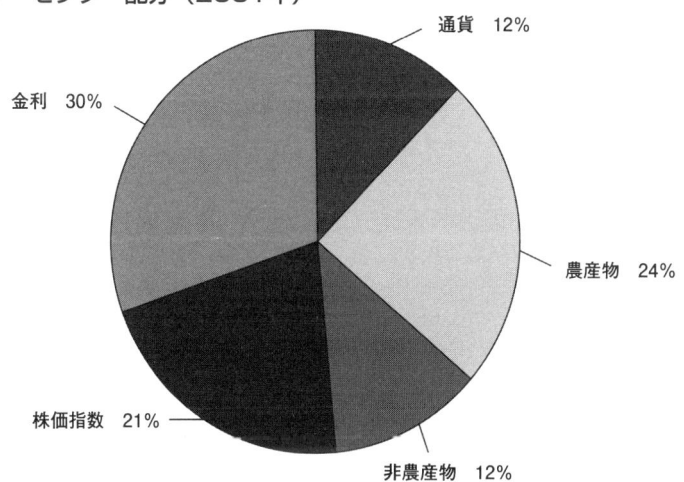

図6.67　セクター配分（2001年）

- 通貨　12%
- 農産物　24%
- 非農産物　12%
- 株価指数　21%
- 金利　30%

のが必ずあり、それを乗り越える必要があるのだ。

　9月までの唯一の取りえと言えば、世界の株式市場が大きく下落し、ファンドがかろうじてゼロ辺りでとどまっているくらいだった。実のところその時点では、株価指数の売りと農産物の売りで大きく儲かっていたが、その利益はすべてほかのセクターによって食われていた。しかし、9月になると金利の買いで大きな利益が出、わずか数週間で

図6.68 戦略のパフォーマンス（2001年）

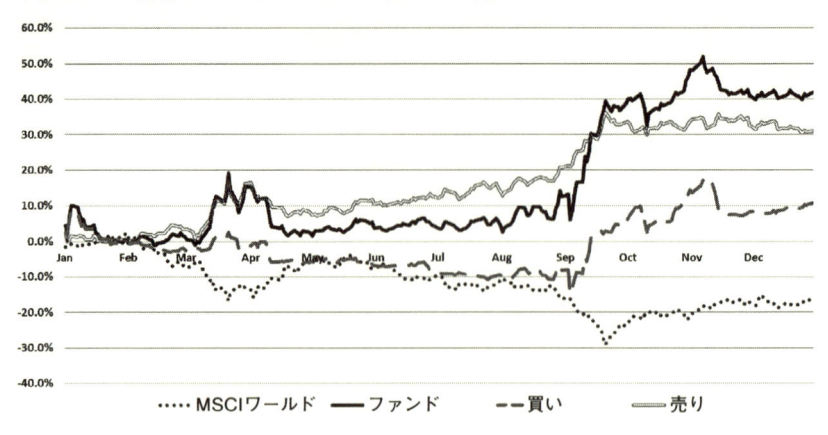

‥‥‥MSCIワールド　――ファンド　－－買い　―――売り

図6.69 セクター別パフォーマンス（2001年）

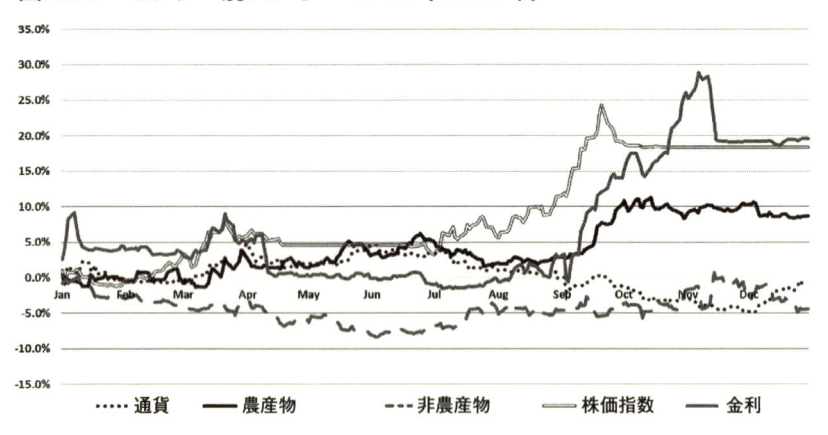

‥‥‥通貨　――農産物　－－非農産物　―――株価指数　――金利

　ファンドを＋30％にまで押し上げてくれた。それから少し下落したが、11月には＋50％の大台に乗り、そのあと若干下落したもののこの年はおよそ＋42％で終えることができた。この年終盤の下落は株式相場の年末の上昇によるもので、これによって株価指数の売りと金利の買いの多くが損切りに引っかかり、損失を出してしまった。

　これまで見てきてすでにお分かりのように、トレンドフォローとは

図6.70　セクター別パフォーマンス──買い（2001年）

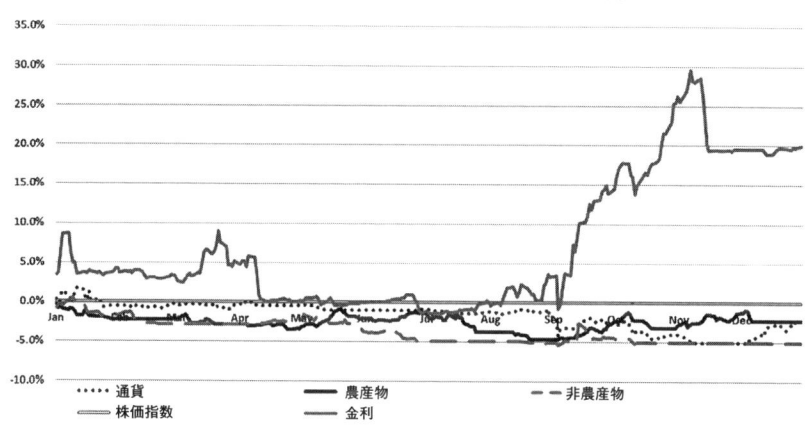

図6.71　セクター別パフォーマンス──売り（2001年）

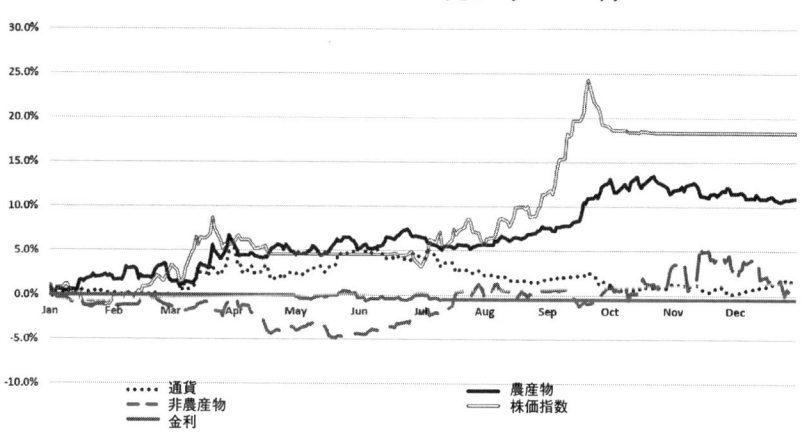

こうやってお金を稼ぐのだ。ボラティリティが高く月並みなリターンに甘んじる時期が長く続くが、突然大きな利益が舞い込み、それまでの冴えない期間が埋め合わされる。前にも述べたように、このゲームは純粋に専門的な観点から言えばそれほど難しいものではないが、だれにでも向くわけではないのはこのためだ。

　２つのコモディティーと通貨の買いと売りによる純利益はおよそ３

％だったが、この年の牽引役は大きなベア市場でのポジション（株価指数の売り）だった（図6.69～図6.71）。その当時のベア市場の強さを考えると、これは驚くにはあたらない。しかし、トレンドがこれほど強くなると、戦略は同じテーマに基づいたポジションを積み上げたコーナーポートフォリオを形成するおそれがあることを忘れてはならない。これは大きな利益を上げる可能性がある一方で、いったん反転するとたちまちのうちに大きな打撃を被るということである。しかし、これもゲームの一部なのだ。

ブンズ（ドイツ10年物国債。図6.72）はこの年の金利セクターのトレードの典型で、価格が損切りポイントを大きく下回るとどうなるかを示している。しばらくの間ポジションを保持していたため、利回りが底を打ったあと、11月には利益を大きく伸ばした。金利セクターは11月半ばに大きく反転して価格が急落したため、ギャップダウンして理論的損切りポイントを大きく下回ってしまった。トレードはその日の終値データで行うため、ポジションは翌日のさらに安い価格で手仕舞いさせられた。こうした状況にはイライラするが、ポジションは大きな利益を確保して手仕舞いされた。

この年は大きな利益の出た年だった。投資家はすべてのコストを差し引いて36.2％のリターンを手にし、ファンドマネジャーは大きな報酬を手にした（表6.47と表6.48）。すべてのコスト差し引き後の利益に対する15％の成功報酬は、当初運用資産額の6.5％だった。非常に厳しいようだが、これもゲームのルールなので仕方ない。ほとんどの人が大きな損失を被る一方で、顧客はこれほど魅力的なリターンを手にしたわけだから、苦情の電話をかけてくる人もいないだろう。

金利収入がこれまでの年に比べると少ないことに注目しよう。これは、マネーマーケットの利回りが下がったためだ。しかし、パフォーマンスがこれだけよければ、金利収入が少なくても問題はないのではないだろうか。これについては少し考えてみることにしよう。

図6.72　急に反転したドイツブンズ（2001年）

表6.47　セクターごとのパフォーマンス（2001年）

	通貨（%）	農産物（%）	非農産物（%）	株価指数（%）	金利（%）	トータル（%）
買い	-1.9	-2.2	-5.0	0.0	20.0	10.9
売り	1.5	11.0	0.6	18.3	-0.5	31.0
トータル	-0.3	8.7	-4.4	18.3	19.5	41.8

表6.48　2001年の結果

年	2001年
最初の純資産価値（NAV）	586.9
トレード結果	41.8%
金利収入	3.1%
各種費用	-0.5%
管理報酬	-1.8%
成功報酬	-6.4%
正味結果	36.2%
最終的なNAV	799.1

表6.49　当初ポートフォリオ（2002年）

市場	買い/売り	セクター
大豆	売り	農産物
トウモロコシ	売り	農産物
EUR/GBP	売り	通貨
日本円	売り	通貨
EUR/JPY	買い	通貨
金	売り	非農産物
天然ガス	売り	非農産物
カナダBA手形	買い	金利
ユーロドル	買い	金利

表6.50　セクター配分（2002年）

	買い	売り	トータル
通貨	1	2	3
農産物	0	2	2
非農産物	0	2	2
株価指数	0	0	0
金利	2	0	2
トータル	3	6	9

2002年

　2002年の当初ポートフォリオは、過去数年にわたる大きなポートフォリオに比べるとかなり小さいので驚くかもしれない。残っているポジションは9つだけである。これは、2001年の最後の数カ月にわたって多くのポジションが損切りに引っかかり、ファンドのパフォーマンスが低下し、そのためリスクも大幅に減らしたためだ（**表6.49**、**表6.50**、**図6.73**）。株価指数ポジションは1つもなく、金利は買いが2つだけだ。したがって、実質的には私たちのベア相場のポートフォリオは清算されたも同然で、残っているのは買いと売りを組み合わせ

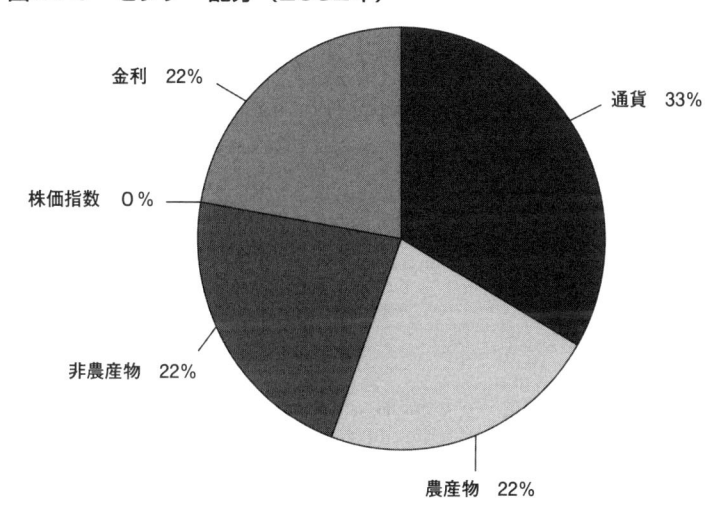

図6.73　セクター配分（2002年）

- 通貨　33%
- 金利　22%
- 株価指数　0%
- 非農産物　22%
- 農産物　22%

た小さなポートフォリオだけである。

　昨年の終わりにはパフォーマンスが急上昇したが、今年の出足は少しペースが遅いようだ。年が明けるとパフォーマンスはいきなりゼロラインを割り込み、夏の初めまでそのまま下落し続けた（**図6.74**）。この間の最大のドローダウンは−12％だ。これは良くないことは確かだが、昨年の終わりの素晴らしいパフォーマンスに比べると、大したことはない。

　この事態が一変したのは６月の初めだ。2001年を締めくくった上昇は2002年の１月には終焉し、市場は再び下落したが、われわれのトレンドフォロー戦略が機能し始めるには少し時間がかかるのが普通だ。６月には再びベア相場のポートフォリオに舞い戻り、利益も出始めた。２桁のマイナスパフォーマンスを喫したあと、ファンドは上昇し始めたが、これは金利の買い、通貨の買い、株価指数の売り（**図6.75〜図6.77**）によるもので、毎月高値を更新していった。８月にはパフォーマンスはすでに＋30％を記録し、10月には＋40％近くまで上昇し

図6.74　戦略のパフォーマンス（2002年）

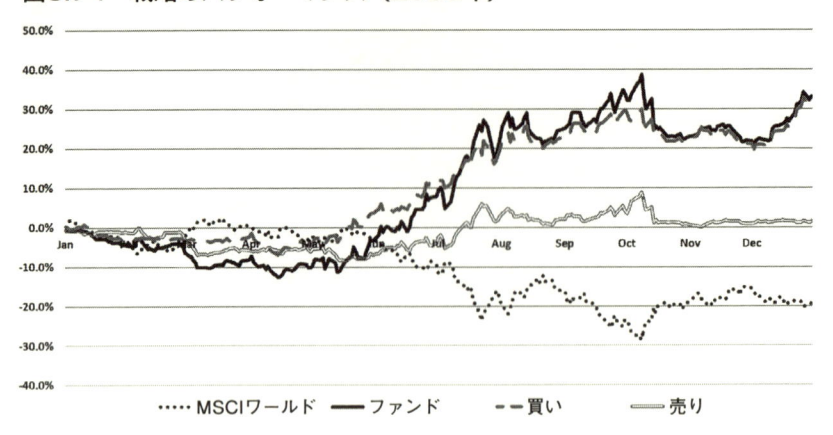

……MSCIワールド　　——ファンド　　-- 買い　　—— 売り

図6.75　セクター別パフォーマンス（2002年）

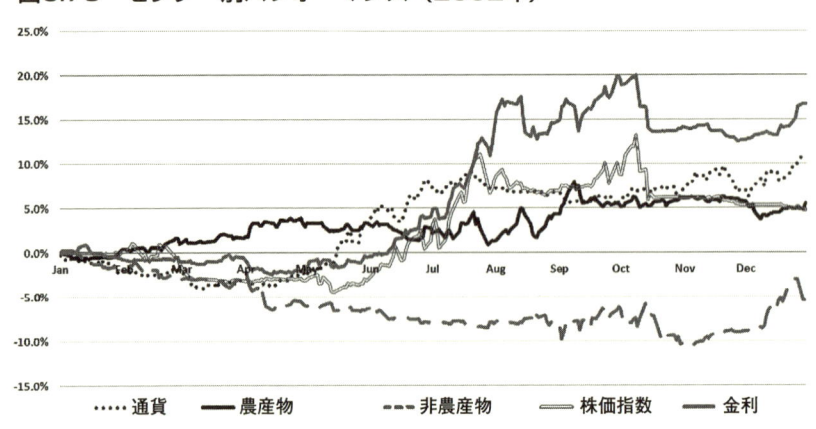

……通貨　　—— 農産物　　--- 非農産物　　—— 株価指数　　—— 金利

た。10月の急上昇によって何らかのダメージがあったと見えて、ファンドは20％にまで急激に下落した。この状況では大したことはないように思えるかもしれないが、数週間でパフォーマンスが20％も減少したことは笑い事ではない。まだ利益は出ていたものの、マネジャーとしてのあなたにも、顧客にも、このやり方はどうなのかという疑問を抱かせ、市場で何かが変わり、戦略がうまくいかなくなるのではない

図6.76　セクター別パフォーマンス——買い（2002年）

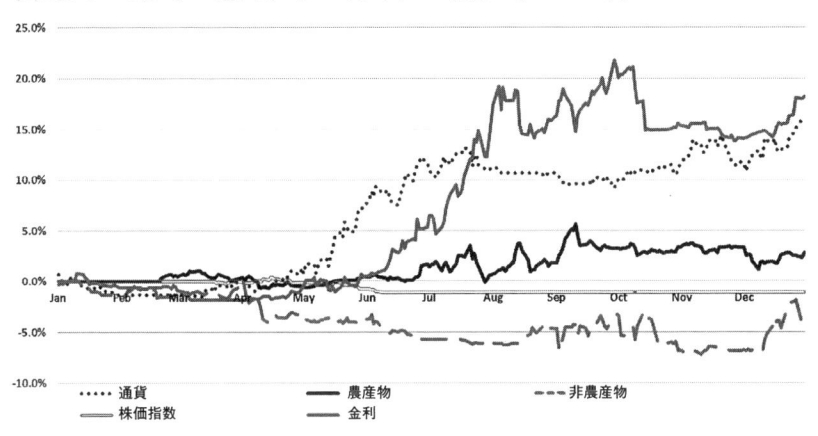

通貨　　　農産物　　　非農産物　　　株価指数　　　金利

図6.77　セクター別パフォーマンス——売り（2002年）

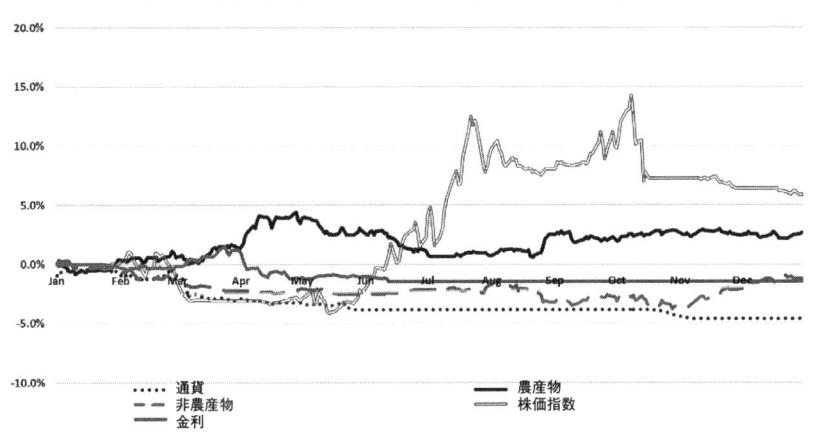

通貨　　　農産物　　　非農産物　　　株価指数　　　金利

かという不安がよぎった。実はこれはごく普通の動きであり、言うなればビジネスコストなのである。

　その後数カ月はポジションが損切りに引っかかることはほとんどなく、12月になると金利と通貨、それに非農産物の助けもあって、ファンドはその年を30％を若干上回るパフォーマンスで終えることができた。

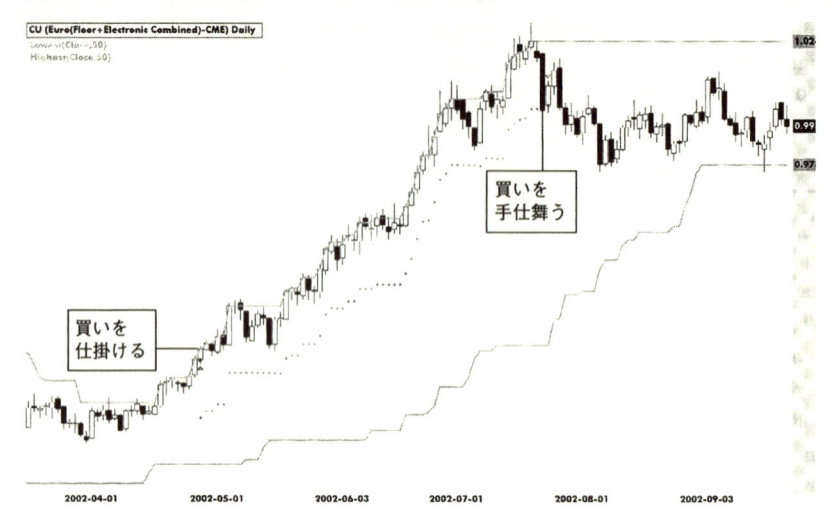

図6.78　上昇する対ドルユーロ（2002年）

　この年を牽引したのは金利と通貨だったのは明らかだ。ベア相場の間は利回りが抑えられたため金利先物は1年のほとんどの期間は上昇し続けた。したがって利益は買いサイドから得られた。通貨セクターはドルの売り（通貨の買い）が利益をもたらした。

　2002年はドルの弱さが鍵を握った。**図6.78**はこのトレンドがユーロ先物に有利に働いたことを示している。ドル指数は1年を通して下がり続けたため、どの通貨先物の買いも儲けが出た。

　表6.51と**表6.52**はセクター別パフォーマンスとこの年の結果を示したものだ。これまでの年では金利収入として5〜6％を得ていたが、2002年は1.5％を下回り、政治家が請求書を払うのを助けただけだ。これは私たちのビジネスにとって好ましいことではなく、注意が必要だ。コスト差し引き前のリターンは33％だったが、コスト差し引き後は27.4％だった。債券の利回りが低かったため、金利収入ですべてのコストを埋め合わせることはできなかった。この年は株式市場が20％

第6章　年ごとの分析

表6.51　セクターごとのパフォーマンス（2002年）

	通貨（%）	農産物（%）	非農産物（%）	株価指数（%）	金利（%）	トータル（%）
買い	16.0	2.8	-4.2	-1.1	18.2	31.8
売り	-4.6	2.7	-1.2	5.9	-1.4	1.3
トータル	11.4	5.5	-5.4	4.8	16.8	33.1

表6.52　2002年の結果

年	2002年
最初の純資産価値（NAV）	799.1
トレード結果	33.1%
金利収入	1.4%
各種費用	-0.5%
管理報酬	-1.8%
成功報酬	-4.8%
正味結果	27.4%
最終的なNAV	1018.0

以上下落し、急落したことも何度かあった。こういった状況を考えれば、私たちのファンドはまあまあうまくいったと言えるのではないだろうか。

2003年

2003年の当初ポートフォリオは前年とはがらりと変わっている。昨年はわずか9のポジションでスタートしたが、この年は全セクターにわたる37のポジションからのスタートだ（**表6.53**、**表6.54**、**図6.79**）。2001年の初めと同様、この年もベア相場のポートフォリオなのは明らかだが、2001年のポートフォリオよりもアグレッシブだ。6つの株価指数市場を売り、10の金利先物を買っているので、このポー

表6.53　当初ポートフォリオ（2003年）

市場	買い/売り	セクター
木材	売り	農産物
砂糖	買い	農産物
小麦	売り	農産物
トウモロコシ	売り	農産物
大豆	買い	農産物
綿花	買い	農産物
生牛	買い	農産物
もみ米	売り	農産物
日本円	買い	通貨
英ポンド	買い	通貨
スイスフラン	買い	通貨
豪ドル	買い	通貨
ユーロ	買い	通貨
EUR/GBP	買い	通貨
NZドル	買い	通貨
日経225	売り	株価指数
DAX	売り	株価指数
S&P500	売り	株価指数
EuroStoxx50	売り	株価指数
FTSE100	売り	株価指数
ハンセン	売り	株価指数
軽油	買い	非農産物
灯油	買い	非農産物
原油	買い	非農産物
ガソリン	買い	非農産物
金	買い	非農産物
パラジウム	売り	非農産物
ポンド短期金利	買い	金利
10年物Tノート	買い	金利
ドイツブンズ	買い	金利
長期ギルト債	買い	金利
2年物Tノート	買い	金利
カナダBA手形	買い	金利
ユーリボー	買い	金利
ユーロドル	買い	金利
ユーロスイス	買い	金利
ドイツ2年物国債（Schatz）	買い	金利

表6.54 セクター配分(2003年)

	買い	売り	トータル
通貨	7	0	7
農産物	4	4	8
非農産物	5	1	6
株価指数	0	6	6
金利	10	0	10
トータル	26	11	37

図6.79 セクター配分(2003年)

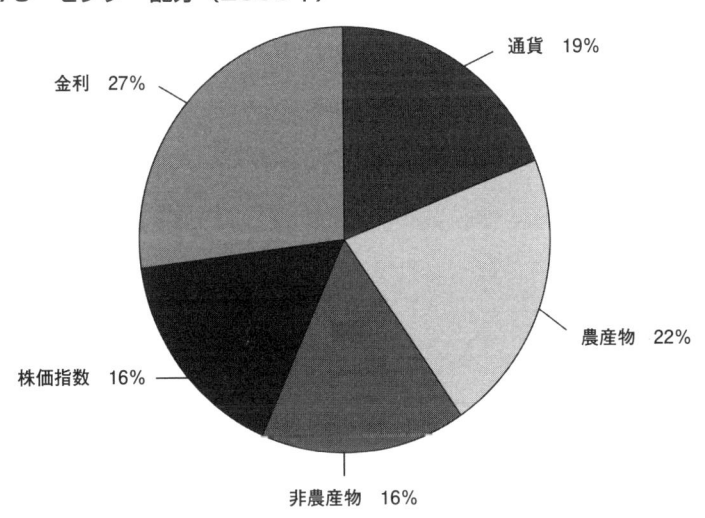

トフォリオは世界の投資家のリスク選好に非常に敏感であることを示している。彼らがひるめばわれわれは利益を物にし、彼らが自信を持てばわれわれは損をする。対ドル通貨に対するイクスポージャーも非常に大きい。この年は、ドル、株価指数、利回りが下落したが、これら3市場は同じ要素によって動かされているため、相関が非常に高い。これは明らかにコーナーポートフォリオであり、このまま維持するの

が怖いポートフォリオだ。このポートフォリオは非常にリスクが高く、セクターによって買いと売りがはっきりと別れている。これは高価なリスク管理ソフトウエアを使わなくても分かるが、これもトレンドフォローで運用される先物ポートフォリオの1つの要素なのだ。とは言え、一体どれくらいリスクが高いのかを調べるために、高価なリスク管理ソフトウエアが欲しくなる人もいるかもしれない。

コモディティーは買いと売りの両方から仕掛け、その多くはベア相場のものとは相関が低い。

こういったリスクの高いポートフォリオを保有するときに気をつけなければならないことは、何らかの動きが発生する可能性があるということである。上に動くのか、下に動くのかは分からないが、これほどのリスクを持ったポートフォリオがほとんど動かないということはまずない。

この年の最初の数週間は動きは極めて穏やかだったが、すぐに激変し、2月に入る前には利益は2桁になっていた（**図6.80**）。このあと、この年が終わるまでゼロラインははるか下方にあり、二度と見ることはなかった。1月から私たちのポジションはすべてが同時に利益になった。これぞまさにシステマティックなトレンドフォロー先物戦略の醍醐味だ。良いことは重なるものだ。第1四半期で好調だったのは、金利の買い、非農産物の買い、通貨の買いだったが、株価指数の売りも大きく貢献した。3月の初めにはファンドはすでに25％にまで達したが、MSCIワールドは2桁のマイナスだった。あなたはハッピーで、もう歯医者の学校に行こうなどと心配をすることもない。

3月の終盤に発生した急落によって後退はしたものの、友であるミスター・マーケットからときどきこうした平手打ちを食らうことにはもう慣れているはずだ。ものの数週間で＋25％から＋7％に下落したことは苦痛であり、投資家にうまく説明できないのはいつものことだ。でも、まだプラスなので気分的には楽だ。この急落は市場の反転と市

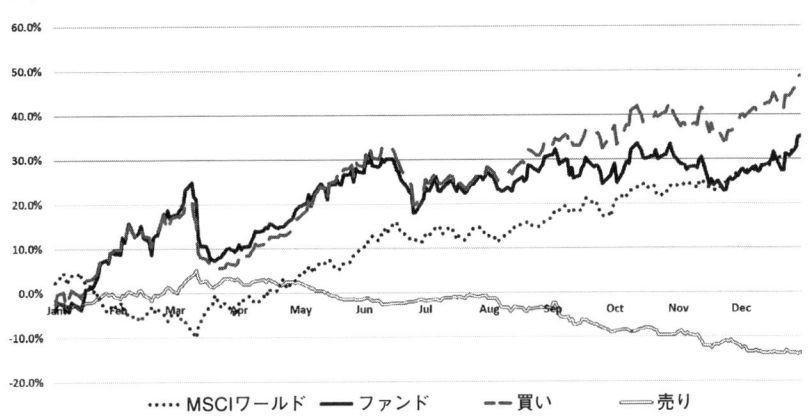

図6.80　戦略のパフォーマンス（2003年）

場参加者のリスク選好の変化によるものだった。株式市場が上方に反転したため、株価指数の売りは損切りに引っかかり、それまでの利益のほとんどを市場に返した。ベア相場ではよくあることだが、こんなときには市場やセクターの相関が高まる。したがって、株式市場が上昇すれば、そのほかのトレンドもすべて上昇する。3月に大きなドローダウンを喫したのはこのためだ。

しかし、このドローダウンは長くは続かず、4月には再び上昇し始めた。これを牽引したのは対ドル通貨の買いだったが、農産物の買いも貢献し、非農産物の売りもある程度貢献した。この年の半ばにはパフォーマンスは＋30％に達した。7月にはボラティリティの高い時期が少しだけあったが、これは金利の買いによるものだ。しかし、そのあとファンドは25～30％で推移し、クリスマスの時期の急上昇によって、この年は＋35％で終えた。本当に素晴らしい年だった。

この年で記憶に残るのは株式市場の急落だが、トレンドフォロワーがより重視するのはドルの下落である。この年、最大の利益をもたらしたのは対ドル通貨の買いだった（図6.81と図6.82）。株式指数の

図6.81　セクター別パフォーマンス（2003年）

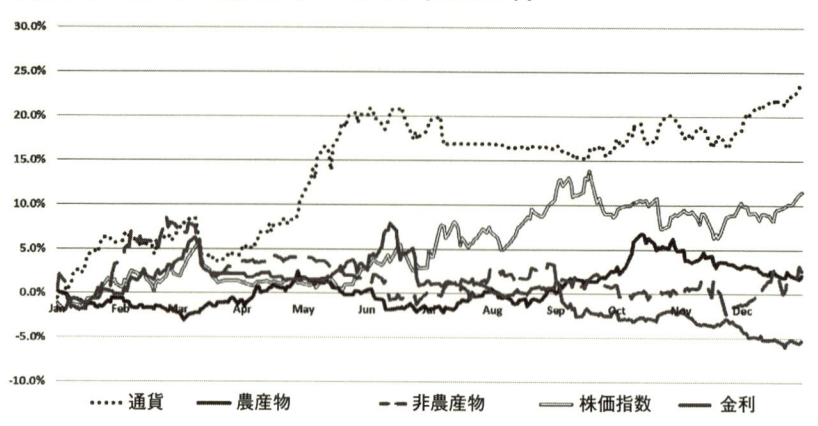

……… 通貨　　―― 農産物　　－－ 非農産物　　―― 株価指数　　―― 金利

図6.82　セクター別パフォーマンス――買い（2003年）

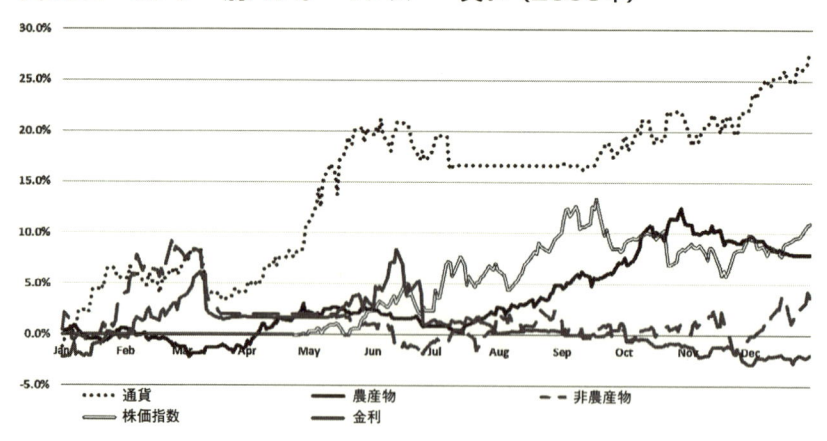

……… 通貨　　―― 農産物　　－－ 非農産物
―― 株価指数　　―― 金利

　買いと売りも貢献した（**図6.83**）が、このセクターの利益は通貨の利益の半分にすぎなかった。2つのコモディティーと金利は足かせにしかならなかった。

　2003年の初め、株式市場の下落を受けて株価指数の売りを仕掛けた。全体的には良いトレードだったが、これらのポジションはすべて同時に反転したため、ファンドは一時的に大打撃を受けた。何が起こ

図6.83 セクター別パフォーマンス──売り（2003年）

凡例：
- ‥‥‥ 通貨
- ── ── 非農産物
- ── 金利
- ── 農産物
- ── 株価指数

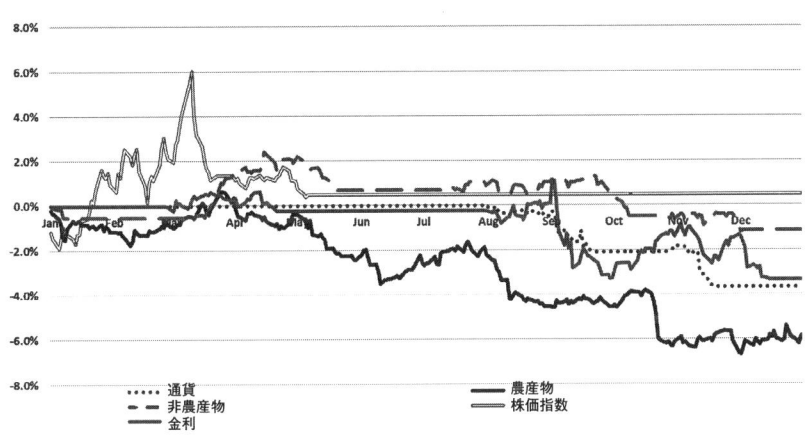

図6.84 ベア相場の終焉

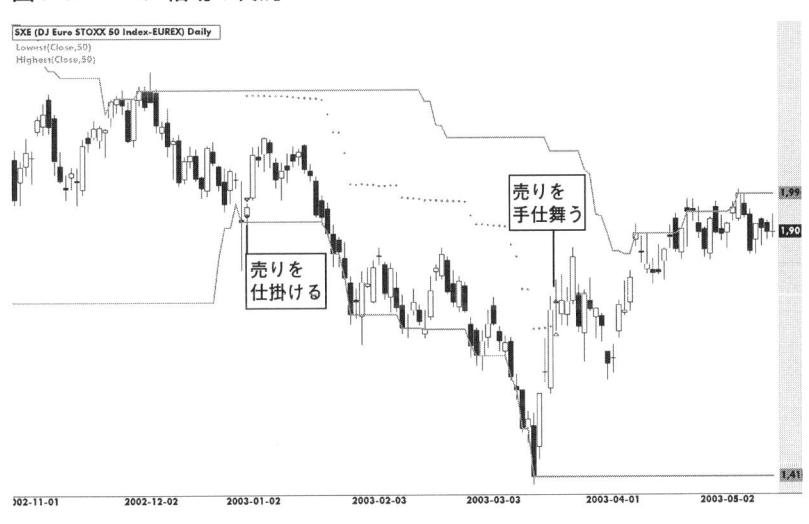

SXE (DJ Euro STOXX 50 Index-EUREX) Daily
Lowest(Close,50)
Highest(Close,50)

チャート内注釈：
- 売りを仕掛ける
- 売りを手仕舞う

ったのかは、EuroStoxx50のチャート（**図6.84**）を見るとよく分かる。3月に大きく下落したあと、再び急騰したためすべてのポジションが損切りに引っかかった。

　パフォーマンスがこれほど良い（**表6.55**）ということは、関わっ

表6.55 セクターごとのパフォーマンス（2003年）

	通貨（%）	農産物（%）	非農産物（%）	株価指数（%）	金利（%）	トータル（%）
買い	27.9	8.0	3.8	11.0	-2.0	48.7
売り	-3.7	-5.9	-1.1	0.5	-3.3	-13.5
トータル	24.2	2.1	2.7	11.5	-5.3	35.2

表6.56 2003年の結果

年	2003年
最初の純資産価値（NAV）	1,018
トレード結果	35.2%
金利収入	1.0%
各種費用	-0.5%
管理報酬	-1.8%
成功報酬	-5.1%
正味結果	28.7%
最終的なNAV	1310.4

たすべての人にお金が回るということだ。投資家のコスト差し引き後のリターンは28.7%で、マネジャーもこれらの利益を創造したことで多額のお金を受け取った。金利収入は微々たるものだったので、この年の利益はほとんどがトレンドフォロー先物戦略によってもたらされたことになる。ファンドマネジャーが受け取ったお金は当初資産の6.5%を超えた（**表6.56**）。

2004年

2004年の1月のポートフォリオは相関のある商品がいくつか含まれている。**表6.57**と**表6.58**をよく見ると、これは市場に対する確信がはっきりとした決然たるポートフォリオであることがうかがえる。これまでいくつかの年で見られたようなポートフォリオとは違って、

表6.57 当初ポートフォリオ（2004年）

市場	買い/売り	セクター
砂糖	売り	農産物
オート麦	売り	農産物
豚赤身肉	売り	農産物
カナダドル	買い	通貨
EUR/JPY	買い	通貨
スイスフラン	買い	通貨
ユーロ	買い	通貨
日本円	買い	通貨
英ポンド	買い	通貨
NZドル	買い	通貨
豪ドル	買い	通貨
ラッセル2000	買い	株価指数
ハンセン	買い	株価指数
EuroStoxx50	買い	株価指数
DAX	買い	株価指数
CAC40	買い	株価指数
FTSE100	買い	株価指数
ナスダック100	買い	株価指数
S&P500	買い	株価指数
ガソリン	買い	非農産物
軽油	買い	非農産物
原油	買い	非農産物
灯油	買い	非農産物
銅	買い	非農産物
銀	買い	非農産物
金	買い	非農産物
ドイツ2年物国債（Schatz）	買い	金利
ユーロスイス	買い	金利
10年物Tノート	買い	金利
2年物Tノート	買い	金利
カナダBA手形	買い	金利
ユーロドル	買い	金利

表6.58 セクター配分（2004年）

	買い	売り	トータル
通貨	8	0	8
農産物	0	3	3
非農産物	7	0	7
株価指数	8	0	8
金利	6	0	6
トータル	29	3	32

図6.85 セクター配分（2004年）

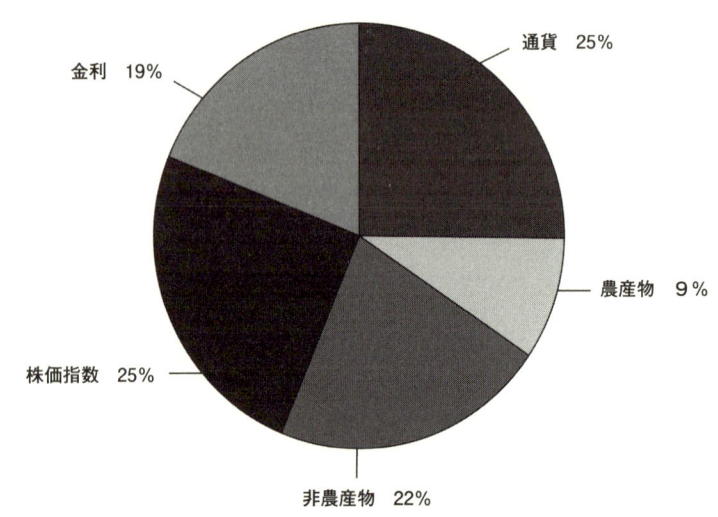

買いと売りのバランスを欠いている。最も注目したいのは弱い米ドルである。これは、対ドル通貨先物をすべて買っていることからも明らかだ。次に注目したいのが株価指数の8つの買いポジションだ。これは株式市場のブル相場が依然として続いていることを示している。債券と株式は逆相関にあるというのが一般的な通念だが、いつもこうとは限らず、ここでは金利も買っている。非農産物の金属とエネルギーは買いだが、農産物はすべて売りだ。このポートフォリオはそのとき

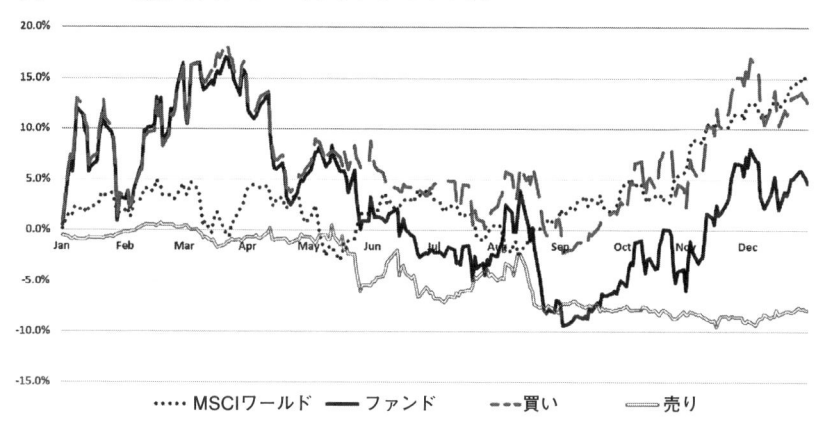

図6.86　戦略のパフォーマンス（2004年）

…… MSCIワールド　―― ファンド　--- 買い　══ 売り

　の主要トレンドに集中的に投資している。したがって、ブル相場にある株式市場と下落するドルに対する配分が多い。セクター配分は**図6.85**に示したとおりである。

　図6.86を見ると分かるように、2004年は目まぐるしく変化している。過去３年は比較的良かったが、その面影はどこにもない。2004年はボラティリティが非常に高く、とったリスクに見合うリワードが得られなかった。この年は１月の２週間でいきなり＋12％に到達した。それから数週間はボラティリティが高く、２月にはゼロラインに戻り、第１四半期の終わりには再び＋16％にまで上昇した。ボラティリティには投資家もマネジャーもハラハラさせられてきたが、この年は真の顔をまだ見せてはいなかった。ピークの＋16％から崩壊が始まった。＋３％、ゼロライン、－５％、９月には最低の－9.5％と、パフォーマンスは次々と下落していった。３月には16％の利益があったのに９月には－10％にまで下落すると、どんなに健康な人でも神経衰弱になってしまいそうだ。パフォーマンスの25％もの下落は非常につらい経験だった。＋16％からゼロラインまでの下落は複数のセクターによる

図6.87　セクター別パフォーマンス（2004年）

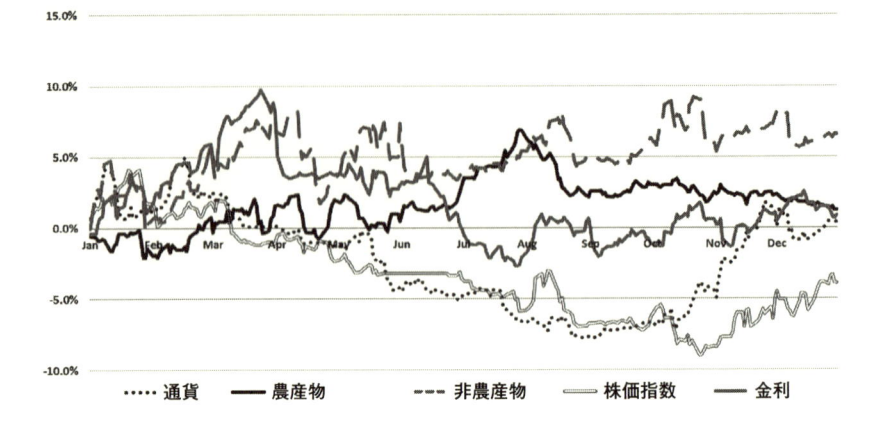

‥‥‥ 通貨　　――― 農産物　　--- 非農産物　　――― 株価指数　　――― 金利

　 もので、金利や非農産物など以前利益の出たセクターは利益のほとんどを市場に返してしまい、株価指数の買いはまったく良いところなしだった。金利の売りと通貨の損失も下落に追い打ちをかけた。

　パフォーマンスは底を付けたあと、少しずつ上昇し、この年の終わりには5％を少し下回る水準にまで回復した。同時に、世界の株式市場も2桁の回復を見せ、しかもボラティリティも比較的低かった。こういった年を投資家に説明するのは難しい。特に、彼らに洞察力がなく、ファンドの戦略を理解していないときはなおさらだ。

　最悪の状態を救ってくれたのは貴金属とエネルギーの買いだった。言及に値する利益を上げたのは非農産物セクターだけだった。世界の株式市場は上昇していたのに、株価指数先物では4％以上の損失を出した。

　セクター別パフォーマンス（**図6.87～図6.89**）を見ると分かるように、3月の終わりに金利の買いが利益の一部を市場に返した。これには長期ギルト債も含まれる（**図6.90**）。金利の買いは突然反転し、崖を転がるように下落し、次々と損切りに引っかかった。金利ポジションはある程度の利益を確保したあと利益の一部を市場に返した

図6.88　セクター別パフォーマンス——買い（2004年）

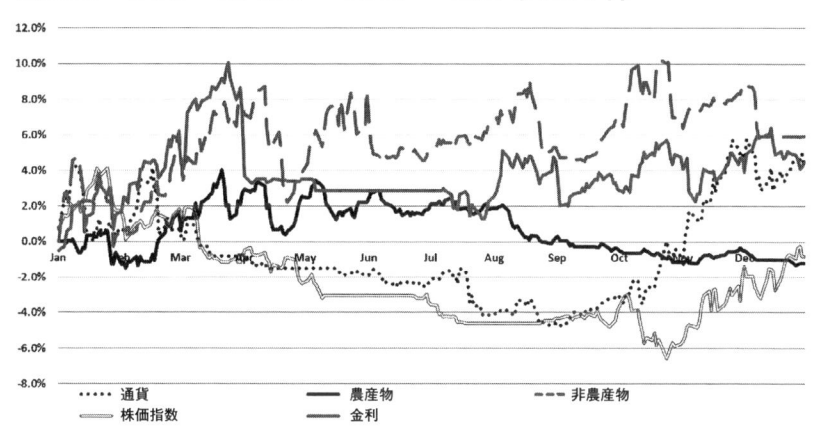

凡例： ・・・・・ 通貨　　―― 農産物　　--- 非農産物　　―― 株価指数　　―― 金利

図6.89　セクター別パフォーマンス——売り（2004年）

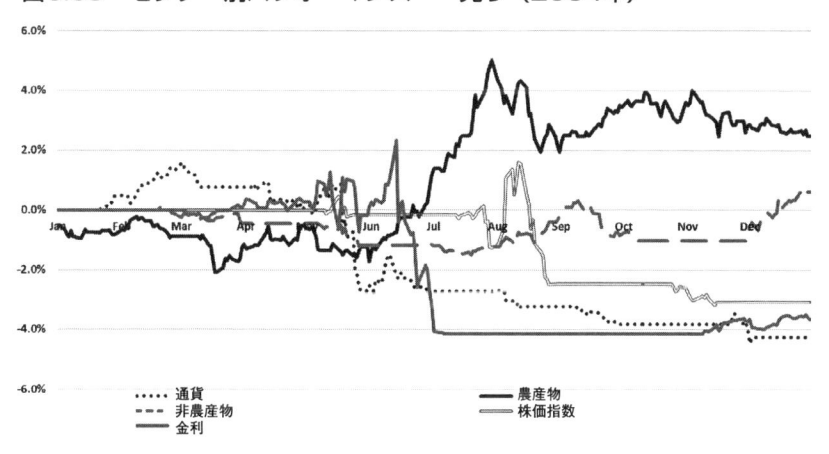

凡例： ・・・・・ 通貨　　―― 農産物　　--- 非農産物　　―― 株価指数　　―― 金利

のでまだマシだが、長期ギルト債は不運にも下落する直前に買ったので、利益のほとんどを市場に返してしまうことになった。

こんな年は、成功報酬をもらうのもちょっとおこがましい感じだ（**表6.59と表6.60**）。あれほどのお金は一体どこに消えたのか。請求書をすべて支払ったあとの投資家のリターンはわずか３％だった。これでは彼らが満足するはずがない。この年のボラティリティは恐ろしい

図6.90　長期ギルト債の高くついたトレード

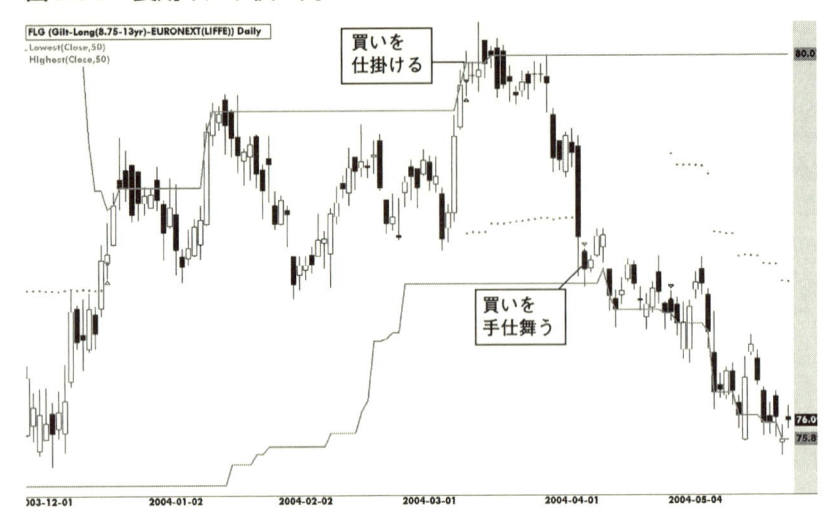

(チャート内注記: 買いを仕掛ける／買いを手仕舞う)

表6.59　セクターごとのパフォーマンス（2004年）

	通貨（%）	農産物（%）	非農産物（%）	株価指数（%）	金利（%）	トータル（%）
買い	4.2	-1.2	5.9	-0.8	4.5	12.5
売り	-4.2	2.5	0.6	-3.1	-3.7	-7.9
トータル	-0.1	1.2	6.5	-3.9	0.8	4.6

表6.60　2004年の結果

年	2004年
最初の純資産価値（NAV）	1310.4
トレード結果	4.6%
金利収入	1.1%
各種費用	-0.5%
管理報酬	-1.5%
成功報酬	-0.6%
正味結果	3.1%
最終的なNAV	1351.4

ほどに高かった。急いで挽回しないと、解約請求がやって来ること請け合いだ。

2005年

この年の当初ポートフォリオも30という多くのポジションからなり、リスク水準はかなり高い（**表6.61**、**表6.62**、**図6.91**）。悪い時期は次々と損切りに引っかかり、ポジションが手仕舞いされるので、ポジションの数は減少する傾向がある。2004年はまさにそんな年だった。しかし、かろうじてプラスで終えたので、2005年は再びポジションが増えた。株式市場はまだ上昇トレンドにあったので、このセクターでは9つの買いポジションを取った。対米ドル通貨も多くの買いポジションを取った。しかし全体的に見ると1つのセクターに集中することなくバランスはよい。しかし、このサイズのポートフォリオになると、必ず動きはある。2004年はあまり芳しくなかったので、今年はある程度は挽回しなければならない。

しかし、残念なことにこの年の始まりも悲惨なものになった。年が明けてわずか数日で6％を超える損失を出した。2月にはゼロラインに戻ったものの、その後も下落は続き、3月の終わりにはさらに大きく落ち込み、2桁のマイナスリターンになった（**図6.92**）。この年の初めの大きな下落は株価指数の買いによるものだ。株式市場がいきなり反転し、すべてのポジションが打撃を受けたのだ。これはこのセクターの悪い点だ。ほかのセクターに比べて内部相関が高いのだ。特に市場がベア相場になると相関は高まる。さまざまな国やセクターの株価指数の買いを保有しているため、分散しているという錯覚に陥りやすいが、株式市場が下落すると、すべての市場が同時に下落する。2番目の大きな下落もこのセクターによるものだが、通貨やコモディティーも要因の1つだ。

表6.61　当初ポートフォリオ（2005年）

市場	買い/売り	セクター
砂糖	買い	農産物
オート麦	買い	農産物
綿花	売り	農産物
トウモロコシ	売り	農産物
小麦	売り	農産物
EUR/GBP	買い	通貨
EUR/CHF	買い	通貨
EUR/JPY	買い	通貨
カナダBA手形	買い	通貨
英ポンド	買い	通貨
スイスフラン	買い	通貨
ユーロ	買い	通貨
NZドル	買い	通貨
ハンセン中国企業	買い	株価指数
CAC40	買い	株価指数
DAX	買い	株価指数
FTSE100	買い	株価指数
ハンセン	買い	株価指数
S&P500	買い	株価指数
ナスダック100	買い	株価指数
EuroStoxx50	買い	株価指数
ラッセル2000	買い	株価指数
銅	買い	非農産物
ガソリン	売り	非農産物
天然ガス	売り	非農産物
パラジウム	売り	非農産物
ユーロスイス	買い	金利
ユーロドル	売り	金利
ポンド短期金利	買い	金利
長期ギルト債	買い	金利

表6.62　セクター配分（2005年）

	買い	売り	トータル
通貨	8	0	8
農産物	2	3	5
非農産物	1	3	4
株価指数	9	0	9
金利	3	1	4
トータル	23	7	30

図6.91　セクター配分（2005年）

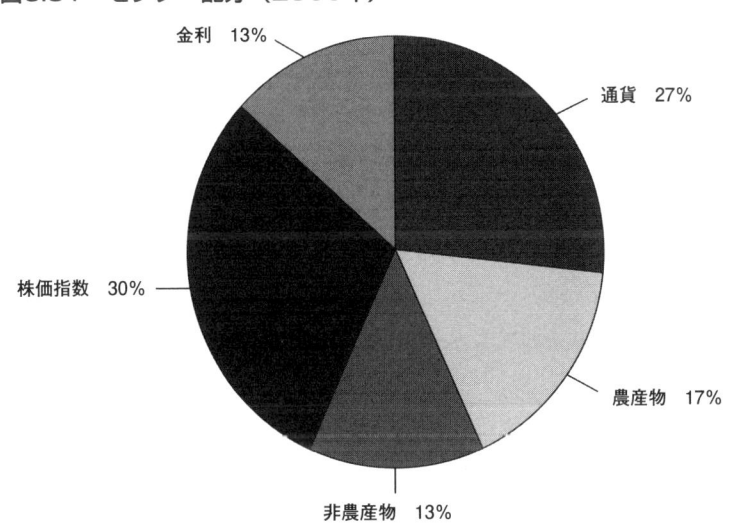

　6月の初め、依然として10％水準にあったが、株価指数の買いと金利の買いのおかげで少しずつ回復し始めた。8月に再びゼロラインに戻ったものの、また下落して2桁のマイナスリターンに舞い戻ってしまった。今年も後半に入ったものの、依然として大きな損失を抱えており、絶望的に思えた。忘れてはならないのは、これは統計学的ゲームであって、サイコロを長きにわたって振り続ければ、事態は好転するということである。

図6.92 戦略のパフォーマンス（2005年）

凡例: ……MSCIワールド ——ファンド ---買い ——売り

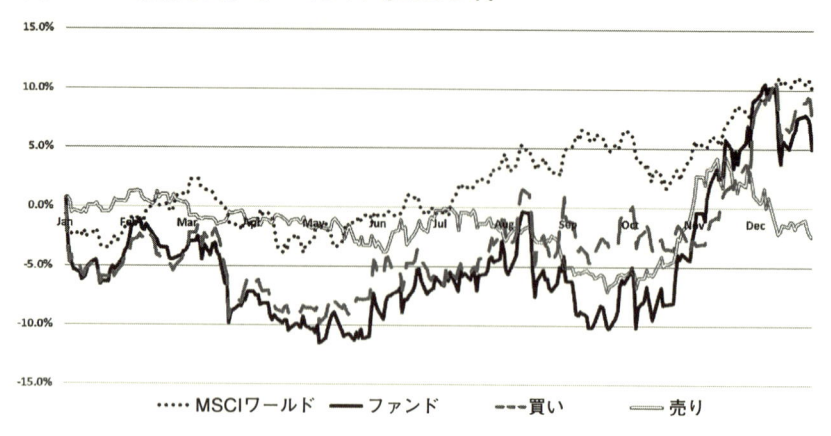

図6.93 セクター別パフォーマンス（2005年）

凡例: ……通貨 ——農産物 ---非農産物 ——株価指数 ——金利

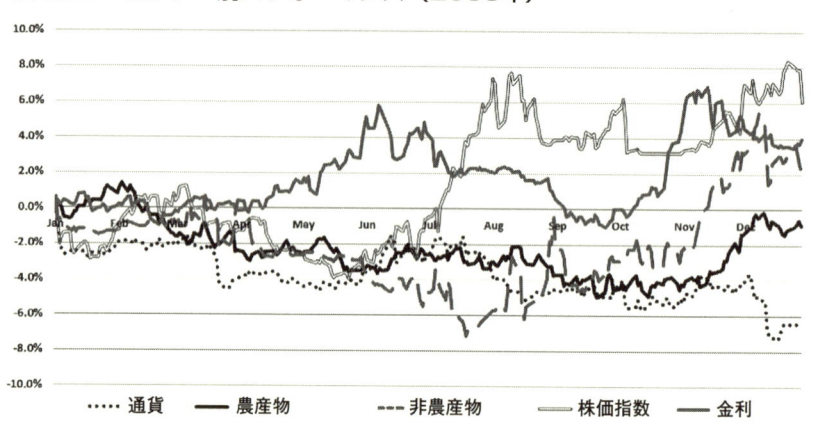

　10月の終わりになると徐々に上昇し始めた。非農産物の買いと、株価指数の買いと、金利の売りが効果を出し始め、この年も2004年と同じような状況で終えた。ピークには＋10％にまで上昇したが、結局は＋5％に落ち着いた。

　弱いドルに賭けたポジションは結局はうまくいかず、通貨セクターは大きな損失に終わった（図6.93と図6.94）。大きく貢献したセク

図6.94　セクター別パフォーマンス──買い（2005年）

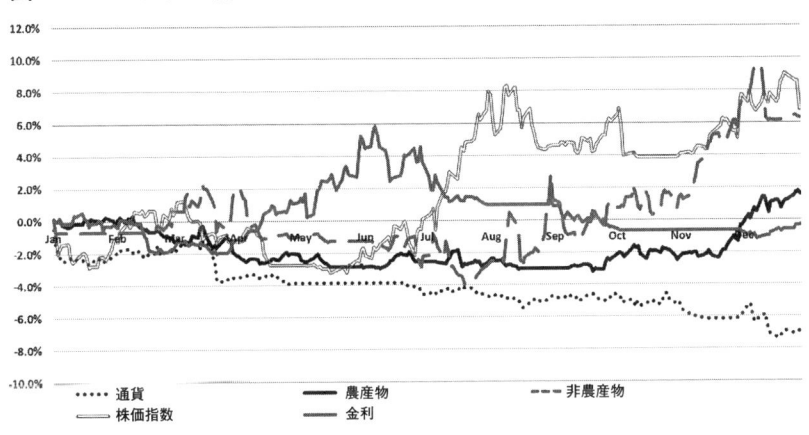

図6.95　セクター別パフォーマンス──売り（2005年）

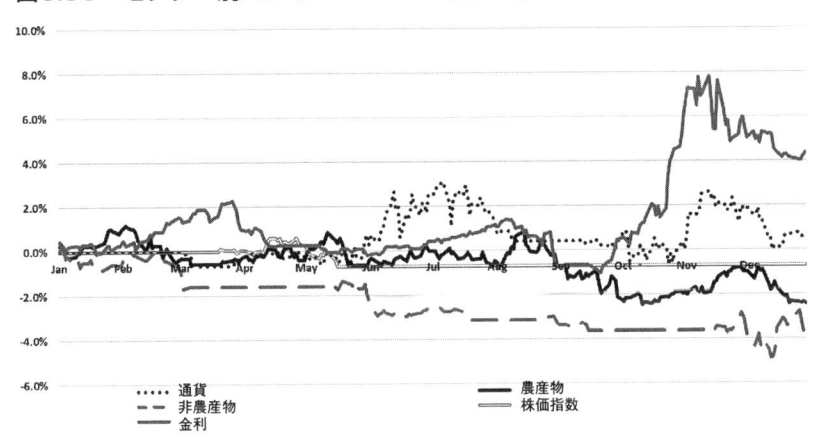

ターは、株価指数と金利だけだった。非農産物は、買いは良かったが、利益のほとんどは売りに食われた（**図6.95**）。

2005年の日経は素晴らしいトレンド相場にあった。スムーズに上昇したあと押したので、そこで利食いした（**図6.96**）。そのあとしばらく横ばい状態が続いたが、再び仕掛け、十分な利益を得て手仕舞った。残念ながら、2005年はこういったトレードはほかにはあまりなかった。

図6.96　上昇トレンドに乗る日経

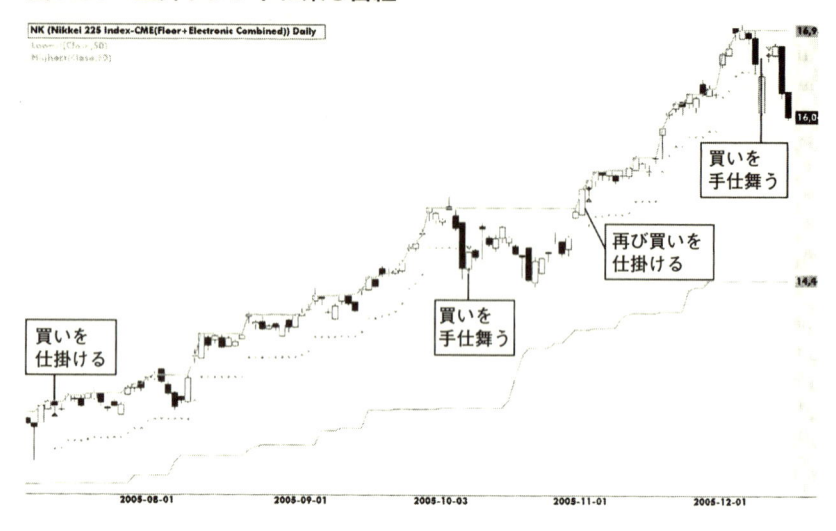

2005年は、2004年と同様、成功報酬をもらうのがはばかられるような年だった（**表6.63**と**表6.64**）。成功報酬はファンドの大きさに比べると少ないように思えるが、これもビジネスの一部であり、ヘッジファンドや絶対リターン業界のことを知らない人にとっては驚きかもしれない。1000万ドルのファンドであろうと、1億ドルのファンドであろうと、運用が大変なのは同じだが、もしこの年の初めの運用資産が1億ドルであったならば、この年は客観的に見れば失敗であったにもかかわらず、成功報酬として100万ドル手にすることができたということである。投資家のリターンはわずか5％だったが、これだけのリターンが得られたのはマネーマーケットの利回りが2.5％に上昇したおかげだ。もちろん、ファンドマネジャーは金利収入に対しても成功報酬がもらえる。

表6.63　セクターごとのパフォーマンス（2005年）

	通貨（%）	農産物（%）	非農産物（%）	株価指数（%）	金利（%）	トータル（%）
買い	-6.9	1.6	6.3	6.8	-0.3	7.4
売り	0.5	-2.4	-4.2	-0.7	4.4	-2.4
トータル	-6.4	-0.9	2.1	6.1	4.1	5.0

表6.64　2005年の結果

年	2005年
最初の純資産価値（NAV）	1351.4
トレード結果	5.0%
金利収入	2.5%
各種費用	-0.5%
管理報酬	-1.6%
成功報酬	-0.8%
正味結果	4.6%
最終的なNAV	1413.1

2006年

　2006年の初期も株式市場は依然としてブル相場にあったため、この年の当初ポートフォリオはこのセクターの配分が最も大きかった。このセクターのポジションは全部で10で、2006年1月に入るとすべての市場を買った（表6.65と表6.66）。また、原油は下降トレンドにあったので、原油関連の4つの市場はすべて売った。そのほかのセクターはバランスよく分散し、買いと売りの両方で仕掛けた。株価指数は内部相関が高いため、このセクターの比率をこれほど大きくするのはちょっと不安もあるだろう。前の2年の成績が思わしくなかったので、この年は投資家の信頼を回復すると同時に、マネジャーの自信を取り戻すためにも重要な年だった。セクター配分は図6.97に示したとお

表6.65　当初ポートフォリオ（2006年）

市場	買い/売り	セクター
木材	買い	農産物
もみ米	買い	農産物
綿花	売り	農産物
砂糖	買い	農産物
生牛	買い	農産物
豪ドル	売り	通貨
EUR/CHF	買い	通貨
カナダドル	買い	通貨
ユーロ	売り	通貨
スイスフラン	売り	通貨
日経225	買い	株価指数
ハンセン	買い	株価指数
ハンセン中国企業	買い	株価指数
CAC40	買い	株価指数
FTSE100	買い	株価指数
EuroStoxx50	買い	株価指数
ラッセル2000	買い	株価指数
DAX	買い	株価指数
S&P500	買い	株価指数
ナスダック100	買い	株価指数
灯油	売り	非農産物
軽油	売り	非農産物
ガソリン	売り	非農産物
原油	売り	非農産物
銅	買い	非農産物
長期ギルト債	買い	金利
2年物Tノート	売り	金利
カナダBA手形	売り	金利

りである。

　この年は株式市場の上昇によって、ファンドはいきなり5％を上回るリターンを上げた。2月に入るとコモディティーによってファンドは2桁のプラスリターンを達成した（**図6.98**）。2月中旬にはその利益の半分は失われたが、3月および4月になると、コモディティーに

表6.66　セクター配分（2006年）

	買い	売り	トータル
通貨	2	3	5
農産物	4	1	5
非農産物	1	4	5
株価指数	10	0	10
金利	1	2	3
トータル	18	10	28

図6.97　セクター配分（2006年）

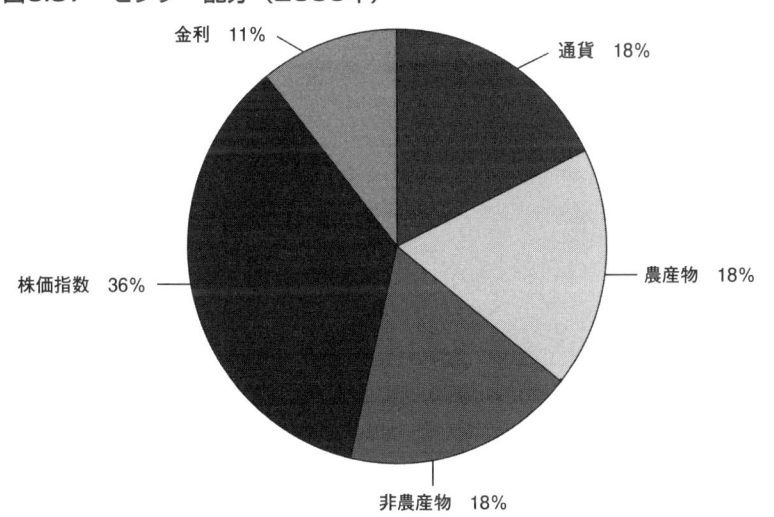

よって再び上昇し、放物線状の上昇を見せた。エネルギーの売りはうまくいかなかったが、貴金属を買うと利益は急上昇した。4月から5月の初めにかけて、貴金属は卑金属も含めてうなぎ上りに上昇し、農産物と金利の売りも貢献し、5月の終わりにはファンドは+36％にまで上昇した。

　もうお気づきかと思うが、この戦略の弱みは、時としてボラティリティが上昇し、トレンドが反転すると利益の大部分を市場に返してしまうことだ。ここでもこれが発生している。リターンが+35％を達成

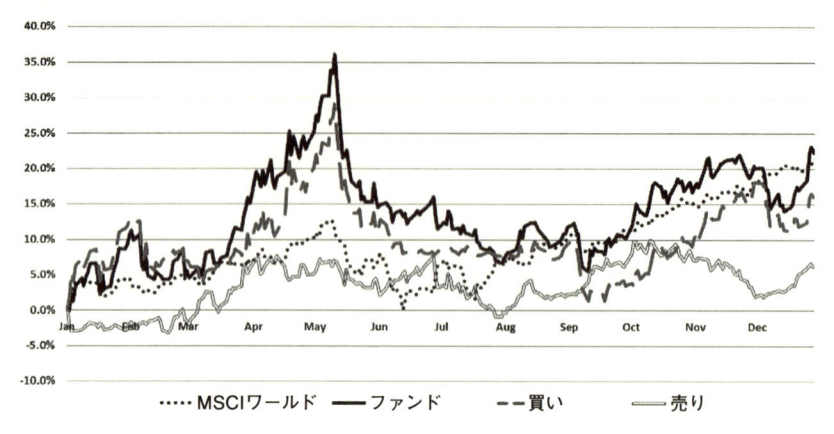

図6.98 戦略のパフォーマンス（2006年）

……MSCIワールド　―ファンド　――買い　――売り

したあと、ドローダウンが始まり、5月に上昇したときの放物線よりもより急激な放物線で下落していった。まず最初に、株式市場が下落に転じ、5月と6月の利益はすべて吹き飛び、これに加えて、予想どおり金利先物も反転した。株式市場は非常に大きく反転したため、10の株価指数の買いはすべて損切りに引っかかった。7月に株式市場は再び上昇し始めたものの、すでにポジションはなく、ただ黙って見ているしかなかった。

　このあと数カ月にわたってファンドは苦戦を強いられた。どのセクターにもトレンドがなく、ファンドは下落し続け、ついに＋5％にまで下落した。ピークから30％の下落だ。前の2年が芳しくなかっただけに、これは耐え難いほどの苦痛だった。しかし、このあと株価指数の買いポジションがまたうまく行き始め、これに加えてエネルギーの売りも貢献した。この年は＋20％をちょっと上回る水準で終えたが、この年の高いボラティリティを考えればまあまあの結果だったと言えよう。

　2006年のような年を生き抜くのは難しく、トレードもまた難しい。毎月の終わりだけ見て、あるいは年の終わりだけ見て、いい年だった

図6.99　セクター別パフォーマンス（2006年）

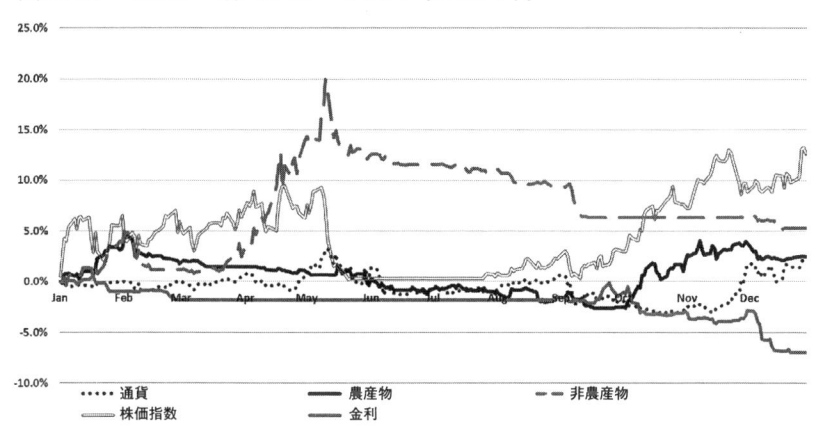

図6.100　セクター別パフォーマンス──買い（2006年）

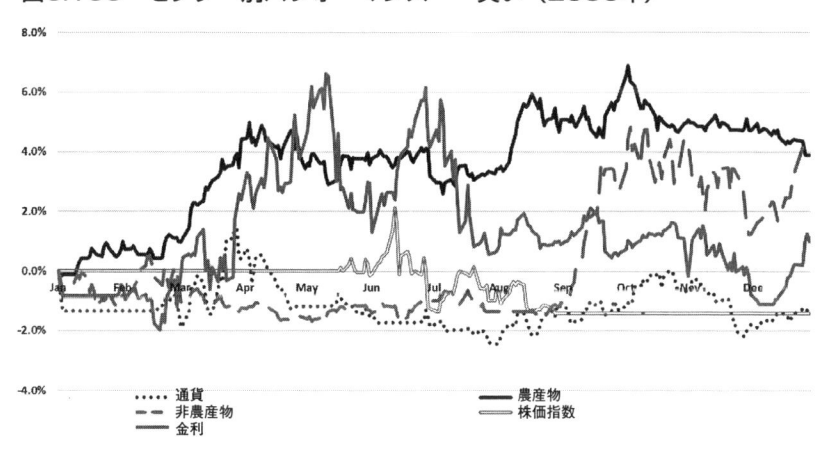

と言うのは簡単だが、実際には山あり谷ありの1年で、これは経験から学ぶしかない。

　金利以外はプラスリターンで終え、そのうちの3つはかなりの利益が出たため、成功した年と言えるのかもしれないが、精神的にはかなりきつい年だった（**図6.99～図6.101**）。非農産物は、金属の買いとエネルギーの売りで稼ぎ、農産物もかなり均等に利益が出た。これ

図6.101　セクター別パフォーマンス──売り（2006年）

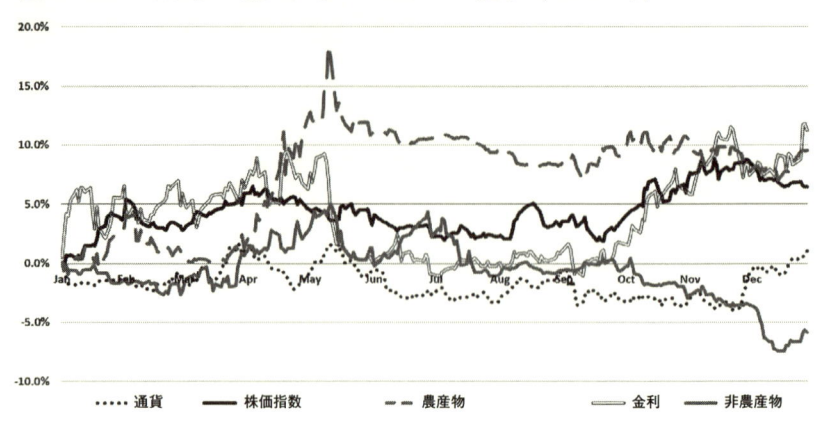

凡例：通貨、株価指数、農産物、金利、非農産物

図6.102　2006年のベア相場

（チャート内注記）買いを仕掛ける／買いを手仕舞う

は分散がうまくいった証拠だ。しかし、この年は株価指数と金利の相関（内部相関も相互相関も）が高かった。結局はプラスリターンで終わったが、1年を通して利益と損失の出る時期がほぼ同じだった。これは1カ所にリスクを集中させたことによるもので、ボラティリティ

表6.67　セクターごとのパフォーマンス（2006年）

	通貨（%）	農産物（%）	非農産物（%）	株価指数（%）	金利（%）	トータル（%）
買い	2.7	2.5	5.2	12.6	-6.9	16.1
売り	-1.5	3.9	4.2	-1.4	1.0	6.2
トータル	1.2	6.4	9.5	11.2	-5.9	22.3

表6.68　2006年の結果

年	2006年
最初の純資産価値（NAV）	1413.1
トレード結果	22.3%
金利収入	4.0%
各種費用	-0.5%
管理報酬	-1.7%
成功報酬	-3.6%
正味結果	20.5%
最終的なNAV	1702.3

が高かったのもこのためだ。

　最終的には株価指数はプラスリターンに終わったが、第2四半期には大きく落ち込んだ。内部相関が高く、不規則な動きではあったが、このセクターは今年一番の稼ぎ頭だった。**図6.102**に示したナスダックのように、いくつかの市場では買いが損切りに引っかかるとすぐに売りに切り替え、下降トレンドに乗った。

　この年のコスト差し引き前の利益は22%を超えた。再び高金利の時代に戻り、金利収入として4％も獲得した（**表6.67**と**表6.68**）。コスト差し引き後でも、顧客に対するリターンは20.5%と高かった。

2007年

　前年同様、この年もブル相場のポートフォリオになった。株価指数

表6.69 当初ポートフォリオ (2007年)

市場	買い/売り	セクター
もみ米	買い	農産物
EUR/JPY	買い	通貨
NZドル	買い	通貨
英ポンド	買い	通貨
EUR/CHF	買い	通貨
ユーロ	買い	通貨
豪ドル	買い	通貨
カナダドル	売り	通貨
日本円	売り	通貨
EUR/GBP	売り	通貨
ハンセン中国企業	買い	株価指数
ハンセン	買い	株価指数
S&P500	買い	株価指数
ミニラッセル2000	買い	株価指数
DAX	買い	株価指数
日経225	買い	株価指数
CAC40	買い	株価指数
EuroStoxx50	買い	株価指数
灯油	売り	非農産物
原油	売り	非農産物
軽油	売り	非農産物
銅	売り	非農産物
天然ガス	売り	非農産物
ポンド短期金利	売り	金利
ドイツ2年物国債(Schatz)	売り	金利
ユーロドル	売り	金利
ユーロスイス	売り	金利
長期ギルト債	売り	金利
ユーリボー	売り	金利

表6.70　セクター配分（2007年）

	買い	売り	トータル
通貨	6	3	9
農産物	1	0	1
非農産物	0	5	5
株価指数	8	0	8
金利	0	6	6
トータル	15	14	29

図6.103　セクター配分（2007年）

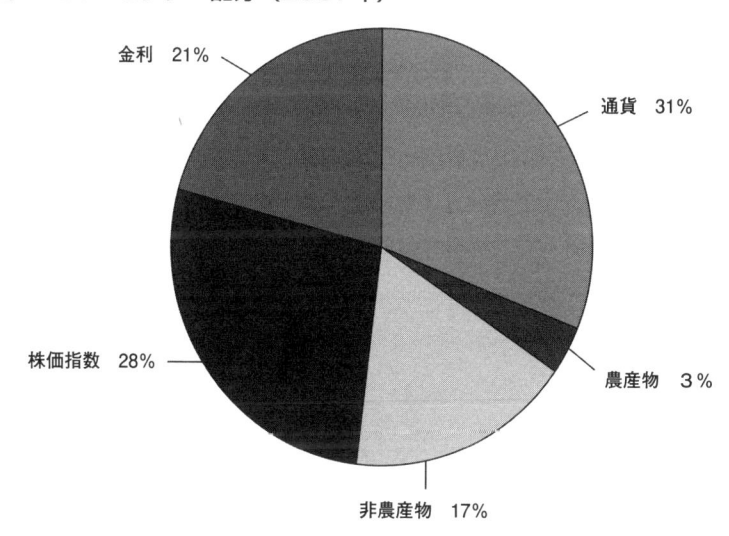

- 金利　21%
- 通貨　31%
- 農産物　3%
- 非農産物　17%
- 株価指数　28%

の買いポジションが8つと金利の売りポジションが6つというのは、上昇相場の継続に集中的に投資したポートフォリオだ（**表6.69、表6.70、図6.103**）。通貨ポジションも多く、これらはすべてドルが下落すれば利益になる。さらに、原油関連でも3つの売りポジションを取っているため、これは極めてリスクの高いポートフォリオだ。ポートフォリオには何らかの動きがあると思うが、その方向性について

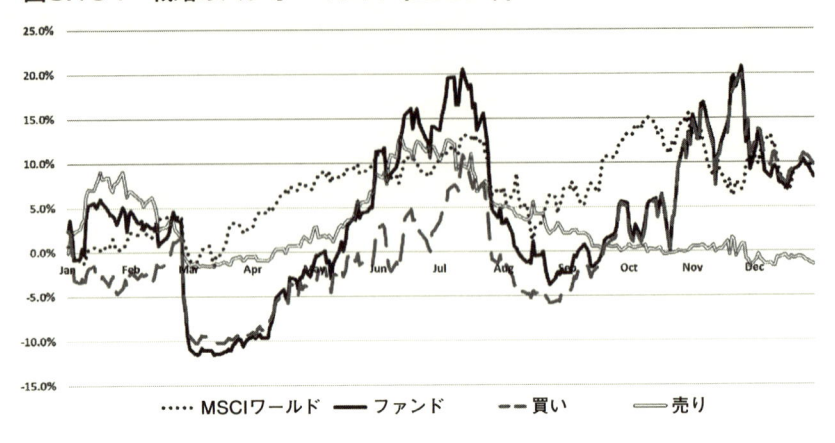

図6.104　戦略のパフォーマンス（2007年）

　はまだ分からない。

　最初の数カ月は静かで、利益の出るセクターもあれば損をするセクターもあり、全体的にはゼロラインを少し上回る水準で推移した。しかし、2月に劇的なことが起こった（図6.104）。2月27日、中国市場が1日で10％も下落し、その余波は世界の株式市場に及んだ。これは私たちにとっては非常に大きな逆行の動きであり、ファンドは文字どおり一晩で大きな損失を被った。株価指数の買いポジションは1日ですべて損切りに引っかかり、ファンドに7％を超す損害を与えた。ファンド全体では数日のうちに15％を超える損失を出し、ほとんどのポジションが損切りに引っかかった。ここまで下げたのでは取り戻すのは簡単ではないだろう。ファンドはわずかなポジションを残し、−12％にまで落ち込んだ。新たなトレンドが現れて、ポートフォリオを構築しなおすまで、ポートフォリオはこの状態のままだろう。とりあえず今のところはリスク水準は低く、これ以上の急落はしばらくはないだろう。

　中国市場が修正――大暴落と言いたければそう言ってもよい――

図6.105　セクター別パフォーマンス（2007年）

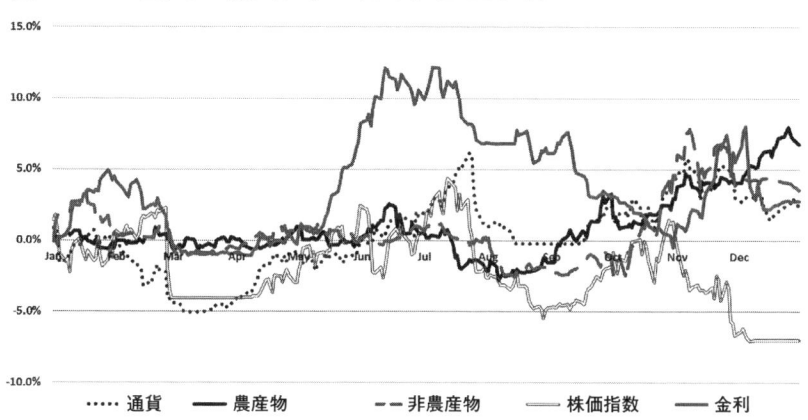

凡例：····· 通貨　── 農産物　－－ 非農産物　── 株価指数　── 金利

図6.106　セクター別パフォーマンス──買い（2007年）

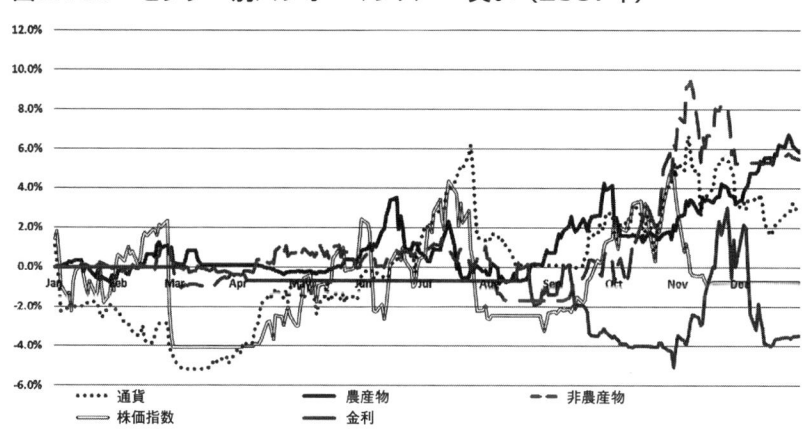

凡例：····· 通貨　── 農産物　－－ 非農産物　── 株価指数　── 金利

したあと、市場はすぐに回復したが、私たちのポジションはすでに損切りしていたため、ポジションは残っていなかった。株価指数の買いポジションを再び仕掛けたのは４月になってからだったので、回復の波に乗ることはできなかった。ファンドが持ち直したのは夏になってからで、７月には金利、株価指数、通貨の買いのおかげで＋20％に達した。不運なことに、私たちはまたもや株価指数に集中的に投資し、

図6.107　セクター別パフォーマンス──売り（2007年）

凡例：
・・・・ 通貨
－－ 非農産物
── 金利
── 農産物
── 株価指数

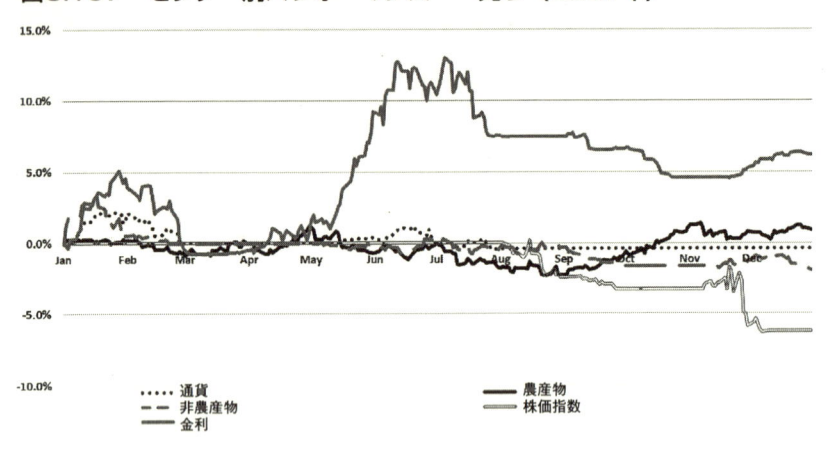

図6.108　大豆の上昇相場（2007年）

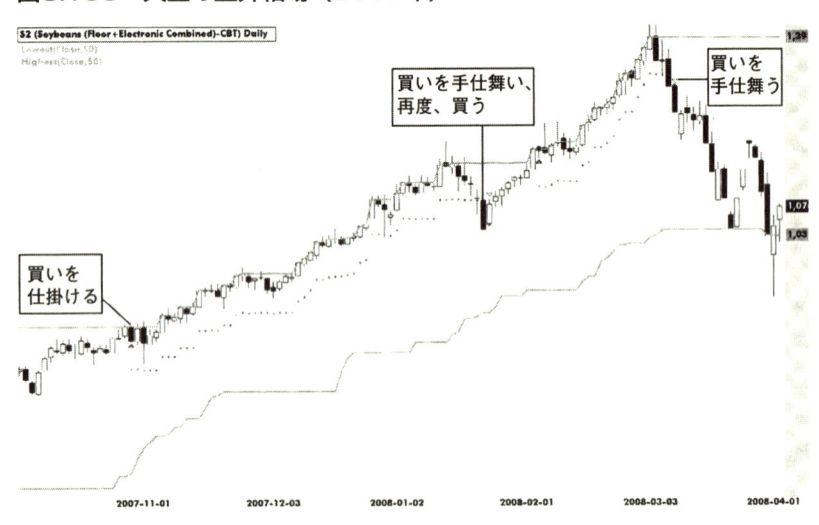

（チャート注釈）
- 買いを仕掛ける
- 買いを手仕舞い、再度、買う
- 買いを手仕舞う

その直後に再び修正局面に入り、ファンドは再び株価指数で大損をしてしまった。ファンドは9月には－3％にまで落ち込み、またもや波乱万丈の年となった。

表6.71　セクターごとのパフォーマンス（2007年）

	通貨（%）	農産物（%）	非農産物（%）	株価指数（%）	金利（%）	トータル（%）
買い	2.7	5.9	5.5	-0.8	-3.4	9.8
売り	-0.4	0.9	-1.9	-6.2	6.2	-1.4
トータル	2.3	6.8	3.6	-7.0	2.7	8.4

表6.72　2007年の結果

年	2007年
最初の純資産価値（NAV）	1702.3
トレード結果	8.4%
金利収入	3.8%
各種費用	-0.5%
管理報酬	-1.6%
成功報酬	-1.5%
正味結果	8.5%
最終的なNAV	1847.7

　しかし、救済の手は予期しないところからやって来るものだ。農産物と非農産物が勢いづき、その利益のおかげでファンドは8％を超える水準でこの年を終えることができた。

　この年は株価指数セクターにとっては最悪の年だった。買いと売りで7％のマイナスだった（図6.105～図6.107）。もしコモディティーがなければ、特に農産物がなければ、悲惨な年になっていただろう。これはまさに分散のなせる業だ。

　この年を救ってくれたのは大豆で、年の終わりに急上昇した（図6.108）。10月の終わりに仕掛けて、そのまま翌年まで持ち越して大きな儲けになった。

　前にも見たように、こういったリターンの低い年は、利益の大半はコストに食われてしまう（表6.71と表6.72）。救われたのは現金の

利息収入が4％と大きかったことだ。これでコストはほとんどまかなえ、この年のリターンは何とか＋8.5％を達成することができた。

2008年

　この数年リターンは低迷した。このときはまだ知る由もなかったが、この年はトレンドフォロー戦略にとって最高の年になった。2008年はほかの年とは比類できないほど良い年だった。

　この年の当初ポートフォリオは特にどうということはなく、主としてコモディティーからなり、株価指数のポジションはなく、通貨と金利のポジションが若干ある程度のごく小さなものだった（**表6.73**、**表6.74**、**図6.109**）。強いトレンドが現れて、新たなポジションを加えないかぎり、ポートフォリオに大きな変化はないだろう。

　図6.110の縦軸を見てみよう。これまでの年とは大幅に異なることが分かるはずだ。2008年は、世界の株式市場が50％も下落するなど、1929年の大恐慌以来、金融市場が最も大きく動いた年だった。1年を通して見ると必ずしも簡単な年ではなかったが、トレンドフォロワーにとっては最高の年となった。

　最初は小さなポートフォリオだったが、トレンドが現れると最初の数週間でポジションは大幅に増え、それに伴ってリスク水準も上昇した。1月の終わりにはファンドは10％を上回るリターンを上げたが、2008年のような異例の年では、これしきのリターンは取り立てて言うほどのものではなかった。2月と3月には農産物と非農産物の買いが大幅に伸び、短期間で大きな利益を生みだした。これに株価指数の売りの利益を加えると、ファンドは第1四半期前には＋40％という驚異的なリターンを記録した。3月から9月までは、言ってみれば嵐の前の静けさだった。さまざまなセクターの損益が相殺し合ったため、利益は上下したものの、＋20％と＋40％の間で推移した。

表6.73 当初ポートフォリオ（2008年）

市場	買い/売り	セクター
もみ米	買い	農産物
大豆	買い	農産物
トウモロコシ	買い	農産物
生牛	売り	農産物
木材	売り	農産物
豚赤身肉	売り	農産物
砂糖	買い	農産物
EUR/GBP	買い	通貨
EUR/JPY	買い	通貨
白金	買い	非農産物
ガソリン	買い	非農産物
銅	売り	非農産物
天然ガス	売り	非農産物
ユーリボー	売り	金利
ポンド短期金利	買い	金利

表6.74 セクター配分（2008年）

	買い	売り	トータル
通貨	2	0	2
農産物	4	3	7
非農産物	2	2	4
株価指数	0	0	0
金利	1	1	2
トータル	9	6	15

　2008年は、世界の金融システムが破綻の危機に瀕し、金融機関に対する救済措置が次々と取られ、金融危機が永遠に続くかに思える年だった。ベア・スターンズとリーマン・ブラザーズが経営破綻し、AIGはかろうじて救済されたが、大手銀行のほとんどは政府の支援なしではこの年を乗り切れそうもなかった。恐怖は最高潮に達し、市場ボラ

図6.109 セクター配分（2008年）

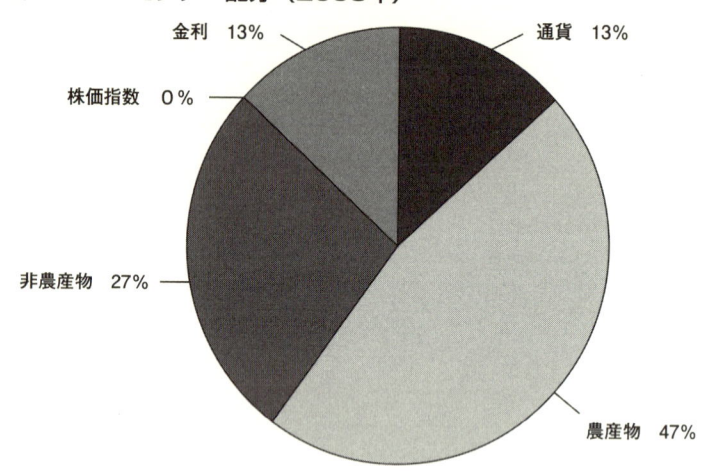

- 金利 13%
- 通貨 13%
- 株価指数 0%
- 非農産物 27%
- 農産物 47%

図6.110 戦略のパフォーマンス（2008年）

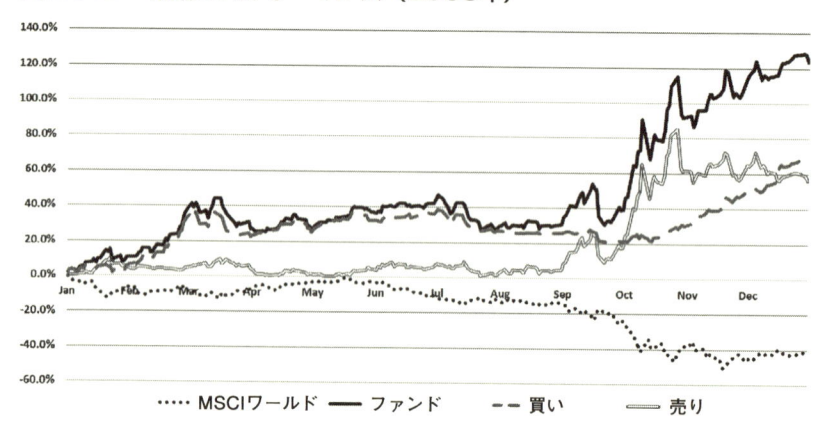

······ MSCIワールド ── ファンド ── 買い ── 売り

ティリティも極端に上昇した。この年は、極端なトレンドが発生した年でもあり、戦略に従った人にとっては極端に大きな利益がもたらされた年でもあった。

10月、ロケットが打ち上げられ、乗組員が「クレジットクランチ」という言葉を発する前に最終速度に達した。10月の初めには＋30％だ

ったファンドは、10月が終わる前には前代未踏の＋80％に達し、そのあとの数カ月でリターンは3桁を記録した。原油が強いベア相場に入り、株価指数の売り、コモディティーの売り、ドルの買いが同時に大きな利益を生みだした。これらのセクターが大きな貢献をしたのは言うまでもないが、もっと大きな貢献者は金利先物の買いで、これは2カ月でファンドの40％を占める利益を生みだした。

　これは100年に一度訪れるかどうかの極めてまれな年だった。いわば6標準偏差の年と言ってもよい。しかし、リターンの85％は一時的なものであることを認識する必要がある。分散された先物戦略でトレードできるこんな年は30～40年に1回しか現れない。こういったパーフェクトストームがまたすぐに現れることはない。もし現れるとするならば、あなたの戦略はそれに備えて準備する必要がある。

　この年はトレンドフォロワーにとってはまさに夢のような年だったが、ほとんどのマネジャーはルールを無視して、戦略のリスクを下げるといった過ちも多くしでかした。まず覚えておかなければならないことは、ベア・スターンズやリーマン・ブラザーズなどが経営破綻したとき、取引先リスクには十分に注意する必要があるということである。あなたのメーンブローカーが大間抜けをしでかしたら、彼らの元にあるキャッシュはすべてなくなり、さらに悪いことは、先物ポジションを数日、あるいは数週間手仕舞いできなくなる。これはあなたのファンドもあなたのビジネスもあなたの顧客の資産も何もかも失うことを意味する。

　あなたのブローカーをきちんと評価し、財務的に健全なブローカーを見つけることが重要なのはこのためだ。しかし、これは非常に難しい。外部から見れば良さそうに見えるブローカーが実はまずいことになっていたなんてことは最後の最後まで分かりようがないからだ。とにかく安全なブローカーを選ぶことだ。できれば、ブローカー業務に専念し、自己勘定リスクをとらないようなブローカーがよい。また、

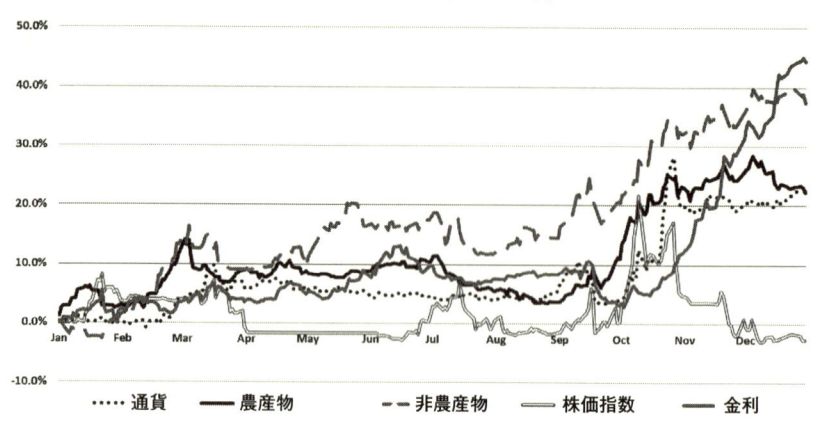

図6.111　セクター別パフォーマンス（2008年）

･････ 通貨　　── 農産物　　－－－ 非農産物　　── 株価指数　　── 金利

　あるブローカーに問題があれば、キャッシュやポジションを速やかに動かせるように複数のブローカーが必要な場合もある。また、ブローカーの口座に置いておくキャッシュはできるだけ少なくしたほうがよい。できれば短期国債で持つのがよい。これは利回り（2012年現在、利回りはほとんどゼロに近く、手数料さえカバーできない状態）のためというよりは、取引先リスクに対する安全策のようなものだ。

　2008年の後半はボラティリティが非常に高く、1日でファンドの価値が15％から20％動く日が多かった。これは戦略が意図するものではない。最終的にはうまくいったとしても、危険レベルは私たちのプランを大幅に上回っていた。こういった市場では戦略を無視したほうがよいのかどうかは難しい問題だ。ボラティリティが警戒レベルに達したときポジションを半分にした大手ファンドを知っているし、そのまま全速力で走りきったファンドも知っている。私の考えは、もし50～70％の利益を得たあと、1日で10～20％上下動するような場合は、市場が正気を失ったので何でも起こりえるということであり、したがってイクスポージャーは減らしたほうがよい。1日でも長く市場で生き延びることが重要なのだ。

図6.112 セクター別パフォーマンス——買い（2008年）

凡例: 通貨、農産物、非農産物、株価指数、金利

図6.113 セクター別パフォーマンス——売り（2008年）

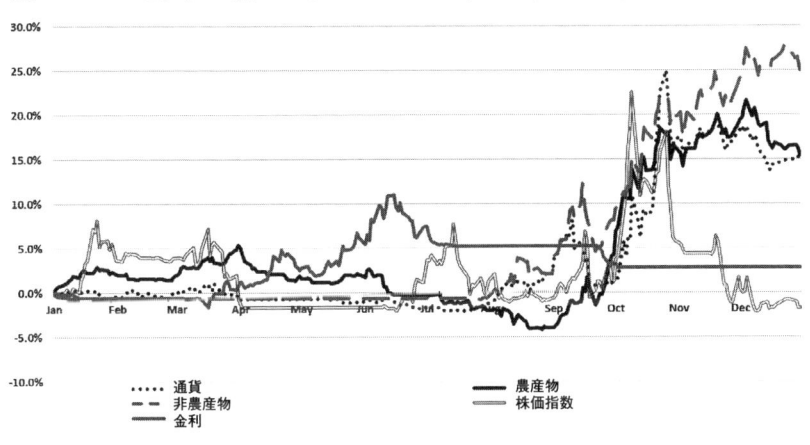

凡例: 通貨、農産物、非農産物、株価指数、金利

　こんな年はどうなるのかは分からない。したがって、ファンドの多くは対処するための手段を持たなかったとしても不思議ではない。2008年が終わった今、再びこういった年が現れたときのためにルールを作っておくことが重要だ。

　この年の最終結果は＋124％だったが、先物マネジャーの多くは最後の四半期は眠れない夜を過ごしたことだろう。

図6.114　ドイツ２年物国債（Schatz）の極端なトレンド（2008年）

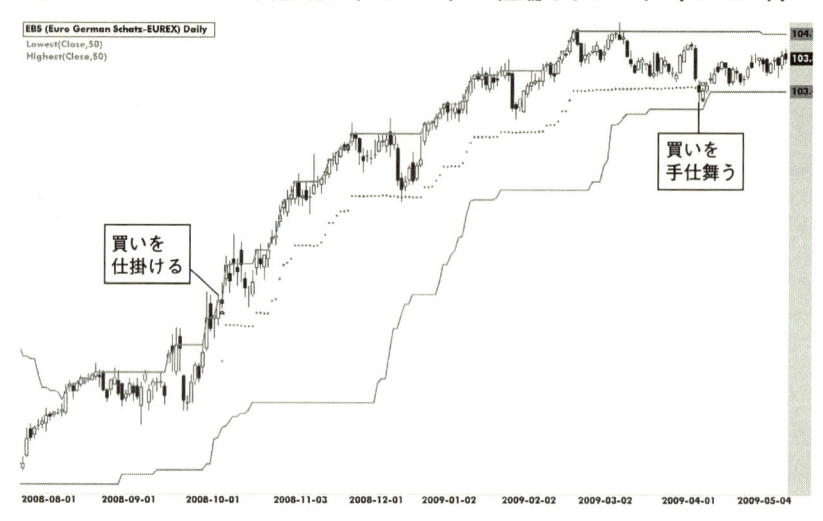

　図6.111から図6.113を見ると分かるように、株価指数は強いベア相場にありながら、売りでも損失を出している。前にも見たように、問題は世界の株式市場は下落相場にあるとき相関がほぼ１になるという点であり、10の異なるポジションを持っていたとしても、こういった年には同じパターンで上下動するのである。したがって、利益はすぐに出るかもしれないが、すべての株式市場が同じ日にいっせいに下落すれば、利益は消失してしまう。

　この年の鍵を握ったのは金利セクターだった。世界中の債券の買いが功を奏した。投資家たちが彼らのお金を株式市場から安全な債券市場へと移動させると、債券価格は上昇し、私たちの利益も上昇した。

　2008年の秋、驚くべきことが起こった。債券先物価格が急上昇したのだ。この時期に上昇するとは、まさに驚き以外の何物でもない。ドイツ２年物国債（図6.114）もその１つだった。この年の終わりの数カ月で債券の買いは40％もの利益を出した。同じ時期、世界の投資

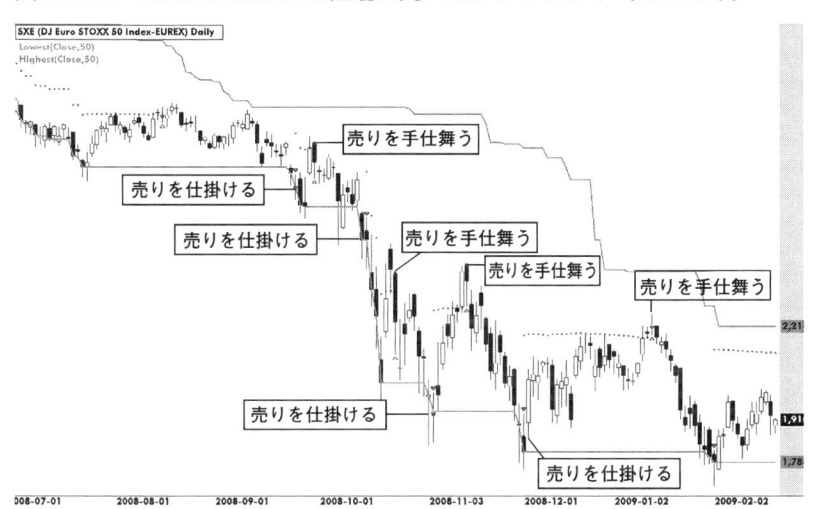

図6.115　EuroStoxx50の極端に高いボラティリティ（2008年）

家たちのほとんどが同じ規模の損失を出していた。

　史上まれに見る強いベア相場で、株価指数先物の売りが損をしたのは、一体何が間違っていたのだろうか。**図6.115**を見るとこの疑問に対する答えが少しは見えてくるかもしれない。小さく逆行しているように見えるが、実は大きなスイングが発生していたのだ。この時期、失敗したトレードの1つは、10月の初めに仕掛けたEuroStoxx50の売りだった。仕掛けたあと、わずか数日で20％下落したが、そのあとの1週間かそこらで再び25％上昇し、私たちのポジションは損切りに引っかかり、ファンドは25％下落して新たな安値を更新した。こういったボラティリティは予測不可能で、言ってみれば恐怖そのものだ。この年は株式市場のトレンドでは稼ぐことができなかったが、このセクターがわずかな損失で終われたのは不幸中の幸いと言えよう。

　1990年に戦略を立ち上げてからこの年の前年までのリターンはおよそ2000％だが、この年にはおよそ4000％に達した（**表6.75**と表

303

表6.75　セクターごとのパフォーマンス（2008年）

	通貨 (%)	農産物 (%)	非農産物 (%)	株価指数 (%)	金利 (%)	トータル (%)
買い	7.4	6.8	12.4	-0.9	41.6	67.4
売り	15.0	15.5	25.0	-1.8	2.8	56.5
トータル	22.4	22.3	37.4	-2.7	44.4	123.9

表6.76　2008年の結果

年	2008年
最初の純資産価値（NAV）	1847.7
トレード結果	123.9%
金利収入	2.9%
各種費用	-0.5%
管理報酬	-2.5%
成功報酬	-18.5%
正味結果	105.0%
最終的なNAV	3787.1

6.76）。この年のパフォーマンスは素晴らしく、恐ろしいほどの利益を手にした。この年、ファンドマネジャーの報酬はこの年の当初資産の21％にも上った。株式市場でほとんどの人が資産の半分を失う一方で、自分たちの資産は2倍になったのだから、当然ながらこのファンドの投資家からの苦情が聞かれることはなさそうだ。

2009年

2008年の終わりの驚異的なリターンは金利の買いによってもたらされたので、2009年もこのセクターに対するイクスポージャーは大きい。株価指数セクターはすべて売りだが、たかだか3つのポジションなので大したことはない。興味深いのがコモディティーだ。原油か

表6.77　当初ポートフォリオ（2009年）

市場	買い/売り	セクター
豚赤身肉	売り	農産物
砂糖	売り	農産物
オート麦	売り	農産物
EUR/GBP	買い	通貨
日本円	買い	通貨
英ポンド	売り	通貨
カナダBA手形	買い	通貨
EuroStoxx50	売り	株価指数
FTSE100	売り	株価指数
CAC40	売り	株価指数
パラジウム	売り	非農産物
銅	売り	非農産物
原油	売り	非農産物
軽油	売り	非農産物
ガソリン	売り	非農産物
灯油	売り	非農産物
天然ガス	売り	非農産物
白金	売り	非農産物
ドイツブンズ	買い	金利
10年物Tノート	買い	金利
長期ギルト債	買い	金利
ユーロドル	買い	金利
ドイツ2年物国債（Schatz）	買い	金利
ユーリボー	買い	金利
ユーロスイス	買い	金利
2年物Tノート	買い	金利
ポンド短期金利	買い	金利

表6.78　セクター配分（2009年）

	買い	売り	トータル
通貨	3	1	4
農産物	0	3	3
非農産物	0	8	8
株価指数	0	3	3
金利	9	0	9
トータル	12	15	27

図6.116 セクター配分（2009年）

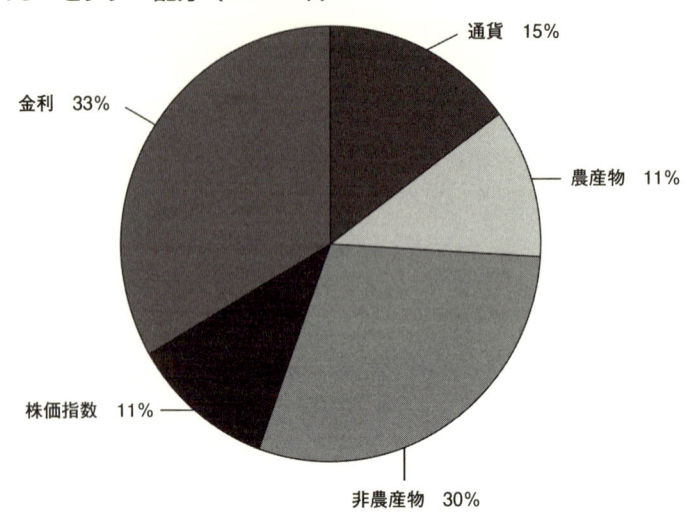

- 通貨 15%
- 農産物 11%
- 非農産物 30%
- 株価指数 11%
- 金利 33%

ら白金、豚赤身肉に至るまですべて売りポジションだ（**表6.77**、**表6.78**、**図6.116**）。

　2008年のエキサイティングな結果を見たあとでは、2009年のポートフォリオはあまり印象的ではない。3月まではファンドの動きはほとんどなく、ほぼゼロラインに沿って推移していた（**図6.117**）。世界の株式市場は下げ続け、この年の初めからおよそ30％下落した。静かな時期も第2四半期の初めに終わり、通貨の買いがドルの上昇に伴って下落した。通貨ポジションはほぼ全滅し、3月の終わりにはファンドは-10％にまで下落し、ほとんどのポジションは損切りに引っかかった。残されたのはローリスクのポートフォリオで、新たなトレンドが現れるまで復活する見込みはほとんどなかった。新たなトレンドが現れたのは7月と8月で、これに伴って株価指数の買い、金利の買い、通貨の買いで利益が出た。これらのセクターのおかげで、ファンドは10月には再びゼロラインにまで戻り、この年の残りの期間は非常に低いボラティリティでゼロライン辺りをうろついていたが、12月にはま

図6.117　戦略のパフォーマンス（2009年）

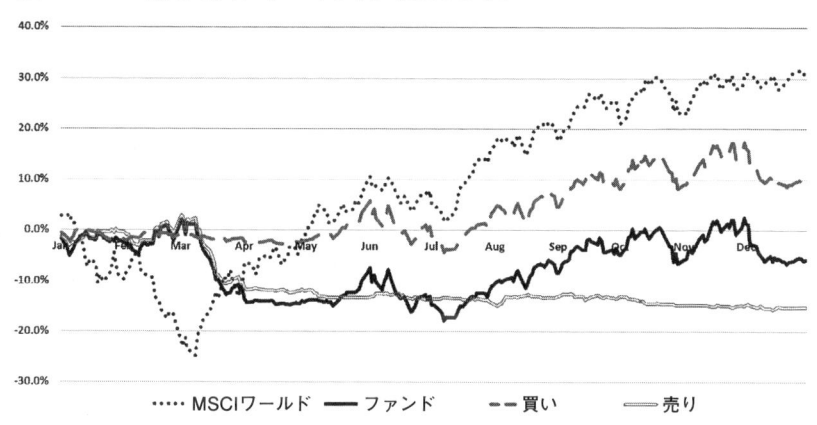

……… MSCIワールド　――― ファンド　--- 買い　――― 売り

図6.118　セクター別パフォーマンス（2009年）

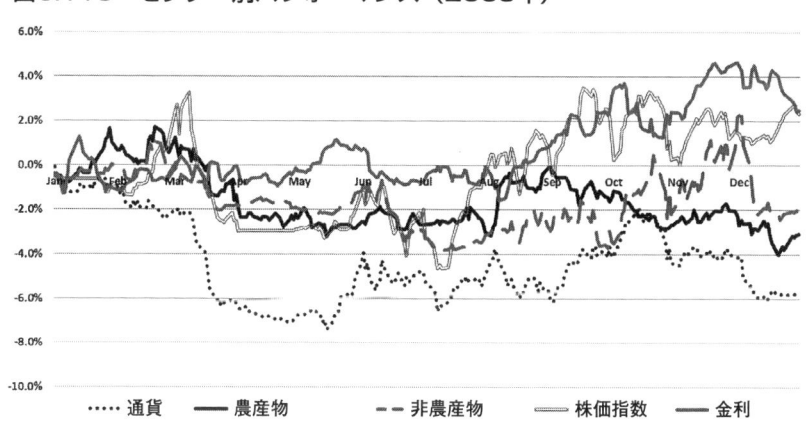

……… 通貨　――― 農産物　--- 非農産物　――― 株価指数　――― 金利

た-5.8％に下落してこの年を終えた。

　2009年は全体的にスローで、イベントのない年だった。少なくとも2008年と比べるとそうだった。正しい情報を与えられた投資家は、株式市場がリバウンドによる上昇を見せる環境下ではあなたが株価指数を打ち負かすとは思わないだろうが、そのとおりで　株式市場が大きく上昇しても、その割には結果はあまり思わしくなかった。

図6.119　セクター別パフォーマンス──買い（2009年）

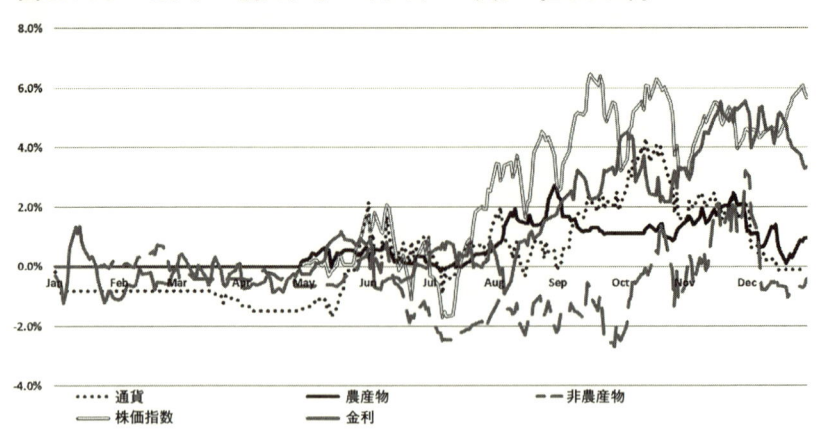

凡例：・・・・通貨　　──農産物　　――非農産物　　──株価指数　　──金利

図6.120　セクター別パフォーマンス──売り（2009年）

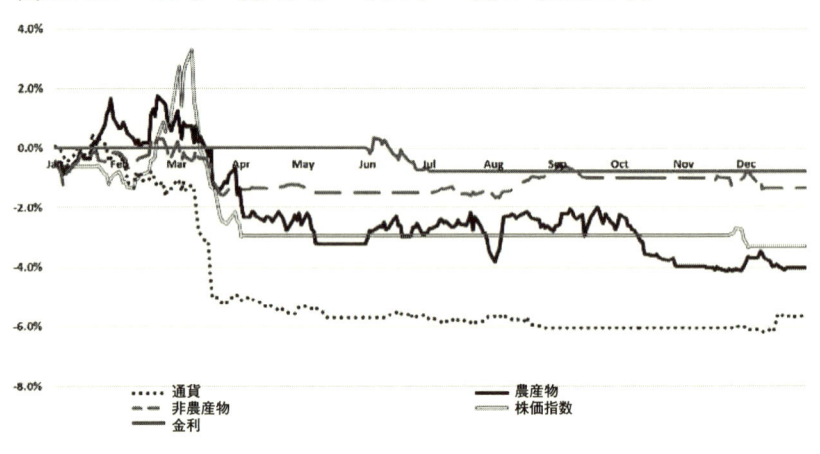

凡例：・・・・通貨　　――非農産物　　──株価指数　　──農産物　　──金利

　この年で最も注目すべき数字は、通貨の売り（ドルの買い）による損失だ（図6.118～図6.120）。ドル指数は大きく上下したものの、これはそれほど驚くには当たらない。株価指数と金利で得られた小さな利益は、通貨とコモディティーに食われた。この年は本当にイベントのない年だった。

　生牛は2009年の全市場に見られたトレンドレス市場の代表だった

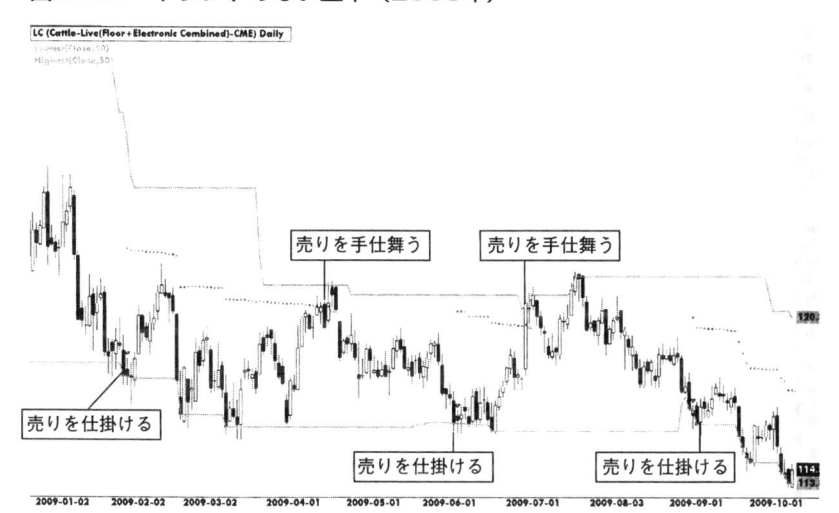

図6.121　トレンドのない生牛（2009年）

（**図6.121**）。買いと売りの両方から何回か仕掛けたものの、そのほとんどが損切りに引っかかった。同じ市場で5回続けて損を出し、まったくトレンドがなく不安定な市場では、トレードを続けるのは難しい。こんなときは最初のプランに従うことが重要だ。トレードを選んで、いくつかをスキップすれば、連敗による損失をすべて埋め合わせてくれるような大きなトレードをスキップしてしまうことになる。

　この年はマイナスリターンに終わったため、マネジャーには成功報酬は支払われなかった（**表6.79**と**表6.80**）。こういったシナリオが発生したときのために、コストとサラリーをすべて支払えるような予算を組む必要がある。

　こういったマイナスリターンの年でもファンドのコストは支払わなければならないため、顧客の損失は増えた。結局彼らが最終的に見た口座報告書の数字は−7.5％で、これまで幾度となく窮地を救ってくれた金利収入もほとんどなかった。この時期、国債利回りは下落したが、それでも国債を買うのはあなたのブローカーに預けておくよりも、

表6.79 セクターごとのパフォーマンス（2009年）

	通貨（%）	農産物（%）	非農産物（%）	株価指数（%）	金利（%）	トータル（%）
買い	-0.1	1.0	-0.4	5.6	3.3	9.4
売り	-5.6	-4.0	-1.4	-3.3	-0.8	-15.2
トータル	-5.8	-3.1	-1.8	2.3	2.5	-5.8

表6.80 2009年の結果

年	2009年
最初の純資産価値（NAV）	3787.1
トレード結果	-5.8%
金利収入	0.2%
各種費用	-0.5%
管理報酬	-1.5%
成功報酬	0.0%
正味結果	-7.5%
最終的なNAV	3504.2

政府に預けておくほうが安全だからだ。

　本当に最悪の年だった。顧客が2008年のパフォーマンスの思い出に浸ってくれていることを願うしかない。しかし、顧客というものは良いパフォーマンスを忘れるのは早いが、悪いパフォーマンスはしっかりと覚えているものだ。顧客に過大な期待を抱かせることなく、この年のように悪い時期でもあなたに付いていきたいと思わせるには、顧客と常にコミュニケーションを図り、投資プロセスをオープンにすることである。

2010年

　2009年の株式市場の上昇を受けて、2010年の当初ポートフォリオに

表6.81 当初ポートフォリオ（2010年）

市場	買い/売り	セクター
豚赤身肉	買い	農産物
大豆	買い	農産物
砂糖	買い	農産物
綿花	買い	農産物
EUR/JPY	売り	通貨
EUR/CHF	売り	通貨
EuroStoxx50	買い	株価指数
ラッセル2000	買い	株価指数
日経225	買い	株価指数
DAX	買い	株価指数
CAC40	買い	株価指数
S&P500	買い	株価指数
FTSE100	買い	株価指数
ナスダック100	買い	株価指数
パラジウム	買い	非農産物
銅	買い	非農産物
ユーリボー	買い	金利
ドイツ2年物国債（Schatz）	買い	金利
ポンド短期金利	買い	金利
ユーロドル	買い	金利
ユーロスイス	買い	金利

表6.82 セクター配分（2010年）

	買い	売り	トータル
通貨	0	2	2
農産物	4	0	4
非農産物	2	0	2
株価指数	8	0	8
金利	5	0	5
トータル	19	2	21

図6.122　セクター配分（2010年）

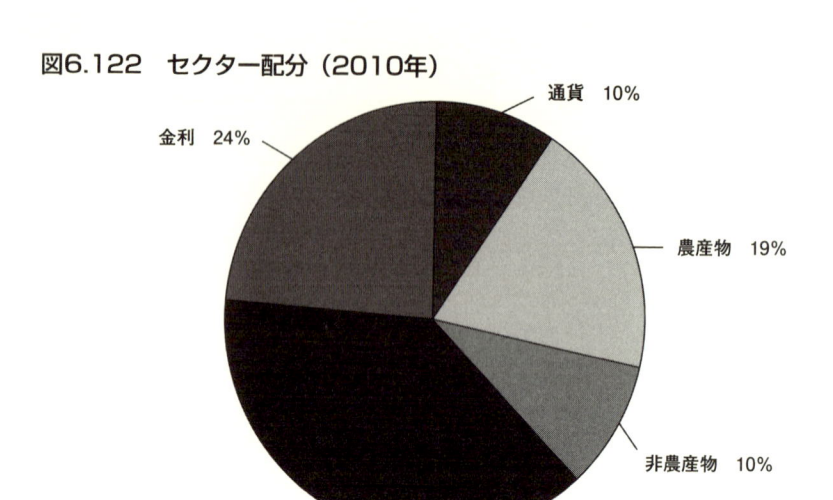

- 通貨　10%
- 金利　24%
- 農産物　19%
- 非農産物　10%
- 株価指数　38%

　はこのセクターのポジション（特に、欧州と米国の株価指数の買い）がたくさん組み込まれ、最大の配分になった。また、利回りはまだ下がり続けると見て、このセクターにも多くのポジションが取られた。残りのポジションはいろいろなセクターに分散された（**表6.81**、**表6.82**、**図6.122**）。コモディティーでは、豚赤身肉からパラジウムまでさまざまな買いポジションが取られたが、株価指数や金利のポジションに比べると少なかった。

　2010年の幕開けはやや不安定で、2月になると株式市場が下方に反転したため、5％を超えるマイナスになり、株価指数のリターンも下落した（**図6.123**）。同時にコモディティーもトレンドが反転したため損失はかさんだ。一方、金利セクターは上昇し、さらに通貨先物も上昇し、コモディティーの売りの助けもあってファンドは第2四半期の初めには＋5％にまで戻した。しかし、株式市場が再び下落したためこの利益も消失し、第3四半期には再び－5％に戻った。しかしこのあと、コモディティーが元気を取り戻し、ファンドは－5％から一

図6.123　戦略のパフォーマンス（2010年）

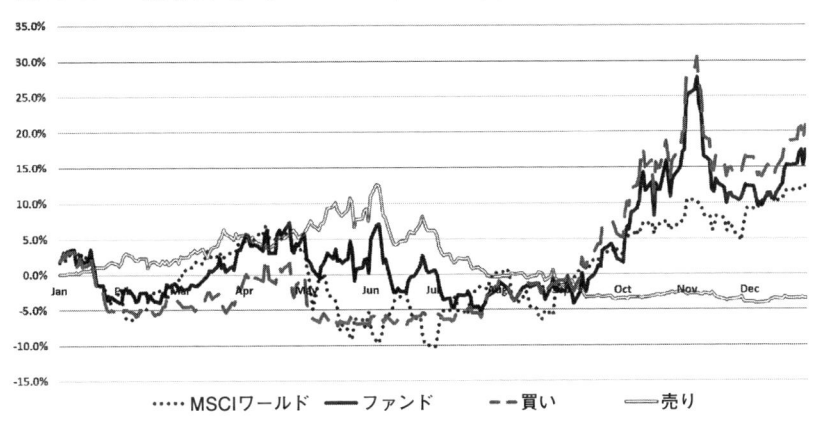

図6.124　セクター別パフォーマンス（2010年）

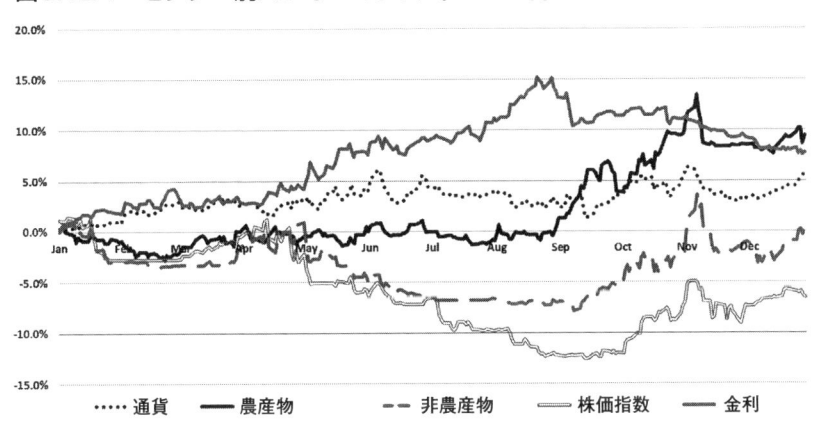

気に＋28％にまで上昇したが、いくつか損切りに引っかかり結局は＋10％にまで下落した。

　大きな利益を市場に返した理由は、株価指数、農産物、非農産物の相関が高まったためだ。これら3セクターは第3四半期から上昇し始めた。この現象はときおり見られ、損切りに引っかかる前に大きな利益を市場に返してしまうことが多い。今の戦略はポジションサイジン

図6.125　セクター別パフォーマンス──買い（2010年）

凡例：　通貨　　農産物　　非農産物　　株価指数　　金利

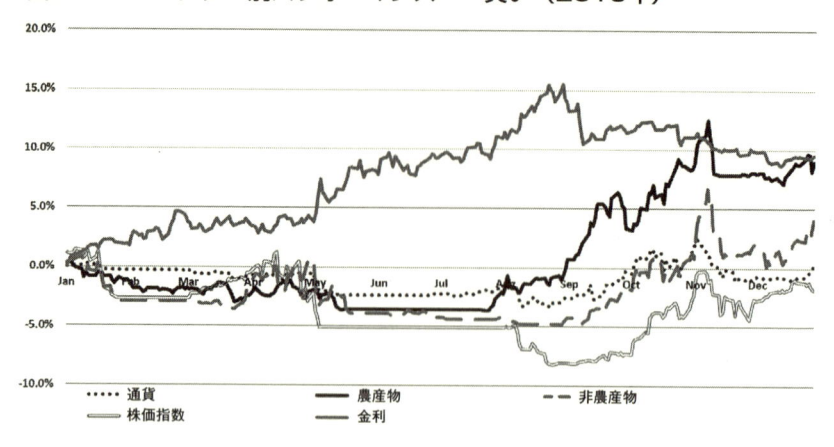

図6.126　セクター別パフォーマンス──売り（2010年）

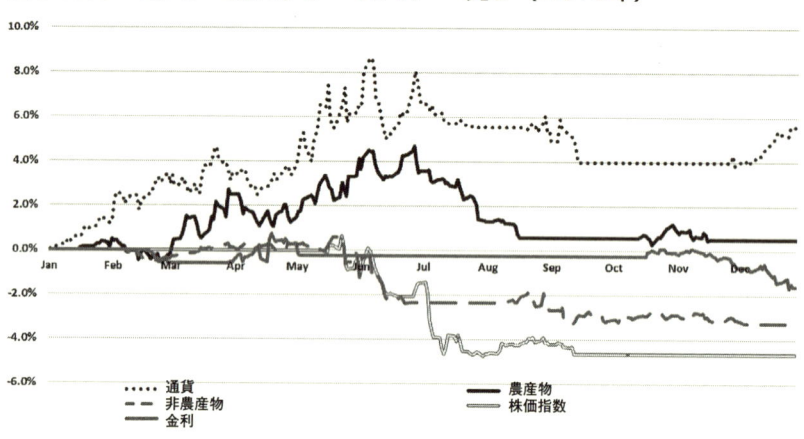

凡例：　通貨　　非農産物　　農産物　　金利　　株価指数

グのときに相関を考慮しない。したがって、ときとしてリスクがかなり大きくなることがある。不安定な年ではあったが、結局この年は17％で終えた。最悪だった2009年のあとの年なので、一安心といったところか。

　株価指数を除くセクターはまずまずだったが、株価指数はこの年は

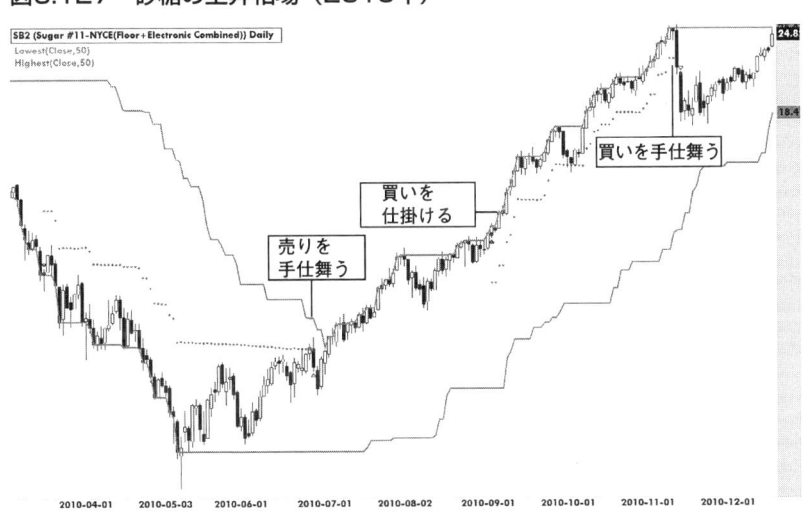

図6.127　砂糖の上昇相場（2010年）

結局は冴えない年となった（図6.124～図6.126）。非農産物はおよそゼロで終わったため、少なくともファンドに対するダメージはなく、ほかのセクターはそこそこのリターンで終えた。株価指数の－7％というのはいただけないが、とにかくこの年はファンドは2桁のリターンで終えた。

　この年の後半の農産物セクターの伸びには目を見張るものがある。11月には若干の利益を市場に返したものの、依然としてこの期間における貢献は絶大だった。特に目立つのが砂糖の高騰だ。砂糖のトレードでは大きな利益を出した。図6.127を見てみよう。トレンドフィルターを使っていたため、仕掛けるのには若干時間がかかったが、いったん仕掛けるとトレンドが終わるまでその波に乗ることができた。10月には損切りに引っかかる寸前だったため、ラッキーだったと言えるだろう。日中に一時的に損切りポイントは突き抜けたものの、再び上昇したため間違ったサイドで終値を迎えることはなかった。

表6.83　セクターごとのパフォーマンス（2010年）

	通貨（%）	農産物（%）	非農産物（%）	株価指数（%）	金利（%）	トータル（%）
買い	0.2	8.9	4.1	-1.8	9.5	20.9
売り	5.5	0.5	-3.2	-4.7	-1.6	-3.5
トータル	5.6	9.5	0.8	-6.5	7.9	17.4

表6.84　2010年の結果

年	2010年
最初の純資産価値（NAV）	3504.2
トレード結果	17.4%
金利収入	0.2%
各種費用	-0.5%
管理報酬	-1.6%
成功報酬	-1.1%
正味結果	14.3%
最終的なNAV	4004.8

　昨年はマイナスリターンだったので、この年の成功報酬は最後に成功報酬が支払われた最高点である2008年の終わりから計算した。2009年の損失を埋め合わせたという理由だけでは成功報酬をもらうわけにはいかない。この年のリターンは17.4％だったが、コストを差し引くと14.3％になった。この年は金利収入はほとんどなかったが、株式市場やベンチマークは打ち負かすことができたので、顧客はまずまず満足してくれたはずだ（**表6.83**と**表6.84**）。

2011年

　最後の年になる2011年は21のポジションでスタートした。この年も最多のポジションはブル相場である株式市場だった。2010年の後半

表6.85　当初ポートフォリオ（2011年）

市場	買い/売り	セクター
トウモロコシ	買い	農産物
木材	買い	農産物
生牛	買い	農産物
小麦	買い	農産物
オート麦	買い	農産物
大豆	買い	農産物
豪ドル	買い	通貨
カナダドル	買い	通貨
EUR/CHF	売り	通貨
EUR/JPY	売り	通貨
DAX	買い	株価指数
FTSE100	買い	株価指数
ナスダック100	買い	株価指数
S&P500	買い	株価指数
ラッセル200	買い	株価指数
日経225	買い	株価指数
原油	買い	非農産物
金	買い	非農産物
銅	買い	非農産物
灯油	買い	非農産物
軽油	買い	非農産物
パラジウム	買い	非農産物
ガソリン	買い	非農産物
銀	買い	非農産物
ドイツブンズ	買い	金利
ユーロドル	買い	金利
ユーリボー	買い	金利
ユーロスイス	買い	金利

表6.86 セクター配分（2011年）

	買い	売り	トータル
通貨	2	2	4
農産物	6	0	6
非農産物	8	0	8
株価指数	6	0	6
金利	4	0	4
トータル	26	2	28

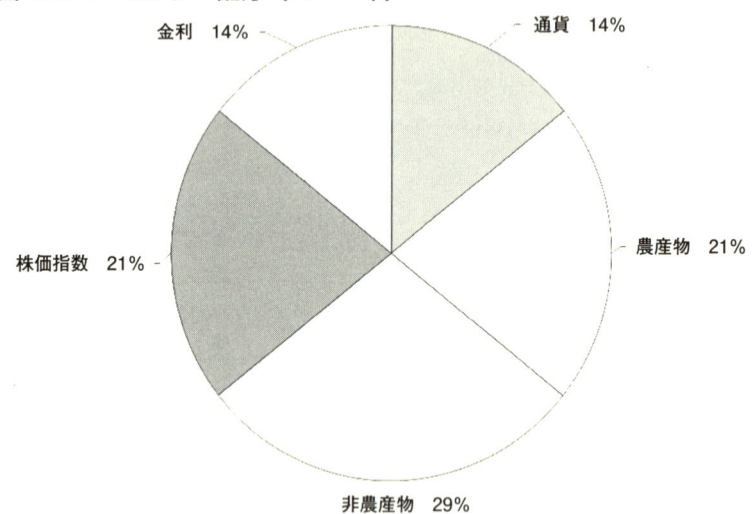

図6.128 セクター配分（2011年）

- 金利 14%
- 通貨 14%
- 農産物 21%
- 非農産物 29%
- 株価指数 21%

は株式市場の上昇に乗っかって買った債券のいくつかが損切りに引っかかったが、いくつかはまだ残っていた（**表6.85、表6.86、図6.128**）。

　2011年の最初の数カ月は比較的イベントのない時期だった。依然としてブル相場であった株式市場によって株価指数の買いポジションが利益を伸ばしていたが、通貨ポジションは早々に損切りに引っかかった。最初の恐怖が襲ったのは3月のことだった。日本の東北から関東

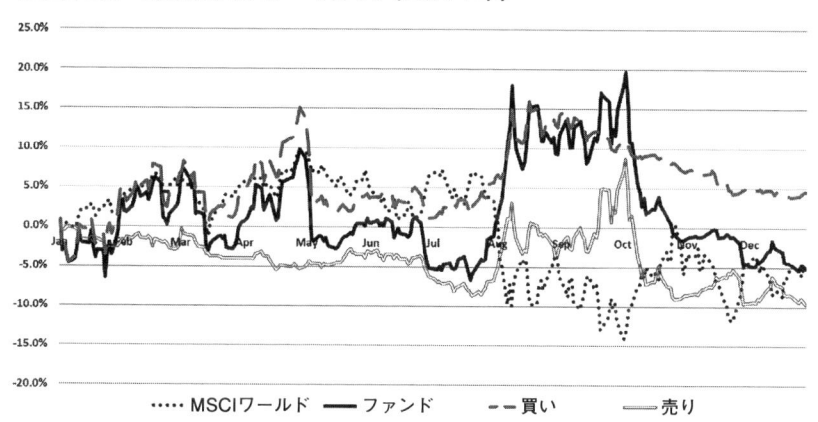

図6.129 戦略のパフォーマンス(2011年)

にかけて巨大地震が発生し、そのあと大津波が襲い、原子力発電所が被害を受けて、東京を恐怖のどん底に陥れた。この大惨事は世界中を恐怖に陥れ、当然ながら多くのパニック売りを誘った。ファンドは1日で4%も下落し、そのあとの数日でもさらに下落したため、株式ポジションをあわてて売った。ファンドは3月初めには7%のピークを付けたが、そこからおよそ10%も下落した(図6.129)。

4月には資産曲線は再び上昇を始めた。これは主に原油関連の先物によるものだ。特に良かったのが灯油で、原油、ガソリン、軽油の買いも貢献した。そのあと第2の恐怖が襲った。エネルギー先物の委託証拠金が驚くほど上昇し、少ない証拠金でトレードしていた投機家たちはポジションの手仕舞いを余儀なくされ、これによってエネルギー先物は急落した。最悪だったのが灯油で、1日に8%以上も急落した(図6.130)。堅牢だが単純な戦略ルールの弱みを見せつけられた思いがした。この急落の前日、灯油は損切りまであと数セントというところまで近づいた。この戦略は終値ベースなので、実際に損切りに引っかかったのは急落の翌日で、これによって理論的ストップの3倍も

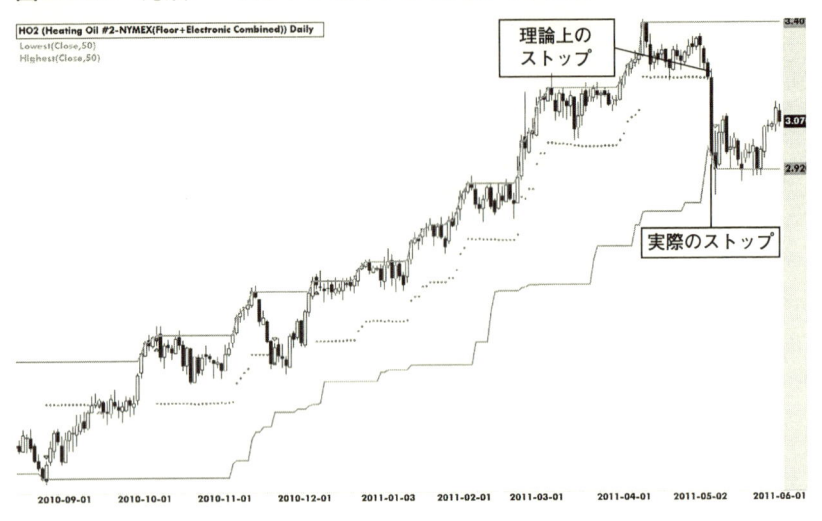

図6.130　灯油——ストップポイントを大きく下回る

の被害を被った。

　夏の間はゼロラインをずっと割り込んだ状態が続いた。少し利益が出たと思ったら、再び損失を出した。この年最悪の下げは７月の終わりの－８％だった。しかし、８月には事態は好転した。欧州連合の経済状況が悪化し、株式市場が下落し続けていたため、売りポジションを再び組み込むことができたからだ。株価指数先物の売りと金利先物の買いは８月にはたちまちのうちに利益を出し、それは９月になっても続き、９月の終わりにはファンドは20％近くにまで上昇した。

　急激なベア相場ではよくあることだが、10月には大きく反転し始めた。指数先物の売りは利益の一部を市場に返して手仕舞い、そのあとすぐに金利の買いも手仕舞った。30あったポジションはこの時期にほとんど損切りしたため、ものの数週間で８つのポジションにまで減少した。セクター間の相関は高まり、実質的にすべてのセクターが10月終わりのファンドの下落に貢献した。そのあとは年末までほとんどト

図6.131　セクター別パフォーマンス（2011年）

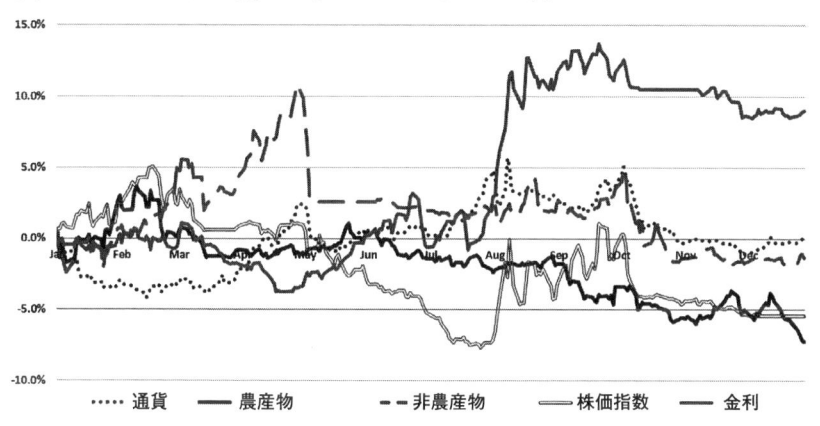

······ 通貨　　―― 農産物　　--- 非農産物　　―― 株価指数　　―― 金利

図6.132　セクター別パフォーマンス――買い（2011年）

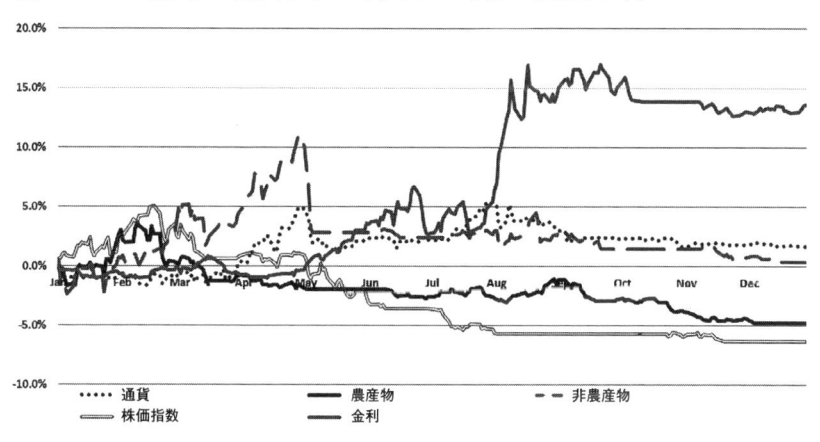

······ 通貨　　―― 農産物　　--- 非農産物
―― 株価指数　　―― 金利

レンドがなく、いくつかのセクターは損切りした。新たなトレンドが現れたら再び仕掛ける用意はあったものの、トレンドが現れることはなかった。

　終わってみれば、この年利益を出して終わったのは金利セクターだけだった。通貨は損益はほとんどゼロで、ほかのセクターはすべて損

図6.133　セクター別パフォーマンス──売り（2011年）

凡例：通貨、非農産物、金利、農産物、株価指数

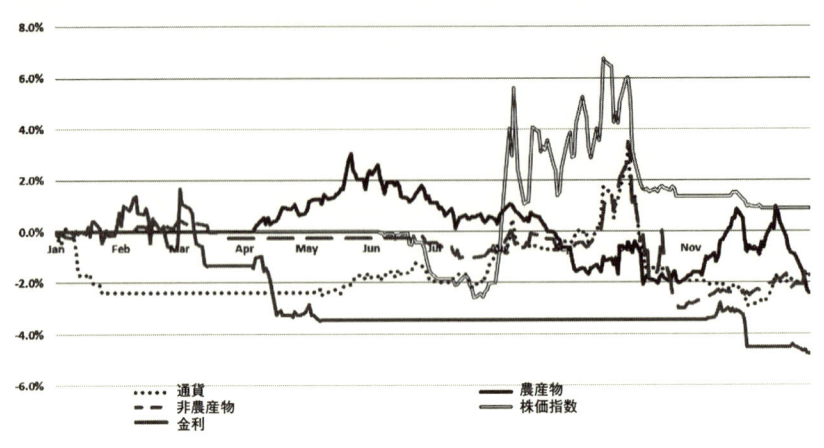

失で終わった（図6.131～図6.133）。最大の損失を出したのは株価指数の買いポジションで、これはこの年の最初に建てたものだが、2008年に比べると比較的短かったベア相場を十分に利用しきれなかった結果だ。

　2011年は金利の買いで大きな利益を出したポジションはたくさんあったが、特に大きな動きを見せたのはユーロスイスだった（図6.134）。これは3カ月物のユーロスイスであって、EUR/CHFペアではないので注意しよう。7月の動きはほとんどなく、買いは利益にはなりそうもなかった。しかし、8月に欧州連合の経済状況が悪化すると、お金は安全なスイス通貨に流れ込み、短期金利が急上昇したのだ。数週間にわたって、1日の動きが異常なほど大きな時期が続き、異常な水準にまで上昇した。価格が100を上回ると、銀行はマイナス金利を打ち出してくる可能性があった。もちろん、この状況は長くは続かなかった。しかし、トレンド戦略が功を奏して、ユーロスイスが急上昇した直後に手仕舞って、大きな利益を得た。

　2011年のような年は、不満の残るエンディングだ（表6.87と表

図6.134 急騰するユーロスイス（2011年）

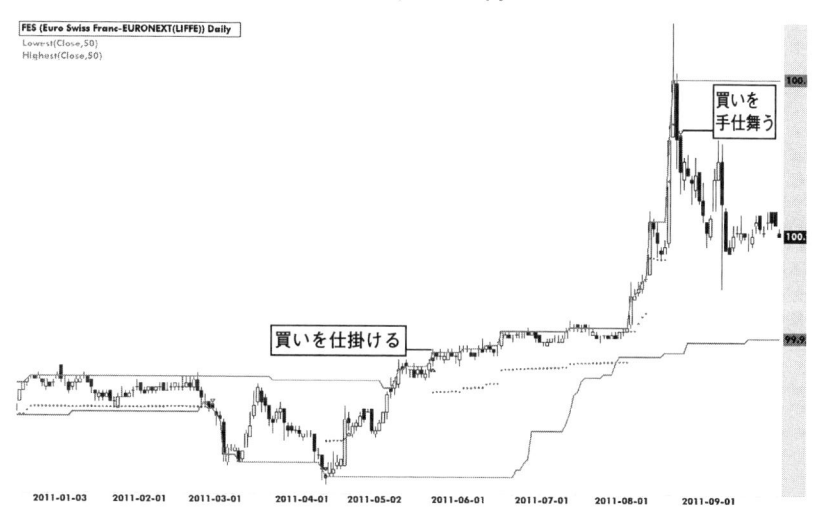

(チャート図：買いを仕掛ける／買いを手仕舞う)

表6.87 セクターごとのパフォーマンス（2011年）

	通貨（%）	農産物（%）	非農産物（%）	株価指数（%）	金利（%）	トータル（%）
買い	1.7	-4.8	0.4	-6.3	13.6	4.6
売り	-1.7	-2.4	-1.7	0.9	-4.8	-9.7
トータル	0.0	-7.2	-1.3	-5.4	8.8	-5.1

表6.88 2011年の結果

年	2011年
最初の純資産価値（NAV）	4001.8
トレード結果	-5.1%
金利収入	0.2%
各種費用	-0.5%
管理報酬	-1.5%
成功報酬	0.0%
正味結果	-6.9%
最終的なNAV	3728.3

6.88)。しかし、悪い年は何年も続くわけではない。むしろ、こんなときにトレンドフォロー先物ビジネスを始めるのも悪くはないかもしれない。

1990年の初めに1万ドルをこのファンドに投資した投資家は、今では40万ドル近くまで資産が増えたことになる。これは年次複利リターンで言えばおよそ18％に相当する。世界の株式市場のリターンが年間5％を下回る時期にしては上出来と言えるだろう。この間の株式投資家の最大損失がおよそ60％であったのに対して、この先物戦略に投資した人は悪くて20％を若干上回る程度の損失を被っただけである。

悪い年が何年もあり苦戦を強いられたものの、株式の買いにしがみつき、大した儲けも得られなかった人に比べると善戦したのではないかと思っている。

年ごとの分析の総まとめ

本章では年ごとに見てきたため多くの紙数を使ったが、このトレードスタイルで始める人にとっては、ボラティリティやドローダウン、長期間にわたる眠れない夜という観点からみた本当のリターンというものが十分に理解できたのではないかと思っている。シミュレーション結果や長期的な資産曲線を見ると、すべてが素晴らしく見える。実際のトレードの月々の結果を数年分見ると、本当に素晴らしく見え、その間戦略に従い続けることがどんなに大変だったかなんてまったく分からないほどだ。先物ファンドの実績を見るときも同じだ。サマリーを見るととても素晴らしく見え、彼らがこの間どれくらい苦労したかなどうかがい知ることはできない。

表6.89はこの間の月次リターンと年次リターンを年ごとにまとめたものだ。本章を読む前よりもはるかに恐ろしいものに見えるはずだ。次にCTAファンドの実績を見たり、あなたのシミュレーション結果

表6.89 コア戦略の月次リターンと年次リターン

	1月(%)	2月(%)	3月(%)	4月(%)	5月(%)	6月(%)	7月(%)	8月(%)	9月(%)	10月(%)	11月(%)	12月(%)	年(%)
1990	−1.6	2.5	7.6	5.6	−6.5	3.4	6.2	9.6	6.3	−8.3	1.4	1.5	29.6
1991	0.7	1.1	0.6	−4.6	1.1	0.1	−3.3	1.1	3.9	4.3	1.2	16.8	23.8
1992	−4.9	1.6	0.3	−2.4	4.3	1.5	7.2	6.0	−6.0	−3.4	2.7	−0.2	6.0
1993	1.6	9.9	0.6	−0.2	2.9	0.2	5.1	−2.7	−5.4	5.2	2.1	13.4	36.3
1994	−6.7	−5.0	5.1	−2.6	4.1	−1.4	−3.2	−4.2	0.4	−4.0	6.1	−4.2	−15.4
1995	−1.3	2.5	9.2	1.2	5.9	−1.1	−2.6	−3.0	2.0	−1.2	1.5	13.8	28.8
1996	−0.7	−8.3	5.9	10.0	−3.2	2.0	−6.6	3.3	7.9	7.6	10.2	−6.6	20.6
1997	9.2	2.8	−3.7	−5.0	−2.6	−0.4	11.4	−11.0	−0.2	−2.6	1.8	10.5	8.0
1998	0.7	5.7	2.5	−1.4	4.8	2.2	5.2	15.4	−0.5	−0.9	2.1	3.6	46.2
1999	2.1	3.2	−5.1	2.2	−8.3	4.4	2.4	0.5	1.5	−10.4	6.8	9.5	7.3
2000	−7.2	3.7	−7.8	3.3	4.4	2.9	−0.3	8.0	−4.1	−2.7	2.8	12.4	14.2
2001	−0.1	0.8	13.3	−11.6	2.2	−1.3	0.5	6.3	22.1	6.8	−4.2	0.3	36.2
2002	−4.8	−1.0	−4.2	−2.6	7.2	11.1	11.9	3.1	8.1	−9.6	−1.0	9.1	27.4
2003	8.6	7.3	−7.4	8.4	6.6	−6.0	4.5	3.0	−3.9	3.1	−4.7	7.9	28.7
2004	3.2	10.4	1.3	−9.1	−4.4	−3.0	−0.5	−4.8	1.3	1.5	9.8	−0.8	3.1
2005	−4.4	0.3	−4.0	−2.3	1.1	2.3	2.4	−0.8	−1.1	2.1	10.1	−0.4	4.6
2006	9.1	−4.2	9.7	7.3	−6.6	−3.7	−4.5	3.8	−0.8	5.8	3.1	1.4	20.5
2007	2.4	−9.1	−3.0	7.7	10.6	6.1	−8.0	−7.0	8.2	7.4	−3.7	−0.7	8.6
2008	8.9	22.4	−5.1	−3.1	5.6	2.6	−11.7	0.5	5.9	41.3	6.6	9.0	104.9
2009	−2.1	0.7	−11.1	−2.5	4.5	−4.4	3.0	4.8	3.3	−3.4	7.7	−6.7	−7.5
2010	−3.4	1.7	3.6	1.4	−3.3	0.7	−5.3	2.3	3.4	10.6	−3.1	6.0	14.3
2011	−1.1	3.2	−2.7	9.9	−9.1	−4.6	2.8	11.1	5.0	−14.7	−3.5	−0.6	−7.0

を分析するとき、異なる年を関連づけ、その結果を得るのにどういったことが起こったのだろうかと思いをはせることができるはずだ。

第7章 大手ヘッジファンドのリバースエンジニアリング
Reverse Engineering the Competition

　これまでにも見てきたように、短期間に大きく上下動するボラティリティの高いパフォーマンスを受け入れる覚悟があれば、非常に高い長期的リターンを得ることができる。なかにはボラティリティが非常に高い年もあり、これらの戦略はあまりにもリスクが高いとして時期尚早に放棄してしまう人もいるだろう。もちろんトレンドフォロー先物戦略はボラティリティは高い。しかし、株式を買い持ちすればボラティリティはさらに高くなり、しかもこの戦略はリターンが非常に低い。こんなロケットのような戦略が実際に運用可能なのか、大手の先物ヘッジファンドは本当にこんなことをやっているのかと、ちょっと疑わしく思う読者もいるだろう。彼らの巨額のリサーチ予算と巨大な利益を考えると、彼らはもっと複雑なことをやっているに違いないと思うはずだ。

　しかし、答えはノーである。彼らがやっていることは、わずかな違いはあるかもしれないが、私が本書に書いているようなことである。とはいえ、私が提示するのとまったく同じルールを使っていたり、1つの単純なモデルでトレードしているという意味ではない。私の言いたいことは、本書のモデルを使えば彼らのリターンに近いものが複製できるということなのである。彼らはモデルの変化形を使ったり、モデルをいじったり、モデルを組み合わせて使っているかもしれないが、

私たちのコア戦略とはそれほど大きく異なることはない。トレンドフォローはそれほど多くの方法があるわけではなく、これらのファンドがどんなルールを使っていようと、それらは私たちのコア戦略に極めて近い。したがって、私たちのコア戦略を近似的に使うことができる。

本章では、私たちがこれまで使ってきたコア戦略の変化形を作成し、それぞれの変化形が異なる先物ヘッジファンドに対応することを示していきたいと思う。私たちの戦略の結果と彼らの戦略の結果を比べてみることで、彼らのコア戦略がどういうものなのか、私たちの戦略とどこが違うのかを調べていく。彼らの戦略にはさまざまな微調整が施され、また複数の時間枠やほかの変化形で運用しているため、それらを厳密に複製することは不可能だ。したがって、きっちりと比較することには意味はない。また、彼らの戦略は時間とともに変化あるいは進化していると仮定すべきだろう。しかし、私たちのモデルで近似することは可能だ。

投資ユニバース

私たちがこれまでに使ってきた単純化した投資ユニバースは、私たちの戦略とCTA（商品投資顧問業者）ヘッジファンドとの最大の違いだろう。これらのファンドをモデル化し正しくリバースエンジニアリングするためには、まずは、投資ユニバースをより現実的でこれらのファンドが実際に使っているものに近づくように修正する必要がある。

トレンドフォロー戦略の長期的な結果は投資ユニバースに大きく依存する。私たちがこれまで使ってきた投資ユニバースは非常に少なく、各セクターの配分が同じである。ほかに理由がなければ、投資ユニバースはもっと広いほうがよい。そうすれば、トレンドを見つけたり分散を図ったりするより多くの機会が得られる。投資ユニバースを少な

表7.1 均等に重み付けした投資ユニバース

農産物	非農産物	通貨	株価指数	金利
綿花	軽油	AUD/USD	CAC40	ブンズ
トウモロコシ	原油	GBP/USD	DAX	ドイツ2年物国債（Schatz）
木材	灯油	EUR/USD	FTSE100	長期ギルト債
生牛	天然ガス	JPY/USD	ハンセン中国企業	カナダBA手形
豚赤身肉	ガソリン	NZD/USD	ハンセン	2年物Tノート
オート麦	金	EUR/CHF	ナスダック100	10年物Tノート
もみ米	銅	EUR/GBP	日経225	ユーロドル
大豆	パラジウム	EUR/JPY	S&P500	ユーロスイス
砂糖	白金	CHF/USD	EuroStoxx50	ユーリボー
小麦	銀	CAD/CHF	ラッセル2000	ポンド短期金利

くしなければならないのは、運用資産に限界があるときだ。投資ユニバースに含まれる市場の数を倍にすれば、戦略のリスクも倍になる。したがって、リスク水準を一定に保つには、ポジションサイジングの公式におけるリスクファクターを半分にする必要がある。しかし、例えば運用資産が200万ドルしかない場合、小数点以下の枚数を買ったり売ったりするシグナルが出るはずだ。ポジションサイズの端数を切り捨てれば、エラーは大きくなる。小さく始めるつもりであれば、フルサイズではなくてミニを使うのがよい。ただし、その場合、流動性が十分にあるかどうか確認することが重要だ。

表7.1は私たちがこれまで使ってきた投資ユニバースを示したものだ。これは、各市場の枚数が同じになるように各セクター間で均等に重み付けした投資ユニバースだ。こういった投資ユニバースを選んだのは、ベストな結果を出すためではなく、第6章で示したように長年にわたるセクター別パフォーマンスの効果を分かりやすくするためだ。

先物ファンドでトレードされているようにいろいろな市場を組み合わせたほうが安全ではあるが、ここでは私たちが使ってきた均等に重

表7.2 広い投資ユニバース

農産物	非農産物	通貨	株価指数	金利
小豆	銅	AUD/USD	CAC40	豪10年債
コーヒー	原油	CAD/USD	DAX	豪3年債
トウモロコシ	軽油	CHF/USD	EuroStoxx50	豪90日債
綿花	ガソリン	EUR/USD	FTSE100	ドイツ5年物国債（Bobl）
豚赤身肉	金	GBP/USD	ハンセン	ドイツブンズ
生牛	灯油	JPY/USD	ハンセン中国企業	DC10年物
木材	天然ガス	MXN/USD	IBEX35	カナダBA手形
オート麦	パラジウム	NOK/USD	MSCI台湾	ユーリボー
オレンジジュース	白金	NZD/USD	ナスダック100	ユーロドル
菜種	銀	SEK/USD	日経225	ユーロスイス
もみ米		ZAR/USD	S&P500	日本10年債
ゴム			S&P60	長期ギルト債
大豆粕			SPI200	ドイツ2年物国債（Schatz）
大豆				ポンド短期金利
砂糖				米10年債
小麦				米2年債
				米30年債
				米5年債

み付けしたバージョン以外に4つの投資ユニバースの組を構築する。これら4つの投資ユニバースの組はほとんどのファンドが使っているものを近似するのに十分なはずだ。最初の組は「広い投資ユニバース」（**表7.2**）と呼ぶことにする。広い投資ユニバースは68の市場からなり、最も大きなウエートは先物の商品（コモディティー）と金利だ。これだけの市場が含まれていれば、高度な分散が可能で、セクター間のイクスポージャーのバランスも良い。

　第6章の年ごとのパフォーマンスを見てお分かりのように、分散では株価指数セクターが問題になることが多い。市場が普通の状態であ

表7.3　株価指数を減らした広い投資ユニバース

農産物	非農産物	通貨	株価指数	金利
小豆	銅	AUD/USD	DAX	豪10年債
コーヒー	原油	CAD/USD	EuroStoxx50	豪3年債
トウモロコシ	軽油	CHF/USD	ハンセン	豪90日債
綿花	ガソリン	EUR/USD	MSCI台湾	ドイツ5年物国債（Bobl）
豚赤身肉	金	GBP/USD	ナスダック100	ドイツブンズ
生牛	灯油	JPY/USD	日経225	カナダBA手形
木材	天然ガス	MXN/USD	S&P500	CD10年物
オート麦	パラジウム	NOK/USD		ユーリボー
オレンジジュース	白金	NZD/USD		ユーロドル
菜種	銀	SEK/USD		ユーロスイス
もみ米		ZAR/USD		日本10年債
ゴム				長期ギルト債
大豆粕				ドイツ2年物国債（Schatz）
大豆				ポンド短期金利
砂糖				米10年債
小麦				米2年債
				米30年債
				米5年債

　れば、複数の株式市場でトレードすることで適切な分散を図れるが、問題は、市場に圧力がかかりトレンドが反転すると、各株式市場の相関はたちまちのうちに1になってしまうという点だ。この現象はほかのセクターでも発生するが、最も顕著なのが株価指数セクターだ。このセクターへのリスクの集中は避けるのが賢明だ。この1つの方法としては、このセクターに含まれる市場の数を減らすことだ。

　2番目の組は62の市場からなり、広い投資ユニバースとほぼ同じだが、株価指数を減らした点が異なる。したがって、この組は「株価指数を減らした広い投資ユニバース」（**表7.3**）と呼ぶことにする。

　ファンドが大きくなると、流動性の問題が出てくる。つまり、ポジ

表7.4　金融商品のウエートを高めた投資ユニバース

農産物	非農産物	通貨	株価指数	金利
コーヒー	銅	AUD/USD	CAD40	豪10年債
トウモロコシ	原油	CAD/USD	DAX	豪3年債
綿花	軽油	CHF/USD	EuroStoxx50	豪90日債
豚赤身肉	ガソリン	EUR/USD	FTSE100	ドイツ5年物国債（Bobl）
生牛	金	GBP/USD	ハンセン	ドイツブンズ
大豆粕	灯油	JPY/USD	IBEX35	カナダBA手形
大豆油	天然ガス	MXN/USD	MSCI台湾	CD10年物
大豆	白金	NOK/USD	ナスダック100	ユーリボー
砂糖	銀	NZD/USD	日経225	ユーロドル
小麦		SEK/USD	S&P500	ユーロスイス
		ZAR/USD	S&P60	日本10年債
			SPI200	長期ギルト債
				ドイツ2年物国債（Schatz）
				ポンド短期金利
				米10年債
				米2年債
				米30年債
				米5年債

ションの数が多いため、市場での影響力も大きくなるわけである。通常のトレード日の出来高の5％を占めるポジションを保有しているとすると、手仕舞いは難しくなる。その結果、大きなファンドは流動性の高い金融先物に集中的に投資することになる。通貨や金利では、大きな影響を及ぼすことなく大きな額を動かすことができるため、大手ファンドはこれらのセクターに投資する傾向が高い。コモディティーは最も流動性が低い。特に農産物の流動性は低いため、この「金融商品のウエートを高めた投資ユニバース」（**表7.4**）ではこのセクターへの配分は少なくする。

　コモディティーは先物トレーダーの間では人気のセクターなので、

表7.5 コモディティーのウエートを高めた投資ユニバース

農産物	非農産物	通貨	株価指数	金利
小豆	銅	AUD/USD	EuroStoxx50	ドイツブンズ
コーヒー	原油	CAD/USD	ハンセン	カナダBA手形
トウモロコシ	ガソリン	CHF/USD	ナスダック100	ユーロドル
綿花	金	EUR/USD	日経225	長期ギルト債
豚赤身肉	灯油	GBP/USD	S&P500	10年物Tノート
生牛	天然ガス	JPY/USD		
木材	パラジウム	MXN/USD		
オート麦	白金	NOK/USD		
オレンジジュース	銀	NZD/USD		
菜種		SEK/USD		
もみ米		ZAR/USD		
ゴム				
大豆粕				
大豆				
砂糖				
小麦				

　最後は「コモディティーのウエートを高めた投資ユニバース」だ（**表7.5**）。特に農産物セクターはさまざまな市場が含まれ、内部相関も低いので、分散された先物戦略を使うトレーダーの間では人気がある。農産物セクターの配分を高めることで、高い分散効果が期待できる。ただし、収益性は高まるが、リスクも高まる。農産物セクターは運用資産が10億ドルを超えるファンドにとってはトレードが難しいが、小中規模のファンドにとっては集中的に投資する対象としてはよい。

投資ユニバースの比較

　表7.1から**表7.5**に示した5つの投資ユニバースは、月単位あるいは年単位で見ると大きく違うかもしれないが、十分に長い目でみると

似たようなものだ。第6章の年ごとのパフォーマンスで見たように、年によっては1つか2つのセクターに完全に支配され、そのセクターのウエートの大小によって結果が大きく違ってくることもある。注意してもらいたいのは、各セクターの市場数は同じではなく、ほかのすべての条件が一定だとすると、投資ユニバースに含める市場数が多いほど、その戦略のリスクは高まり、したがってパフォーマンスの数字も変わってくるということだ。したがって、例えば「広い投資ユニバース」のように市場数が多ければ、リターンも高いが、ボラティリティも高くなるのは当然だ。しかし、リスク水準はポジションサイジングの公式で調整できるため、これは大きな問題ではない。

同じ戦略と同じリスクファクターを使って5つの投資ユニバースを比較すると、投資ユニバースが広いと今述べた理由によって数字は若干大きくなる傾向があるが、リターン特性はあまり変わらないことに気づくはずだ（**表7.6と図7.1**）。「広い投資ユニバース」と「株価指数を減らした広い投資ユニバース」を比べると、ボラティリティ調整済みパフォーマンスは株価指数を減らした投資ユニバースのほうが高い。これは、株価指数セクターの内部相関が高く、十分な分散が難しいためだ。結論から言えば、これらの投資ユニバースはすべてトレンドフォロー戦略でトレードでき、どれがベストかは一概には言えない。

どの市場の組み合わせをトレードするかは個人の嗜好とファンドのニーズによって異なる。トレードを始める前に、あなたの選んだアセットミックスが何を意味するのかをじっくりと分析し、安心できる組み合わせを選ぶことが重要だ。ファンドを立ち上げてから投資ユニバースを変えるときには十分に考えたほうがよい。正当な理由がないかぎり、変更はあまりお勧めできない。連敗が続いたり、何カ月か悪い月があると市場の数を減らしたくなるかもしれないが、減らした市場によって次の数カ月には素晴らしい利益がもたらされることもある。短期の結果を見て長期的戦略を変えるのは、トレーダーが陥りやすい

第7章　大手ヘッジファンドのリバースエンジニアリング

表7.6　投資ユニバースの比較（1990年1月～2011年12月）

	均等に重み付けした投資ユニバース	広い投資ユニバース	株価指数を減らした広い投資ユニバース	コモディティーのウエートを高めた投資ユニバース	金融商品のウエートを高めた投資ユニバース
年次複利リターン	17.9%	25.9%	24.9%	14.6%	21.9%
最大ドローダウン	-20.2%	-29.2%	-25.4%	-19.2%	-27.9%
ドローダウン÷年次リターン	-1.13	-1.13	-1.02	-1.38	-1.27
利益の出た月の比率	63%	63%	63%	63%	64%
最良の月	41.3%	45.8%	42.3%	28.1%	43.1%
最悪の月	-14.7%	-18.4%	-16.7%	-12.0%	-17.5%
シャープレシオ（RF:2.5%）	0.74	0.87	0.88	0.70	0.78
ソルティノレシオ	1.57	1.92	2.0	1.43	1.63

図7.1　投資ユニバースのパフォーマンス比較

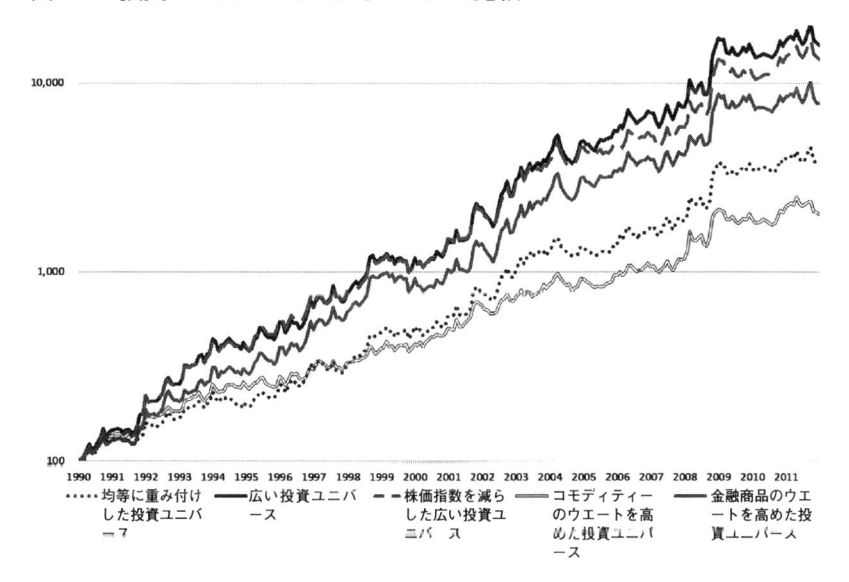

危険な行為の1つだ。

現存するファンドを複製する

　現存する先物ファンドの長期的な実績を見ると、彼らの戦略が長い年月のうちに変わってきたのは明らかだ。これはごく自然なプロセスであると同時に、ある意味必要なプロセスでもある。戦略を変更する1つの理由は、最初に成功して資産が増えると、遅かれ早かれ流動性の問題が発生するからである。運用資産が増えれば、流動性の低い市場をトレードするのは次第に難しくなるため、ファンドマネジャーはこの問題を回避する方法を探さなければならない。解決策は、各市場の必要サイズを減らすために投資する市場を増やしたり、流動性の低い市場のサイズを減らすか削減したり、トレードを数日間にわたって分散して行ったり、通貨や金利といった流動性の極めて高いセクターのウエートを高めたりすることだ。

　戦略を変更するもう1つの理由は、成功すれば利益が入るため、リサーチ予算を増やしたり、クオンツトレーダーを雇ったり、戦略をいろいろ変えたり、複数の時間枠を使ったりといったことが可能になるためだ。こうした努力は、成功すれば、戦略のボラティリティを少しは下げることはできるが、大きな影響を及ぼすほどではない。しかし、ファンドが大きければ、こういった努力は行う価値があり、顧客はファンドが利益を使って結果の改善を図ることに満足するはずだ。本章でこのあと見ていくが、ファンドによっては戦略を変更しても計画どおりにいかないこともある。

　また、欧州の通貨市場がユーロに統合され、ドイツマルク先物を取引できなくなったりといったときのように、戦略を変更せざるを得ない場合もある。この20年を振り返ると、出来高が減少したためにポークベリーが上場廃止になるなど、市場が存続しなくなったためにアセ

表7.7 キャンベルコンポジットの月利リターン

	1月(%)	2月(%)	3月(%)	4月(%)	5月(%)	6月(%)	7月(%)	8月(%)	9月(%)	10月(%)	11月(%)	12月(%)	年(%)
1990	3.70	0.44	3.86	5.44	−11.69	7.08	8.58	11.33	2.19	1.64	−1.25	−0.81	32.65
1991	−8.05	−2.28	19.78	−1.99	2.75	2.32	−8.46	2.56	5.51	0.54	−2.12	17.07	26.56
1992	−5.53	−3.88	0.52	−2.71	0.80	10.72	10.23	4.93	−2.42	−3.66	5.97	−0.95	13.11
1993	−1.23	13.90	−5.74	2.96	2.76	2.81	5.47	−4.85	−5.06	−6.59	−0.18	−0.29	2.17
1994	−4.59	−6.86	6.02	−2.20	−2.80	5.92	−3.24	−4.14	6.67	0.57	−6.55	−5.03	−16.23
1995	−4.48	5.64	9.45	1.80	0.17	−1.07	−3.83	6.04	−3.62	1.10	−0.16	6.80	18.05
1996	5.74	−5.69	5.31	3.53	−1.81	1.26	−0.19	1.93	2.36	12.19	12.07	−4.27	35.50
1997	5.05	2.15	−2.05	−3.38	−1.91	2.38	8.97	−5.19	4.17	2.28	0.60	4.92	18.49
1998	3.14	−2.39	4.97	−5.89	4.25	1.93	−3.70	9.13	2.88	4.50	−0.57	0.68	19.53
1999	−4.83	1.52	0.84	5.51	−3.26	4.63	−0.14	1.18	1.72	−4.24	0.68	3.49	6.70
2000	3.63	−0.35	−2.10	−1.83	2.59	1.85	−1.87	3.03	−3.26	3.19	5.91	2.49	13.61
2001	−1.10	0.69	6.92	−8.05	1.21	−1.74	1.41	2.05	6.90	4.91	−9.63	3.71	5.91
2002	−0.71	−1.99	−1.63	−4.01	4.09	7.75	7.55	3.58	3.85	−4.71	−1.30	3.64	16.22
2003	7.71	7.68	−4.37	2.77	2.10	−0.77	−4.63	2.42	−1.15	2.88	0.80	4.31	20.62
2004	2.44	10.65	0.87	−6.66	−0.59	−3.15	−0.57	−1.13	−1.50	2.43	4.06	0.79	6.89
2005	−2.17	−1.10	0.11	0.51	4.99	6.22	1.04	−5.32	3.78	3.81	2.12	−2.72	11.16
2006	2.01	−1.55	4.21	−2.76	−2.77	−0.40	−0.08	−0.36	−2.77	1.79	0.83	7.82	5.57
2007	2.49	−5.57	−3.20	2.16	5.71	4.16	−10.79	−6.73	1.94	5.59	−6.13	−2.15	−13.31
2008	−0.38	1.55	−0.20	−2.54	2.09	5.45	−1.28	−1.45	−1.24	−0.96	−1.41	0.53	−0.09
2009	0.09	1.03	−2.09	−4.60	−0.63	−2.20	0.17	−1.06	3.87	−1.38	3.41	−3.60	−7.10
2010	−7.12	1.48	2.16	2.45	−2.93	−0.52	−1.59	5.11	4.62	4.11	−1.54	4.99	10.95
2011	−1.12	2.52	−6.47	6.86	−3.2	−4.03	9.13	0.41	−5.01	−4.48	−1.24	3.01	−4.80

ットミックスを変更せざるを得なかったときが何回かあった。

　したがって、私たちのように全期間にわたって１つの市場の組み合わせを使う１つの戦略が、現存するファンドの全歴史を完璧に模倣しようというのは現実的ではない。私たちにできることは、長期的に見て一致するものを見つけ、その時期にファンドが何をやっていたのかを示すか、全期間にわたってある程度一致するものを見つけることである。本章では有名なファンドを複製するが、用いる戦略は私たちがこれまでに使ってきた戦略、つまり前章で年ごとのパフォーマンス分析を行ったのに使ったのと同じ戦略だ。

これをやる目的は、「マーケットの魔術師」とも呼ばれる多くの素晴らしい先物ファンドが、１つの単純なトレード戦略を使って複製できることを示すことである。彼らには独特の天賦の才があるため、カーブフィッティングの危険を冒さずに完璧に複製するのは不可能だが、ここでカーブフィッティングするのは賢い選択とは思えない。したがって、ここでは私たちのコア戦略の３つの変数のみを変更し、これらのファンドを複製してみようと思う。

- **投資ユニバース**　前に述べた５つの市場の組み合わせを使う。各ファンドごとに最もふさわしいと思える投資ユニバースをあてがう。
- **リスクファクター**　各ファンドのボラティリティはそれぞれに異なり、私たちのコア戦略とも異なる。ファンドを複製するには、ファンドのボラティリティ水準に合わせるためにポジションサイジングの公式のリスクファクターを変更する必要がある。
- **時間枠**　ファンドの多くは複数の時間枠でトレードしているが、複製するに当たっては１つの時間枠のみを用いる。長いトレンドを重視するファンドもあれば、短いトレンドを重視するファンドもある。結果をできるだけ一致させるためにデフォルトの時間枠を用いる。

キャンベルコンポジット

　キャンベルコンポジットは実際にはファンドではなく、キャンベル社が管理している口座の複合指数だ。キャンベル社は1970年代初期に創業を開始して以来、長年にわたる素晴らしい実績を誇る会社だ。この会社は多くの口座だけでなくファンドも運用している。実績は、コスト差し引き後の運用しているすべての口座を足し合わせたものだ。つまり、１つの口座の結果ではなく、会社が運用しているすべての口座の指数ということになる。会社はすべての口座を同じように運用し

図7.2　キャンベルの複製（1990年～2011年）

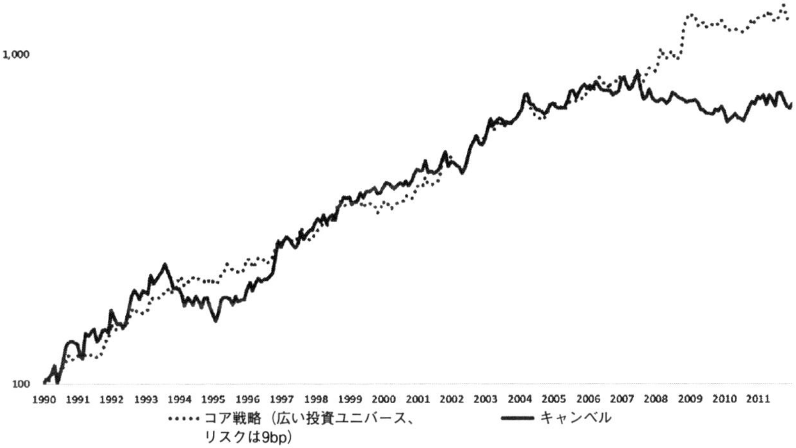

ているわけではないが、この会社が行っているのは基本的に先物によるトレンドフォロー運用で、口座間の差はコア戦略によるものというよりは、セクター配分ととるリスクによるものだ。いずれにしても、このようにすべての口座を１つにまとめるときには口座間のばらつきが出ないようにすべきである。

運用資産が20億ドルを超えるキャンベルはこの業界最大手の１つだ。年次複利リターンはおよそ14％で、1990年から2011年までの22年間で負けた年は、損益がほとんどゼロの2008年を除き４年しかない（**表7.7**）。打ち負かすにはかなりの強敵だ。

運用資金が巨額に上るということは、多くの市場をトレードしていると考えてよいだろう。おそらくは「広い投資ユニバース」（**表7.2**）が当てはまるはずだ。**図7.2**を見ると分かるように、リターンもドローダウンも私たちのコア戦略を下回るため、キャンベルコンポジットのボラティリティ水準は私たちのコア戦略よりは低いと思われる。これを補うために、ポジションサイジングの公式ではリスクファクターとして９ベーシスポイント（bp）を用いる。時間枠はデフォルトの

中期を用いる。

　たったこれだけの変更をしただけなのに、キャンベルとの比較結果は驚くべきものだった。1990年、キャンベルのボラティリティ水準は私たちのコア戦略よりも高かった。つまり、キャンベルはその次の10年に比べると私たちよりも多くのリスクをとり、トレードする市場は少なかったということである。これは1990年から1993年まではキャンベルに有利に働いたが、1993年から1995年にかけては不利に働いた。1997年から2007年を見ると、私たちのコア戦略とキャンベルはほぼ一致している。つまり、この時期のキャンベルのコア戦略は本書で述べたものとさほど変わらなかったということだ。本書のシミュレーションは手数料、スリッページ、管理報酬、アドミニ費用、成功報酬を含めたものだ。でなければ公正な比較にはならない。1997年から2007年までの月ごとのリターンは私たちのコア戦略とキャンベルとではほぼ同じだ。つまり、この時期、キャンベルが私たちとまったく違うことをやっていて、結果が同じだったのは単なる偶然、ということはあり得ない。全期間にわたる月次リターンの相関は0.72だが、これよりもはるかに高い年もあった。

　興味深いのは、2007年以降、キャンベルに何が起こったかである。この時期はすべてのトレンドフォロー戦略が最高のパフォーマンスを記録した時期だ。しかし、キャンベルのリターンは下落している。こんなことはトレンドフォロー戦略ではあり得ないことだ。唯一考えられることは、キャンベルがトレード戦略を変更し始めたということだ。おそらくキャンベルは、キャリートレードやオプション、あるいは新たな要素を加えた新しいシステマティックな戦略を試したのだろう。その結果、元々の戦略に従っていれば多くのお金を稼げたときに損をしてしまったのだろう。2010年以降の結果を見ると、キャンベルは再びトレンドフォローに舵を切って持ち直していることが分かる。キャンベルの復活を望んでやまない。2008年を除いたのは、キャンベルが

しばらくはほとんどの競合に大きく遅れを取り続けると思われる節目の年だからだ。

サンライズ・キャピタル・ダイバーシファイド

サンライズ・キャピタルも業界最大手の１つで、1990年代中ごろから創業を開始し、運用資産は７億5000万ドルにも上る。これは典型的なトレンドフォローによる先物ファンドで、ボラティリティは私たちのコア戦略に比べると極めて低く、年次複利リターンはおよそ12％だ（月次リターンは表7.8）。リスク水準は私たちのコア戦略よりかなり低いにもかかわらず、創業以来あらゆるベンチマークを上回ってきた。同社のマーケティング資料によれば、金融先物、特に金利と通貨のウエートが高いようだ。したがって、彼らの複製には「金融商品のウエートを高めた投資ユニバース」（表7.4）を使う。長期の実績をざっと見たところでは、中期のトレンドフォロー戦略からはそれほど逸脱していない。したがって、私たちのコア戦略と同じ時間枠を使っても大丈夫だろう。ボラティリティは私たちのコア戦略の半分を若干上回る程度だ。これはポジションサイジングで調整する。

私たちのコア戦略を「金融商品のウエートを高めた投資ユニバース」、中期の時間枠、11bpのリスクファクターで運用すると、彼らとの相関は0.73になる。1997年から2004年の月づきの相関は極めて高く、2004年から始まったダイバージェンスのあとも、月づきの相関は高いままだ。図7.3を見ると１カ月のダイバージェンスで特に大きいのは2007年８月と2010年５月だ。これはサンライズが悪かったのに対して、私たちの戦略はうまくいったからだ。2007年８月にはほとんどの先物トレーダーが損失を被った。これを牽引したセクターは２つあり、１つは下降トレンドにあったドルが急に反騰したことによる。反騰のあとトレンドは元に戻ったが、トレンドフォロー戦略の多くが損切りし

表7.8 サンライズキャピタルの月次リターン

	1月(%)	2月(%)	3月(%)	4月(%)	5月(%)	6月(%)	7月(%)	8月(%)	9月(%)	10月(%)	11月(%)	12月(%)	年(%)
1998	–	–	–	–	–	–	–	–	–	−0.1	−2.3	1.0	−1.4
1999	−1.7	4.0	0.4	3.6	0.7	1.9	−1.0	−0.7	0.4	−4.2	4.6	−2.0	5.8
2000	5.2	−4.4	−1.6	−2.6	0.2	−2.8	1.7	3.9	0.1	0.0	5.6	7.1	12.3
2001	3.2	4.4	6.7	−6.2	1.9	−0.6	−0.2	2.7	7.4	8.4	−13.9	−1.3	10.8
2002	−1.2	−2.0	−1.5	1.6	4.6	10.8	3.6	0.8	5.6	−6.3	−7.5	9.8	17.9
2003	9.8	3.3	−6.2	0.5	5.6	−3.1	−2.8	0.5	−5.2	7.0	−2.4	7.7	14.0
2004	3.1	7.9	1.7	−4.4	−2.1	−2.1	−1.0	−5.2	0.8	4.0	5.4	2.1	9.8
2005	−6.2	−0.2	−0.3	−2.4	0.5	1.4	−1.0	−1.1	−1.4	−0.1	6.5	1.9	−2.8
2006	0.7	0.2	2.7	3.4	0.1	−1.6	−4.2	−0.6	0.0	3.9	1.7	2.0	8.3
2007	4.5	−3.4	−6.8	6.6	2.6	0.5	−6.2	−9.4	5.5	8.1	3.4	2.3	6.0
2008	6.4	8.7	−1.1	−3.4	3.4	2.4	−4.6	−2.9	3.1	13.8	4.2	1.8	34.9
2009	−1.8	−0.5	−2.1	−1.6	3.0	−0.5	3.0	2.6	0.6	−0.3	4.9	−2.1	5.1
2010	−4.4	−0.5	2.5	0.1	−13.1	−0.8	−3.3	2.0	3.3	6.5	−1.7	5.3	−5.5
2011	0.7	3.5	−1.1	4.3	−4.9	−1.9	0.2	0.8	5.6	−7.0	2.5	0.5	2.3

図7.3 サンライズキャピタルの複製

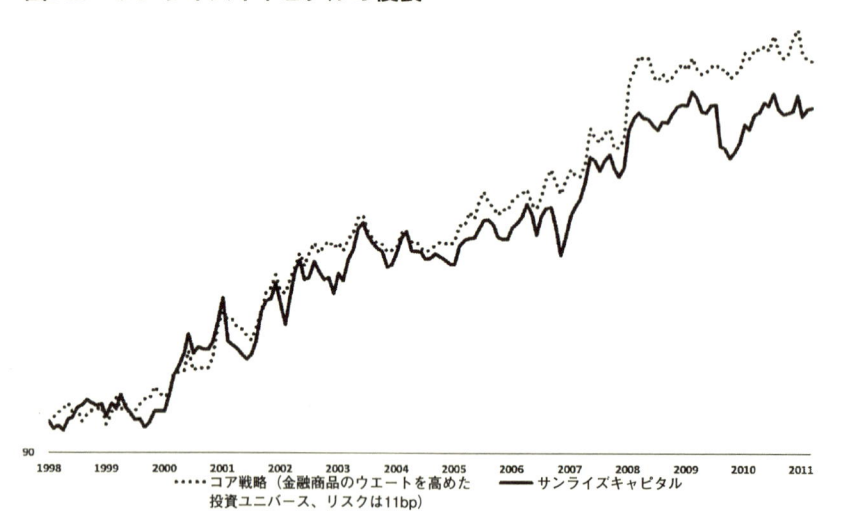

……コア戦略（金融商品のウエートを高めた投資ユニバース、リスクは11bp）　――サンライズキャピタル

て大きな損失を被った。サンライズはこのセクターのウエートが高かったため、ドルの売りで大きな打撃を受けた。もう1つのファクターは下降トレンドにあった株式市場が急に反転したことによる。これによって多くのファンドのポジションは損切りに引っかかった。

2010年も同じような状況だったが、このときは金利セクターが主な要因だった。2010年5月、利回りが急落して、価格が跳ね上がったとき、トレンドフォロワーは米国とカナダの金利を売っていた。私たちの戦略は、カナダBA手形、ユーロドル、Tビルが上昇する数日前にポジションを手仕舞ったのでラッキーだった。しかし、サンライズはこれら2つのイベントのあと、瞬く間に私たちの戦略に追いついた。

パーム・トレンド・ファンド

パーム・トレンド・ファンドはビーチホライゾンが運用するファンドで、運用手法はトレンドフォロー、その大半をコモディティーに投資している。年次複利リターンはおよそ15％、最大ドローダウンはおよそ25％、プラスの月は54％、12カ月のローリングリターンで見ると72％がプラスというファンドだ。マネージドアカウントトレードを始めたのが2005年で、パーム・トレンド・ファンドを立ち上げたのが2010年だ。**表7.9**に示した月次リターンはこのファンド全体のリターンで、同社が独自に算定したマネージドアカウントトレードの実績である。このファンドの特徴はコモディティーに対するウエートが高く、およそ60％がコモディティーへの投資で、残りはほかのアセットクラスに分散投資している。したがって、用いる投資ユニバースとしては「コモディティーのウエートを高めた投資ユニバース」（**表7.5**）が妥当だろう。

私たちのコア戦略を「コモディティーのウエートを高めた投資ユニバース」で運用し、リスクファクターとして25bpを使うと、類似性

表7.9 パームトレンドの月次リターン

	1月(%)	2月(%)	3月(%)	4月(%)	5月(%)	6月(%)	7月(%)	8月(%)	9月(%)	10月(%)	11月(%)	12月(%)	年(%)
2005	–	–	–	–	6.42	4.44	–4.12	5.66	1.91	–4.67	14.35	0.82	26.1
2006	8.63	–6.08	9.28	13.45	–2.94	–5.66	–8.74	1.14	–4.81	6.14	0.87	2.76	12.0
2007	2.45	–4.69	–3.94	7.22	6.93	5.69	–10.50	–14.26	11.55	14.13	–3.86	8.41	15.7
2008	13.56	28.41	–3.78	–5.98	3.49	8.55	–16.74	–6.36	9.99	25.51	8.80	6.56	84.9
2009	0.82	0.99	–5.63	–4.52	–2.27	–3.92	–1.97	5.34	2.74	–6.71	11.17	–3.50	–8.5
2010	–6.40	–0.34	7.29	3.66	–13.28	–0.85	–7.79	6.04	3.24	11.75	–6.37	17.02	10.3

図7.4 パームトレンドの複製

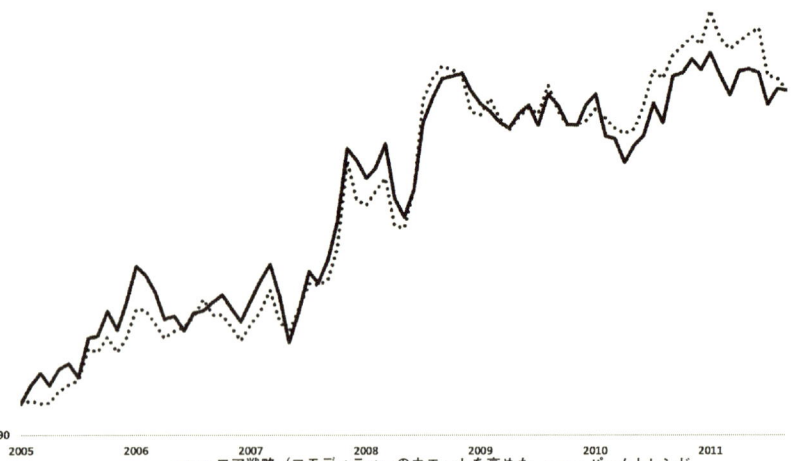

の高さに驚かされる。相関は0.86と非常に高い。2005年からのパフォーマンスを見ると、月づきのパフォーマンスはほぼ一致し、数年たってもパフォーマンスはほぼ同じままだ（**図7.4**）。2つの戦略間には一致しない箇所はほとんど見られないほどだ。ビーチホライズンの戦略や投資ユニバースがどうであれ、彼らが使っている秘密の公式は私

表7.10　トランストレンドの月次リターン

	1月(%)	2月(%)	3月(%)	4月(%)	5月(%)	6月(%)	7月(%)	8月(%)	9月(%)	10月(%)	11月(%)	12月(%)	年(%)
1992	–	–	–	–	–	3.15	4.26	0.95	–1.17	–1.62	1.71	–0.85	6.44
1993	–5.24	5.35	–0.48	4.25	–1.79	1.59	4.79	–2.91	–0.19	–0.39	0.97	4.92	10.71
1994	1.12	1.17	6.35	–0.05	1.57	0.92	–2.64	–3.72	1.37	–1.29	6.02	–0.49	10.28
1995	–3.83	6.16	7.52	–0.22	4.21	2.63	–1.18	–0.41	0.54	–1.26	1.73	3.95	21.01
1996	2.53	–3.80	0.08	5.48	–1.88	–0.09	2.03	4.27	4.30	4.71	0.72	–1.93	17.13
1997	4.99	3.73	–1.16	–2.24	–0.31	0.65	9.78	–0.15	1.28	–5.83	3.88	5.61	21.11
1998	1.14	0.10	2.16	–3.39	2.42	0.62	–2.21	12.73	1.87	–0.15	–0.38	1.19	16.38
1999	–2.32	0.99	–1.56	2.03	–1.79	3.10	1.06	–1.67	0.48	–4.86	1.61	2.83	–0.42
2000	1.17	–1.18	–1.64	–0.06	1.85	–1.63	–0.31	1.42	0.72	1.98	3.52	2.90	8.93
2001	0.19	0.89	4.25	–1.13	0.91	–0.49	3.23	1.67	5.09	0.72	–1.84	3.11	17.63
2002	–0.81	–0.59	1.01	–0.91	1.18	4.91	3.82	2.09	2.16	–1.71	–1.02	4.44	15.23
2003	3.23	2.66	–3.37	2.53	3.75	–1.62	–1.73	–0.18	–1.32	1.59	–0.47	–0.13	4.75
2004	1.53	3.44	–1.11	–2.16	–0.16	–1.51	–0.92	–0.35	0.99	1.86	5.67	1.12	8.43
2005	–3.07	1.73	1.50	–2.18	0.95	2.62	1.86	–0.24	1.09	–0.15	2.36	–1.80	4.57
2006	1.08	–1.65	0.79	1.33	–1.94	–0.71	–2.40	3.35	0.41	3.08	2.40	3.52	9.41
2007	1.02	–2.61	–1.95	3.80	4.21	2.48	–1.59	–1.59	4.91	5.82	–1.40	0.97	14.46
2008	–0.32	3.97	0.74	0.43	2.14	2.00	–1.97	–0.92	3.65	4.93	1.67	1.41	18.98
2009	–0.24	0.40	–2.39	–0.11	0.85	–0.73	–1.71	0.36	–0.68	–2.51	1.38	–3.21	–8.36
2010	–2.63	0.73	5.50	0.95	–2.97	–0.18	–0.75	1.82	2.07	2.72	–0.66	2.21	8.84

たちの戦略に極めて近い可能性が高い。

トランストレンド・スタンダード・リスク・プログラム

　オランダはロッテルダムの小さな港町に拠点を置くこの会社は、過去20年にわたってトレンドフォロー戦略で安定したパフォーマンスを上げてきた。同社は1991年に伝統的なCTAスタイルのトレンドフォローで運用する先物ファンドとして設立され、主として個人のマネージドアカウントを中心に運用してきた。同社のダイバーシファイド・トレンド・プログラムの実績（月づきのリターンは**表7.10**）は1992年から公表されており、高リスクバージョンも提供している。トラン

図7.5　トランストレンドの複製

・・・・・ コア戦略（広い投資ユニバース、リスクは8bp）　―― トランストレンド

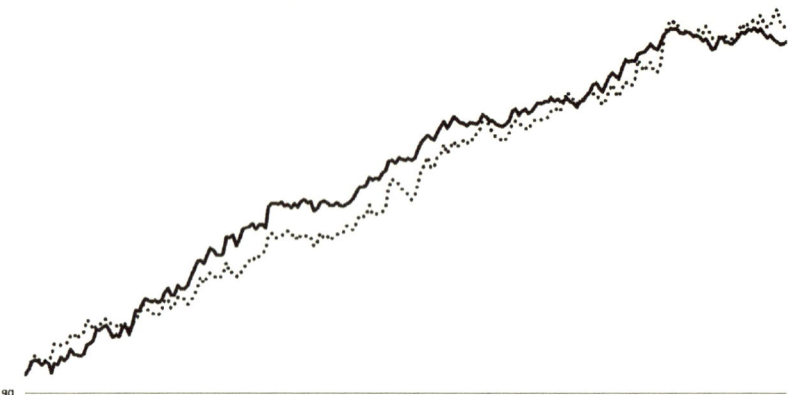

図7.6　2000年からリスクを減らしたトランストレンドの複製

・・・・・ コア戦略（広い投資ユニバース、リスクは8bpから6bpに減少）　―― トランストレンド

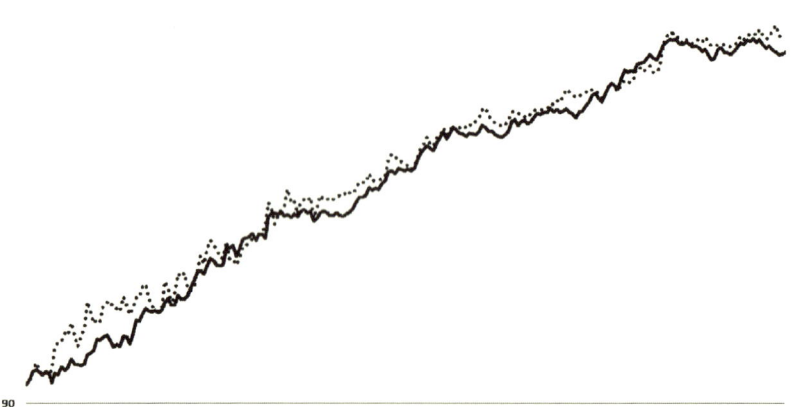

ストレンドの特徴は競合よりも幅広い市場に分散投資していることだ。分散効果の向上を図るために、アウトライト（片張り）のトレードだけではなく、関連市場間のスプレッドもトレードしている。運用資産が100億ドル規模という大きなファンドであるため、大きな注文をさばくためにも高度に分散化する必要があるのだろう。

　デフォルトの時間枠と、投資ユニバースとして「広い投資ユニバース」（**表7.2**）で私たちの戦略を運用すると、このファンドとほとんど一致した。トランストレンドのスタンダード・リスク・プログラムのボラティリティ水準は私たちの戦略の半分を下回るが、ポジションサイジングで8bpを使うと驚くべきことに、**図7.5**に示したような結果が得られた。パフォーマンスはほとんど一致している。興味深いのは、チャートの前半は私たちの8bpモデルよりもボラティリティが若干高いが、後半は低いことだ。長期トレンドで運用している巨大ファンドはボラティリティ水準を下げる傾向があるのはよく見られる現象で、それに伴ってリターンも減少している。運用資産が10億ドル規模になると、同じリターンを維持するのは難しく、このファンドの場合もリターンが減少している。

　コア戦略はまったく同じだが、2000年までとそれ以降とで異なるリスクファクターを使った場合の**図7.6**と比較してみよう。1992年から1999年まではリスクファクターとして9bpを使い、それ以降はリスクファクターを6bpに減らした。トレードルールやそのほかの条件はまったく同じだ。トランストレンドの実際のリスク水準は徐々に低下してきたように思えるが、それでも私たちの戦略とほぼ一致している。同社はほかの先物マネジャーが使うような極めて標準的なトレンドモデルを使っている可能性が高い。

マルビニー・キャピタル・マネジメント・グローバル・マーケット・ファンド

　英国を拠点とするこの投資ファンドはほかのファンドに比べると、長期的な視野に立ってトレンドフォロー戦略を運用している。これはつまり、私たちのコア戦略よりも損切りの幅を広くする必要があるということである。したがって、悪い時期のドローダウンも大きいはずだ。一方、トレンドから早々に振り落とされることがなく、トレンドの修正時期にもトレンドに乗っていられる可能性が高い。このアプローチは、トレンドが反転したときには大きな損失を被るものの、全体的に高いリターンが期待できる。ほかのファンドとの最大の違いはタイムホライゾンだ。マルビニーは1999年、元メリルリンチのオプショントレーダーによって設立された。創業以来、リターンは非常に高く、マイナスの年はわずか3年しかなく、2008年には投資家のお金は倍以上に増加した。運用資産はおよそ2億ドルなので、すべての市場をトレードするほどの規模ではない。

　2001年8月から2002年2月までの数字がないのは、異なる運用スキームへの移行に伴って一時的にファンドを閉鎖したからだ（**表7.11**）。したがって、複製シミュレーションでもこの間のリターンはゼロとして扱う。

　マルビニーのプロファイルに一致するのは「広い投資ユニバース」だが、「コモディティーのウエートを高めた投資ユニバース」のほうが相関が高いため、ここではこちらのほうを使う。「コモディティーのウエートを高めた投資ユニバース」を使うのは、同社は小さいためこのセクターへの配分を増やすことができるからだ。運用資産が5億ドル規模のファンドではこれは難しい。同社の長期的なリターンを模倣するために、損切りの幅をデフォルトの3リスクユニット（リスクユニットについては第3章で定義）から6リスクユニットに拡大する。

第7章 大手ヘッジファンドのリバースエンジニアリング

表7.11 マルビニーの月次リターン

	1月(%)	2月(%)	3月(%)	4月(%)	5月(%)	6月(%)	7月(%)	8月(%)	9月(%)	10月(%)	11月(%)	12月(%)	年(%)
1999	–	–	–	–	–0.3	–0.1	–2.2	2.1	–4.8	–4.8	7.0	4.8	1.1
2000	–5.0	2.5	–8.4	–0.3	7.0	1.6	–1.3	12.7	–4.4	2.0	9.1	8.9	24.5
2001	–9.6	18.8	13.5	–15.3	–0.7	5.4	–1.3	–	–	–	–	–	6.7
2002	–	–	–7.5	1.6	6.8	7.4	6.0	5.4	5.1	–7.7	–5.1	7.8	19.4
2003	13.2	7.2	–12.8	1.5	7.6	–7.6	–6.3	0.1	6.7	15.3	–0.3	5.4	29.3
2004	4.2	8.5	2.4	–11.5	–7.0	–0.7	–0.4	–6.2	7.8	0.8	9.6	–4.9	–0.1
2005	–4.3	0.5	2.3	–9.3	–4.1	5.3	6.6	2.8	13.6	–5.6	15.3	8.4	32.3
2006	11.1	–2.7	13.1	11.5	–4.3	–6.1	–5.2	2.0	1.0	–0.1	0.6	1.6	21.9
2007	0.6	–5.2	–8.8	2.6	4.7	4.9	–16.9	–19.4	3.9	13.7	–8.6	8.5	–23.1
2008	21.7	28.9	–8.0	–8.6	5.4	8.5	–18.8	–6.7	11.6	45.5	7.0	5.3	108.9
2009	1.6	0.0	–3.4	–5.5	–1.3	–6.8	–0.5	10.9	1.3	–7.9	10.7	–3.2	–5.9
2010	–3.8	–7.2	–5.2	2.0	–8.8	0.5	–12.0	14.6	16.5	22.3	–5.4	25.3	34.9
2011	2.1	9.8	–4.6	6.1	–11.8	–7.4	11.2	1.6	–4.2	–14.1	12.1	–1.6	–5.3

図7.7 マルビニーの複製

・・・・・コア戦略（コモディティーのウエートを高めた投資ユニバース、リスクは15bp、ストップは6ユニット）
―― マルビニー

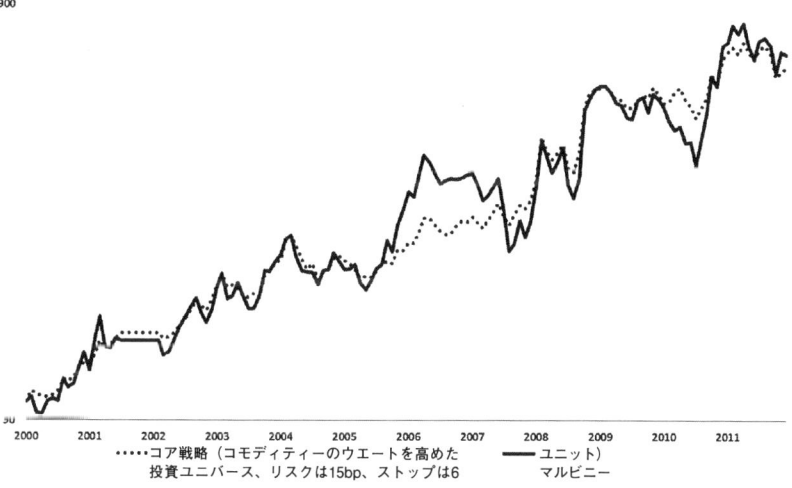

図7.8　アブラハムの複製

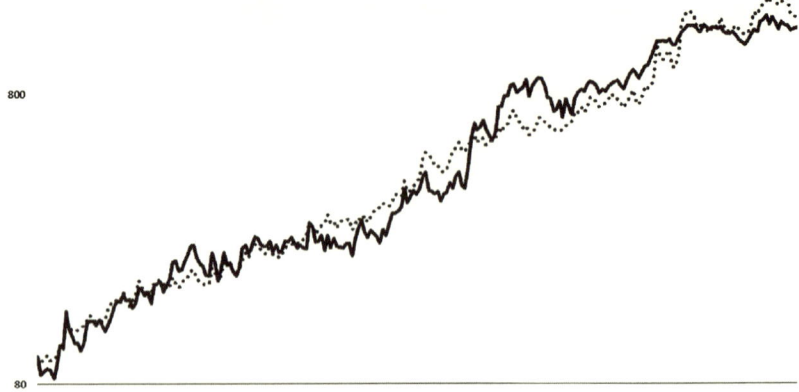

･････ コア戦略（コモディティーのウエートを高めた投資ユニバース、リスクは20bp）　―― アブラハム

図7.9　エックハートの複製

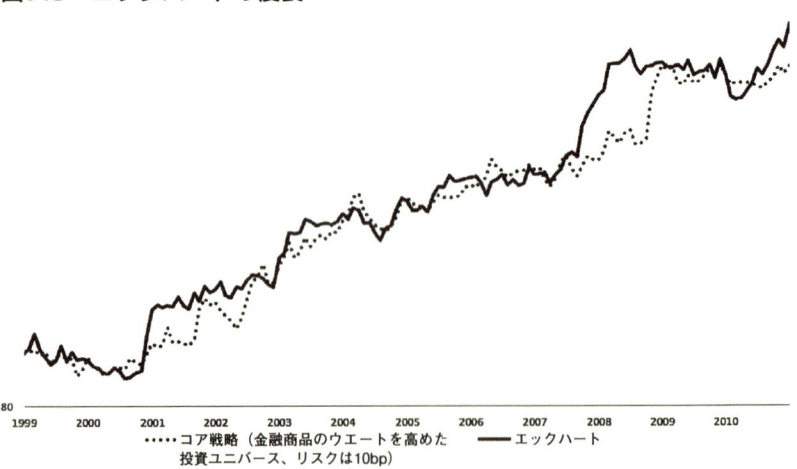

･････ コア戦略（金融商品のウエートを高めた投資ユニバース、リスクは10bp）　―― エックハート

第7章　大手ヘッジファンドのリバースエンジニアリング

図7.10　コンクエストの複製

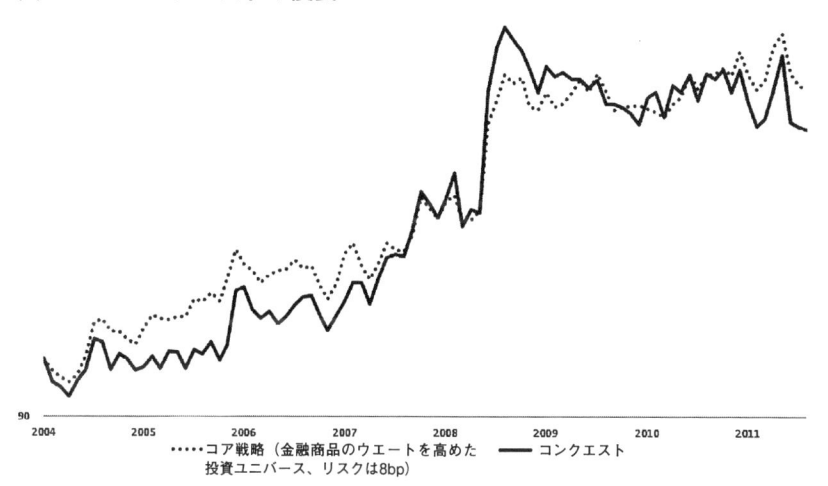

······ コア戦略（金融商品のウエートを高めた投資ユニバース、リスクは8bp）　　—— コンクエスト

図7.11　ISAMの複製

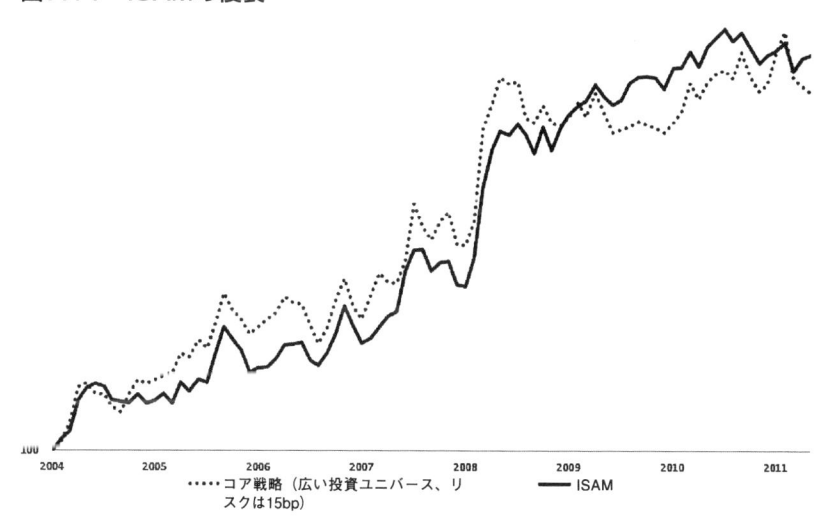

······ コア戦略（広い投資ユニバース、リスクは15bp）　　—— ISAM

同社のボラティリティ構造に合わせるには、ポジションサイジングのリスクファクターを20bpから15bpに下げなければならない。こうした小さな変更を行ったあとの私たちのコア戦略とマルビニーとの相関は0.86で、リターンが異なった時期は1度しかない。2005年の終わりからマルビニーは私たちの戦略を大きく上回った。しかし、2007年には早くも私たちの戦略をダウンパフォームしている（**図7.7**）。

そのほかのファンド

大手ファンドが私たちのコア戦略と同じモデルを使っているかどうかは定かではない。これはともかくとして、そのほかのファンドも複製してみよう。**図7.8～図7.11**はアブラハム、エックハート、コンクエスト、ISAMの複製チャートとモデルの構築に用いたパラメーターを示したものだ。

結論

すべてのフューチャーズファンドを簡単なモデルで複製するのは簡単ではないが、少しだけ努力すれば、ほとんどのCTAファンドのコア戦略が分かってくるはずだ。とはいえ、これらのファンドに問題があるというわけではなく、分析できないファンドが良いというわけでもない。1日の終わりにプラスのリターンが出ればそれはそれで良いことで、本章で議論したファンドは長期にわたって彼らの投資家に魅力的なリターンを提供してきた。この分析を行うことで、各ファンドが何をしているのかや、各ファンドがどのように違うのかが分かったはずだ。また、各ファンドをベンチマークとして使い、ボラティリティ一定の下で各ファンドをランク付けして、どのファンドが優れているのかを比較することもできる。もちろん最も重要なのは、もしマネ

ージドフューチャーズビジネスをやろうと思っているのなら、この情報を活用して自分の戦略を開発したり改善したりすることができ、結果も評価できることだ。

　大手ファンドを複製することのできるシステマティックな戦略を構築するのは比較的簡単だが、だからと言って、それを実際にやるのも簡単というわけではない。これは大変な努力を必要とする。投資家がファンドに支払っているのはその努力に対する代価なのである。十分な準備を怠らず、懸命に努力すれば、投資家はその代価をあなたに支払ってくれるはずだ。

第8章 戦略の改良

Tweaks and Improvements

　本章では私たちのコア戦略をさらに良い戦略にするための改良について見ていく。戦略を改良する目的はいくつかある。必ずしも最重要というわけではないが、その１つは収益性の向上だ。年次複利リターンを向上させることだけが目的なら、破産しない範囲内でレバレッジを上げればよい。もちろんこれは理論的な議論にすぎず、現実的ではない。投資家が戦略に関心を寄せてくれるように、そしてそれに費やした時間と努力が報われるように、十分に高い年次リターンを上げることは重要だが、実際にはボラティリティを下げ、似たような商品間の相関を下げることのほうが重要で難しい。

　ドローダウンを下げ、ボラティリティ水準を下げ、平均的なCTA（商品投資顧問業者）と若干異なるリターン特性を達成できれば、それはあなたの商品の売り文句になる。これを正しく分析するには本が丸々一冊分くらい必要になる。本章の目的は、これらのテーマのさらなる研究のために正しい方向性を示すことである。いずれにしても、戦略を信じ、1000倍のレバレッジでトレードするには、本格的な研究が必要だ。

複数の時間枠でトレードする

　ボラティリティ調整済みリターンを向上させるのに最もよく使われ、最も簡単な方法の1つは、同じ戦略を複数の時間枠でトレードすることである。最小限の変更で、より短期のあるいはより長期のトレンドでトレードするには、トレンドフィルターやブレイクアウト期間や損切りの価格差を調整すればよい。損切りまでの価格差を2倍にすれば、トレードにより長くとどまることができ、ほかの人が仕掛けたり手仕舞ったりを繰り返してちゃぶついているときに、ポジションを維持することができる。しかし、トレンドが反転すると大きな打撃を受ける。また、損切りまでの価格差を半分にすれば、トレンドが反転したときに素早く手仕舞いすることができ、利益も素早く手に入るが、トレンドのない時期はちゃぶつきが多くなる。結果を十分に分かっていれば、どちらの方法を使っても構わない。一般に、長期の戦略のほうが年次複利リターンが高いが、極端な市場では予期せぬ不愉快なことが起こる可能性が高く、従来の投資との相関も高くなる。

　異なる複数の時間枠を使うことが有益なことを、前と同じコア戦略をベースにした3つの戦略を使って示していきたいと思う。用いる投資ユニバースは第7章で述べた「広い投資ユニバース」だ。最初の戦略は、オリジナルのコア戦略と同様、損切りのパラメーターとして標準的な3ユニットを使い、2番目の戦略は1.5ユニット、3番目の戦略は6ユニットを使う。長期的な戦略のほうが短期的な戦略よりもボラティリティが高く、収益性も高いが、ポートフォリオにおけるウエートはすべて等しいものとする。また、どの戦略もリスク水準は0.06％だ。

　図8.1の長期チャートを見てみよう。複数の時間枠を組み合わせても結果はあまり変わらないように見えるが、この改良のメリットを見るためにはさらに詳しく調べる必要がある。オリジナルの戦略は年次

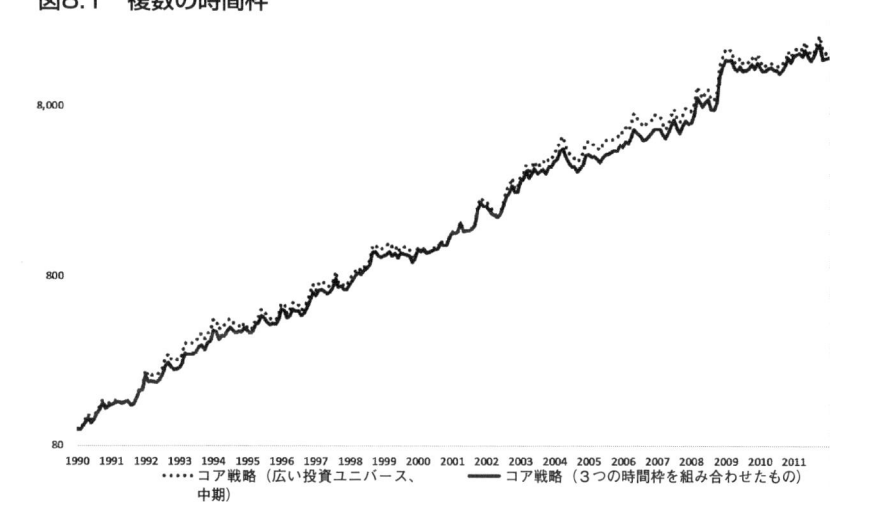

図8.1　複数の時間枠

……コア戦略（広い投資ユニバース、中期）　――コア戦略（3つの時間枠を組み合わせたもの）

リターンが25.9％で、最大ドローダウンが29.2％だ。3つの戦略を組み合わせたものは年次リターンは25.7％とほとんど変わらないが、最大ドローダウンが26.9％と低い。ドローダウン水準は変えずにリターンを上げたければ、3つの戦略のリスク水準を0.066％にすれば、最大ドローダウンは29.5％とオリジナルの戦略とほとんど変わらないが、年次リターンは28.5％に上昇する。

　3つの戦略は同じトレード原理に基づくため相関が非常に高く、長期的なリターンもほとんど変わらないが、若干の分散効果はあり、1ボラティリティ単位当たりの利益も増える。十分な資金があれば、平滑化効果も得られる。3つの戦略を組み合わせた戦略のデメリットは、運用資産が少ないとき、特に100万ドルを下回る場合、銘柄によっては大きいものもあるため、大きなリスクをとらずに十分な分散を行うことが難しい点だ。

合成ポジションでトレードする

　世界中の取引所のすべてのアセットクラスをトレードしても十分な分散効果は得られないと感じたことはないだろうか。これはときには正しいこともある。無相関のリターンを達成し、ほかのトレンドフォロワーたちと差別化を図りたいのなら、単一市場をトレードする以外のことを考える必要がある。その1つの方法が、サヤあるいはスプレッドを構築し、それらを1つの先物市場としてトレードするというものだ。つまり、ある程度関連性のある2つ（以上）の先物を選び、それらの市場の価格差を示す新たな時系列データを作成して、それに標準的なトレンドフォロー戦略を適用するのである。一方の市場は買い、他方の市場は売ることで、それらの市場の共通性を相殺し、差額をトレードするわけである。

　金と銀のトレードを例に取って説明しよう。銀のほうが金よりも相対パフォーマンスが高い場合もあれば、その逆の場合もある。2つの価格差を1つの時系列として扱い、ほかの市場で行うのと同じようにトレンドやブレイクアウトを測定し、一方を買い、他方を売ることで実質的にほかの市場とまったく同じようにトレードできる。しかし、いくつか異なる点もあるので注意が必要だ。まず第1に、買いと売りを同じ額だけトレードし、しばらくの間それを保有すれば、買いポジションと売りポジションが一致しなくなる。例えば買いの価格が上昇すれば、そのポジションは大きくなり、売りの価格が低下すれば、そのポジションは小さくなる。この点に注意し、買いと売りがほぼ同額になるようにしなければならない。第2に、こういったスプレッドのボラティリティはそれぞれの先物のボラティリティよりも低いのが普通だ。金価格と銀価格は同じ日に同じように上下動するが、上下動の程度が異なるため、十分な利益を得るためには各アセットのポジションを大きくする必要がある。これによってリスクが上昇し、またブロ

ーカーがこの種のトレードをどう見るか、これらのトレードの合算証拠金をどう計算するかにもよるが、委託証拠金も増える。ブローカーによっては２つのトレードの証拠金をただ足し合わせるだけのところもあり、その場合、こういったスプレッドのトレードでは十分な証拠金を準備することは実質的に不可能になる。

　金と銀のほかにも人気のあるスプレッドはあるが、特にエネルギーセクターに多い。例えば、クラックスプレッドは原油とそれから加工される石油製品の価格差を取引するトレードを言う。最も一般的なやり方は、原油、ガソリン、灯油を３：２：１の割合で、原油を買い（または売り）したら、ガソリンと灯油は売り（または買い）するという方法だ。実質的にはどんな種類のスプレッドも可能だが、その先物が実在し、双方の価格がなぜ同じ動きをするのかを知っておく必要がある。しばらくはリターン特性が似ていたが、将来的には違ってくる可能性のある先物を選べば、予想以上に大きなリスクを背負うことになる。

カウンタートレンド戦略を加える

　トレンドフォロー先物戦略のリターンを平滑化するのによく使われる非常に効果的な方法は、カウンタートレンド戦略を加えることだ。これは大きな矛盾のような気がするかもしれないが、トレンドフォローで運用する先物マネジャーのなかにはこれが非常にうまくいっている人もいる。ビッグマネーはトレンドに従うのが普通だが、これに短期のカウンタートレンド戦略を加えると、低いボラティリティで同等以上のリターンが得られることもあるのだ。カウンタートレンド戦略は私たちのコア戦略とはまったく異なる性質を持つ。このタイプの戦略は、いずれかの方向に大きく動いたら逆方向に仕掛け、損切り幅は狭くして、素早く利食いするというものだ。カウンタートレンド戦略

は流れに逆らった速攻戦略で、利益を得たらすぐに次の機会を待つ必要がある。

一般に、カウンタートレンド戦略はトレンドフォロー戦略よりもヒット率が高い。つまり、勝率は高いが、トレンドフォローに比べると利益が損失よりも小さいということである。カウンタートレンド戦略はポジションを保持する時間が短く、損切りや利益目標に素早く達する傾向がある。トレンドフォローと一緒に使うときには、期待リターンがプラスで、トレンドフォロー戦略との相関が低いか逆相関にあるのが好ましい。その場合、潜在的リターンを落とすことなくコア戦略のリターンを平滑化することができる。

先物マネジャーのほとんどは自分たちのファンドやマネージドアカウントではトレンドフォローの比率を高くし、カウンタートレンドはトレンドフォローがうまくいかない時期に若干の安心感を与える程度の比率にしかしないのが普通だが、マネジャーによってはトレンドフォローとカウンタートレンドの比率を50：50にする人もいる。

私が開発した利益の出るカウンタートレンド戦略は大きく2つに分けられる。1つは市場の支配的なトレンドに逆らって仕掛けるというもので、基本的に価格の動きが極端に大きいときにトレンドフォロー戦略と逆の方向に仕掛ける。したがって、リスク削減メカニズムとして機能する。もう1つは支配的なトレンドの向きにトレードするが、そのトレンドよりも大きな逆の動きが現れたら仕掛けるというものだ。いずれの方法もそれぞれに利点があり、コア戦略の補完として使うことができる。

最初の方法は、トレンドの方向に極端な動きがあればリスクを低減するため、トレンドフォロー戦略の潜在的利益は下がってしまう。例えば、2008年の秋のように大きなトレンドが現れたとき、このタイプのカウンタートレンド戦略は、トレンドフォロー戦略のリスクを最も儲かる時期に削減してしまう。一方、普通の相場や横ばい相場では、

このタイプのカウンタートレンド戦略はリターンを平滑化し、リターンがプラスになる可能性も高めてくれる。

後者の方法は、コアとなるトレンドフォロー戦略が損切りに引っかかり手仕舞ったあとで、かつトレンドフィルターが主要なトレンドが変わったというシグナルを出す前にポジションを取るのが普通だ。例えば、株式市場が強いブル相場にあるが、修正局面によりポジションが損切りにあった場合、このカウンタートレンド戦略は同じポジションを以前よりも安い価格で再び仕掛け、しばらく保有して、コア戦略が再び仕掛ける前に手仕舞う。

トレンドフォロー戦略を改善するためのツールとして最も効果的なのは、カウンタートレンド戦略を加えることだと私は思っている。

スケールイン（段階的に仕掛けること）やスケールアウト（段階的に手仕舞うこと）のことはここでは議論しないが、それは関連する戦略ではあるがまったく別のものとしてとらえているからだ。これは解釈の問題だ。私の場合、極端な市場状態にあるときにポジションを減らすルールと見る代わりに、それを逆のポジションを取る別の戦略とみなす。

日中ストップ

本書のコア戦略ではシグナルが出た翌日にのみトレードを仕掛ける。したがって、任意の日に何が起ころうと、翌日まではアクションは起こさない。これはときにはいらだつこともある。特に、大きな逆行の動きが発生しても、ポジションを手仕舞いできないときなどがそうだ。こんなときは損切りを置きたくなり、正しくやれば良い結果に結びつく。ただし、損切りは良いポジションも手仕舞わされてしまうことがよくある。価格が損切り水準を下回るが、また上昇するといったときがそうだ。

図8.2　灯油——ストップポイントを大きく下回る

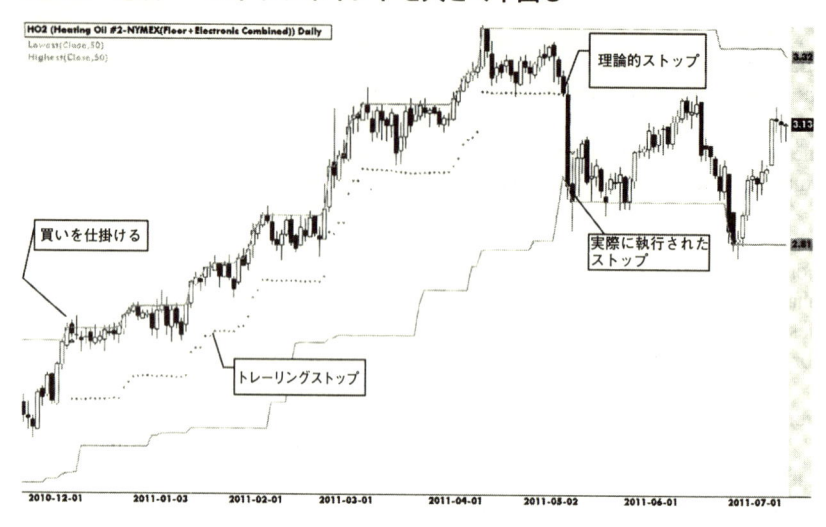

2011年の灯油のトレードはこれの良い例で、短期的に大きなフラストレーションを生みだした。5月4日、価格があと数セントというところまで損切り水準に近づいた（図8.2）。5月5日は本当についていない日で、取引所が委託証拠金を前触れもなく上げたため、価格が急落したのだ。その日の終値を使うというルールによって、このポジションは5月6日にならないと手仕舞いできず、そのころには理論的な最大損失の3倍を上回る損失を出していた。この例から言えば、実際の損切りは本当に便利なものだが、価格が日中に理論ストップを下回ったすぐあとで元のトレンドの方向に戻ることもしょっちゅうあるので注意が必要だ。このケースの場合、実際に損切りを置いていれば、4月中旬にはポジションを手仕舞っていたはずだ。

　損切りを置く方法は2つある。1つは、修正局面の翌日トレードを行うというルールを取っ払い、それを日中ストップで置き換えることだ。この方法を使うと、1日の終値を使ったときよりもストップの幅

図8.3 日中のストップ

コア戦略　　　コア戦略（日中ストップは3ユニット）　　- - コア戦略（日中ストップは4ユニット）

表8.1 日中ストップの比較（1990年1月～2011年12月）

	コア戦略	コア戦略 （日中ストップは3ユニット）	コア戦略 （日中ストップは4ユニット）
年次複利リターン	17.9%	12.5%	19.6%
最大ドローダウン	-20.2%	-20.9%	-21.1%
ドローダウン÷年次リターン	-1.13	-1.68	-1.07
利益の出た月の比率	63%	62%	63%
最良の月	41.3%	26.3%	37.3%
最悪の月	-14.7%	-13.2%	-18.0%
シャープレシオ（RF:2.5%）	0.74	0.6	0.79
ソルティノレシオ	1.57	1.12	1.68

を広げたくなったり、ダマシのシグナルに引っかかって手仕舞うといったリスクが高まる。**図8.3**と**表8.1**は最初の方法と日中ストップを置いた（ストップの幅は、コア戦略と同様の3ユニットと、もう1つ

は4ユニット）ときとを比較したものだ。用いた投資ユニバースは、最初の均等ウエートのものだ。

デフォルトの3ユニットは少し狭すぎるようだが、これは驚くには当たらない。しかし、少し広めの損切りを使うと少し改善されるようだ。このデータからだけでは、日々のストップよりも日中ストップのほうが良いとはいえないが、少し詳しく見てみよう。損切り幅が4ユニットの場合、最悪の月が-18％であることに注意しよう。これは2011年10月の最悪の月に起こった比較的最近のイベントだ。偶然にもほかの2つのバージョンも最悪の月は同じときに起こっている。これは非常にまれな月だが、近い将来同じような月が起こらないとも限らない。一般に、日中ストップのほうが優れているように思えるが、2011年10月のような月が何回か起これば、数字は変わる可能性がある。

日中ストップを置くもう1つの方法は、安全装置としてのみ使うというものだ。この方法では、基本的には昨日の終値に基づいて損切りを置くという元々のルールはそのまま維持し、日中ストップも同時に入れる。日中ストップの幅は広めに取り、価格が大きく逆行したときにのみ発動させる。これは短期的に大きな損失が出ないようにする安全装置になる。

相関マトリックス、ポジションサイジング、リスク

マネージドフューチャーズをトレンドフォロー戦略でやろうと真剣に考えているのなら、ハードワークが必要だ。分散されたトレンドフォロー戦略を複製し、すべての要素を完全に理解したら、戦略を完璧なものにするために最大限の時間を費やさなければならないのがこれらの項目だ。

私たちが使ってきたコア戦略の最大の欠点を挙げるとするならば、この戦略がすべてのポジションを別々のものとしてとらえ、関連性を

考慮していないことだ。したがって、ポジションサイジングとリスクマネジメントはポジションごとに行われ、ポートフォリオレベルでは行われない。この欠点をコア戦略に残しておいたのには２つの理由がある。１つは、この欠点があっても戦略はうまく機能し、ボラティリティもドローダウンも許容範囲内に抑えながら素晴らしい結果を示すからだ。もう１つは、この問題は非常に複雑で、きちんと解説しようと思ったらあと数百ページは必要になるからだ。

　現実世界でものすごい大きなイベントが発生したとしよう。例えば、2011年から2012年にかけての欧州債務危機が引き金になって発生した株式市場の大暴落を考えてみよう。これによって債券先物は長期間にわたって上昇トレンドに乗り、ドルは上昇し、コモディティー価格は下落した。したがって、あなたは債券の買い、株式の売り、対米ドル通貨の売り、コモディティーの売りからなるフル投資のポートフォリオを構築する。問題は、これは異なる多くのトレードをしたことになるのか、それとも１つの分野に集中的に賭けたことになるのかである。１つの分野に集中的に投資するのもよいだろう。なぜなら、それは戦略の意図するところであり、市場で起こっていることを反映するものだからだ。しかし、リスク水準は非常に高くなり、私たちの望む方向に進むポジションが増えるほど、ポジションサイジングの公式と実際のリスク水準とによるリスク水準の差は拡大する。こういったポートフォリオを構築した場合、経済状況や政治状況が突然変われば、ポジションは一斉に逆行する。それが利益の出るトレードになるのかどうかは、必ず発生する反転の前に利益をどれくらい積み増すことができるかによる。

　ポジションを長く保有していれば、変化することが２つあり、これはポートフォリオに大きな影響を及ぼす。私たちに有利な方向に動いた買いポジションは大きくなり、売りポジションは減少する。さらに、ポジションサイズを決めた、ポジションを取ったときの各市場のボラ

ティリティ水準は時間とともに変化する。しかし、このことは考慮されず、市場状態によっては私たちのポジションの多くは日々の動きが同じであることも考慮されない。

ATR（アベレージ・トゥルーレンジ。真の値幅の平均）はボラティリティやリスクの代理としては良い測度にはなるが、先物マネジャーが実際にやることに比べると非常に単純な概念だ。これよりもバリュー・アット・リスク（VaR）やこれに順ずるもの、あるいは証拠金比率（マージン・トゥー・エクイティー・レシオ）を使ったほうがよい。

VaRはリスクの報告、リスク管理、リスクコントロールに使うことができ、十分な運用資産があれば、これを使うのがよいだろう。VaRはポジション間の関係、つまり共分散を考慮に入れたものなので、新たなポジションを取った場合のVaRの増加を計算するといったトレードの前に行うシミュレーションで役に立つ。これはポートフォリオレベルでリスク管理を行ううえでは大変便利で、リスクの削減やリターンの平滑化を求めているのなら役に立つはずだ。

VaRを使うことができない場合はあなたがトレードする市場間の関係を調べ、その情報をリスク管理に使うとよい。この場合、まずやらなければならないことは、トレードしようとしている市場の相関マトリックス（または共分散マトリックス）を作成することだ。マトリックスはさまざまな期間にわたる市場間の関係を分析できるように作成することが重要だ。さまざまなアセットクラスを含む市場間の全体的な共分散は劇的に上昇することもある。こういう時期は、リスクは高いが、儲けも多いのが普通だ。

共分散マトリックスを作成するときに注意しなければならないことがいくつかある。最も重要なのは、実際の価格ではなく対数リターンを使うということだ。これは特に難しくはなく、有意義なデータを得るためには必要なことだ。1期間の対数リターンを計算するための公式は$\ln(P_t/P_{t-1})$だ。世界中の先物の日々の相関を求める場合、注意し

なければならないのは、市場によって手仕舞いする時間が異なることだ。世界中の先物を取引している場合、1日のリターンを使うのは逆効果だ。ニューヨークでS&Pが午後に大きな動きをすれば、日経は翌日に大きく動き、データの整合性が取れなくなる。これを解決するには、1日のリターンではなく、数日にわたるリターンを用いることである。例えば、10日のリターンを使う場合、対数リターンは$\ln(P_t/P_{t-10})$となり、リターンを平滑化することができる。ただし、丸め誤差は発生する。

こうした関係を考慮したうえで先物戦略のリスク管理を行う方法はたくさんある。実際にトレードを行う前に、少し時間を取って調べてみよう。

ロールオーバー効果

ロールオーバー効果は、あなたにとって有利に働いたり不利に働いたりする興味深い現象だ。このことを知らず、何のプランもなければ、あなたはただ風に任せて流れるいかだのようなものだ。これは商品に大きな影響を与える効果で、最も流動性の高い期近物が期限終了日前の数日間は負の圧力にさらされるというものだ。

買いのみの大きな商品ファンドはたくさんある。これは投資信託のコモディティーバージョンのようなものだ。大きな運用資産を持つこれらのファンドはすべての商品のバスケットを決められた比率だけ買って、長く保有する。通常の投信が株価指数を模して投資するように、ウエートは商品指数に依存する。投信と商品ファンドの大きな違いは、株式投信が株式を買うのに対して、商品ファンドは物理的に現物を買わない点だ。もし物理的に現物を買えば、大きな倉庫やサイロや貯蔵所が必要になり、運搬したり保存したりしなければならなくなる。彼らが買うのは各商品の最も流動性の高い限月の先物で、別の限月の流

動性が高まるとそれに乗り換える（ロールオーバー）。これらのファンドは常に同じウエートで長期にわたってすべての商品に投資するのが普通だ。そういったファンドのパフォーマンスは低く、現物商品の価格と比較すると、パフォーマンスはかなり低い。というのは、ほとんどの商品は順ザヤの状態にあるのが普通で、彼らが買うのは価格が高いとき（限月カーブの右側）で、売るのは限月カーブの左側の価格が安くなってからだからだ。つまり、期間構造は彼らにとって常に不利に働くわけである。

これらの巨大ファンドは大きな買いの投機ポジションを抱えているため、ロールオーバーできるタイミングは限られる。出来高は先物の期限の終わり近くで急騰するため、限月カーブの端で既存のポジションを売って、次の限月を新たに買わなければならない。これはほかの限月に比べると期近に人工的で測定可能なマイナスの影響を及ぼす。先物の期限の最後の数日間で価格は必ずしも下落するとは限らず、期先のほかの限月に対する相対的な値動きが若干悪くなるだけである。

この問題を回避するには、少しだけ早くロールオーバーすることだ。ビッグプレーヤーのロールオーバーの時期を予測して、それよりも数日早くロールオーバーすることで、彼らのアクションによるマイナスの影響を防ぐことができる。もう1つの方法は、カレンダースプレッドをトレードすることで、彼らの窮状を逆手に取って利益を得ることである。後者のほうが難しいが、適正なプランと分析を行えばこれは可能だ。最後の週にカレンダースプレッドをトレードすればよいのだ。しかし、これはそれ自体が大きなテーマだ。

最適化とそれに対する不満

今日のソフトウエアは非常に進んでおり、私たちのコア戦略を何万回もシミュレートし、過去数十年においてはどのパラメーターがベス

トだったのかをいとも簡単に教えてくれる。したがって、ワークステーションにパラメーターのありとあらゆる組み合わせをシミュレートさせ、ベストと思えるパラメーターの組を選びたくなるのも当然だ。しかし残念ながら、これは高くつく幻想にすぎない。

　自分のやっていることを見失ってはいけない。私たちがトレードしているのは概念である。つまり、一般的な考えをトレードしているのである。私たちが知らなければならないのは、その概念が過去にうまくいったかどうか、そしてそれが将来的にもうまくいくことを信じることができるかどうかである。評価プロセスは客観的でなければならず、過去のシミュレーションで何がうまくいき、何がうまくいかなかったかを知る必要がある。最適化プロセスはこれとはまったく逆だ。最適化は潜在的な問題を隠し、間違った安全神話へとあなたを導くものだ。

　最適化は、コア戦略を57日ブレイクアウト期間と、買いサイドのストップは4.17で、売りサイドのストップは2.78で実行すべきであることを教えてくれる（実際に最適化をやったわけではないので、これらの数字は仮想的なものにすぎない）。最適化の結果がどうであれ、最適化がベストな結果を示す理由を考えてみよう。細かく見ていくと、これらの数字がベストなのは、最悪の損失を含めていないからである。大きな損失が出る１日前に損切りしたり、大きな修正局面になる前に仕掛けなかったからにほかならないのである。

　最適化をとことんやりたければ、異なる年に異なるパラメーターを使わせたらどうか。ストップの幅を１年ごとに狭くすれば、もっと良い結果が出るかもしれない。私の言いたいことは分かってくれたと思う。要するに最適化は無意味な結果を生みだす代物でしかないのだ。

　もっと広い視野をもとう。異なる概念を表す戦略の異なるバージョンをいくつか作成し、それを検証してみるのだ。そうすればどの概念がうまくいくのかが分かるはずだ。最適化によってストップの幅を３

ではなく3.15にすべきだといったことよりも、検証によって本当に価値のあることが分かってくるはずだ。

第9章 先物トレードの実務
Practicalities of Futures Trading

　堅牢なトレード戦略が出来上がっても仕事はまだ終わりではない。ここからが始まりなのだ。戦略が出来上がったら、それを実際に使うに当たって細々としたことをいろいろと見ていく必要がある。これまでに先物市場をトレードしたことがなく、準備のできていない人は、細かいことがいろいろあるのできっと驚くに違いない。

必要資産

　自分の口座で分散された先物戦略をトレードするのか、顧客のマネージメントアカウントのためにトレードするのか、あるいはヘッジファンドとしてトレードするのかは別として、不必要に高いリスクをとることなく分散効果を十分に活用するには、十分な資産が必要であることを認識する必要がある。分散された先物トレンドトレードに落とし穴があるとするならば、それはこれだ。株式トレーダーの場合、ポジションサイズは小さな口座に分割することができるので、資産はそれほど重要ではない。1000ドルの口座で40のオープンポジションを持つことができ、それでもって1億ドルのファンドと同じ分散効果が得られる。しかし、先物は株式と同じようには分割できない。したがって、資産が十分になければ、リスクを望ましい水準以上に高めること

なくたくさんのポジションを取ることはできない。この戦略では、ポジションはポートフォリオ全体に対する日々の平均的な影響が好ましくなるようなサイズにする。したがって、もし十分な資産がなければ、公式は1枚の一部のみを買うように指示してくる。つまり、1枚も買えないということである。例を示そう。例えば、15万ドルの口座で生牛の買いシグナルが出たとする。生牛は1枚が4万ポンドだ。シグナルが出たときのATRが0.017ドルだったとする。リスクファクターとして0.2％を使うと、ポジションサイズは次のようになる。

トレードサイズ ＝ (150,000 × 0.002) ÷ (0.017 × 40,000) ＝ 0.441

トレードサイズは1枚の半分を下回り、問題なのは明らかだ。少なすぎる資産で分散化のために先物をトレードすればリスクファクターが上昇する。資産が必要な額を大きく下回っていれば、プロのトレードというよりも、それはもうギャンブルである。100万ドル以下の資産でトレンドトレードを行うことは、私に言わせれば、それはあまりにも無謀で背伸びのしすぎであり、ある程度の妥協が必要になる。もちろん、1万ドルの証拠金勘定でトレードして、何百万ドル儲けた人は知っている。とてもラッキーだと思うのならやってみるとよい。でも、もし1000人の読者がこれを行えば、数週間あるいは数カ月で998人が破産するだろう。短時間で大儲けしたり、最初に大当たりしたあとでやめるかリスクを減らす賢明な人は2人しかいない。しかし、本書はギャンブルの本ではない。したがって、このビジネスを100万ドル以下の資産で始めることはお勧めできない。

資産が少ない場合、ミニは役に立つかもしれないが、取引が難しく、流動性が低いものもある。株式の世界ではミニは豊富にあるが、セクターによっては扱っていないものもある。特に、金利セクターではミニは少ない。農産物セクターでもミニはあるが数が少なく、スプレッ

ドが大きいうえに流動性が低く、結局高いものにつく。

　100万ドルの資産があるときでも、1.5枚とか0.7枚というシグナルが出ることがある。こんなシグナルが出たらどうするかを事前に決めておく必要がある。確実な方法は、枚数を丸めることだが、ポジションはあまり少なくしたくはないはずだ。100万～500万ドルの比較的少ない資産の場合、投資ユニバースは限定される。これまでにも見てきたように、ほかの条件は一定で投資ユニバースだけを増やせば、戦略全体のリスクは上昇する。期待リターンも上昇すればよいのだが、そうとは限らない。したがって、リスクを減らすには投資ユニバースを減らすしかない。しかし、市場を少なくすれば、分散効果も減る。少ない資産で分散された先物戦略をトレードする簡単な方法はないが、それでもやるつもりなら、リスク計算をしっかりやることだ。

実際のトレード

　いよいよ実際にトレードする日がやってきた。検証も十分にやったので、選んだ戦略には自信がある。口座を開き、顧客の資産も口座に入った。ここまでは良いが、大変なのはここからだ。実際にトレードするまであまり考えないことは、初日に何をやるかである。バックテストシミュレーションが示すすべてのポジションをすぐに取るほうがよいのだろうか、それともシグナルが出るたびにポジションを取って、徐々にポートフォリオを構築していったほうがよいのだろうか。

　ほかのタイプの戦略については分からないが、この戦略については正しい選択は１つしかない。初日にすべてのポジションを取ることが重要だ。でなければ、資産曲線は予想しているものとはまったく違ってくるだろう。各ポジションのトレードサイズは、実際にトレードする日ではなく、トレードシグナルが出た日に基づいて計算する。したがって、実際にトレードするのが１月２日で、大豆の買いポジション

のシグナルが12月10日に出たとすると、12月10日にトレードしていればどれくらいのサイズになっていたかという理論的サイズを、そのときのボラティリティに基づいて算出する必要がある。理由はもちろん、実際の結果とシミュレーション結果を一致させるためだ。

　初日にすべてのポジションを取らない場合、資産曲線はシミュレーション結果とは違ってくる。そして、新たなシグナルのみを受け入れるという、ルールを無視した自由裁量的なトレードによってギャンブルをすることになる。

　初日にはちょっと恐ろしげな状況に出くわすこともある。こういうときにはポジションを取るのはためらわれる。買いポジションがロケットのように急上昇してすでに２週間が経過し、統計的平均よりもはるかに高い利益を出しているようなときがそうだ。問題は、今買わなければいつ買うのかということだ。下落するかもしれないし、しないかもしれない。この状況が損切りに引っかかるまで１年続くかもしれない。でも、今買わなければ、意味のある分散効果を得るまでには時間がかかり、実際のトレードがシミュレーション結果と一致するまでにはもっと時間がかかるかもしれない。戦略が大きな利益を出す前にたまたま仕掛けたとすると、取り戻すのに時間がかかるかもしれない。おそらくは悪い時期の直前に仕掛けることになるからだ。しかし、これは予測不可能だ。賢明なのはプログラムに従うことである。

注文

　トレードを始める前に考えなければならない実用的なことは、新たなトレードシグナルが出たらそれをどう実行するかである。本書では、取引所がオープンする前に成行注文を入れ、スリッページを含めた始値で仕掛けることを想定しているが、実際にはもう少し複雑だ。取引所がオープンする時間は異なり、あなたにとっては真夜中になること

もあるだろう。市場によっては取引時間帯が複数ある場合もあり、24時間市場もある。24時間市場の場合、「オープン（寄り付き）」という言葉は若干あいまいになる。もちろん流動性の問題もあり、特にコモディティー市場は１日のうち流動性が極めて低くなる時間帯もあり、こういった時間帯に仕掛けた成行注文はスプレッドコストが高くつく。

　私やほかの先物マネジメント会社の仲間の経験によれば、注文に関してはさまざまな意見があり、方法もいろいろある。事前にプログラミングされたアルゴリズムを使って、各市場にいつ、どのように注文を入れるかをすべて自動化し、分析ソフトウエアから取引所に直接注文を入れるトレーダーもいれば、多くの執行トレーダーを抱え、分析ソフトウエアがシグナルを出してきたら仕掛けや手仕舞いに１週間の時間をかけるファンドもある。仕掛けや手仕舞いが市場に大きな影響を及ぼす巨大ファンドの場合、執行トレーダーに数日間の猶予を与えるのが理にかなったやり方だが、すべてを自動プログラムでやっている巨大ファンドもある。小さなファンドやトレーダーの場合、トレードを仕掛ける時間を決め、成行注文にするのか指値注文にするのかはある程度常識で決めるのが普通だ。

　良い価格を得るために手動でやるつもりなら、結果を理論的な成行注文の結果と比較してみる必要がある。注文のうまいトレーダーは平均的な成行注文を打ち負かすことができるが、ほとんどの人はこれはできない。ここで中心となるのは長期トレードであって、実行価格の若干の違いによって結果に小さな違いの出るトレードではない。時間やお金がかかるだけであまり違いが出ないのなら、あるいはマイナスの影響が出るようなら、手動でやる意味はない。しかしこれは好みの問題であって、執行トレーダーとしての手腕にもよる。

　住んでいる場所や睡眠サイクルにもよるが、先物をグローバルにやるつもりなら、トレードするときに常に起きているのは不可能だ。本書のコア戦略のようにオープニングでだけトレードするにしても、日

本、香港、シンガポール、欧州、北米ではオープニング時間が異なる。

　すべての取引を手動でやる場合、すべての市場のオープニングのときに起きていることは不可能だ。したがって、仕掛け価格はシミュレーションが指示したものと大きく違ってくる可能性が高い。これに対処するには、寝る前に「オープン時の成行注文」を入れておくことだ。ただし、夜中に大きなイベントが発生すれば問題が発生するのは言うまでもない。

　シミュレートした注文と実際の注文との違いを克服するにはもう1つ簡単な方法がある。あなたのシミュレーションにこの問題を認識させるのである。欧州に住んでいて、日本やシンガポールや香港で市場が開いたときに起きていないのであれば、ポジションをオープン時ではなく手仕舞い時に仕掛けることをシミュレーションソフトに組み込むか、注文を1日遅らせる。あなたのシミュレーションソフトで試してみて、結果に違いが生じるかどうか試してみよう。

キャッシュマネジメント

　シミュレーションでは見ることができないことが1つある。それは、キャッシュマネジメントだ。キャッシュマネジメントはほとんどのシミュレーションソフトで簡単化されたり無視されたりするものだ。それほど複雑ではないが、先物をトレードする前に知っておかなければならないことである。

　トレード口座を開くとき、それがあなた自身のお金であろうと、ヘッジファンド用、あるいは顧客の口座であろうと、その口座の基準通貨を決めなければならない。この基準通貨ですべてのパフォーマンスが算出される。口座には、異なる通貨のサブ口座を開くことも可能で、これは先物トレーダーにとっては必要なことだ。投資ユニバースの先物のすべての通貨に対してサブ口座を開かなければならない。本書で

カバーする商品はUSD、CHF、EUR、GBP、HKD、JPY、CADでトレードされるため、これらのサブ口座を初日から設定することが必要だ。新しいポジションを取るときには、口座に十分な担保がなければならず、できれば担保よりも多くのお金を入れておいたほうがよい。担保を同じ通貨で入れておくことを要求するブローカーもあれば、基準通貨で同等の金額を入れておくだけでよいブローカーもある。

　先物取引は毎日時価評価され、日々の損益は毎日の終わりにクリアリングハウス（清算機関）を通じて決済される。したがって、USDアカウントに100万ドル入れていても、今日、長期ギルト債で2000ポンドの損失を出した場合、ポンド口座は赤字になる。これは長期ギルト債のポジションがまだオープンになっているかどうかとは無関係だ。損益は毎日決済され、残高はキャッシュ口座で見ることができる。今ポンド口座は赤字なので、スポットの通貨取引をしてポンド口座の損失を穴埋めするか、それを無視して損失に対して利息を支払うかのいずれかを選択することになる。

　これを防ぐためには、損失が出たときのために各口座に事前にお金を振り込んでおくとよい。これは、欲しくもない通貨のために通貨イクスポージャーを取ることを意味する。この通貨イクスポージャーは口座全体に対してそれほど大きくないため、丸め誤差としてそのまま放っておくか、ヘッジで取り除くかのいずれかが選択できる。口座がそれほど小さくないかぎり、通貨先物は良いヘッジビークルになる。通貨先渡よりも安くて簡単で、スプレッドも非常に小さい。通貨先物をヘッジ目的に使うときの唯一の欠点は、契約価格の複数倍しかトレードできないことであり、それは通常大きな契約の場合10万ドル～15万ドルに相当する。しかし、このセクターではミニも買え、十分な流動性もある。

　ここで言おうとしていることは、キャッシュマネジメントは科学ではなく、どうやればベストなのかについては明確な答えはないという

表9.1　サブ口座の例

口座	通貨	キャッシュの額	含み損益	口座残高
5611.77512-124/U	USD	34,124,566.86	-131,548.22	33,993,018.64
5611.77512-124/E	EUR	124,886.12	146,324.87	271,210.99
5611.77512-124/C	CHF	-12,781.20	34,819.15	22,037.95
5611.77512-124/G	GBP	14,379.08	-2,674.00	11,705.08
5611.77512-124/H	HKD	14,721,927.45	2,456,874.23	17,178,801.68
5611.77512-124/J	JPY	-132,453.00	278,226.00	145,773.00
5611.77512-124/C	CAD	74,558.98	-4,235.73	70,323.25

ことである。各口座に数十万ドル入れておき、比較的小さな通貨イクスポージャーは無視する人もいれば、マイナス残高は放っておく人もいれば、十分なお金を入れておき、通貨先物でヘッジする人もいる。いずれにしても、1年の終わりには大した違いは出ない。しかし、考慮する必要のある問題であることは確かだ。**表9.1**はサブ口座の例を示したものだ。

　先物の決済をしたり、委託証拠金を維持するのにある程度のキャッシュは常に必要だ。ブローカーやあなたのポジションにもよるが、債券などの証券を委託証拠金として使うことも可能だ。ただ、ある程度の流動性がある必要はある。損失や投資家の解約請求に備えて十分なキャッシュを用意しておく必要がある。投資家が思いがけずに解約請求をしてきたため満期まで持っておこうと思っていた債券を売らなければならない羽目に陥れば、キャッシュ計画に狂いが生じる。

　最も良いのは、前述の出費や投資家の解約請求に十分対応できる程度に最低限のキャッシュを持つことである。キャッシュを最低限に持つのには2つの理由がある。1つはよく知られている理由で、もう1つの理由は最近重要性が高まってきている。前者のよく知られた理由は、債券を買うことで金利収入が得られることだ。最近は利回りがか

つてほど高くないが、それでも有効だ。年間わずか0.25％しか得られなくても、それは無リスク金利である。

　もう1つの理由は、銀行やブローカーに預けているお金は彼らが破綻すれば跡形もなく消えるということである。口座は危険から分離されており、リスクはないとブローカーが言おうと、そんなことはあり得ないことはこれまでに見てきたので知っている。元上院議員がCEO（最高経営責任者）を務めるある会社は、そのCEOのギャンブル問題で顧客の何十億というお金が一瞬のうちに消えた。どんなに安全に見えようと、口座に置いているお金はブローカーが破綻すれば消えるか、宙に浮いた状態になる。これに対して債券は無傷のまま戻ってくる。

ドローダウンモードになるとボラティリティは高まる

　忘れられがちなのは、ドローダウンに陥るとボラティリティは異常に高まるということである。その年は良い年で、たくさん儲かり、資産は新たな高値を更新する。でも、パフォーマンスの動きは悪かった時期よりも遅い。これはちょっと妙に聞こえるかもしれないが、これについてしばし考えてみよう。良い時期のパフォーマンスの動きが遅いのは、市場状態や戦略とは無関係だ。これは、成功報酬を支払うヘッジファンドやマネージドアカウントなどのすべてで起こる現象だ。

　今の結果が最後に成功報酬が支払われたときよりもよければ、利益の一部は未払いの成功報酬に当てられる。お金はあなたの口座から物理的に差し引かれるわけではないが、未払いの負債は成功報酬を計算するときに計上される。マネージドアカウントやファンドの成功報酬が15％で、最近の高値から10％の利益が出た場合、あなたの実績には8.5％の利益しか反映されない。逆に、最後に成功報酬を支払ったと

きからは利益が出ているが、損失を被った場合、成功報酬が減少するため、損失も同じ率だけ減少する。

つまり、成功報酬は安定化装置として機能するということである。最後のハイウォーターマークを上回る利益が出ていれば、ファンドやアカウントの正や負の動きは成功報酬によって和らげられるのである。一方、ドローダウンに陥れば、成功報酬は安定化装置として機能しないため、ボラティリティは上昇する。これはあなたにとって有利に働き、前のハイウォーターマークまで素早く戻るが、注意しなければ損失を加速させてしまうことになる。

ポートフォリオのモニタリング

ファンドの純資産や日中損益があなたの目の前で刻一刻と変わっていくのを見るのは、良くもあり悪くもある。日中にポジションを監視できるのは便利だし、安心もできる。市場の状態やあなたのファンドがそれにどう反応するかを常に知ることができるため、ポートフォリオの構成やリターン特性を常に把握することができる。こういったモニタリングは先物ブローカーのほとんどで可能だ。もしあなたのニーズに合わなければ、ロイターやブルームバーグなどのマーケットデータシステムを使ってエクセルで損益を計算することもできる。

問題は、日中のティックごとのモニタリングが役立つのかどうかである。こういった情報があなたの目の前でリアルタイムに得られてもトレードには何の役にも立たず、あなたの戦略が終値でトレードするものである場合、ストレスを高め、重要な仕事からあなたの気をそらせるだけである。本書で紹介したような戦略を使っているのなら、ポートフォリオをティックごとに見ている必要などない。

とは言ったものの、実は私はポートフォリオのスクリーンを見るのにあなたよりも多くの時間を割いている。これはもう中毒のようなも

のなのだ。

戦略に従う

　実際にトレードを始めて、（願わくば）良い結果が出たとしても、仕事はまだ終わりではない。やらなければならない最も重要な仕事の1つは、実際の結果をシミュレーションの結果、およびほかの先物マネジャーの結果と比較することである。堅牢なトレード戦略を開発して、その結果がシミュレーション結果と違った場合、何が間違っているのかを突き止める必要がある。シミュレーションと現実との間には若干の違いがあるのは仕方ないが、その違いは許容範囲内にあり、システマティックなものではなくランダムなものでなければならない。ある月は良くて、ある月は悪くてもそれほど気にする必要はないが、いつも悪いのであれば、戦略のモデリングで何かを見落としている可能性があり、いつも悪い状態が長期にわたって継続するものなのかどうかを調べる必要がある。慎重には慎重を期し、シミュレーションにおける前提は保守的なものにすることが重要だ。つまり、スリッページや手数料を実際よりも多く見積もるということである。

　表計算ソフトを使ってトレード結果を毎日計算することも重要だ。未払いの成功報酬や管理報酬のほか外部コストもすべて差し引いた結果を計算し、それを毎日シミュレーション結果と比較するのである。ダイバージェンスのトレンドを細かく把握し、何が原因なのかを突き止める。実際の結果とシミュレーション結果との間にシステマティックな違いがある場合は問題だ。事態が悪化する前にその原因を突き止める必要がある。

　実際のトレードとシミュレーションでは投資ユニバースごとに損益を毎日計算するのがよい。シミュレーションソフトにはそういったオプションがないものが多いが、オープンアーキテクチャーのものであ

れば、自分でこのオプションを追加することが可能だ。分析ソフトにプラグインを組み込み、機能を若干拡張することはそれほど難しくはなく、プロのプログラマーである必要もない。

　どんなに素晴らしいシミュレーション結果が得られても、実際のトレードが同等なものでなければ無意味なのである。

第10章 最後の注意点
Final Words of Caution

　本書が扱っているのは高いレバレッジを使ったデリバティブ戦略だ。したがって、最後の本章ではリスクや発生すると思われる問題点について見ていきたいと思う。

減少する先物ファンドのリターン

　トレンドフォロービジネスは以前に比べるとはるかに簡単にはなったものの、大きなリターンを得るのは難しくなっている。1980年代と1990年代はこの業界のほとんどのマネジャーはドローダウンが長引くことなく素晴らしい複利リターンを上げていたが、そういった時代は終わり、いまやボラティリティは高まり、不確実性も高まっている。コアトレンドフォロー戦略は長期的に見れば今も利益を出しているが、この10年でリターン特性は大きく変わった。これを示すために、トレンドフォロー先物ファンドの複合ファンドを作成した。ただし、各ファンドのウエートは同じものとする。**図10.1**は長期にわたる複合ファンドの12カ月のローリングリターンを示したものだ。これを見るとリターンがどのように変わってきたかが分かるはずだ。古き良き時代にはボラティリティは高かったが、利益も高かった。2008年という良い年でさえも、1990年のような高い利益は得られていない。

図10.1　CTA複合ファンドの12カ月ローリング複利リターン

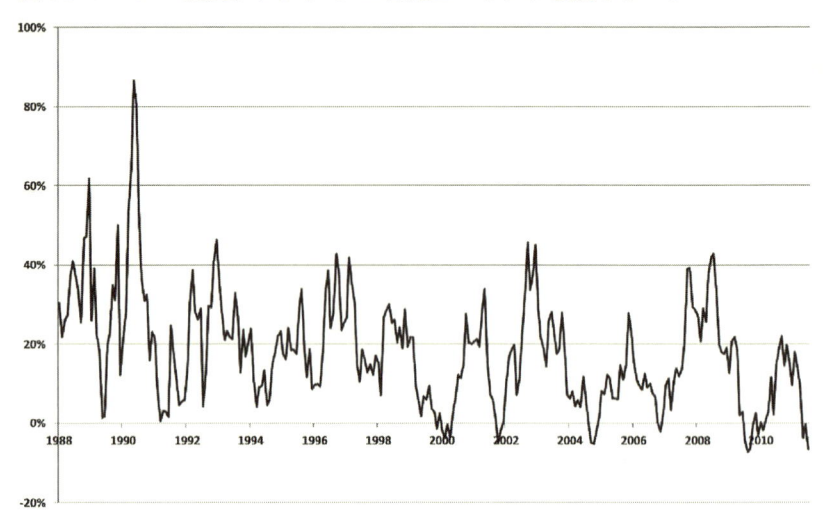

　リターンが減少した主な要因は2つある。最初の要因は第5章で述べたように、国債の利回りが低下したことだ。典型的な先物マネジャーは、余剰資産で金利収入を得、資産を相手先リスクから守るために運用資産のほとんどを国債に投資してきた。1980年代と1990年代は金利収入は高く、これによってパフォーマンスは数パーセントは上昇していた。年次リターンの5～6％も上昇することもあったほどだ。2012年現在の金利は丸め誤差ほどの効果しかない。比較的安全な収入源を失った今、トレード結果に依存するしかなく、そのためリターンは減少した。

　極端に低い金利環境はこれからも続くのか、それとも古き良き時代に戻るのかは分からない。そのうちに金利は苦労して得たお金を安全策のために銀行に預け入れても株式投資を行うより優れた利益をもたらす水準に戻るだろうが、おそらくはまだまだ先のことになるだろう。金利はほぼゼロ金利にまで下がり、西欧諸国の経済状況は悪化している。これは由々しき事態だ。借り手の信用状態が下がれば、借り入れ

コストは上昇するが、2011年に米国がS&Pによって格下げされたとき、米国債の利回りも下がった。つまり、米国の経済はだれもが思うほどバラ色ではなく、人々はより高い価格で米国債をたくさん買わなければならないということである。今、同じような現象が欧州でも見られる。ユーロボンドを発行せざるを得なく、地中海諸国の負債も支援しなければならないにもかかわらず、ドイツ国債が非常に高いのだ。2011年には短期間ではあったがスイスの金利先物もマイナスになった。

　システマティックトレーダーは大衆の狂気に逆行すべきではなく、それが続くかぎり彼らと肩を並べて走るべきであり、事態が急変したらタイミング良くそこから抜け出すのがよい。利回りについてもこれと同じことが言える。利回りが下がり続けてもとりあえずは利益を手にすることができてきたが、これ以上容認できない水準に近づいている。私たちが望むのは、長期的な反転である。債券が下がって、利回りが上昇すれば、トレード利益と余剰資産に対するリターンは上昇する。しかし、低水準の金利環境はこれからも長く続くだろう。これは先物マネジャーにとっては好ましいとは言えない。

　リターンが減少したもう１つの理由は、市場が変化したことだ。市場でよく聞かれるのは「今回だけは特別だ」という言葉だ。長年にわたる市場の変化は、トレード活動が活発化したこととボラティリティの上昇と関係がある。何十年か前はトレンドは長く続いたが、今ではサイクルが短くなり、大きな逆行も増えた。これは資産が代替投資に走り、さまざまなアルゴリズムトレード戦略が増えているためだ。例えば、2010年のフラッシュクラッシュは高いレバレッジを使ったトレンドフォロワーにとっては致命的で、ごく最近まではこんなイベントは聞いたことがなかった。トレンドフォロワーの運用するお金が増えていることもリターンが減少する１つの理由だ。市場が動き出すと、だれもがその波に乗り、価格を押し上げる。これは私たちにとっては有利に働く。しかし、価格が反転すると、だれもが同時に損切りをす

るため、小さな逆行でしかなかったものが大きな逆行へとつながる。

　こうした変化の影響は今のところはそれほど大きくなく、トレンドフォローの競争力をそぐほどではないが、コアトレンドモデルでは立ち行かない日が来るかもしれない。今のところは機能しているが、市場の変化からは目を離さず、分析し続けることが重要だ。

ほとんどのトレードは負けトレードに終わる

　成功しているトレンドフォロー戦略でも、ほとんどのトレードは負けトレードに終わる。しかし、なぜ利益が出るのか。それは、平均利益のほうが平均損失よりも大きいため、トレードの30～40％が勝ちトレードで終われば、負けトレードを十分に埋め合わせることができるからだ。この戦略ではトレードの70％が負けトレードに終わるという事実はカウンタートレンド戦略を構築しようと思っている人には有意義な情報だ。

　市場が横ばいのレンジ相場にあるところからブレイクアウトすれば、ブレイクアウトは本物で新たなトレンドが始まると考える私たちのような人々は買うため、買い圧力が強まる。これによって一時的に価格は正当化できる以上にブレイクアウトの方向に上昇する。こんなときに私たちのようなトレンドフォロワーを利用して短期的な利益を稼ぐために逆トレードを仕掛ける興味深い戦略がある。もちろんこれは良い方法だが、大衆がこれに乗っかればコストは高くつく可能性がある。バックテストでこれが問題に思える場合は、違う仕掛け戦略を探したほうがよい。盲目的にブレイクアウトで買うよりも、段階的に仕掛けたほうがよい。つまり、各ポジションを数日にわたって仕掛けるのだ。しかし、こうしたタイプの戦略に気づき、あなたの仕掛けを予想するシャークがいることに注意しなければならない。リンダ・ラシュキとローレンス・コナーズが1996年に書いた『魔術師リンダ・ラリーの短

期売買入門』(パンローリング)には、トレンドフォロワーを利用して短期的に儲ける方法が書かれているので一読をお勧めする。

当初リスクの設定

　実際のトレードを始める前に決めなければならない重要なことは、目標とするリスク水準の設定だ。ポジションサイズの設定は、リスクを設定するうえで重要なコントロールファクターになる。もしリスクを低く設定しすぎれば、顧客の資金を引きつけるのに十分なリターンが得られず、高すぎれば、ドローダウンが大きくなるため投資家たちは怖がって近寄らないだろう。

　リスクを設定するとき、最大ドローダウンはシミュレーションが示すものよりは大きくなることに注意しよう。そして、最大ドローダウンはファンドを立ち上げてからすぐに発生することにも注意が必要だ。ドローダウンは考えているよりも頻繁に発生するものだ。新たなファンドがこの種の戦略でスタートし、十分な投資家を集められるのは、トレンドフォロー戦略がこれまでうまくいってきて、大きな注目を集めてきたからだ。2008年以降、新たなファンドはこの恩恵にあずかってきた。この戦略はヘッドラインを飾り、クレジット・デフォルト・スワップ市場に大金を投資したファンドを除き、ほかの戦略を大きく上回ってきた。こういった良いリターンが得られたあとには多くのベンチャーが参入し、投資家たちもこれらのファンドに投資する。問題は、良い時代は近い将来も続くことを想定していることである。しかし、本書で見てきたように、こういったことは起こらないのが普通だ。パフォーマンスの高い時期のあとには、大きなドローダウンを喫したり、ボラティリティの高い横ばいの時期が続いたり、損をしたりといった苦難の時期が待ち受けていることが多いのだ。

　2008年直後や、良い時代のあとで立ち上げたファンドは危険な状態

にあることに気づくことになる。最悪の年にトレンドフォローが市場を打ち負かしたという記事が市場を駆け巡ったあとの2009年の初めに典型的なトレンドフォロー先物ファンドに投資したとすると、苦戦することになるだろう。2009年にはほとんどのトレンドフォロワーは大きな損失を出し、その年のドローダウンは20％にも及んだ。2009年の初めにトレンドフォローファンドに投資された新たな資産は、その年の終わりにはほとんどが引き上げられた。投資家が考えるリターンと実際のリターンとの間に大きな開きがあったからだ。それでもファンドにとどまった人にとって、2010年も最悪の年だった。2010年の後半に入ってようやくトレンドが戻り、それまで辛抱強く待ち続けた投資家にお金を戻すことができた。

　2009年の初めにファンドを立ち上げたのであれば、１年半後にはドローダウンは20～25％、あるいはそれ以上になっているはずだ。20～30年良い実績で操業してきたファンドはこの危機を乗り切ることができたと思うが、新しいファンドは乗り切ることはできなかっただろう。

　私が言いたいのは、ファンドを立ち上げるときには注意が必要ということである。リスク水準を高く設定すれば、幸運ならヒーローになれるし、立ち上げたあとすぐに良いトレンドが発生するかもしれないが、不運で悪い年が１年か２年続けば、廃業に追い込まれてしまうだろう。このビジネスでは生き残ることが最も重要なのだ。つまり、安心できる規模でスタートし、立ち上げていきなり悪い年になったとしても、生き残る術を知らなければならない。

　本書ではトレンドフォロー先物マネジャーが直面する現実を分かってもらおうと努めてきたが、これに怖気づいてこのビジネスに参入することを断念してもらいたくはない。さまざまな落とし穴はあるものの、このビジネスは参入に値するものだ。リターンが減少したとしても、将来的にもクロスアセットトレンドフォローがうまくいかないという証拠はどこにもないのである。

参考文献

リンダ・ブラッドフォード・ラシュキとローレンス・A・コナーズ著『**魔術師リンダ・ラリーの短期売買入門**』(パンローリング)
ジャック・シュワッガー著『**マーケットの魔術師**』(パンローリング)
トゥーシャー・シャンデ著『**売買システム入門**』(パンローリング)
マイケル・コベル著『**トレンドフォロー入門**』(パンローリング)
エドウィン・ルフェーブル著『欲望と幻想の市場』(東洋経済新報社)
ジャック・シュワッガー著『ジャック・シュワッガーのテクニカル分析』(金融財政事情研究会)
カーティス・フェイス著『伝説のトレーダー集団 タートル流投資の魔術』(徳間書店)
ジム・ロジャーズ著『ジム・ロジャーズが語る商品の時代』(日経ビジネス人文庫)
ニック・リーソン著『マネートレーダー銀行崩壊』(新潮社)
Frank J. Fabozzi と Steven V. Mann著『The Handbook of Fixed Income Securities』
Carl Gyllenram著『Trading With Crowd Psychology』
Alexander M. Ineichen著『Absolute Returns』
Alexander M. Ineichen著『Asymmetric Returns』
Stuart A. McCrary著『How to Create and Manage a Hedge Fund』
Jack D. Schwager著『Schwager on Futures : Fundamental Analysis』
Tony Ugrina と Carl Gyllenram著『En Aktiespakulants Psykologi』
Max C. Y. Wong著『Bubble Value at Risk』

■著者紹介
アンドレアス・F・クレノー（Andreas F. Clenow）
自らのヘッジファンドを立ち上げて成功を収めたのち、スイスのジュネーブを拠点とするACIESアセットマネジメントに入社し、今は同社の社長。専門はいろいろなアセットクラスにまたがるクオンツ戦略の開発とトレード。ヘッジファンドマネジャーになる前、短期間だがロイターで株式とコモディティーのクオンツモデリングのグローバルヘッドを務めたことがある。この役職としては最年少の１人だった。また、ヘッジファンドの世界に入る前、エクイス・インターナショナルでチャーチングとテクニカル分析のグローバルヘッドも務めた。

■監修者紹介
長尾慎太郎（ながお・しんたろう）
東京大学工学部原子力工学科卒。北陸先端科学技術大学院大学・修士（知識科学）。日米の銀行、投資顧問会社、ヘッジファンドなどを経て、現在は大手運用会社勤務。訳書に『魔術師リンダ・ラリーの短期売買入門』『新マーケットの魔術師』『マーケットの魔術師【株式編】』（いずれもパンローリング、共訳）、監修に『高勝率トレード学のススメ』『フルタイムトレーダー完全マニュアル』『システムトレード 基本と原則』『一芸を極めた裁量トレーダーの売買譜』『裁量トレーダーの心得 初心者編』『裁量トレーダーの心得 スイングトレード編』『ラリー・ウィリアムズの短期売買法【第２版】』『コナーズの短期売買戦略』『続マーケットの魔術師』『アノマリー投資』『続高勝率トレード学のススメ』『グレアムからの手紙』『シュワッガーのマーケット教室』『トレーダーのメンタルエッジ』『プライスアクションとローソク足の法則』『トレードシステムはどう作ればよいのか １２』『ミネルヴィニの成長株投資法』『破天荒な経営者たち』など、多数。

■訳者紹介
山下恵美子（やました・えみこ）
電気通信大学・電子工学科卒。エレクトロニクス専門商社で社内翻訳スタッフとして勤務したあと、現在はフリーランスで特許翻訳、ノンフィクションを中心に翻訳活動を展開中。主な訳書に『EXCELとVBAで学ぶ先端ファイナンスの世界』『リスクバジェッティングのためのVaR』『ロケット工学投資法』『投資家のためのマネーマネジメント』『高勝率トレード学のススメ』『勝利の売買システム』『フルタイムトレーダー完全マニュアル』『新版 魔術師たちの心理学』『資産価値測定総論１、２、３』『テイラーの場帳トレーダー入門』『ラルフ・ビンスの資金管理大全』『テクニカル分析の迷信』『タープ博士のトレード学校 ポジションサイジング入門』『アルゴリズムトレーディング入門』『クオンツトレーディング入門』『スイングトレード大学』『コナーズの短期売買実践』『ワン・グッド・トレード』『FXメタトレーダー４ MQLプログラミング』『ラリー・ウィリアムズの短期売買法【第２版】』『損切りか保有かを決める最大逆行幅入門』『株式超短期売買法』『プライスアクションとローソク足の法則』『トレードシステムはどう作ればよいのか １２』『トレードコーチとメンタルクリニック』『トレードシステムの法則』（以上、パンローリング）、『FORBEGINNERSシリーズ90 数学』（現代書館）、『ゲーム開発のための数学・物理学入門』（ソフトバンク・パブリッシング）がある。

2014年7月2日 初版第1刷発行

ウィザードブックシリーズ ⑱

トレンドフォロー白書
――分散システム売買の中身

著　者	アンドレアス・F・クレノー
監修者	長尾慎太郎
訳　者	山下恵美子
発行者	後藤康徳
発行所	パンローリング株式会社
	〒160-0023　東京都新宿区西新宿 7-9-18-6F
	TEL 03-5386-7391　FAX 03-5386-7393
	http://www.panrolling.com/
	E-mail　info@panrolling.com
編　集	エフ・ジー・アイ（Factory of Gnomic Three Monkeys Investment）合資会社
装　丁	パンローリング装丁室
組　版	パンローリング制作室
印刷・製本	株式会社シナノ

ISBN978-4-7759-7187-1

落丁・乱丁本はお取り替えします。
また、本書の全部、または一部を複写・複製・転訳載、および磁気・光記録媒体に
入力することなどは、著作権法上の例外を除き禁じられています。

本文　©Emiko Yamashita／図表　© Pan Rolling　2014 Printed in Japan

ローレンス・A・コナーズ

TradingMarkets.com の創設者兼CEO(最高経営責任者)。1982年、メリル・リンチからウォール街での経歴をスタートさせた。著書には、リンダ・ブラッドフォード・ラシュキとの共著『魔術師リンダ・ラリーの短期売買入門(ラリーはローレンスの愛称)』(パンローリング)などがある。

ウィザードブックシリーズ216
高勝率システムの考え方と作り方と検証
定価 本体7,800円+税　ISBN:9784775971833

あふれ出る新トレード戦略と新オシレーターとシステム開発の世界的権威!
コナーズがPDFで発売している7戦略を1冊。ギャップを利用した株式トレード法、短期での押し目買い戦略、ETF(上場投信)を利用したトレード手法、ナンピンでなく買い下がり戦略の奥義伝授、ボリンジャーバンドを利用した売買法、新しいオシレーター コナーズRSIに基づくトレードなど、初心者のホームトレーダーにも理解しやすい戦略が満載されている。

ウィザードブックシリーズ 169
コナーズの短期売買入門
定価 本体4,800円+税　ISBN:9784775971369

時の変化に耐えうる短期売買手法の構築法。さまざまな市場・銘柄を例に世界で通用する内容を市場哲学や市場心理や市場戦略を交えて展開。

ウィザードブックシリーズ 180
コナーズの短期売買実践
定価 本体7,800円+税　ISBN:9784775971475

短期売買とシステムトレーダーのバイブル!
自分だけの戦略や戦術を考えるうえでも、本書を読まないということは許されない。

ウィザードブックシリーズ 197
コナーズの短期売買戦略
定価 本体4,800円+税　ISBN:9784775971642

機能する短期売買戦略が満載! マーケットの動きをもっと詳しく知りたいと望む人にとって、必要な情報がこの1冊にコンパクトにまとめられている。

ウィザードブックシリーズ 1
魔術師リンダ・ラリーの短期売買入門
定価 本体28,000円+税　ISBN:9784939103032

裁量で売買する時代に終わりを告げ、システムトレードという概念を日本にもたらしたのは、この本とこの著者2人による大きな功績だった。

DVD スイングトレードを成功させる重要なポイント
定価 本体4,800円+税　ISBN:9784775963463

勝率87%の普遍的なストラテジー大公開!
短期売買トレーダーのための定量化された売買戦略。コナーズ本人が解説。

マイケル・W・コベル

1997年以来、個人トレーダーやヘッジファンドや銀行に対してトレンドフォローのコンサルティングを行っている。

ウィザードブックシリーズ170
規律とトレンドフォロー売買法

定価 本体2,800円+税　ISBN:9784775971376

だれもが損をしているときに
莫大な利益を出す戦略!

トレンドフォローは30年以上にわたって上げ相場でも下げ相場でも並外れた利益を出してきたトレーディング戦略だ。2008年に株式市場が崩壊すると、バイ・アンド・ホールドで身動きがとれなくなった投資家たちは大金を失った。しかし、トレンドフォワーたちは2008年10月の1カ月だけで巨額の収益を上げ、最大40%という途方もない利益を出した!
証拠は本書のなかにある。

バン・K・タープ博士

コンサルタントやトレーディングコーチとして国際的に知られ、バン・タープ・インスティチュートの創始者兼社長。

ウィザードブックシリーズ160
タープ博士のトレード学校

定価 本体2,800円+税　ISBN:9784775971277

スーパートレーダーになるための自己改造計画

『新版 魔術師たちの心理学』入門編。
タープが投げかけるさまざまな質問に答えることで、トレーダーとして成功することについて、あなたには真剣に考える機会が与えられるだろう。

ウィザードブックシリーズ134
新版 魔術師たちの心理学
定価 本体2,800円+税　ISBN:9784775971000

ロングセラーの大幅改訂版が(全面新訳!!)新登場。儲かる手法(聖杯)はあなたの中にあった!!あなただけの戦術・戦略の編み出し方がわかるプロの教科書!

ジョン・R・ヒル

トレーディングシステムのテストと評価を行う業界最有力ニュースレター『フューチャーズ・トゥルース（Futures Truth）』の発行会社の創業者社長。株式専門テレビ CNBC のゲストとしてたびたび出演するほか、さまざまな投資セミナーの人気講師でもある。オハイオ州立大学で化学工学の修士号を修得。

システム検証人

ウィザードブックシリーズ54

究極のトレーディングガイド

ジョージ・プルート
ジョン・R・ヒル 共著

定価 本体4,800円+税　ISBN:9784775970157

トレード成績を向上させる秘訣がある！

この『究極のトレーディングガイド』は多くのトレーダーが望むものの、なかなか実現できないもの、すなわち適切なロジックをベースとし、安定した利益の出るトレーディングシステムの正しい開発・活用法を教えてくれる。最近のトレードの爆発的な人気を背景に、多くのトレーダーはメカニカル・トレーディングシステムを使いたいと思っている。その正しい使い方をマスターすれば、これほど便利なツールはほかにない。

ウィザードブックシリーズ211

トレードシステムはどう作ればよいのか 1巻・2巻

著者：ジョージ・プルート

定価 本体 各5,800円+税　ISBN：1巻 9784775971789 / 2巻 9784775971796

トレーダーは検証の正しい方法を知り、その省力化をどのようにすればよいのか

売買システム分析で業界随一のフューチャーズ・トゥルース誌の人気コーナーが本になった！ システムトレーダーのお悩み解消します！ 検証の正しい方法と近道を伝授！
われわれトレーダーが検証に向かうとき、何を重視し、何を省略し、何に注意すればいいのか──それらを知ることによって、検証を省力化して競争相手に一歩先んじて、正しい近道を見つけることができる！

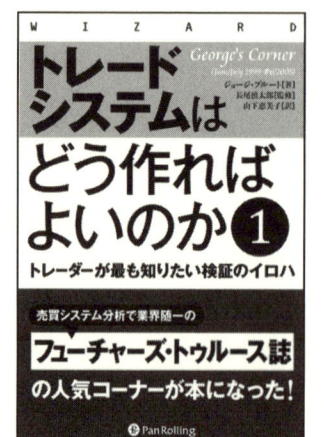

キース・フィッチェン

先物市場向けのテクニカルなトレードシステムの開発に25年以上にわたって携わり、その間、自らもこれらのシステムで活発にトレードしてきた。1986年、最高のメカニカルシステムの1つと言われるアベレイションを開発。アベレイションは1993年に市販され、それ以来『フューチャーズ・トゥルース』誌の「史上最高のトレードシステムトップ10」に4回仲間入りを果たした。

ウィザードブックシリーズ217
トレードシステムの法則

定価 本体7,800円+税　ISBN:9784775971864

利益の出るトレードシステムの開発・検証・実行とは

トレーダブルな戦略とは自分のリスク・リワード目標に一致し、リアルタイムでもバックテストと同様のパフォーマンスが得られる戦略のことを言う。カーブフィッティングから貪欲まで、さまざまな落とし穴が待ち受けているため、トレーダブルな戦略を開発するのは容易なことではない。しかし、正しい方法で行えば、トレーダブルな戦略を開発することは可能である。

目次

- 第1章 トレーダブルな戦略とは何か
- 第2章 バックテストと同様のパフォーマンスを示す戦略を開発する
- 第3章 トレードしたい市場で最も抵抗の少ない道を見つける
- 第4章 トレードシステムの要素――仕掛け
- 第5章 トレードシステムの要素――手仕舞い
- 第6章 トレードシステムの要素――フィルター
- 第7章 システム開発ではなぜマネーマネジメントが重要なのか
- 第8章 バースコアリング――新たなトレードアプローチ
- 第9章 「厳選したサンプル」のワナに陥るな
- 第10章 トレードの通説
- 第11章 マネーマネジメント入門
- 第12章 小口口座のための従来のマネーマネジメントテクニック――商品
- 第13章 小口口座のための従来のマネーマネジメントテクニック――株式
- 第14章 大口口座のための従来のマネーマネジメントテクニック――商品
- 第15章 大口口座のための従来のマネーマネジメントテクニック――株式
- 第16章 株式戦略と商品戦略を一緒にトレードする

ラリー・R・ウィリアムズ

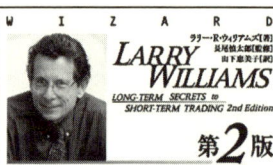

ウィザードブックシリーズ196
ラリー・ウィリアムズの短期売買法【第2版】
投資で生き残るための普遍の真理

定価 本体7,800円+税　ISBN:9784775971611

10000%の男

短期システムトレーディングのバイブル！
読者からの要望の多かった改訂「第2版」が10数年の時を経て、全面新訳。直近10年のマーケットの変化をすべて織り込んだ増補版。日本のトレーディング業界に革命をもたらし、多くの日本人ウィザードを生み出した教科書！

ウィザードブックシリーズ97
ラリー・ウィリアムズの「インサイダー情報」で儲ける方法
定価 本体5,800円+税　ISBN:9784775970614

"常勝大手投資家"コマーシャルズについて行け！ラリー・ウィリアムズが、「インサイダー」である「コマーシャルズ」と呼ばれる人たちの秘密を、初めて明かした画期的なものである。

ウィザードブックシリーズ65
ラリー・ウィリアムズの株式必勝法
定価 本体7,800円+税　ISBN:9784775970287

正しい時期に正しい株を買う。話題沸騰！
ラリー・ウィリアムズが初めて株投資の奥義を披露！
弱気禁物！上昇トレンドを逃すな！

ラルフ・ビンス

オプティマルfの生みの親

ウィザードブックシリーズ151
ラルフ・ビンスの資金管理大全

定価 本体12,800円+税　ISBN:9784775971185

最適なポジションサイズとリスクでリターンを最大化する方法
リスクとリターンの絶妙なさじ加減で、トントンの手法を儲かる戦略に変身させる!!!資金管理のすべてを網羅した画期的なバイブル！

ブレント・ペンフォールド

フルタイムのトレーダーであり、教育者、公認アドバイザーでもある。1983年にバンク・オブ・アメリカのディーラーから仕事を始めた。今日では通貨と世界の株価指数のトレーディングを専門としている。ベストセラーになった『トレーディング・ザ・SPI』の著者であり、J・アトキンソンの電子ブックではオーストラリアの株式市場の魔術師と紹介されている。

ウィザードブックシリーズ 183

システムトレード 基本と原則
トレーディングで勝者と敗者を分けるもの

定価 本体4,800円+税　ISBN:9784775971505

大成功しているトレーダーには「ある共通項」があった!!

本書は勝者と敗者を分かつトレーディング原則を明確に述べる。トレーディングは異なるマーケット、異なる時間枠、異なるテクニックに基づく異なる銘柄で行われることがある。だが、成功しているすべてのトレーダーをつなぐ共通項がある。トレーディングで成功するための普遍的な原則だ。

目次

- 第1章 現実と向き合う
- 第2章 トレーディングの手順
- 第3章 原則1──準備
- 第4章 原則2──自己啓発
- 第5章 原則3──トレーディングスタイルを作る
- 第6章 原則4──トレードを行う市場を選ぶ
- 第7章 原則5　3本の柱
- 第8章 資金管理
- 第9章 売買ルール
- 第10章 心理
- 第11章 原則6──トレーディングを始める
- 第12章 一言アドバイス
- 第13章 最後に

- ● レイ・バロス
- ● マーク・D・クック
- ● マイケル・クック
- ● ケビン・デイビー
- ● トム・デマーク
- ● リー・ゲッテス
- ● ダリル・ガッピー
- ● リチャード・メルキ
- ● ジェフ・モーガン
- ● グレゴリー・L・モリス
- ● ニック・ラッジ
- ● ブライアン・シャート
- ● アンドレア・アンガー
- ● ラリー・ウィリアムズ
- ● ダール・ウォン

ジャック・D・シュワッガー

現在、マサチューセッツ州にあるマーケット・ウィザーズ・ファンドとLLCの代表を務める。著書にはベストセラーとなった『マーケットの魔術師』『新マーケットの魔術師』『マーケットの魔術師[株式編]』(パンローリング)がある。
また、セミナーでの講演も精力的にこなしている。

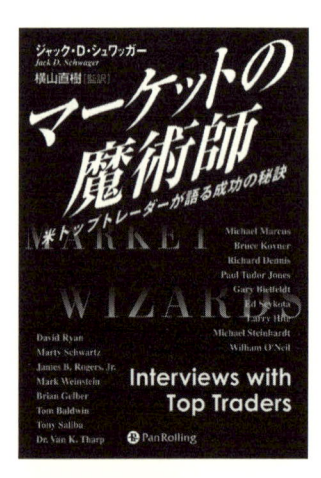

ウィザードブックシリーズ19
マーケットの魔術師
米トップトレーダーが語る成功の秘訣

定価 本体2,800円+税　ISBN:9784939103407

トレード界の「ドリームチーム」が勢ぞろい
世界中から絶賛されたあの名著が新装版で復刻!
投資を極めたウィザードたちの珠玉のインタビュー集!
今や伝説となった、リチャード・デニス、トム・ボールドウィン、マイケル・マーカス、ブルース・コフナー、ウィリアム・オニール、ポール・チューダー・ジョーンズ、エド・スィコータ、ジム・ロジャーズ、マーティン・シュワルツなど。

ウィザードブックシリーズ201
続マーケットの魔術師

定価 本体2,800円+税　ISBN:9784775971680

先端トレーディング技術と箴言が満載
『マーケットの魔術師』シリーズ　10年ぶりの第4弾!「驚異の一貫性を誇る」これから伝説になる人、伝説になっている人のインタビュー集。世界で最も優秀なヘッジファンドの達人たちの知恵をあなたに。

ウィザードブックシリーズ13
新マーケットの魔術師
定価 本体2,800円+税　ISBN:9784939103346

知られざる"ソロス級トレーダー"たちが、率直に公開する成功へのノウハウとその秘訣。高実績を残した者だけが持つ圧倒的な説得力と初級者から上級者までが必要とするヒントの宝

ウィザードブックシリーズ14
マーケットの魔術師 株式編 増補版
定価 本体2,800円+税　ISBN:9784775970232

今でも本当のウィザードはだれだったのか?
だれもが知りたかった「その後のウィザードたちのホントはどうなの?」に、すべて答えた!